MODERN CONSTRUCTION OF ETHICS

伦理学的当代建构

甘绍平 / 著

中国发展出版社
CHINA DEVELOPMENT PRESS

图书在版编目（CIP）数据

伦理学的当代建构/甘绍平著．—北京：中国发展出版社，2015.1

ISBN 978-7-5177-0083-8

Ⅰ.①伦… Ⅱ.①甘… Ⅲ.①伦理学 Ⅳ.①B82

中国版本图书馆 CIP 数据核字（2014）第 004076 号

书　　名：伦理学的当代建构
著作责任者：甘绍平
出 版 发 行：中国发展出版社
（北京市西城区百万庄大街 16 号 8 层　100037）
标 准 书 号：ISBN 978-7-5177-0083-8
经　销　者：各地新华书店
印　刷　者：北京明恒达印务有限公司
开　　本：700mm×1000mm　1/16
印　　张：28.5
字　　数：320 千字
版　　次：2015 年 1 月第 1 版
印　　次：2015 年 1 月第 1 次印刷
定　　价：48.00 元

联 系 电 话：（010）68990630　68990692
购 书 热 线：（010）68990682　68990686
网 络 订 购：http://zgfzcbs.tmall.com//
网 购 电 话：（010）88333349　68990639
本 社 网 址：http://www.develpress.com.cn
电 子 邮 件：bianjibu16@vip.sohu.com

序　言

本著是一部对基础伦理学的探究成果。它从伦理学中人的镜像的描绘出发（第1章），对伦理学的基本样态做了一个概览式的阐述（第2章）。它把道德界定为人际交往公认的、普遍的行为规范，这种规范可以表现为外在的规约，也可以表现为内在的品德。接着，它提出三大最重要的伦理规范：不伤害、公正、仁爱；认定这些道德规范的功能，在于对人的共通利益以及和谐相处的需求提供保障（第3章）；而人类所有道德规范的作用发挥，都必须是以人的自由选择为前提和基础（第4章）。除了在这三大最重要的伦理规范上人们拥有普遍的共识之外，在何为正确和根本的道德规范的问题上，各种道德理论都有自己的独特解答和论证方式。本著阐释了四大最重要的规范伦理体系——德性论（第5章）、功利主义（第6章）、义务论（第7章）、契约主义（第8章）的历史与现代流变，并且将这些伦理资源构建成一种融贯的道德规范应用系统，从而试图为有效应对现实的道德冲突与难题提供伦理导向和指南（第9章）。接着，本著研究了道德现象的客观性等涉及道德本质的元伦理学问题（第10章）。作为伦理学的现实延伸，本著探讨了四大最重要的社会价值基准或政治伦理价值：自由（第11章）、人权（第12章）、民主（第13章）、正义（公正）（第14章）；再有，本著前瞻性地展示了当代伦理学演进的新的面向及道德发展的敏感触点（第15～第16章）。最后，本著以“再谈道德：在规则与德性之间”作为全书的结束（第17章）。

本项研究在标题中使用的“建构”一词实际上包含着两种含义，一是道德的建构，二是伦理学的建构。

先说道德本身的建构。所谓道德，就是人际相处的行为规范，而伦理学即是以道德为研究对象的哲学学科。道德的发生，一是来自于人类天然的情感设定，如父母与子女之间的彼此关爱，二是来自于以对自己利益和他人利益为维护对象的理性建构，如陌生人之间彼此不伤害、公正相待以及他人危难时的紧急驰援的行为准则。本研究集中探讨第二种道德，即陌生人之间人工建构出来的道德。作者认为，社会生活的正常运行，离不开人与人之间行为规范的普遍适用。而这种被称为道德的行为规范，是赋有理性的人们自觉、自主地建构出来的，人们用道德来规约自己的行为，目的在于使自己和他人的利益与需求都能够得到保障与满足，从而实现一种在文明中生存的状态。事实也的确证明，经过几千年的积淀，在与自身的野性冲动与恶质欲望的激烈抗争之中，人类终于为自己建构和塑造出了以不伤害个体权益、维护社会正义和关怀弱势需求为内涵的道德原则，从而不仅有效地规范和调节了人类的交往行为，而且也推动了社会文明进升到一种相当的成熟度，让生活在这样一个时代的人们自然生成一种庆幸与满足感。这里需要指出的是，本研究秉持着一种道德的普遍性的观念与立场，即所谓道德一定是普遍适用的。而该观念与立场的前提在于，这里所说的道德一般而言或大体上看，是在一种常态的社会中运行的，或者说道德规范只有在一种常态的文明社会的环境中才有可能得到普遍的遵守。所谓常态的社会的特征在于：人们享受着一种法治的宏观环境；行为主体拥有自我选择的自由；其行为选择的长远效果完全可以预期；从道德和理性均合乎人们的总体利益和生存需求这个意义上讲，从维护己利的终极要求决定了对道德规范的恪守这个意义上讲，道德与理性处于合一的状态。只有在这样一种常态的社会环境下，人类最基本的道德规范才有可能拥有普遍性的约束效力，各种道德理论才拥有施展的空间，道德的才同时也是理性的。反之，在一种非常态的环境里，人们陷入无法无天的自然状态，行为主体的选择受到严酷境遇的极端限制，其行为后果完全无法预期，于是，最基本的道德规范便失去了普遍性的约束效力，各种道德理论便触及其适用的边界，道德的也就未必就是理性的，道德要求甚至很有可能走向理性要求的反面。令人欣慰的是，人类文明的进程正是这种常态社会普遍建立和持续固化的过程，是非常态社会和极端状态受到高度警觉、强力控制和逐渐克服的过程。中国是这种世界性伦理文化与文明进程的重要推动者。拥有五千年灿烂的伦理文明的中国，经过改革开放的洗礼，正经历着一场从传统社会向现代化社会的巨大历史变革，这不可避免地会对在长期封闭的小农经济环境中形成的价值取向与思维习惯，产生重大的冲击。从过去只讲个人美德，到现在重视制度伦理，从过去只讲阶级道德，到现在重视普遍价值，从过去只讲义务奉献，到现在重视权利正义，这些正是我国伦理学界价值观念逐渐发生巨大变迁的一种直接反映，同时也恰恰印证了德国伦理学家施贝曼（Robert Spaemann）说过的那句话："伦理是人对于现实的成熟状态"①。所谓道德的建构，正是本研究需要凸显的第一层含义的建构。它也直接决定了本研究需要凸显的第二层含义的建构，即伦理学本身在当代的建构。

如前所述，伦理学是以道德为研究对象的哲学学科。尽管伦理学是哲学中最古老的分支学科之一，但从世界范围来看，伦理学却已然成为当今哲学学科中最富有生命力的一门显学。哲学必须关注现实，理论必须结合实际，已经成为哲学学科发展的一个全球性的必然趋势。在这样一种理论现实化的过程中，作为实践哲学的伦理学占据着一个极为重要的地位。伦理学与社会实践的关联，不仅体现在对法理的论证上，从而直接影响着国家法律的塑造，而且也体现在对社会价值理念的建构和公民文明素质的提高的推进上。在伦理学的广阔论域中，伦理学基础理论构成了伦理学研究的核心。它既是对以往理论探索的深刻总结，也是对现实实践经验的全面概括。因而伦理学基础理论就不仅是一种历史的遗存，而是一种不断吸纳时代养料，在新的实践经验的催生下持续丰富发展的现实的建构。伦理学在现时代的建构样态，至少是通过如下三种方式呈现出来的：第一，任何

① Vgl. Stephan Wehowsky：Gespraeche ueber Ethik，Muenchen 1995，S. 49.

特定的伦理学理论，都不是僵死不变之物，都不可能完全排除对自身内容进行反思、修正、变化、发展的可能性。随着与其他竞争着的伦理流派的相互交往与彼此碰撞，任何道德体系都难以回避对先进道德观念的观照、接受和吸纳的过程。例如，义务论在当今的时代，一方面自然会坚持认为判定行为是否道德的标准在于原则或规范本身，但另一方面，也会对行为的预期后果予以高度的重视和充分的考量。功利主义在当今的时代，一方面仍然非常契合人们体现在追求整体和长远的益处最大化的常识性的道德直觉，且这正是功利主义能够保持其勃勃生机的奥秘之所在，但另一方面，它也不可能取代以尊重个体权益、维护社会正义为本质的主流价值的地位，不可能忽视以尊重个体自主性为内容的基本的义务论的立场。契约主义将道德理解为人类为了利益的保障和需求的满足所做出的一种理性的设计或明智的契约，这种契约体现了对行为主体平等地位的顾及和对其自主意志的尊重这样的道德意蕴。但契约主义作为一种理论并非是万能的。契约的达致不仅要靠自利的动机，而且也要以某些客观存在的道德公理、道德直觉的协同作用为前提，从而使契约主义也能够蕴含着利他、关爱弱者的道德能力。德性论正确地指出，人们的道德生活是一种完整的结构，不仅存在着规范与原则，而且也有品德、情感、体验、信仰、生活理想、终极关怀、最高境界占据的地位。德性论重视道德动机与意向的形成以及造就有德之人，从人的内心灵魂来探究道德的本质与发展。但它却忽视了，人类任何一种形式的社会活动与交往行为都受制于一定的外在道德规范与原则的约束，这也正是整个社会生活得以正常运行的基本前提。只有坚守道德规范与原则，人们才有可能基于理性的理由对道德行为规范进行审视、商讨、辩护与论证，依据契约的精神把道德共识固化为不受时空环境限制并适用于所有人的普遍的行为准则，从而才能保障道德规范与原则在公共生活中所具有的内容的可确定性、功能的稳定性以及效果的持久性。第二，恰恰是因为没有一种伦理理论或流派可以做到能够超越和取代所有其他的立场与原则，恰恰是因为伦理学诸理论、流派处于一种相互吸纳和互相补充的交融进程，这就使得人们对伦理学的兴趣，不再是专注于对某一单独理论的研究与应用，而是将各种道德学说的有效的理念元素提取出来，共同组成一幅伦理学的理论框架背景。在这由众多理论分支构成的集合体中，这些不同的理论分支是相互融贯地嵌合在一起的，无论是义务论、功利主义，还是德性论、契约主义作为一整体的重要组成部分都不可或缺。其中每种理论均拥有导向的价值，但又不会垄断导向功能的全部。人们便是从这种伦理学的思想资源巨库中选择论据，为自身面临的实际问题的解决提供价值支撑与观念指导的。第三，随着自然科学与人文社会科学研究成果的融合交汇，有可能出现一种融自然主义与人文主义为一体的全新观念系统，在其统摄下传统的宇宙图景、社会图景和人的图景都会呈现出深刻的改变，人的行为、生活态度、文化现象、思想观念也会赢得程度不同的新解。伦理学应当自觉主动地吸纳这种跨学科的研究成果，使之成为自身理论发展得以论证的基础以及理论创新得以辩护的前提。与此同时，伦理学特别要关注到：近两百年来科学技术的迅猛发展，呈现出对人类社会的强烈的控制力和对未来世界的渗透性的因果影响；科学技术工业化的势能以及我们文明的摧毁性的潜能之增长速度，造成了我们的行为与其后果之间的一种时空上前所未有的巨大鸿沟，这种后果的不确定性甚至已经超越了我们现有的预知与估量的能力，这同时也就构成了人类道德哲学从未遇过的现实挑战。在一个由科技发展所造成的对未来世代的人类生存具有巨大威胁的风险社会里，一种前瞻性的责任原则，一种长远的、整体性风险伦理的观念，一种体现着“避免最大的恶之准则”的所谓消极伦理学或“放弃之美德”，在国际社会继续坚守普遍人权价值立场的前提下，或许将共同构成未来人类道德思维核心要素及伦理考量的主导基调。

基于上述这样一种道德与伦理学双重建构的总体观念，本项研究的任务，在于对人类业已建构出来的影响社会发展进程的伦理学基本理论、规范和原则进行梳理，对当代社会价值观念的历史变迁进行探究。其途径在于，通过对亚里士多德的德性论及其三个当代变型、契约主义伦理学及其在罗尔斯哲学中的改造、道德相对主义新的表现方式、康德的义务论及其在商谈伦理学中的发展、功利主义及其当代形态、伦理实在论的现实出路等课题的探讨，集中研究这几个在国际伦理学界具有指标性意义的、最重要的伦理学基本理论与流派的最新发展与流变以及在现实的道德冲突、伦理悖论面前它们之间的竞争博弈或互补支援等问题，亦即伦理理论的应用问题，在此基础上以全新的视角探讨道德概念的含义、道德规范的起源以及道德的本质等伦理学的基础理论。力争做到内容求深、学派求新、问题求真三项特色。所谓内容求深，即以对欧美学界相关一流研究成果的吸收汲取为基础，从而在深度和广度上保持一定的国际水准。学派求新，是指对作为研究对象的伦理学流派与思潮不仅要做到正本清源、真貌重现，而且更要着力展现其在当今的发展与流变，尽力捕捉“活着的”理论。所谓问题求真，是指在研究中融入对全球性伦理学重大实践难题的探讨，例如，自由意志、人权确证、当代民主、全球正义、人文主义、责任意识、风险伦理等，从而保持研究成果的现实意义和较强的针对性价值，最终呈现伦理学基础理论在当代较为完整的构造图景。

甘绍平

2015 年 1 月于中国社会科学院哲学所

目　录

第一章　伦理学中人的镜像 …… 1

第一节　自由：人的精神性的第一种体现 …… 5
1. 自由把人界定为是一种开放的项目 …… 5
2. 自由受理性的引导 …… 6
3. 对自由本性的认知史 …… 7
4. 自由主义的政治观 …… 8
第二节　道德：人的精神性的第二种体现 …… 10
1. 道德：从直接性和差异性到抽象性和平等性 …… 11
2. 抽象性、平等性道德的基本特征 …… 14
3. 两种道德与适用范围 …… 16
第三节　总结与余论 …… 18

第二章　何为伦理学 …… 21

第一节　伦理学、伦理、道德、行为规范 …… 22
第二节　实存世界、价值世界、价值、价值观 …… 23
第三节　普遍价值 …… 27
第四节　自然的或特殊的道德与道德相对主义 …… 30
第五节　普遍的或人工的道德与普世道德观 …… 34
第六节　描述伦理学、规范伦理学、元伦理学、应用伦理学、法律对道德的减负作用 …… 40
第七节　总结与余论 …… 48

第三章 道德规范的起源 …… 51

第一节 道德规范起源于对所有的人共通利益的维护 …… 58

第二节 道德规范：从不伤害、公正到仁爱 …… 69

第三节 为什么不应逃票乘车：制裁机制、道德情感、心理健康 …… 74

第四节 总结与余论 …… 86

第四章 论道德义务的人权基础 …… 89

第一节 现代社会义务观的社会历史背景 …… 92

第二节 义务来自于人的权利 …… 95

第三节 现代社会义务的样态 …… 97

第四节 总结与余论 …… 101

第五章 德性论及其命运 …… 103

第一节 亚里士多德的德性论 …… 106

第二节 亚里士多德德性论的共同体主义式的变形 …… 108

第三节 亚里士多德德性论的普遍主义的变形 …… 110

第四节 亚里士多德德性论的明智论的变形 …… 115

第五节 总结与余论 …… 120

第六章 功利主义及其价值 …… 123

第一节 功利主义的主要代表：边沁、密尔、西季威克 …… 124

第二节 行为功利主义、规则功利主义、平均效用功利主义、偏好功利主义 …… 127

第三节 功利主义的弱点 …… 130

第四节 功利主义的优势 …… 131

1. 以整体和未来为导向的思维方式 …… 133

2. “快乐”原则的广泛应用 …… 134

3. “感受性”标准的强大解释力 …… 136

第五节 总结与余论 …… 138

第七章 义务论及其遗产 …… 141

第一节 康德伦理学的基本架构 …… 143

第二节 康德伦理学的启迪价值 …… 147

1. 道德的普世性 …… 147

2. 人是目的 …… 152

3. 自由原则 …… 155

第三节 作为康德伦理学当代发展的商谈伦理学 …… 158

1. 从独白式的个体主体到交往行为中的众多主体 …… 159

2. 从单一主体的程序伦理到主体间的程序伦理 …… 160

3. 从康德的最终论证到阿佩尔的终极证成 …… 161

4. 从康德伦理学的普世性到商谈伦理学的普世性…… 162
第四节 总结与余论 …… 165

第八章 契约主义及其发展 …… 169

第一节 契约主义伦理学的特征 …… 171
1. 从政治契约主义到伦理契约主义…… 171
2. 契约主义伦理学的价值基础：利益…… 173
3. 契约主义伦理学的魅力：理性…… 176
4. 契约主义伦理学本身的道德意蕴…… 177
第二节 契约主义伦理学的发展 …… 178
1. 契约主义伦理学的困惑…… 178
2. 对契约主义伦理学的诘难…… 179
3. 休谟、罗尔斯对契约主义伦理学的充实…… 180
4. 哥梯尔对契约主义伦理学的改进…… 182
5. 从理性—个体主义的契约论到普遍主义的契约论…… 183
第三节 总结与余论…… 188

第九章 伦理理论的应用方法 …… 191

第一节 理论应用实践的不同态度：回避应用问题、情境法（决疑术、境遇伦理、决断论）、伦理原教旨主义、亚里士多德明智学说、融贯主义的方法论 …… 195
第二节 融贯主义权衡模式的具体运作 …… 205

1. 第一层级：义务论所论证的个体价值原则 …………… 206
2. 第二层级：功利主义理论 …………………………… 211
3. 第三层级：中庸原则、妥协、无知之幕的方法、
双重效用原则 ………………………………………… 214
第三节　总结与余论 …………………………………… 216

第十章　元伦理学的核心问题：伦理实在论的现实出路 ………… 219

第一节　非认知主义、情感主义、规定主义 ………… 220
第二节　认知主义、伦理实在论、自然主义、直觉主义 …… 223
第三节　弱的伦理实在论 ……………………………… 231
第四节　总结与余论 …………………………………… 236

第十一章　意志自由的塑造 …………………………… 239

第一节　意志自由与神经科学的挑战 ………………… 245
1. 李贝特实验及其不同解读 ………………………… 245
2. 原因与理由 ………………………………………… 250
3. 认识论、方法论意义上的二元论 ………………… 257
第二节　意志自由的结构塑造与运行机理 …………… 260
1. 从意志自由到道德自由 …………………………… 260
2. 作为意志自由的实现与外化的行为自由 ………… 270
第三节　总结与余论 …………………………………… 277

第十二章 人权论证的进路 …………………………………… 281

第一节 人权的两个基本属性：道德权利与法律权利……… 282
第二节 人权的论证…………………………………………… 288
第三节 人权的绝对主义论证："利益说"与"尊严说" …… 291
第四节 人权的绝对主义论证的两个共同亮点：个体地位与历史体验………………………………………… 299
第五节 人权的相对主义论证 ……………………………… 305
第六节 总结与余论…………………………………………… 310

第十三章 民主中的道德表达 ……………………………………… 313

第一节 以个体自由权利为价值导向的自由主义民主 …… 316
第二节 以共同体的团结意识为价值导向的共和主义民主…………………………………………… 318
第三节 以借助法律来融合自由和团结两要素为价值导向的审议民主………………………………………… 322
1. 何为审议民主 ………………………………………… 322
2. 审议民主与法律 ……………………………………… 323
3. 团结与法律 …………………………………………… 326
4. 审议民主模式内部的差异：罗尔斯与哈贝马斯…… 327
第四节 总结与余论 ………………………………………… 330

第十四章 从正义到国际正义 …… 333

第一节 “正义”辨析 …… 334

1. 罗尔斯的程序正义与实质正义 …… 334
2. 平等主义的正义观 …… 337
3. 自由主义和非平等主义对平等主义正义观的批评 …… 339
4. 作为一种形式上的价值取向的正义：免除任意、得所应得、不偏不倚 …… 342

第二节 国际正义 …… 345

1. 罗尔斯：国内正义与国际正义 …… 345
2. 世界主义的价值立场 …… 351
3. 道德—正义理念世界主义 …… 353
4. 道德—正义理念世界主义的正义观 …… 356

第三节 总结与余论 …… 361

第十五章 新人文主义启示录 …… 363

第一节 新人文主义的人的图景 …… 368

1. 人的生物本性的基本原则——自利 …… 370
2. 伦理性社会游戏规则的建构 …… 373

第二节 新人文主义的享乐观和宗教观 …… 378

1. 新人文主义的享乐观 …… 378
2. 新人文主义的宗教观 …… 383

第三节 总结与余论 …… 389

第十六章 一种超越责任原则的风险伦理 …… 393

第一节 风险时代的责任原则 …… 394

1. 约纳斯前瞻性的责任原则 …… 396

2. 前瞻性责任与“父母关护子女”之模式 …… 398

第二节 风险伦理如何超越责任原则 …… 399

1. 风险伦理与当代人对未来人的平等公正关系 …… 400

2. 风险伦理的底线要求：不伤害和公正对待 …… 402

第三节 风险伦理的三大准则及其价值意蕴 …… 405

第四节 总结与余论 …… 412

第十七章 结束语 再谈道德：在规则与德性之间 …… 415

第一节 道德规范与自由意志 …… 416

第二节 私人领域与公共领域 …… 420

人名对照表 …… 427

Die Konstruktion der Ethik in der Gegenwart …… 430

第一章
伦理学中人的镜像

伦理学是以道德为研究对象的哲学学科。道德就是人际相处的行为规范，换言之，所谓道德关涉到人们应当如何行动。这样，伦理学也可以说是以人际间道德规范为研究对象的学科。由于伦理学所探究的是人际间的道德规范，或者说伦理学所探究的是以人为载体的道德规范，因而从根本上讲伦理学是研究和探索人的，是以人为考察和把握的对象的。可以说，不知道人是怎么回事，也就不可能明白道德是怎么回事。于是，人作为伦理学的研究主体，作为道德规范的载体，其本质或特征究竟是什么，便成为伦理学在展开其全部内容之初，必须首先处理和解决的一个前提性的课题。

据说，康德将广博的哲学思想探究集中浓缩为三大问题："我能知道什么?""我应当做什么?"和"我可以期待什么?"三大问题最终又汇聚成一个问题："人是什么?"研究者发现，这些问题的提出仅仅出现在学生的笔录里，而并非是康德自己文本中撰写的文字。于是，康德是否真的提出过这样的问题，便成为一个悬案①。但是，无论怎样，"人是什么?"这一问题，在人类历史上却真的从未离开过思想家们探究的视野，直到今天，在现代神经科学最新研究成果的催发下，有关这一问题的讨论仍然在持续着，并且无论是在质还是在量的层面，又都已获得了一种新的维度。

纵观西方哲学历史，有关人的定义思想家们开出了长长的各种条目：亚里士多德、托马斯·阿奎那、笛卡儿、莱布尼茨等人都称人本质上是理性的动物。亚里士多德说人也是政治动物。康德承袭了理性动物说，在此基础上又称自我意识、自主性和道德性构成了人的本质特征。赫尔德、洪堡、伽达默尔强调人的语言能力。迪尔泰重视人的文化性。胡塞尔把着眼点放在意识上。盖伦（Arnold Gehlen）凸显的是人的行为能力。马克思注重人的社会性与劳动。萨

① Vgl. Volker Gerhardt：Selbstbestimmung，in：Detlev Ganten/Volker Gerhardt/Jan – Christoph Heilinger/Julian Nida – Ruemelin（Hg.）：Was ist der Mensch? Berlin 2008，S. 3.

特推崇人的自由。布伯（Martin Buber）和列维纳斯（Emmanuel Levinas）关注的是人与他人的关系。卡西尔（Ernst Cassirer）则指出使用符号的能力才是人的本质的集中体现。

诚然，所有这些说法都从不同侧面展现了人的特征的某些维度，但问题在于，它们并没有清晰地把人与动物的本质区别呈示出来。被称为人的特征的意识、意向性、情感、语言、思维、理性、认知、合作、社会性，甚至包括制造工具、使用符号、给后代传授知识经验与习惯等，并非是人类的专利，而是其他动物也可以表现出来的能力。主流生物学认可动物也有情感，包括嫉妒、同情、无私、公正感等更为复杂的精神状态。这就是说，动物世界里也存在着类似于道德这样的行为规则，某位动物个体若是做出欺骗的举动，就会招致群体的惩罚。这一现象甚至影响了某些学者对于人类的道德行为的理解。例如，弗洛伊德就认定，某个人是好是坏取决于其生物性状上的偶然性。当代生物学家则运用最先进的检测设备，致力于探究人的道德行为与其基因配置之间的关联，他们猜测某基因型的一个简单变异，就会影响一个人是否做出亲社会的举动，而拥有另一种变异的人，其助人为乐的可能性也就更高。例如，当 MAO 基因（单胺氧化酶 A 基因）发生变异时，由于其管理的是主导个体行为的血清素的含量，则当事人就有可能变得富有侵略性。研究人员甚至大胆假设，道德行为是在前额皮质和中脑—边缘叶区域中处理的，它沿着一个可以完全标示的神经元路径运行。当然，即便是科学家们都说对了，也完全得不出人的道德行为可以全然归溯为其基因活动过程的结论，如果是得出这种结论，则说明我们人类与其他动物根本就没有本质的区别。实际上科学家们自己也承认，只有百分之二十的品德是由基因决定的，况且人的意向性与文化氛围可以对基因的影响力予以彻底否决与排除。而人的意向性、自由自主的选择，则是其大脑的生物活动所无法解释的，这就如同你看一幅画，是感悟其寓意，而非是解构其颜料中的盐、硫化物和脂类化合物；你听一支曲，是体验其美妙，而非测量其和弦的频率与波长。所有这些都说明，作为人的道德行为的基础的自由选择，是某种超验的东西，它是直接的经验过程与现象所无法解释的，而超验性的事物的形成，取决于人类所特有的强大的抽象能力。

如前所述，不论是在生物构造上，还是在一定的心智结构上，人与其他动物都具有很大的类似性。人与动物的区别在于，人的情感、理性、语言、道德等方面有着非常的深度与复杂性。而这里起决定性作用的是人所特有的高度的抽象能力。这一能力之所以形成，取决于人能够使用语言，并且进而将语言凝结为文字，通过文字这一表意符号，人们就可以把握到那种与我们直截当下的感知体验保持距离的一个崭新的世界，这既包括对过去与未来这种无法预见的事物的认知，也涵盖对完全无法直观言说的抽象内容的掌控与理解。总之，正是通过对语言符号的使用，人类才形成了一种与感性世界拉开距离的强大的抽象能力，并以这样的态势来观察自己与外部环境，超越感知的直接性，伸达至超验性的想象空间，从而能够相互交流思想、创造文化、发明技术、建构科学，形成自由自主的行为选择。

据说，人与猴子在基因上有百分之九十九的相同率。但当我们询问人是什么之时，所指的绝不是一堆基因、细胞、肉体，而是一位独一无二的人类个体，特别是他（她）的心灵存在。说人是动物性的肉体，这本身并没有错，但这并不完整，因为人除了身体存在之外同时也是精神性存在，正是这种精神性主导了其日常活动及人生经历的全部轨迹，建构了其独一无二的历史同一性，决定了其完整的自我身份认同。这样，人就是一种自然生物与文化精神的二元存在。作为自然生物，人与其他哺乳动物一样，其生理活动受制于同一的进化进程，其行为动机取决于最内在的神经生物意义上的冲动。而人的这种生物性，构成了医学、生物学、生理学、神经科学等经验性的自然科学的探索对象，其研究方法是描述和解释，因为它们关涉到人的生理活动的客观真实的状态与运行规律。作为精神存在，人能够在一定意义上摆脱自然因果性的链条，其行为动机可以超越基因配置的作用，在充分顾及社会的接受性与认可度的条件下，基于强大的抽象思维能力，形成一种自由自主的行为决断，从而享受自由与责任、权利与尊严、道德与文明。而人的这种精神性，构成了哲学、人文社会科学的探索对象，其研究方法是讲理与论证，因为它们涉及的是人际间的自由选择。总而言之，人是一种二元存在，既属于生物遗传与自然进化的产物，又构成历史遗传与社会进化的结果。从动物到人类的发展具有连续性。人属于自然又同时与之保持一定的距离，这一距离不是程度上的，而是本质性的，正是通过对“精神”的获取所形成的跳跃，使人最终成为人。“人的世界与环境所打下的文化—理性上的印记，是一种从本源上讲先验地得到命名的人类意识的成果[①]”。黑格尔说，人是动物，这种动物知道它是动物故而它又不是动物[②]。

如前所述，所有的人文社会科学及部分自然科学（如医学）都是以人为研究对象的。在不同的学科视野中，人的形象呈现出不同的样态。在伦理学看来，人是具有精神性的动物，人的本质在于其精神性，人因其作为精神性存在而有别于其他动物。而精神性又体现为两个层面。一方面，人是能够自由选择的主体（第一层级）。另一方面，人又是能够道德行动的主体（第二层级）。自由与道德所体现的人的这种精神性，使人赢得了超越于其他动物的独特的尊严。

第一节 自由：人的精神性的第一种体现

1. 自由把人界定为是一种开放的项目

人的本质在于其精神性，人的精神性的第一种体现是人的自由。换言之，人的自由、自主决定的能力构成了人之所以成为人的本质性特征。故自由是人的一种最高的财富。任何最新的基因工程的设计与改造，如果因对作为人的自我决定能力之基础与条件的遗传物质做出了侵害而有损于其自由的发展，则都是不可接受的。人因自由之能力而享有独特的尊严。

所谓自由，意味着当事人从自然因果链条的制约及外在环境束缚下的一种解放，意味着其能够基于自身的洞见，而非从属于他人的意志来行事。一句话，自由意味着通过自我决定而做自己的主人，是自我的设计者、塑造者与建筑师，而非简单地保持着他原本所是的状态并且像其他动物那样受制于既有环

---

① Oliver Mueller/Jan－Christoph Heilinger：Zehn Thesen zur‘Natur des Menschen’，in：Detlev Ganten/Volker Gerhardt/Jan－Christoph Heilinger/Julian Nida－Ruemelin（Hg.）：Was ist der Mensch？Berlin 2008，S. 192.

② Vgl. Konrad Paul Liessmann：Das，was nicht sein soll，in：Detlev Ganten/Volker Gerhardt/Jan－Christoph Heilinger/Julian Nida－Ruemelin（Hg.）：Was ist der Mensch？Berlin 2008，S. 166.

境的关联。基于自由的能力，人可以把未有之物通过自身创造出来，建构出思想、艺术和科学，从而使自己成为被造物与创造者的双联体。正由于人的自由本性，皮科（Giovanni Pico della Mirandola）把人之存在看成是开放的项目，人作为一种生物，拥有自我发展与自我配置的潜能①。尼采则称人为未确定的动物②。这就意味着，人可以期望成为不同于其现有状态的存在者，他们可以这样或那样期望，也可以不拥有某种期望。自由作为一种精神性事物的体现，无法借助于自然的因果关联得到解释，无法归溯为人的生物特性，而是只有通过一种抽象的先验性的理念才能得到理解。

2. 自由受理性的引导

需要指出的是，自由并非意味着恣意横行、为所欲为，而是受制于理性的牵引。动植物的成长取决于自然界因果链条的约束，而人类之所以能够摆脱自然状态跃进到文明状态，决定性的因素就在于其自由选择的前提下运用理性的能力。动植物个体只可本能地对其所处的环境做出反应，而唯有人类才可以检视自身的动机与冲动，认知和权衡自己行为的理性，基于理据并最终在理性的引导下行动，同时为此而承担责任。正是基于自由并受理性的引导，人类才能开启一种全新的生活路径与文明状态。正是受理性的统摄，人们才可能放弃用暴力来解决纷争的做法，力争达到人际间的和谐与共生，才有可能超越自身利益基点，培育一种人性化的相处方式。人首先是自由的生物，但同时也是一种受理性引导的生物。换言之，他是“一种理性生物。他拥有理性能力这一点，意味着他可以认知好的理性，可以为其行为举出理性并且令其信念以好的理性为导向。作为理性生物的人拥有一种特殊的自由：他的审思的结果（他的对理性的权衡，不论理论上还是实践上的）并非是固定不变的，该结果要由他自己来承担责任。在对这种能力的相互认可中奠立起一种我们彼此亏欠的特殊尊重。我们赋予彼此一种特殊的——人类的——尊严。我们的自尊是基于依据

---

① Vgl. Konrad Paul Liessmann：Das, was nicht sein soll, in：Detlev Ganten/Volker Gerhardt/Jan – Christoph Heilinger/Julian Nida – Ruemelin（Hg.）：Was ist der Mensch? Berlin 2008, S. 166.

② Vgl. Konrad Paul Liessmann：Das, was nicht sein soll, in：Detlev Ganten/Volker Gerhardt/Jan – Christoph Heilinger/Julian Nida – Ruemelin（Hg.）：Was ist der Mensch? Berlin 2008, S. 167.

理性行动的能力，被亏欠的尊重就体现在，我们在任何情况下都不去损害这种自尊①”。

3. 对自由本性的认知史

如前所述，自由是人的精神性的第一层级的体现，而道德则是这种精神性的第二层级的体现。从这个角度就可以说，自由选择构成了道德行为的基础与前提。然而自由先于道德这种思想，只是逻辑意义上的，而不是历史事实意义上的。古希腊的哲学大家在谈论道德之时，并没有以自由作为论证的基础，不论是柏拉图还是亚里士多德，都强调伦理学与宇宙论之间的内在关联，认为道德规范是从秩序完美的本体结构中推导出来的，都把德性的目的确定在对城邦及世界秩序的维护上，而德性的践行则在于中庸中道的秉持。中国儒家则把道德视为维系家族和睦与社会稳定的工具，人则被先定在一种严格的义务履行的体系之中而没有选择的余地。据说，关于自由的观念最早是由伊壁鸠鲁提出的。他猜想世界上所发生的事情或许并不仅仅是因果链条作用的过程，而是也有人的意志自由的空间。直到基督教时代，自由的思想才被确定为一种毋庸置疑的信念。基督教教义告诉人们，人本质上有别于动物，就在于人是主体，拥有意志自由，能够基于自我决断而行事。但这种自由是上帝所赋予的。

到了启蒙运动时代，传统宗教的地位逐渐被人文主义思潮所取代，但有关意志自由的思想却被承袭了下来。人文主义者不再是从宇宙本体或上帝身上寻找道德的根源，而是把道德奠立在人的自由选择的基础上。由于没有宇宙的客观秩序作为根基，也没有上帝作为担保，人的所有作为，包括道德行动都取决于我们自己的自主决定，故当事人也必须为其选择承担最终的责任。康德是启蒙运动思想家中的最大代表。在他看来，人的本质就在于其自由，人的规定性就在于其自我决定。这种自我决定，要归因于人类的理性能力。在人是理性动物这一点上，康德继承了亚里士多德的表述。他也相信人是拥有理性的生物，人的特征在于听从自身理性的召唤。但康德有别于亚氏的地方，在于前者强调人的自由与自主性，康德在历史上以非同寻常的坚定性与明晰性指出了人的本

---

① Julian Nida - Ruemelin：Humanismus，in：Detlev Ganten/Volker Gerhardt/Jan - Christoph Heilinger/Julian Nida - Ruemelin（Hg.）：Was ist der Mensch? Berlin 2008，S. 14.

质规定性就在于其自我决定的能力。在他看来，人的自主性有两个层面的表现：首先，人固然拥有生物上的本能冲动，但其实现则取决于人的有意识的决断，自由与自主性就体现在人可以抗拒其欲望本能，摆脱自然的冲动与环境的制约，基于理性的理由以及自己的洞见和认知来行事，从而成为自身历史的形塑者、自己前途的创造性的主体。其次，自由与自主性也体现在人可以自己为自己立法，这就包括相互赋予人权保障，相互确立彼此尊重的平等的人格地位以及把人作为目的而非仅仅是作为手段这样的道德约定，当然康德没有忽视人际间互助互爱的义务。总而言之，康德认定人是动物，亦是理性的存在。人是能够把自己理解为是人的动物。在这种理解中呈现出人的自我决定的能力。而人的本质恰恰在于自由、自主、自我决定。康德强调人是能够自由行动的存在，同时也应当自主地行动。人之所以为人，就在于他对其行为选项有自主的决断，对其目标与手段有理性的反思，对其历史发展的轨迹和个人的命运前景有形塑和创造的可能性。

4. 自由主义的政治观

对人的自由本性的认知，不仅塑造了我们的基本直觉和大众常识，而且也催发了古典自由主义的价值立场，因而具有重大的社会政治意义。哈贝马斯把自由主义的基本理念总结为："所有的公民都应拥有自主地规划其自己生活的同等的机会[①]"。换言之，所有的公民都有权过上一种他自己所认定的善好的、幸福的和成功的生活，有机会按其意志有意义地展现自身的生命。成熟于十七、十八世纪的自由主义政治哲学进而指出，人的自由之欲望构成了人类政治活动基本规范框架的价值标准，决定了社会机制的性质与目的。"社会成员之间自由的同意，是合法的政治约束性的唯一理由[②]"。也就是说，国家和社会机制存在的价值，仅仅在于对公民自由权利的维护与保障。自由主义的政治理论诞生于对传统的封建秩序的激烈抗争，当时的自由主义思想的先驱们坚信政

① Juergen Habermas：Die Zukunft der menschlichen Natur. Auf dem Weg zu einer liberalen Eugenik? Frankfurt a. M. 2005，S. 47.

② Raymond Geuss：Das Unbehagen am Liberalismus，in：Deutsche Zeitschrift fuer Philosophie，4/2001，S. 504.

治权力的合法性不在于出生与世袭，而在于理性的约定。霍布斯致力于通过国家性权力的垄断而建构一种社会秩序，该权力垄断的基础是人们的契约，该社会秩序的目的在于维护和平以及作为自由之基础的人的生命。洛克则主张以法治国家来取代君主权势，而法治国家存在的理由就在于对每个人的生命、自由和合法获得的财产这样的自然权利提供保障。卢梭则试图将每个人原始的自由在作为道德共同体的共和国中重新塑造起来。二战以后，基于对纳粹反人类暴行的深刻反省，自由主义与人道主义以一种全新的姿态和气势开始统摄着人类社会规则的形塑与制定，人性、人道的伦理规范成为人的自我理解以及打造生活世界的核心要素，自由、人权、民主、公正的价值理念已然变为人际和谐相处、国家宪法精义以及国际政治秩序的建构性的基本准则。“一种相互认可、平等尊重、个体自主与自我责任的文化，为未来一个全球性的公民社会开辟了人类学与伦理学的基础，这一全球性的公民社会对一种人文主义的人的图景负有义务[①]”。

如前所述，自由主义坚持维护每个公民自主地规划其生活的权利。它要求国家必须尊重每位公民拥有自己对何为善好的、幸福的和成功的生活的理解，拥有自己的价值立场与道德行为选择，除非当事人的行为选项伤害到了他人的权利与社会的利益。于是，维护世界观的中立便构成国家权力合法性的一个基础；价值观念、对生活目的的理解、对生活方式的选择等的多元化与多样化，在自由民主国家便是一种常态；而认可自由选择作为一种抽象性的和形式上的真理，并以此为基点而秉持一种对世界的开放性与包容性，也是现代文明社会不同人类群体中唯一可以赢得认同和接受的东西。早在十八世纪末叶，古典自由主义先驱洪堡便指出，国家尽管必须维护公民的安全，但除此之外它不得干涉公民的私人生活，即便这种干预有利于公民个体的德性或幸福也是如此[②]。这就意味着，不论是国家、社会还是个人，谁都无权强迫他人依照自己的价值立场和道德观念来生活与行动。国家与社会之所以必须认可每一个人都拥有并

---

① Julian Nida - Ruemelin：Humanismus，in：Detlev Ganten/Volker Gerhardt/Jan - Christoph Heilinger/Julian Nida - Ruemelin（Hg.）：Was ist der Mensch? Berlin 2008，S. 18.

② Vgl. Raymond Geuss：Das Unbehagen am Liberalismus，in：Deutsche Zeitschrift fuer Philosophie，4/2001，S. 503.

实现自身价值的权利，原因就在于在一个世俗化的世界里，在一个道德真理从本质上来自于人们的契约而非是奠立于终极的宇宙本体或全能的上帝的时代，在有关对与错、是与非、善与恶的问题上，谁的判断都没有百分之百的绝对性、确定性、可靠性与自明性，故只有当事人自己才有资格确定何种生活值得去过，什么对自己是最好的选项，也只有他自己才能够最终为其行为承担责任。

第二节　道德：人的精神性的第二种体现

如前所述，人的本质在于其精神性，人的精神性的第二种体现是人的道德。我们常说，人的精神性赋予了人以一种能力，即通过自身的人性（humanitas）而将自己与其他动物区别开来。这里所谓的人性就是指人类道德，指人懂得人际相处的行为规则，这种规则是人出于自由而自行设定并自觉遵守的。尽管动物也有社会性，也受一定的行为规则的支配，但唯有人才通过语言、文字而建构起无论在广度还是在深度及复杂性上都是其他动物所不能企及的社会联系，从而使人真正成为一种社会生物、社会存在。人总是意味着与人相处，人的这种总是受制于与其他个体和社会的关联的境况，就迫使他在思虑、决断和行事的时候，既要从自身视角出发，也要从他人的视角出发。所谓文明，就在于不只是用自己的眼睛，而是也能透过别人的眼睛来观察自己和世界。正是这种与他人相处的必然性，为道德的产生提供了基础，即人既然一定要与他人相处才能存活的话，则就一定要遵循行为规则。故尽管人生而自由，但这种自由一定要受制于与他人的联系，即自由受制于道德，正是在这个意义上，不仅自由是人的本质，而且道德也是人的本质。道德意味着人际间的相互顾及，“或者正是在个体间视角转换的可能性中可以发现人之所以是人的核心[①]”。人的这样一种道德的实践，并非完全是与生俱来的本能，而更多的是

① Oliver Mueller/Jan – Christoph Heilinger：Zehn Thesen zur ‘Natur des Menschen’，in：Detlev Ganten/Volker Gerhardt/Jan – Christoph Heilinger/Julian Nida – Ruemelin（Hg.）：Was ist der Mensch? Berlin 2008，S. 194 – 195.

一种文化涵养与培育过程的产物，是人对传统与经验的学习体会的一个结果。人性是培养出来的，它能够成为动物性之外人的第二种本性，它完全取决于人类文明的自我塑造，从这个意义上看，人性的成长、道德的养成、精神的健全同基因及人的生物性并无本质的关联。

1. 道德：从直接性和差异性到抽象性和平等性

人类的道德观念，呈现出一种从直接性和差异性到抽象性和平等性的变化过程。而直接性的道德从某种意义上讲并不是自由选择的结果。中国儒家伦理是直接性、差异性道德的最大代表。儒家虽视仁爱为道德的核心，但这种仁爱首先是局限于近亲的。这样的道德就会出现两个问题。一是这种仁爱并非是出于自由的选择，而是奠立在血缘亲族关系基础之上的，仁爱来自于一种血亲关系决定的天然的道德情感，这种情感虽然强烈与稳定，但属于人人生而皆（应）有之的自然之物，是原始的、质朴的和直接性的。二是这种仁爱具有差等性。血缘关系的亲疏远近，自然决定了爱的强度的重轻差异：先是爱父母，“亲亲为大”；次是爱兄弟，“友于兄弟”；再次是爱朋友，最后才是“泛爱众”。尽管儒家也不否认应广施爱心，但由于其仁爱的基础是血亲之情、亲族联系，故从近亲之爱如何外扩为对没有血缘关系的陌生人的普遍之爱，便成为儒家伦理根本就无法逾越的一道逻辑鸿沟。由于无法将遥远的陌生人与自己的血缘亲族等量齐观，则泛爱众便很容易蜕变成为一个虽响亮振奋但空泛无力的口号。

儒家仁爱的血亲道德的直接性，决定了其对于不同对象的施惠力度的差异性。这一结果并不奇怪。因为儒家的这种直接的、差异性的仁爱道德从根本上讲就是为了维护等级社会的和谐稳定的。中国古代社会是一个建立在血缘纽带基础上的宗族等级社会。每位社会成员都据血缘亲疏和身份高低被排列在这一等级体系之中，扮演不同的角色，处于不同的地位，履行各自的义务。儒家认为附属于严格的等级结构，通过克己灭欲等修养方式奉献于家族的组织秩序，对于社会的和谐稳定和个人价值的实现十分重要。这样一种等级秩序的存在就决定了，一方面，每个人在这一社会整体中由于角色的差异而处于不同的地位，因而一种人人平等的意识或者人人共享的普遍道德便很难拥有生存的空间。另一方面，对于宗族群体而言，个人永远是第二位的。在宗法血亲原则成为最高的道德裁判标准的前提下，中国人找不到任何理由去叛逆家庭以及由此而衍生出的社会关系的网络，个体的独立性永远不如关系的和谐更为重要。个人的价值仅仅体现在由其角色所确定的对家族义务的履行上。因而个人权利与自身需求的想法，是很难在这样一种宗族群整体的文化环境中找到生发的土壤的。

尽管中国儒家学说中不乏闪烁现代文明价值的思想火花，如体现对人的尊严之重视的“三军可夺帅，匹夫不可夺志也”（《论语·子罕》），展示对人的生命之尊重的“行一不义，杀一不辜，而得天下，皆不为也”（《孟子·公孙丑上》），但在儒家伦理思想核心的逻辑论证上，却存在着一定的缺陷。儒家建立在血亲基础上的自然道德，呈现出重情感、轻理性、重熟人、轻陌生者的不足，表明这种道德思维还仅仅停留在直接性的阶段，缺乏抽象性与超越性，而且这种原始的血亲道德还直接导致了道德顾及的差异性，使平等的意识很难拥有生存的空间。这对于道德所应具备的基本特质——普遍适用性，无疑是致命性的，当然，这只是用现代道德的标准来衡量做出的结论。再有，儒家以仁爱为道德阐述的核心，明显缺乏了道德行为主体作为自由选择者之地位的维度。由于没有自由的意识，仁爱行为的主体有可能是被迫的，该行为者在整个的道德活动中或许仅仅起到手段的作用，而其本身并不是目的。仁爱行为的对象（作为受惠者的客体）更没有自由，而是很有可能成为施惠者实现自身目的与抱负的潜在工具。仁爱道德中的这种施惠者与受惠者之间的非对等关系，有可能与自由和平等原则相悖，这表明仁爱或许并不适合成为首要的或核心的道德内容。而在一个现代的文明社会里，如果自由与平等以及个体权利的理念能够得到贯彻，就必须实现一种从直接的、差异性的道德向抽象的、超越性和平等的道德的价值转变。

儒家伦理学向人们提供了一种经验，即在道德上，直接性必然导致差异性。而要寻求一种平等的理念和对所有的人都予以平等顾及的道德，就必须超越思维的直接性，达致思想的抽象性。这一点最早发生在古希腊苏格拉底的探索中。在古希腊时代，人们相信每个人的生活都是由命运和偶然性支配的。例如荷马（Homer，Homeros）便认定人的生活是由命运所决定的偶然事件的序列。这种悲剧性的世界图景没有得到苏格拉底的认同。他认为德性可以带来满足，任何事物都无法对一位真正的善者造成损害。“因而他便阐发出一种有关善品（益品）的新的概念，并且把它理解为是某种不朽的东西。在人的生活所能存在的所有善品之外，如健康、美丽、快乐、友谊、生命本身，他看到了一种高于所有其他善品的善品。柏拉图将之转变成有关善品的理念，它是所有价值成为一种和谐的超尘世的整体之神秘的融合。[①]”这里苏格拉底思想的价值，不仅仅是在于他用人的能动的行为成果来抗拒命定论，从而彰显人超越于自然的偶然性安排、能够掌握自身命运、成为自己的主人的能力，更重要的是，他没有停留在思维的直接性上，如像儒家那样专注于建立在血亲关系基础上的父慈子孝式的自然的道德情感，而是从诸多善品中，抽象出一种超越所有其他者的最高的价值。这种最高的善品，被柏拉图概括为善的理念，它是一切善行的目的和唯一真实永恒的价值基础，是道德的唯一根源。柏拉图则把苏格拉底的思想极致化，认定道德与人的感性思维没有本质的联系，抽象的理性才是可以通达道德的唯一途径，人只有通过理性才能认知理念世界，从而达到至善。尽管苏格拉底与柏拉图有关“轻感性重理性，轻具体的、有条件的善行重一般的、普遍的、永恒的善的知识与理念”的思想过于极端，但其伦理学探索的贡献恰在于，超越了思维的直接性而达致了思想的抽象性，他们通过对一种最高的价值理念——至善的建构，为一种可以向所有的人通达的并为每个人所平等分享的普遍道德和普世伦理的提出奠立了基础。

苏格拉底和柏拉图的这种有关至善的抽象性的理念，后来被导入基督教上帝的形象之中。上帝的出现，使人际关系极大地简化为上帝与每个人之间的单纯的关系。超越一切权威的上帝的命令，凌驾了所有人间的社会义务。个人良心可以依据上帝为终极的法理基础，来抗拒下至家庭上到国家所强加的束缚。基督教文化为现代文明提供了重要的价值源头：上帝造人，赋予人以理性和自由选择的能力以及由此而来的道德责任意识；上帝按照自己的形象造人，故赋予了人类以一种独特的尊严而使之超越了所有其他的生物；由于上帝造人，故人的生命与尊严同属上帝的礼物而需要得到无条件的尊重；由于人为上帝所

---

① John Gray：Von Menschen und Anderen Tieren. Abschied vom Humanismus，Muenchen 2013，S. 121.

造，故人是自在目的，而不可作为他人的工具或其他目的之实现的手段；由于人为上帝所造，故上帝与所有的人的关系便是父与子女的关系，由于同属于上帝之子女，人与人之间便享有平等与博爱，这里没有差等之爱，而只有平等的尊重与顾及，只要同为人类大家庭中的一员，就都应受到同等的善待。可见，抽象的上帝理念，造就了一种平等的观念和对所有的人都同等顾及、同等适用的平等道德，即普世伦理。这不仅是人类文明的巨大成就，而且也是伦理思想、道德意识的重大突破。

2. 抽象性、平等性道德的基本特征

西方观念意识在早期是既致力于神，亦通过神而致力于人的，最晚自尼采起，便主要是以人为中心了。近代自由主义、人文主义思想家就已开始剥除神秘的上帝外衣，用人性及人的形象来取代上帝的概念，以人际间的旨在利益的相互保障的理性契约，来阐释人类之所以享有自由、自主、人性、尊严、自在目的、基本权利、平等相待及道德责任等的终极依据。自由主义、人文主义开创的道德观念，不再是直接性、差等性的，而是抽象性、普遍性的，是平等待人的。

第一，这种普遍适用的道德的载体是个体之人。近代文明强调个体价值，不是说个体离开了家庭、社群和共同体原则上也可以生存，而是说人之存在首先是个体性的存在，只有个人的生命与寿命，没有所谓集体的生命与寿命。只有个体才可能作为一位自由自主的行为主体，他拥有自我意识，能够基于自身的利益、目标和信念来决断与行事，并为此而承担责任。人只能做自己的梦，感受自己的兴奋或头痛。“我们的行为越来越少地打下像性别、地域出身和社会阶层的印记，越来越强地取决于个体能力和偏好的作用。这种文化，是与决断和责任从社会向个人层面的转移相关联的。①”

第二，这种作为普遍道德之载体的个人，是与他人完全平等之人。启蒙运动的思想家承袭了基督教的上帝面前人人平等的思想，但人人平等地位的根源不能再归溯为上帝造人的理论，而是在所谓自然权利上寻求人人生而平等的法

---

① Michael Pauen：Eine unbekannte Spezies? in：Detlev Ganten/Volker Gerhardt/Jan－Christoph Heilinger/Julian Nida－Ruemelin（Hg.）：Was ist der Mensch? Berlin 2008，S. 200.

理依据。之后，自然权利之说被理性契约的设定论所取代，人的尊严、个体自由、人格平等等思想逐渐固化为现代文明的根基性立场与公共常识，构成了所有实证法理所当然的价值前提。这样，那种近亲、朋友、同胞的道德与法律地位要高于陌生人的想法，上等人要重于并支配下等人的观念，便失去了生存的土壤。哈贝马斯指出："所有的人都拥有同等的规范性的地位，都应拥有相互的对等认可，这样一种信念出自于人与人之间关系的根本的可逆性。谁也不允许以一种原则上不可回溯的方式依赖于他人。①"

第三，这种平等之人是自我目的。不同于在上帝身上寻求"人是自我目的"之说的理论根据的做法，康德认定人的理性、道德、自我超越性，使其成为自在的"目的自身"，这样也就实现了人从强加在他身上的所有束缚与桎梏中的解脱，终结了一部分人一生一世都仅仅是作为其他所谓人上人的奴婢与工具的地位。这实际上也就彻底改变了传统社会流传下来的对家长与子女之间的关系的理解。父母生育了子女，子女理应感激和报效他们。但子女并不是父母的财物与工具，而是一种自在的目的。"这后代不仅是我们的孩子，而且也是并且首先是崭新的、完全自主的人。因而我们不可以占有我们的人，这不仅是一项道德法则。我们永远也不可以占有他们。②"

第四，这平等之人享有人权。在道德理论中谈论人的权利，并不是一个历史传统。从整个人类思想发展史来看，道德一开始都是以一种义务系统的形态出现的，中国儒家道德是如此，伊斯兰教道德是如此，基督教的十戒也是如此。只是近代以后人们的道德思维才发生了从义务优先过渡到权利优先，人们这才意识到道德以人为载体，人首先并不是行为主体，而是需求的主体。我们必须从需求中引出权利，再从权利中推出义务。通过这样一种道德思维逻辑顺序的调整与反思，才有可能逻辑上重构道德的起源并把握住究竟什么才是最首先的道德规范。也就是说，人权以个体生活的事实为出发点，人权是对个体生活事实的一种反应性措施：权利是对需求的保障与应答。人的需求就体现在他

① Juergen Habermas：Die Zukunft der menschlichen Natur. Auf dem Weg zu einer liberalen Eugenik? Frankfurt a. M. 2005，S. 110.

② Zitiert bei Hans Goetz，vgl. Monika Gruetters：Menschsein bis zur Kenntlichkeit entstellt，in：Detlev Ganten/Volker Gerhardt/Jan – Christoph Heilinger/Julian Nida – Ruemelin（Hg.）：Was ist der Mensch? Berlin 2008，S. 106.

的有关个体生命、身心健康、声望自尊、自我认同、能力施展等方面的愿望上，他在这些方面是脆弱的、易受伤害的，因而需要权利措施提供保障。正是这种权利论证了义务。“绝对的、基本的或不可剥夺的权利（要求）论证了相应的义务或对应的义务具有‘优先性’。[①]”

第五，从平等之人所享有的人权中，导引出的义务首先表现为不伤害，其次为公正，最后才是仁爱的道德规范。如前所述，所有的人都拥有平等的权利，这种权利要求他人、集体或国家对之负有不去侵害的义务。故道德首先表现为不伤害的义务或规范。只要侵权事件发生，“只要绝大部分人在被欺骗、被愚弄、被偷窃或其生命被剥夺而受难，我们对他们当然就有道德义务，不欺骗、不愚弄、不偷窃他们，不剥夺其生命[②]”。不伤害是所有的人必须认同也能够遵循的行为准则，是在陌生人充斥的宏大社会里最基本的底线共识。紧随“不伤害”之后重要的道德规范是公正处事。公正应该说首先是人的一种自然而然的道德情感与直觉，尽管休谟称公正为一种“人工的德行”，与自然的德行如仁慈、近爱、慷慨相对立[③]。在现今时代，正如罗尔斯所言，公正已成为社会建构的第一德性。与不伤害相同，公正也是在不论熟人社会还是陌生人社会里，所有的人都能够认同也应当遵循的最基本的行为规范。在公正之后，重要的道德规范是仁爱。由于仁爱需要行为主体的主动付出，故其适用效力一般而言容易辐射于熟人世界，而在陌生人社会里，仁爱的理念仅靠倡导与呼吁是难以奏效的，其一些特殊的内容维度与精神（如危机场合中的紧急救援或阻止恶行）往往是要靠渗透于制度法规之中作为结构伦理而得以存蕴和体现的，如一些国家有关见死必救的法律规定。

3. 两种道德与适用范围

综上所述，道德是人的精神性的第二种体现。而人类的道德又呈现出一种从直接性、差异性到抽象性和平等性的变化过程。我们不能简单地说这种变化意味着两种道德的高下，而只是说明两种道德适用范围的不同。直接性、差异

---

① Steen O. Welding：Fundamenta Ethica，Stuttgart 1994，S. 113.

② Steen O. Welding：Fundamenta Ethica，Stuttgart 1994，S. 114.

③ David Hume：A Treatise of Human Nature，Oxford 1978，p. 577.

性的道德在近亲和熟人社会仍然起着调节人们行为的作用，而抽象性、平等性的道德则成为在广阔的国家性乃至全球性的社会里发挥普遍效力的行为规范。从直接性、差异性道德向抽象性和平等性道德的变化，反映了人类活动范围的扩展，从这个意义上看，道德构成了其所处时代的一面镜子。因而，我们应以一种尽量宽容的态度看待历史传统，直接性、差异性的道德及其包含着的对宗族群体的重视，或许构成了那个时代的个体与集体幸存下去的可能的条件。在古代和中世纪，我们今天所理解的自主个体的概念是很难出现的。一种能够自主选择的、以自身发展为目标并为自己成功幸福生活的决断承担责任的个体概念的形成，经历了一个漫长的过程。据说，这甚至与 1440 年欧洲印书术的发明有着直接的关系。只有印书术出现之后，一本书的作者才能确认。之前任何一本书都是集体的作品。因为在对书籍的手抄过程中，每一位抄者自己都是作者，可以随意增删书中内容。不论怎样，只是从近代开始，个人的地位与价值才有机会真正得到凸显，对平等、自主的个体的重视，才被视为社会的人道与文明的一种基本的特征。从功能的角度看，古代的直接性、差异性的道德与近代以来的抽象性、平等性的道德也有其各自的特点。前者强调道德是一种品性美德，通过灵修体验而得以培育提升，其结果不仅是社会的和睦，而且也是个人幸福的实现。而后者则强调道德是一种原则，注重道德作为规范在人际间交往活动中的调节作用，特别致力于将道德要求沉淀到法律框架中作为其价值底蕴而发挥强制性的约束力。在一个现代的、世俗化的、陌生人的社会里，国家的法律规范越是严密，则社会的道德风尚便越为淳厚。因为精密的法律规范的普遍恪守，久而久之就可以催发出宽展扎实的道德习惯。故法制的健全与完善，意味着道德的稳固与持久。作为动物世界中唯一拥有精神性的动物，只有人才有能力借助于对道德标准的设定和法律规范的固化，而为自己创造出一种文明的生活状态，从而从自然界的那种原始的刺激—反应程式中挣脱出来，赢得一种超越于先在的自然本性的那样的第二本性，即自由、道德的文明本性。

第三节　总结与余论

本章的出发点在于阐述人作为伦理学的研究主体，其本质或特征究竟是什么，构成了伦理学必须首先研究解决的一个前提性课题。人与动物的区别在于，人能够通过使用语言和文字，而形成一种与感性世界拉开距离的强大的抽象能力。因而人是一种自然生物与文化精神的二元存在。作为自然生物，人与其他哺乳动物一样，其生理活动受制于同一的进化进程。作为精神存在，人能够在一定意义上摆脱自然因果性的链条，形成一种自由自主的行为决断。在伦理学看来，人的本质就在于他的这种精神性。而精神性又体现为两个层面。一方面，人是能够自由选择的主体。另一方面，人又是能够道德行动的主体，所谓道德本质上体现为不伤害他人、公正处事和必要时的驰援（仁爱）。

由此看来，伦理学中人的镜像，闪现出两道光谱，一是自由，二是道德，两者均为人的精神性的体现。对于伦理学而言，自由是现代道德的奠立基础，道德则为自由的持存和真正实现提供保障。在伦理学看来，道德是人的精神性的体现，人因这种精神性而超越于动物。但人毕竟仍然是动物。人与动物一样拥有生存及更好生存的愿望。区别在于，人能够更自觉地运用道德的调控作用使自身的目标得以更好的实现。康德认为，我们只有在将自己视为自主的、拥有自由意志的个体之时，才能为我们的道德体验赢得一种意义，即意志自由是道德选择的前提。而叔本华则认为，我们的选择并非是自由的，而是受制于自身肉体上需求的驱动，这包括对饥饿的恐惧以及对性的冲动。理性不过是意志的奴仆。笔者觉得这两种说法应统一起来，才能体现道德上的真理。康德讲得对，道德的确是自由选择的结果，但康德维护道德作为一种自在目的的地位的做法，便是不可理喻的了。康德说商人不欺，不是为了好的名声，而是为了诚信。但谁也找不到任何逻辑上的雄辩理由来说明诚信带来名声有何不妥？历史上为了尽义务而尽义务者只是极少数，脱离了对任何利益的考量，康德根本就无法真正完成对义务的论证。人是理性的动物，但动物毕竟是拥有欲求的。人类创造道德，不可能与这种欲求的满足完全没有干系。道德本质上体现为不伤害他人、公正处事和必要时的驰援（仁爱）。所有这些归根到底也都有维护自身利益的作用，也就是通过自身的对一系列规范的遵守，通过对自己所选择的行为强制，来稳定人际间的共存。故“在狭窄的意义上道德关涉到他人生命的持存，……从宽泛意义上讲道德应当是对自己的善好生活提供保障。[①]”换言之，“从定义上讲伦理上所要求的行为并非必然与自利的满足相矛盾[②]”。道德说到底是所有的人更好生存的手段与工具。对于行为主体而言，道德不会让其吃亏。正如包容与慈善是长寿的秘诀那样，援助他人也构成了当事人自身前途的一项投资。孔子之言“己欲立而立人，己欲达而达人”（《论语·雍也》）也是深含此意。从宽泛的意义上讲，道德与自利是一致的，道德的实现与动物自保的本性原则上并不冲突。

一切最复杂的事物常常生发于最简单的事物，简单或单纯是万物之母。正如只有清澈的湖水才能尽显湖泊的深度那样，只有最澄明的单纯才能达到最深刻的复杂。伦理学中的人的镜像并不复杂：人是一种动物，拥有一种精神性而有别于或超越于动物。动物性与精神性是人的一体两面。卢梭有关人性的首要法则是要维护自己的生存，人性的首要关怀是对其自身的关怀的论断，只是证明了人的基因中所隐含着的一份应有的自利主义，而不是要否认人同时也拥有同情、设身处地为他人着想的道德能力，更不可能遮盖人类通过伦理、法律来建构公正的制度，历经文艺复兴、启蒙运动、宗教改革、法国大革命的洗礼，秉持个体主义、市场经济、民主法治所谓现代化的三大法宝，把理性道德与人权理念作为形塑生活世界与政治共同体的基础，从而创造出一种前所未有的文明状态的事实。对伦理学中人的形象的反思，决定了我们对人的道德应该抱有一种适宜的期许。人既不应成为小人，也不可能成为圣人。我们所能期待与建构的，是一种常人的道德，他适度、平和、不偏激、不过分、自由自主、守德守法，不伤害他人、公正处事、需要时能伸出援手，善于在利己与利他之间保持一种恰适的平衡，是主张权利与承担义务的统一体。正是从这个意义上讲，“合宜的伦理学的目标在于一种人性的尺度，而不在高于或低于这一尺度。[③]”

---

① Kurt Bayertz：Warum ueberhaupt moralisch sein? Muenchen 2004，S. 41.

② Michael Quante：Einfuehrung in die allgemeine Ethik，2. Auflage，Darmstadt 2006，S. 13.

③ Michael Quante：Einfuehrung in die allgemeine Ethik，2. Auflage，Darmstadt 2006，S. 71.

第二章

何为伦理学

NOMEN VIRGINIS.
ΜΡ ΘΥ
Luc. I.V. 26.
Sub gratioſo Nomine
Matrisq, Virginisq,
Vertumnus æneis Auctior
Recusus est Figuris.

第一节　伦理学、伦理、道德、行为规范

尽管在一个哲学日渐式微的时代，以道德为研究对象的伦理学似乎仍然一枝独秀、后劲不衰，但这却也无法掩饰人们在道德本身究竟还有没有价值与作用这一问题上出现了明显的意见分歧这一事实。卢曼（Niklas Luhmann），著名的社会学家，是鼓吹道德无用论的典型代表。在他看来，经济、科学、法律业已形成各自相对独立的功能体系，分别服从于其自身的规范约束。与此相对，传统上的道德的作用在当今变化了的社会里早已丧失殆尽，再也难以担当把社会整合在一起的重任。反之，赫费（Otfried Hoeffe），重量级的伦理学家，则坚信尽管社会已经巨变，但道德却并没有也不可能退场，同金钱、军力、政治及媒体一起，依然构成了统治世界五大势力中的重要一环。

我们把这一难有结论的争论放在一边，继续讨论似乎更为基础性的问题。如上所述，伦理学是以道德为研究对象的哲学学科，是对道德现象的哲学反思和哲学理论，故伦理学亦被称为道德哲学。伦理学是一门古老的学科，同哲学本身一样历史悠久。第一位使用"伦理学"这一概念的据说是亚里士多德，他以伦理学来探究行为上的善及正确的问题。近代有斯宾诺莎试图以数学为样板，建构一种体现精准知识的伦理学，可惜未能成功。并非所有的伦理学大师都乐于为自己的伦理学著作取上"伦理学"的书名。例如，功利主义的奠基者边沁的著作题为《道德和立法原则导论》。义务论的最大代表康德的大作之一是《道德形而上学原理》。这可能是出于他们要与亚里士多德的幸福论伦理学和德性伦理学拉开距离、标出新意的动机。

伦理学大家可以不在自己的大作中用"伦理学"作为书名，但在内容上却不能不探究道德现象，因为毕竟伦理学是关于道德的哲学。道德（moral）一词源自于拉丁字 mos（复数为 mores），mos 则要归溯于西塞罗对希腊词 ethos （ἔθος；ἦθος）的翻译。而ἔθος意为风俗、习惯；ἦθος意为品性。这样道德便有了两重涵义，它既是指在某一共同体中施行的、涉及主体间关系的外在规范——习俗，也是指内化于个体行为之中的由个体自身所信奉的内在规范——品性。一句话，"道德"就是人际相处的行为规范。由于 ethos（ἔθος习俗；ἦθος品性）又构成了 ethics（伦理学/伦理）这个概念的来源，故从词源上讲，ethics 与"道德"大体上是同义的（只是在 ethics 里所包含的"伦理学"之意，因指的是"关于道德的学问"而区别于"伦理"之意），所以"伦理"与"道德"甚至基本上可以互换而用。据说亚里士多德最早使用了具有当今我们所理解到的涵义的"伦理学"概念，ethos 这个词在他那里是指一个群体中的人基于过去的习惯共同运用的行为方式，这种习惯拥有善的及正确的意涵，故他把伦理学理解为关于善的及正确的行为的学说。

第二节　实存世界、价值世界、价值、价值观

如前所述，道德不论是作为调节群体行为的外在习俗，还是作为指导个体行为的内在品格，均是以行为规范的形式表现出来的。换言之，道德就是行为规范，于是我们便拥有了关于道德的初始定义："道德"就是人际相处的行为规范。

对行为规范的服膺是人类特有的属性。人有别于动物，就在于其行为受控于自我反思的能力，这种精神性的自控行为有别于自然界中的物理化学活动、植物的生长过程和动物的本能行为。尽管人与动物一样也要服从于生物学意义上的自然需求，但唯有人才有能力依凭其自控机制来驾驭这种本能需求，使之不伤害到与同类的关系。人生活在人际间的关系之中，只有相互扶持才能共同生存。关系中运行着行为规则与规范，合乎规则或规范的行为才可能是正确的行为。于是，人不仅生活在一个大自然的客观世界中，而且也生活在支配人际关系的行为规范的世界之中。

但是，"规范世界"这一提法并不是一种盛行的、准确的提法。由于规范只是价值的一个组成部分，故人们经常使用的概念是所谓"价值世界"，与所

谓“实存世界”相对应。实存世界大体上指的就是上述的大自然的客观世界，其客观实存独立于人类的感知与理解。实存世界是经验科学的研究对象，经验科学借助于观察和实验对客观世界中的某一事态或现象做出纯客观的描述，获得相关研究对象是或不是、真或假的知识。而价值世界则存在于人的主观精神的判断活动之中，人们不再是对某一事态或现象做出纯客观的描述，而是做出有用或无用、有益或无益、好或不好、值得或不值得、应当或不应当、正确或错误、善或恶的价值估量与评价。其中有用的、有益的、好的、值得的、正确的、善的都体现出了一种应当，而无用的、无益的、不好的、不值得的、不正确的、恶的都体现出了一种不应当，故“应当”构成了价值世界的核心诉求。应当之物是价值世界所追求的全部目的。而应当之所以是应当，又是由理由所支撑的，是可以得到论证和辩护的，只有通过理由，人们才能信服这个应当。可以说，应当通过理由而驱动和托举着这个价值世界的存在。换言之，价值世界之所以能够出现，最终源于其拥有支撑着自身存在的充足的逻辑理由。例如一种“不说谎”的规范性要求或价值诉求，凭借其自身的合法性而就具备其存在的逻辑必然性，“即便是事实上所有的人都撒谎，存在着一个全球性的撒谎者的共同体，则‘你不应撒谎’这一规范的普遍适用性，也绝不会因此而废止①”。

顺便一提的是，实存世界与价值世界的划分又导出了自然科学与精神科学之间的区别问题。由于实存世界里得到描述的是事实的客观的真假状态，而价值世界里得到勾画的则是价值诉求的应当与否，故无论是休谟还是韦伯均坚信实存世界与价值世界是相互独立的两个世界，在事实与价值之间存在着不可逾越的清晰界限。基于这一理由，十九世纪与二十世纪之交的新康德主义把科学划分为精神科学与自然科学。前者关涉到人的意图、意义问题和价值。后者的研究对象则仅仅是“硬”的事实，自然科学远离任何价值性的陈述。当然，这种说法完全是片面的，它忽略了自然科学研究者观察视角的主观性的问题。赫泊福尔（Karl Hepfer）举例说：“所有的（经验）已存物是从不同的视角得到观察的。一只杯子既可以说是半杯满，也可以说是半杯空。……这只有当我

---

① Annemarie Pieper：Perspektiven der Angewandten Ethik，in：Helmut Reinalter（Hg.）：Ethik in Zeiten der Globalisierung，Wien 2007，S. 97.

们明确了自己的目的才能回答：在这件事情上我们想知道什么？为此我们必须评估这件事对于我们重要的是什么。……至少是在这种弱的意义上，被误以为价值中立的‘事实’陈述是有赖于‘价值’或者规范决断的。事实陈述——如自然科学中的——与伦理学的规范陈述之间的本质区别就在于，伦理学把规范性清晰地认可为其对象领域的具有定义性质的特征，而在自然科学中规范性是一种理论建构的调节性因素，它常常是未得到认可[①]”。

既然已经谈到了价值世界，则我们就不可能不对“价值”概念本身做一更详尽的探究。所谓哲学意义上的价值，指的是一种好的质量或优秀的性质，值得人们努力追求、尽力获取。价值这种好的质量或优秀性质来自于人们的需求。施吕特尔（Wolfgang Schlueter）指出：“肉体上、心灵上和精神上的需求要得到直接的满足。如果满足不了，则从这种需求中便产生出一种价值。……对需求的满足在我看来是有价值的，我思考实现这一价值的途径[②]”。换言之，需求决定价值，能够满足需求者，便是有价值的，价值的大小取决于对人的需求的满足能力。人们会对具有不同满足能力的事物进行估价，并力争最有价值之物。基于满足人的需求的能力大小，价值自身便呈现出一个高低的等级序列。

价值作为一种好的质量或优秀的性质，既可以以物质为载体，亦可以以观念为载体。但价值本身却不是某种能够独立而存的自在之物。价值既关涉到客体的属性，亦关涉到主体的评价，故既非是纯客观的，亦非是纯主观的，而是一种介乎主客体之间的东西，像颜色那样属于所谓的第二质或次级质。就此而言，价值不能独立于人类整体而存在，不可能脱离人际间的相互关系；但在特定情况下却可以独立于某个具体的人类个体而存在，对于他而言，价值在某种意义上是先于他出生时就已在其身边存在着的、由历史造成的客观事实。

从学术史的角度来看，价值这一概念来自于经济学，表征物品在市场中的交换价值。直至 19 世纪下半叶，价值这一概念才进入伦理学的讨论。当时旧有的形而上学整体崩溃，自然科学技术研究的丰硕成果支撑着一个机械化的世

① Karl Hepfer：Philosophische Ethik，Goettingen 2008，S. 28 – 29.

② Zitiert bei Wolfgang Schlueter，vgl. Gerhard Schweppenhaeuser：Grundbegriffe der Ethik zur Einfuehrung，Hamburg 2003，S. 13.

界图景。洛采（Hermann Lotze）认为，除了这一机械主义的纯因果性的世界图景之外，还应有一个与之相独立的价值的领域。他区分了事实与评价、自然科学的自然法则与能够做出估价的理性，认定自然科学中的客观规律有别于主观性的现象，后者是由价值论来把控的。通过第一次将价值概念引进哲学，洛采论证了除了机械主义的功能之外，世界整体中还应有一种意义需要得到实现。舍勒（Max Scheler）则阐发了自己的价值哲学，他认定存在着一个完全独立于人类的价值王国，其自行运作并依据客观标准形成一个序列，像“勇敢”、“高贵”、“高尚”这样的价值处于上列，而“卑劣”则排在底层①。在舍勒看来，价值并非是我们对某种存在物进行评价的结果，而是相反，我们是依照客观存在的标准来评价事物的状态的。

当价值是以观念为载体表现出来的时候，就形成了所谓价值观或价值观念。价值观或价值观念体现着人们对社会精神层面中什么东西是好的、有益的、值得追求的等的总看法。就价值观而言，似乎存在着传统与现代之间的区别。这种区别又有着不同的划分方式。一种方式将传统价值称为义务—承受的价值，表现为注重纪律、服从、义务、勤奋和谦虚；同时又将现代价值称为自我发展的价值，表现为注重自由、创造、享受、解放和参与。另一种方式（代表人物为美国政治学家 Ronald Inglehart）将传统、保守的价值称为物质主义价值，表现为注重追求富裕、繁荣经济、秩序与安全、个体自由、政治参与；同时将现代价值称为后物质主义价值，表现为重视非物质性的生活目标，如工作中的满足感、个体发展、自尊感、环保意识、志愿服务，等等②。就某个地区、某个历史阶段的情况而言，也可能出现一些价值观念上的微调与差异。比如“9・11”之后，在美国就发生了从过去重视自由、权利、隐私到今天更关注生命安全的价值观的变化。德国价值研究专家希尔曼（Karl - Heinz Hillmann）指出：“在当今时代价值日益丧失了其文化上的自我理解性的特色以及其在宗教—形而上学上得以论证的对绝对性的要求。相反地广为传播的观念是，价值是历史性地产生，具有偶然性的特色，在文化上是相对性的，因而

① Vgl. Gerhard Schweppenhaeuser：Grundbegriffe der Ethik zur Einfuehrung，Hamburg 2003，S. 9.

② Vgl. Hermann T. Krobath：Werte，Wuerzburg 2009，S. 534.

也是可变的[①]”。

当然人们大可不必生发出一种错觉，即认为价值观的流变就如同一列开始加速进发的列车，是沿着从传统到现代的轨迹、依托内在逻辑发展必然性的驱动、朝着某个既定目标直线式行使下去的。实际情况在于，除了某些极端落后的价值观念受到时代的不可逆的淘汰和抛弃之外，一般而言新旧价值、传统与现代价值并非是处于极端对立、水火不容的关系，不论是对于一个社会整体，还是对于某个具体个人，都有可能出现两种价值导向的共存并举、相互补充乃至互相融合的局面。这种错综复杂的价值多元主义的格局，要归因于现代社会中人们在价值观念选择上空前宽泛的自由度。希尔曼认定，“在当今自由和多元化的社会里，越来越多的人在相当大的程度上自行决定其价值导向和生活目标[②]”。当然，自由选择并不意味着为所欲为，“在能动的知识社会里，个体日益服从于这样一种必然性，即负责任地顾及其由价值所导向的行为的后果[③]”。

第三节　普遍价值

值得指出的是，无论新的价值如何耀眼夺目，旧的价值如何挟势荣归，人类价值观念的起承转合、展演嬗变的图景不管怎样纷繁复杂，却总是难以逃脱一个“总的主题”的导向，难以逃脱一个“总的基点”的支撑，难以逃脱一个“总的色调”的投射，这就是：越来越人性化。且对这种人性化价值的接受与坚守，是朝着一个不可逆的进步方向持续的。这种价值也可以被称为是普遍价值。

并非所有时代的人们，都有幸享受这种惠及每位人类个体的普遍价值。在古希腊和中世纪，人世间的价值诉求与秩序安排或者被看成是来自于本体论意义上的宇宙整体，或者归溯于上帝的创造。例如古希腊的柏拉图、亚里士多德就特别强调伦理学与本体论、宇宙论之间的内在关联，认为道德行为规范是人们从秩序完美的本体结构中推导出来的。到了中世纪，人间的行为法则被视为

---

①②③　Zitiert bei Karl – Heinz Hillmann，vgl. Hermann T. Krobath：Werte，Wuerzburg 2009，S. 541.

来源于超验的上帝的旨意。这种外在创设的价值秩序虽然给人们带来了安稳感，但作为个体的人本身在这巨大的魔化的宇宙整体或上帝形象面前却是渺小的、卑微的，是没有地位、尊严和价值的。“为了成为真正的人，个体必须尽最大可能把自己贬低为是个别的、为肉体所束缚的生物。苏格拉底要求一生中一直到死都要训练自己，从而使心灵从经验性的负担中解救出来；柏拉图描绘了从地域的深渊，即肉体的地域朝向理念之光，直到与善的理念合为一体的道路；斯宾诺莎有关自我的自己上升到神的实体的命题——这些以及类似的观念提出了基于一种客体的、给生命的意义提供保障的最高原则，也就是这样一种拥有着超感性的、非经验性特质的客体。为了能够分享这一客体，作为有限的、可逝去的，无法与时间抗衡、因而是一种劣等物的人，就必须放弃作为主体的存在①”。古代与中世纪没有也不可能给予人们以享有普遍的、人性化的价值诉求的机会。

这种巨大的价值观念的革命发生在近现代。“近代在十六、十七和十八世纪的崛起，在精神和观念史上被看成是巨大的转变，甚至说是一种划时代的突破。这几百年来宇宙和地球上的发现，革命化的政治和宗教巨变以及经济和社会的转向，也包括崭新的人的图景及道德谋划，被精神史概括为一种对近代自我理解的总体把握。按照这样一种近代的自我理解，人是一种赋有理性的、自由和自主的主体。从根本上说他是无法原初异在地被决定的，而是自我决定他所生活于其中的秩序、机制以及他所乐于遵循的道德与习俗。谁也无须被迫服从于并非他出于洞见和自由的决断所接受的一种秩序、一种法律、一个国家或一个地区，更用不着说一种信仰。就此而言，作为每个人保障个体免受异在强制侵害的普遍适用的权利的人权，便是近代人类自我理解和自我组织的一项最伟大、也是富有成效的事业②”。

这一革命性的突破，在伦理学中便表现为康德—哥白尼式的转变。康德实现了以自我反思的范式对本体论范式的取代。人的行为规范不再被归溯为客观的宇宙的秩序或神圣的上帝的权威，而是需归因于人的选择的自由、人的自我

① Annemarie Pieper：Perspektiven der Angewandten Ethik，in：Helmut Reinalter（Hg.）：Ethik in Zeiten der Globalisierung，Wien 2007，S. 93.

② Juergen Huellen：Ethik und Menschenbild der Moderne，Koeln 1990，S. 2.

立法的自主性。康德坚决反对传统思想中对活生生的、具体个人的贬低，他认为，“消弭于某种非人类的或外在于人类的东西，这不可能是人的规定性。人只有当他自我决定并且在其自我决定的范围内同时决定所有的客观之物，他才是完整的人[①]”。

19 世纪欧洲的市民革命，更是诞生了以“平等权利、宽容和精神—良心自由”为特征的主导价值。“结果是‘人的从传统的内在和外在权威的解放’以及‘个体生活目标之确定的私人化’。……在这一基础上，西方社会在两次世界大战后启动了一种价值变迁，其氛围是普遍的社会变化（理性化、现代化、个体化、多元化）以及教育和富裕水平的明显提高[②]”。

由此我们可以看到一条价值取向与价值观念渐变的清晰脉络：摆脱了神秘的宇宙本体以及上帝偶像之魔力的束缚，人们从近代开始启动了人的作为自由主体的自我授权，逐渐告别了咎由自取的自我贬低与自相伤害，努力建构起了一种人道相待的价值导向，并使之成为共同生活的底线性的精神基础。特别是在二战之后，人权与人道的理念随着国际法制化的进程更加深入人心。这时人们才有可能真正持有惠及所有人类个体的普世性的“人性化”的价值观念，并真正分享到这种价值观念给全人类带来的益处：物质生活的提高与民主权利的增进，正如英格尔哈特（Ronald Inglehart）所言，“经济繁荣、增强自我表达的价值和强化民主，构成了人性化发展的融贯的并存体[③]”。

我们这里谈论价值、价值观或价值观念的目的，还是为了前面已经开始的对行为规范的探究。如前所述，从广义上讲，行为规范也属于价值观念，故道德规范是价值世界的一个组成部分。作为组成部分，行为规范拥有价值观念的所有属性。两者的区别在于，行为规范是价值观念的窄化、纯化或升华，这种升华或纯化的标准是普遍性与共识度，也就是说，最能够赢得广泛接受与认可的价值观念就有机会上升为行为规范。“可以普遍化的价值就够格导致为规范。像生命、自由、安全、健康、和平、家庭、法治国家性等这样的价值便可

① Vgl. Annemarie Pieper：Perspektiven der Angewandten Ethik，in：Helmut Reinalter（Hg.）：Ethik in Zeiten der Globalisierung，Wien 2007，S. 93.

② Hermann T. Krobath：Werte，Wuerzburg 2009，S. 532.

③ Zitiert bei Ronald Inglehart，vgl. Hermann T. Krobath：Werte，Wuerzburg 2009，S. 546.

以穿上规范或法律形式的外衣。不应杀人的规范，根基于每个人对其生命和生存下去所赋予的这样的价值。从这个意义上讲，人们可以谈到‘道德基本价值’[①]”。行为规范与价值观念的关系是：“规范以价值为前提。从本体论上讲价值在先。而规范则在概念—观念的角度来看是占上位者[②]”。作为价值观念的固化，“规范是有约束力的应当之要求[③]”。“规范是实现价值的确定了的形式，该形式减轻了对理论的运用[④]”。通过规范的强大的约束力，人们控制了自己有害的冲动，维护了自身与他人的需求，“规范稳定社会的相互作用[⑤]”。从表现形式上看，价值往往通过单个名词得以表达，如自由、安全、正义、民主。而规范除此之外往往还可以借由短语短句得以表述，呈示为规则条例。这些规则条例又无非具有两种形式，一是消极性的禁令，二是积极性的指令。消极性的禁令表述清晰，执行起来简单容易。而积极性的援助的指令则在执行力的强度与范围上具有不确定的特点，故需要执行者具备更多的判断力。这里可以一提的是，从某种意义上讲，作为个体内在品格的德性也是规范的一种，“因为德性总是可以回溯到规范[⑥]”。于是，通过价值观念纯化上升为行为规范，价值论便完成了向伦理学的过渡。

第四节　自然的或特殊的道德与道德相对主义

尽管与价值观念相比，行为规范具有普遍适用、体现共识的特点，但从历史上看，行为规范的施行总是开始于某一特定的人类群体，也就是说，总是表现为在某一特定的时空环境下，为某一特定的人类共同体所日常认可、信奉和践行的习俗、惯例、常规和品性。这种在某一特定人类群体中实际践行的并且

① Konrad Ott：Moralbegruendungen，Hamburg 2001，S. 42.

② Konrad Ott：Moralbegruendungen，Hamburg 2001，S. 43.

③ Gerhard Schweppenhaeuser：Grundbegriffe der Ethik zur Einfuehrung，Hamburg 2003，S. 13.

④ Zitiert bei Wolfgang Schlueter，vgl. Gerhard Schweppenhaeuser：Grundbegriffe der Ethik zur Einfuehrung，Hamburg 2003，S. 14.

⑤ Konrad Ott：Moralbegruendungen，Hamburg 2001，S. 43.

⑥ Konrad Ott：Moralbegruendungen，Hamburg 2001，S. 56.

因人群的不同而各自差异的行为规范，就体现了道德概念的第一个层面的涵义，或者说是体现了道德的纯形式上的功能性的定义。

道德概念的第一个层面的涵义是，所谓道德（Moral），是指某一族群或文化共同体自然生成的、通过传统流传下来的行为规范系统，其合法性与约束力来自于人们的相互认可，其作用在于规范和调节该族群或文化共同体内部的行为模式与利益需求。经验事实告诉我们，所有的人类群体均存在着各自的行为规范，均拥有着自身特定的道德。“道德是一切规则（规范、价值观念）的总体，这些规则服务于一个社会或群体的持存与稳定。就相关不同的群体而言，指的可以是一个家庭或一个家族，一个宗教共同体，一个养鸽协会，一个国有社团，一个犯罪组织以及许多其他单位[①]”。换言之，由于道德在这里是指某一族群或文化共同体内部的行为规范系统，因此不同族群与文化共同体的道德就会因其各自在历史传统、经济状况、地理环境、精神风貌与宗教信仰上的差异而各显特色，这样也就造成了东方国家有东方国家的道德，西方国家有西方国家的道德，伊斯兰教、天主教、新教、道教、佛教、各种邪教乃至纳粹均各有其自身的道德系统。所以，尼采在《查拉斯图拉如是说》中也说：“任何民族不判断价值，便不能生存。如果它要生存，它判断的标准，应与邻族的不同。许多事物被此民族称为善的，彼民族却认为可耻而加以轻蔑，这是我发现的[②]”。

这种相互差异着的、作为仅仅适用于某一族群或共同体内部的行为规范系统的道德，被休谟和柏格森（Henri Bergson）称为自然的（休谟）或特殊的（柏格森）道德，与后面我们要说的普遍的（柏格森）或人工的（休谟）道德相区别。柏格森指出：“我们的道德义务首先是在家庭和邻居这样狭窄的范围里学到的。这关涉到一种从生物根源中生长出的特殊的道德，我们基于这一封闭的社会给我们施加的压力而将此道德内化于心[③]”。自然的、特殊的道德的核心就是仁爱近亲，它奠基于人们最原始、最本能的情感直觉。奥特（Konrad Ott）指出：“在许多传统社会中，道德和法律义务仅仅适用于家族或民族的同

① Franz M. Wuketits：Wie viel Moral vertraegt der Mensch? Guetersloh 2010，S. 15.

② Friedrich Nietzsche：Also sprach Zarathustra，Teil I；Von tausend und Einem Ziele.

③ Zitiert bei Henri Bergson，vgl. Kurt Bayertz：Warum ueberhaupt moralisch sein? Muenchen 2004，S. 213.

胞[1]”。作为自然道德的仁爱近亲既然是由我们的生物本性所决定的，因而也是不可改变的，故也是无需论证和辩护的。与仁爱近亲相对应的，便是对陌生人的敌意，“在许多道德中，陌生人要么是客人，要么是敌人。这种道德统治着人类的历史。人们把其描绘为特殊的道德，因为这种道德在一种特殊的‘我们’与‘其他人’之间划出了一个清晰的截面[2]”。尼采甚至认为，“族群道德最初的作用在于抵御异在的文化[3]”。

正是鉴于这种只适用于某一族群或共同体内部的、仁爱近亲和防范异族的，并且是相互差异甚至彼此冲突、没有通约的可能性的自然的或特殊的道德的存在，有些人便奉持道德相对主义的立场。道德相对主义把道德仅仅理解为是自然的道德、特殊的道德，故在它看来，道德只适用于拥有共同文化、历史世界观和宗教背景的人。道德相对主义进而否认有绝对的道德真理与绝对的伦理价值，认定任何道德准则的规范性约束力都取决于其事实上的被承认和接受与否，而这又受制于特定的变迁着的历史文化传统、地域环境、社会条件、经济秩序和阶级归属等相当复杂的外在要素，故而任何道德判断与伦理规范都是因时因地相对的，无法得到所谓人类共通的理性论证，难以要求拥有一种超越历史传统与社会现实差异性的绝对的普遍适用性。于是，人们永远不能简单地说某种事物在道德上是善或正确的，而只能说所讲之物对于某个人（某个社会、某个道德传统、某个历史时代）并且相应地根据某种标准在道德上是善或正确的。换言之，每个人都应根据他所属的那一个社会时代或道德传统所认定的伦理规范或价值标准来生活、行动和做出道德判断。该道德传统或文化共同体认可是正确的，就是正确的。这就导致了，从经验事实来看，人际间、共同体际间道德观念与见解上的分歧与差异是永远也难以消除的。历史的长河向我们展示了一幅人类社会各种价值观念相互差异与冲突的真实画卷：有的文化共同体倡导一夫一妻，有的则认同多配偶制；有的民族尊重人的生命权利，有的（如爱斯基摩人）则允许杀死无法自立自理的老人；有的社会宽容性开放、性解放，有的则严守性禁忌，并且寡妇必须殉夫、通奸者应用乱石砸死。由于道德观念因文化共同体的不同和历史时代的差异而变幻莫测，由于不存在一种

---

①② Konrad Ott：Moralbegruendungen，Hamburg 2001，S. 18.

③ Vgl. Annemarie Pieper：Einfuehrung in die Ethik，Tuebingen und Basel 2000，S. 56.

普世性的终极意义上的价值基准，故将伦理学视为一种道德科学的努力，从一开始就要以失败而告终。在当代应用伦理学的讨论中，人们更加深刻地感受到了这一点：在一个价值观念多元化的时代，拥有着不同文化传统与道德立场的人们尽管能够坐在一起，试图以非暴力的方式解决纷争，但在许多伦理悖论与道德冲突问题上，却绝难达成共识；寻找出一个大家都能认可的处置分歧的有效方案的努力与希冀，就这样销蚀在无穷无尽且永无结果的讨论与争辩之中。近来使道德相对主义再次甚嚣尘上的缘由，便是该立场对人权原则的普世性的否定。出于各种复杂的政治、经济、文化等方面的目的，不少人认定人权只是欧洲、北美或简单地说只是西方的发明，因此也仅适用于它所起源的文化与传统。任何一种观念与行为模式，只要合乎某一文化共同体的宗教信仰与道德原则，便是合理的，无论它是否与人权价值相冲突。人权无普世性，是道德相对主义的必然结论。

尽管道德相对主义得到了像伽达默尔、罗蒂（Richard Rorty）、利奥塔（Jean－François Lyotard）、哈曼（Gilbert Harman）、麦金太尔（Alasdair MacIntyre）这样重量级哲学家的持有与力挺，但人们对之做出理论上的驳斥却并非是一件困难之事。最起码就在于，我们可以指出道德相对主义逻辑上的自相矛盾。道德相对主义者否认普世性的共同价值的存在，断言“一切道德判断在有效性上都是相对的”，那么这句话本身不也正是在证明一种普世性的存在么？如果道德相对主义者根本否认普世性的存在，则“一切道德判断在有效性上都是相对的”这句话便也完全是相对的，其逻辑结果则必然是“一切道德判断在有效性上有时是相对的，有时是绝对的”。可见，断定“一切道德判断在有效性上都是相对的”的道德相对主义者，本身也在追求一种普世性的要求，只是他们自己不敢承认，否则就会自陷逻辑矛盾。

另外，道德相对主义从“任何行为主体都应依据他自己所归属的道德传统来行动和做判断”中，得出所有的行为主体都应相互宽容和不干涉他人的道德实践的结论来，但是宽容异在的道德立场和不干涉异在的文化共同体内部事务的原则本身，也是一种不折不扣的普世性要求，这种要求显然又与道德相对主义反普世性的基本立场正相冲突。

再说道德相对主义对人权普世性的否定。道德相对主义否定人权普世性的一个理由，在于人权起源于西方，故也仅适用于西方。因而其他文化共同体的道德规范如果与人权相冲突，并不能成为该道德规范应得以否定的理由。其实，这种说法的根本错误，就在于把起源与效用混为一谈了。起源于西方的人权理念，从脆弱的思想萌芽到刚性的法律原则的蜕变过程是一个充满了曲折与艰辛的缓慢过程，其中起决定作用的是血腥恐怖的人道灾难给人类自身带来的历史教训。如果其他文化共同体没有遭受这种苦难，应当说是一件幸事。但如果说人权原则只适用于其起源地——西方文化共同体，而不适用于其他文化共同体，这无异于是说其他文化共同体要享受到人权原则的益处，就必须重复西方式的人权的苦难的生成过程。其实，规范的起源与规范的效用完全是两回事。人权的起源固然有着明显的西方色彩，但人权的效用却并非只适用于西方。这就像电脑虽为西方人发明，但这并不意味着电脑不可以在全世界普及那样。道德相对主义在理论上是错误的，在政治上——由于其反人权的普世性的立场——也是危险的。早在 1948 年订立《世界人权宣言》之时，那种要求对自由与人的尊严的不同理解采取“宽容”立场的伦理学与文化相对主义就遭到了批判，因为这种不同理解完全可以容忍伊斯兰教法中有关对偷盗者截断右手和对通奸者以石击毙的刑罚规定要高于《世界人权宣言》中的酷刑禁令，甚至可能导致对人的侮辱和奴隶制这样的罪恶的合法化。于是，究竟何为人权，也就毫无标准可言了。这当然是人们所不能接受的。当时的一个重要成果，就是奠定了一种可以共同接受的伦理与法律基础，为人权的法律约束力的普世化创造了良好的前提。当然，彻底批驳道德相对主义并同时对人权的普世性做出终极论证，还要归溯于或奠基于对一种普遍道德的详尽分析与完整阐释。

第五节　普遍的或人工的道德与普世道德观

体现着道德概念的第二个层面涵义的普遍道德，有着两种表现形式，第一种是散见于各种自然的特殊道德系统中并为人们所自觉发现的、最终借助于批判性反思得以理性提炼出来的所谓最低限度的重叠的道德内容（道德直觉和道德公理)。无需深层次的考察与研究，我们就可以感受到，尽管不同的社会背景与文化环境决定了人们在道德观念与见解上具有差异与分歧，但我们发现，不论在任何时代任何地域，一种最低限度的行为规范的客观有效适用性是存在着的，不论它们事实上是否真的得到严格的遵循与恪守。比如，像金律(己所不欲，勿施于人)、禁伦乱、禁杀人、禁欺骗、助人为乐及交换正义等基本规范与原则，在人类文明社会的任何历史时代和任何文化共同体那里，都是得到普遍接受与认可的共同的普遍道德。这说明其实道德与道德之间的关系是错综复杂的，并不像尼采所认定的那样完全是正确与错误之间黑白对立的状态。不同的道德规范系统中有相当多的内容实际上是可以重合的，即便是有些内容不能完全重合，也只是稍微有些差异（例如，对于同一原则可以有不同深度的理解与解释)，并非是一种水火不容的关系。而那种作为在几乎所有特殊的道德秩序中都应当发挥作用的不变的核心要素的普遍道德，是所有社会能够得到正常运行的一个基本保证。我们很难设想一个允许随便杀人、以欺骗为行事准则、没有任何道德良知的社会，能够正常地持续生存到今天。

普遍道德的另一种表现形式，是由人们源于自己的理性认知和对经验教训的总结反省而人为建构的所谓人工的道德。人工的普遍道德与自然的特殊道德相对应。自然的特殊道德的对象是我们的亲属和同胞，我们对近亲的仁爱是基于我们对其的情感联系，或者是出于我们与他们的特殊的关系，因而是直接的。而人工的普遍道德的对象则是社会所有的陌生人，我们对所有的陌生人的道德顾及与尊重是基于理性，基于对每个人作为人都拥有得到道德顾及的合法要求的认知。“正如哲学家只有通过理性，只有在我们大家所分享的理性中，才教导我们来看待人类，以便给我们揭示出人的高贵的尊严、所有的人对尊重的权利[①]”。这样，人工的普遍道德就不是自然直接生成的，而是通过间接的途径（柏格森)，在后天中经过能动的塑造得以实现的。这其中最重要的一个因素，便是建构者需立足于一个不偏不倚的立场，把所有的人都纯化为抽象的、平等的、一般的人；换言之，把所有的人都作为道德对象来顾及和尊重并非是出于别的什么考量，而仅仅是基于其属于人类大家庭的成员这一普遍的特

① Zitiert bei Henri Bergson，vgl. Kurt Bayertz：Warum ueberhaupt moralisch sein? Muenchen 2004，S. 214.

征，奠立在这样一种不偏不倚的视点基础上所建构的道德规范，自然便具有普世性的特点，并能够在拥有理性的主体间得到理解、认可、验证和遵循。正如赫泊福尔所言，“只有当行为原则中立于特殊的利益和愿望，才会将其普遍性导向伦理上富有内容的陈述[①]”。康德也指出：“规则只有当其独立于使一位理性存在有别于他人的偶发性的、主观性的条件而适用，才是客观普遍适用的[②]”。于是，以这样的方式建构出的“伦理基本原则是普遍性的或道德适用的，也就是说它们独立于时间、地点或特殊情境而同等适用于所有的人[③]”。从人工道德的这种普世性中，又能够导引出其规范性要求的绝对性，换言之，这种人工道德代表着一种客观有效的绝对性标准，从而使行动者避免陷入无所适从的境地。而自主、尊重、人权等等便是这样一种人工的普遍道德的最突出的代表。相反地，道德理想虽然也是人的建构的产物，但由于无法满足普遍性的要求，因而不能被划归为人工的普遍道德的范畴。这样我们就可以清楚地认知到了自然的特殊道德与人工的普遍道德之间的差别性特征，前者是差级性的、因人而异的，而后者则是平等的、没有差别的。人工的普遍道德之所以把所有的人都作为道德对象来顾及和尊重，是基于每个人都属于人类大家庭中的一员因而享有人的尊严与权利这一普遍的特征。“这一尊严是每个人都拥有的，与其性别、肤色和社会角色等无关，这样该尊严便造就了道德和法律上的平等，基于这一平等，法律面前谁也不可以受到优待或歧视。根据这一点，我们虽然生而不平等，但却是作为同等价值的、因而是同等权利的存在，也就是说，我们在认可存在着的自然差异的情况下赋予了我们以平等的权利，而这些自然差异是不可以作为差别得以估价的[④]”。由于自然的特殊道德与人工的普遍道德具有不同的起源、不同的范围和不同的情感联系，前者适用于封闭社会里的“一些人”，后者适用于开放社会里的“所有的人”，故两种道德的差别就不是纯粹程度上的，而是一种种类上的，所以“相信我们可以在从一种道德到另一种道德的过渡中，逐步地、渐次地将同一情感扩展到越来越大数量的

① Karl Hepfer：Philosophische Ethik，Goettingen 2008，S. 63.

② Zitiert bei Immanuel Kant，vgl. Karl Hepfer：Philosophische Ethik，Goettingen 2008，S. 63.

③ Karl Hepfer：Philosophische Ethik，Goettingen 2008，S. 20.

④ Annemarie Pieper：Perspektiven der Angewandten Ethik，in：Helmut Reinalter（Hg.）：Ethik in Zeiten der Globalisierung，Wien 2007，S. 100.

对象上去，这就是一种幻想[1]”。这种幻想根源于我们总是认为家与国相连，所以私人道德与公共道德相关。但实际上“在这些立场之间逻辑上不存在程度意义上的过渡，因为逻辑上讲从‘一些人’到‘所有的人’之间不存在程度上的过渡。没有一种跳跃这种区别是不可能消除的。而道德立场的特征便是其普遍主义，也就是说，是一种洞见，即所有的人都拥有得到道德顾及的合法要求，并且这种要求与我们同他们特殊的关系无关。为了能够赢得这种洞见，特殊立场不是必须得到扩展，而是需要得以克服[2]”。总之，从自然的特殊道德向人工的普遍道德，并不是一种过渡，而是意味着一种质的飞跃。

如前所述，道德除了有作为各个族群或文化共同体内部的行为规范系统的自然道德或特殊道德的涵义之外，还有普遍道德的涵义，它一方面表现为各个族群或文化共同体所共同拥有的重叠的道德直觉与道德公理，另一方面表现为人们基于理性洞察而自主建构的所谓人工的道德。而各个不同的族群或文化共同体之所以能够拥有共同的普遍的道德，又根源于人类理性和同情之情感中的同质性，换言之，同样的生理与心理基本构造以及相同的利益需求，为人类形成一种超越历史与地域差异的共同的行为规范与价值基准打下了坚实的基础。正是在这个意义上，比恩巴赫尔（Dieter Birnbacher）称道德“呼吁他者的理性和情感，并且要求有一种超出单一主体之范围的约束性[3]”。即便是各个族群或文化共同体在建构、理解或接受人工的普遍道德方面步调并不一致，但由于道德体系并非是僵死不变之物，相应的道德共同体就不可能完全排除对自身的内容进行反思、修正、变化、发展的可能性。随着不同文化的相互交往与彼此碰撞，任何道德体系都难以回避对先进道德观念的观照、接受和吸纳的过程。因为毕竟道德的合法性最终取决于所在时代的人们是否认可。在文化进步的可能性与必然性之中，像自由、人权、民主、宽容这样的价值理念就会因其强大的竞争能力而获得越来越广泛的认可，进而从原本有地域局限性、有相对适用性的东西变成普世性的事物，最终推动整个人类文明意识的提升。而道德

---

① Zitiert bei Henri Bergson，vgl. Kurt Bayertz：Warum ueberhaupt moralisch sein? Muenchen 2004，S. 213.

② Kurt Bayertz：Warum ueberhaupt moralisch sein? Muenchen 2004，S. 220.

③ Dieter Birnbacher：Analytische Einfuehrung in die Ethik，2. Auflage，Berlin 2007，S. 24.

相对主义则根本否认人类道德观念正处于朝着越来越人道、人性、和谐的目标的演化进程，于是废除奴隶制度、消除种族歧视、实现男女平等人类伟大的文明成就也就无法看成是一种道德进步了，这在理论上无疑是极为错误与荒谬，在政治上是极为危险和反动的。总之，人类在理性与情感层面上的那种基础性的共同性，决定了人们必然会拥有一种普遍的价值和规范的视阈，决定了必然会有一种合乎人性的共同的道德尺度，决定了没有哪个社会哪个时代的人们不向往过上有尊严的、幸福美好的生活，没有哪个社会哪个时代的人们在经过文化交流与比较之后，不愿认同自由、人权、民主、公正、法治、宽容这样的普遍价值。如果不承认这一点，像道德相对主义那样认定道德的好坏完全取决于当时当地实际存在与通行的规范系统，那么人世间就完全没有一个是非善恶的标准了，则像割礼、寡妇殉夫这样不人道的习俗就不可以批评，纳粹分子因其行径符合当时当地的道德系统，所以也就不应当绳之以法。那么，这样一个既无道德评价与谴责，也不可能有道德教育的社会作为一种人的社会也就完全土崩瓦解成为动物世界了。我们常常听到现代社会是一个价值观念多元化的社会的说法，这只是表明人们基于自主权利在对何为善好生活的理解方面的多样的立场，而并不意味着道德的多元主义与相对主义。价值的多元化是人们生活目标及利益诉求高度分化和高度复杂化的反映，而恰恰正是在这样一种社会里，如果矛盾与冲突是以和平的方式解决的话，就更需要依赖一种共同的、为所有的人认可、分享和践行的普世性的道德规范。

这样我们就有了特殊道德与普遍道德两个概念。应当说，特殊道德只是一种秩序概念（Ordnungsbegriff），而并非原则概念（Prinzipienbegriff）①。所谓秩序概念所描述的是丰富多彩的经验性的存在现实与行为，它将现象的多样性结成一统一体；而原则概念则给秩序概念所表述的统一体赋予一定的意义。例如“国家”是一个秩序概念，它表征的是一个法律—政治—经济关系的整体，与“国家”这个秩序概念相对应的原则概念是“正义”，它使“国家”所表征的这一整体拥有了意义。而作为秩序概念的“知识”所表征的则是通过科学研究与理智活动所取得的成果的整体，相对应的原则概念就是“真理”。作为秩

① Annemarie Pieper：Einfuehrung in die Ethik，Tuebingen und Basel 2000，S. 55 – 58.

序概念的“艺术”所表征的是通过人类想象与创造力所产生的成果的整体，其相对应的原则概念则是“美”。同理，与“特殊道德”这一秩序概念相对应的原则概念就是“普遍道德”，又被称为“道义”（Moralitaet）。普遍道德才是“道德”这一概念的应有之义，是使所有特殊道德成为名副其实的道德的那个事物，是可以并正在经受变迁的特殊道德中作为本质的不变者，是作为相对物的特殊道德中的绝对物，它使特殊道德中“正确”和“理性”的层面体现了出来，并且赋予了每一种特殊道德以一个作为道德的合法性的意义基础①。总而言之，特殊道德的正确有效性最终并不取决于它是否曾经或现实通行，而在于看它是否合乎普遍道德的价值诉求，因为普遍道德构成了所有特殊道德的价值内蕴。特殊道德只有基于普遍道德才能得到论证。正如恶法非法那样，恶劣的道德（如纳粹的道德体系）由于没有普遍道德的价值支撑，也就不是名副其实的道德，即恶德非德。

下面，我们再对作为道德概念第二个层面的涵义之体现的普遍道德做一个总结。道德概念的第二个层面的涵义是，所谓道德是基于人类理性与情感中的同质性，为了维护每位个体的基本权益而自然形成或自觉建构的普遍和同等适用的正确的行为规范系统，这一共同的行为准则的有效性为所有族群或文化共同体中的人们所普遍认同与接受，其规范性为人们出于内心信念所共同遵循，一句话，道德即普世性的正确的行为规范。

这样，道德这一总体概念就拥有了两层涵义。从概念史的角度来看，道德的第二种涵义（即普遍道德）是从近代以后才逐渐为人们所识知、领悟并占支配地位的。也就是说，在近代以前，一直是道德的第一种涵义（即自然的、特殊的道德）占统治地位。当时人们在表达与第二种涵义相近的意思时，使用的往往是“虔诚的”、“美的”、“值得称赞的”、“正派的”、“正当的”等词汇。这说明在那时道德作为一种自足的、与宗教或法律相区别的价值或规范体系还并不存在。奥特指出：“从概念史的角度来看，‘道德’（Moral）这一表述长期以来关涉的是‘mores’，指社会中实际通行与确立的风俗习惯。之后发生了一种概念窄化，直到十八世纪末期才最后确定。概念窄化标示着一种重大

① Vgl. Annemarie Pieper：Einfuehrung in die Ethik，Tuebingen und Basel 2000，S. 46.

的区分：一方面是作为惯例的行为规则，另一方面是构成一种行为的道德质量，即‘真正的道德价值’的那个东西[①]”。也就是说，以道德的第二种涵义为核心内容的、作为一种与宗教和法律相区别的、标识着具有普遍效力的正确的行为规范的真正的道德概念，是在经过十七世纪开始的长期的演化过程之后，到了十八世纪末才确立为是一种自主的存在之物，成为一种与以习俗为主要内容的宽泛的道德概念相区别的涵义窄化的道德。

第六节 描述伦理学、规范伦理学、元伦理学、应用伦理学、法律对道德的减负作用

由于伦理学是以道德为研究对象的哲学学科，亦称道德哲学，而道德概念又拥有两层涵义，这就决定了伦理学也应当具有不同的层面，决定了至少存在着分别针对道德概念两种涵义的两种伦理学。

所谓描述伦理学，针对的就是道德概念的第一种涵义。描述伦理学针对不同族群和文化共同体各种各样的习俗、风尚与行为规范进行纯经验意义的描述，观察各种不同自然的特殊道德的起源、结构、发展、内容和功能，研究在某一特定社会里、某一特定的历史时期有哪些伦理价值、道德规范和德性得到盛行和适用，需要时将观察到的现象普遍化为一种有关人类行为的经验性的理论。作为一门经验性的学科，描述伦理学一般并不对自己的研究对象做出价值判断。例如尽管纳粹帝国的道德系统与当今西方法治社会普遍认可的道德系统之间水火不容、完全对立，前者是所有谬误与妄说的集合体，而后者的“特征是认可民主是国家的形式，认可公民权利和人权以及一种宽松的基本态度，还包括日趋强烈的环保意识[②]”。但是描述伦理学对这两种截然不同的道德并不做是非曲直的研判，其研究的目的仅在于“理解性的解释”（韦伯），把它们仅看成是许多道德中的两种不同的表现方式，而不关心两者是否正确和有效适用。但恰恰也是在这里暴露了描述伦理学的弊端。一是描述伦理学只观察和

① Konrad Ott：Moralbegruendungen zur Einfuehrung，Hamburg 2001，S. 7.
② Konrad Ott：Moralbegruendungen zur Einfuehrung，Hamburg 2001，S. 9.

描述作为社会事实的道德现象，如探究犹太—基督教或伊斯兰教如何将道德规范的主管归溯为上帝或真主，解释某些族群如何将道德规范的根源归因于血亲关系，从而形成特殊道德，这样描述伦理学便只与地域者、变化者，也就是说与历史上偶发的、变迁的行为模式打交道，于是就很容易迷失于道德相对主义。二是就本义而言，伦理学有别于其他学科的特点在于，它是一门“规范性的或规约性的”学科，关涉到行为“应当如何”，而非“是怎样”。就此而言，所谓描述伦理学这一概念本身就包含着矛盾，即它与伦理学这一学科所包含着的应是对规范的辩护与论证，而非仅是对规范现象的纯粹描述的本义相冲突。就此而言，描述伦理学严格说来不应属于哲学，而是属于经验科学，其地位类似于道德心理学、道德社会学、道德文化史及人类学。

所谓规范伦理学，针对的是道德概念的第二种涵义，可以说它才体现了伦理学这一概念的本义，故当我们谈及伦理学，如果没有某种特定的说明和解释的话，一般都是指规范伦理学。与陈述“是怎样”的描述伦理学不同，规范伦理学专注于“应当如何”，它在对盛行的道德进行批判性的审视的基础上，对作为正确的或善好的行为标准的、因而具有普遍约束力和绝对有效性要求的道德规范，进行反思、分析、建构、塑造、论证和辩护，换言之，它是以判别、对比、定性的方式来探究道德规范的内容，基于雄辩的理据对其认可的价值与规范做出论证，对其否定的价值与规范提供反驳。道德规范起源于人类受到伤害、痛苦、不公正、恐惧的体验，这些负面的感受激发了一种建构行为规范的要求，从而使人类的共同生活与和谐相处成为可能。因而伦理学并不涉及各异的成功生活的理念，而是仅仅关涉到人际间有效适用的行为规范的核心内容。其中，对个体的尊严、权利、利益的维护成为道德规范的价值轴心。故奥特指出：“在当今的规范伦理学中，对个体的保护的维度要比道德的共同体的维度得到了更为强烈的重视①”。

规范伦理学以道德规范为探究和论证的中心，在究竟哪些价值导向与道德规范是维系社会最核心、最根本的道德规范，哪种道德规范的正确性受到最大程度的认可并因而具有普遍适用性这一问题上，不同的道德理论有着完全不同

---

① Konrad Ott：Moralbegruendungen zur Einfuehrung，Hamburg 2001，S. 32.

的看法。于是具有明确价值诉求与规范性导向的功利主义、义务论和契约主义便均属于规范伦理学。前面我们谈过，道德（moral）一词源自于拉丁字 mos，而 mos 拥有两重涵义，一是作为某一群体外在规范的习俗，二是指作为个人内在规范的品性。这说明道德作为行为规范是包含内在品性之义的，或者说品性、德性也是规范的一种。差别仅在于，品性、德性作为内在的规范多指个体正确行为的能力或素质配备，在古希腊德性是指得到正面评价的品质，如勇敢、智慧或正义；一个有德性者，其素质配备可以使当事人能够驾驭其感性冲动并从总体上导向于善。而以亚里士多德为代表的古希腊伦理学的特点，恰恰在于探究行为方式或生活方式如何是善的，而且这种善首先是关涉到行为者本身。这种伦理学的旨趣就在于自身的好的生活，对于这种好生活的实现在特殊情况下甚至无需什么外在的义务行为。例如在亚里士多德看来，幸福就在于认知到心灵是以按其自身德性之要求的方式在活动。这样一种合德性的心灵活动首先对于行动者本人是好的，其次才是对于其他人也是好的。亚里士多德认为，伦理意义上的好人的自爱并不可耻，而是值得肯定的，好人就是可以从善的行为中得益。亚里士多德的伦理学首先关心的不是与他人相处的正确行为，而是自身的成功的生活。而德性作为内在的规范如何影响与他人的关系的问题，在他看来是第二位的事情。这与近现代伦理学的旨趣不同。近现代伦理学首先关心的是我们在与他人交往时外在的行为规范，我们对这种规范有何义务，特别是当我们的行动波及他人之时。一句话，近现代伦理学追问的是我们与他人相涉之时应当怎么做，对外在的行为规范的探究构成了其致思的核心。而与作为个体的实践指南的德性不同，作为外在规范的道德规范是社会实践的指南，它为人的外在行为确立了方向、设定了规矩。无论如何，由于品性、德性也属于规范，故德性伦理学也是规范伦理学的一种。

1930 年，布罗德（Charlie Dunbar Broad）在规范伦理学的内部又做出了义务论与目的论的区分。义务论强调行为的内在价值，它专注于我们必须做什么这样的问题，且之所以这么做，是因为该行为本身是好的。换言之，义务论认为判定行为是否道德的标准仅仅在于原则或规范本身，这里所谓义务就意味着原则，故义务论也被称为原则论，义务论伦理学亦被称为原则主义伦理学。按照义务论，一种行为的好坏，要看它是否合乎原则的要求。义务论以康德的伦理学为典型代表。目的论强调行为的后果，它视行为为达到某一目的的手段。我们之所以这样做，是因为借此可以达到一个好的目标，之所以不做，是因为其预期结果不好。总之，目的论视行为在道德上的正确性取决于其对某一目标（如善、幸福）的实现与持续上的贡献度。目的论亦被称为后果论。功利主义和亚里士多德的幸福论伦理学是其典型代表。义务论与目的论的分歧可以用威廉姆斯（Bernard Williams）举出的例子来说明：假如出现一个场景，让当事人亲手杀死一个叛乱者，则结果是其他叛乱者即可获得释放。如果当事人不杀，则所有的叛乱者都无一幸免。当事人如何应对这一两难呢？义务论回答，杀人行为本身是恶的，在任何情况下伦理道德都不允许这样做，至于后果就无从顾及了。而目的论则回答，杀人在伦理道德上固然不对，但若不杀此人则后果是不仅此人性命不保，且所有的人都要被杀害。故当事人不仅可以，而且在伦理道德上甚至也应当以小恶的施行来避免最坏后果的发生。现实中这种义务论与目的论极端对立的例子并不多见，这种鲜明对比具有在理论上对不同立场的快速、精确的划界作用。实际上，合宜的义务论者是不可以不考虑后果的，合宜的目的论者也不会否认行为本身也具有内在质量，因而两种立场应该是相互包含着对方的元素的。有关义务论与目的论的两分法，弗兰克纳（William K. Frankena）直到 1972 年仍在使用。而在今天，义务论与功利主义两分法则更为流行和普遍。与义务论与目的论的两分法相对应的，是韦伯有关信念伦理（Gesinnungsethik）与责任伦理（Verantwortungsethik）的区分。信念伦理重视道德行为的质量本身以及行为者的内在动机，它指的就是义务论。而责任伦理则强调可见的行为效果，它与目的论有着密切的关联。

亚里士多德除了是德性论的代表之外，其伦理学也被称为幸福论伦理学。如前所述，作为哲学的一个分支的伦理学，并不像经验科学那样探究“是什么”的问题，而是要回答“应当怎样”的问题，因为道德作为行为规范体现为一种“应当”意义上的要求。就“应当怎样”这一问题而言，亚氏伦理学的回答是应当幸福。每个人都有需求，需求要得到满足，利益需得到实现。而满足与实现本质上便是幸福。故每个人都追求幸福，幸福构成了个体、集体和共同体的唯一目标。当然幸福的精准形态是多样的，因人而异地体现为财富、权力、爱情、友谊、科学、艺术和沉思。故幸福概念的总体是一种形式上的，幸福是人的所有单个目标所指向的总目标，是作为生活意义的终极的、最完满的目标。亚里士多德认为，“幸福就应当算作因其自身而不是纯粹作为工具而值得欲求的实现活动。[①]”在亚氏的时代，幸福论问题构成了伦理学思考的中心，人们普遍关注的是如何通过善的行为来达到幸福。亚里士多德就把幸福看成是合德性的实现活动，而这种实现活动，在他看来也就是沉思，因为沉思包含了快乐、自足、闲暇、无劳顿、智慧和荣耀。这一将幸福作为善的行为的最高原则的模式，影响到了从古希腊到中世纪乃至近代早期。故亚里士多德的伦理学被称为幸福论伦理学。

随着近代以来人们对“善”的看法以及对什么是善好生活的回答的日趋分化，幸福论伦理学才逐渐式微。弗洛伊德讽刺地说：“让人幸福这一意图，并不包含在创世的规划之中[②]”。康德是幸福论之批判者的代表。他说：“幸福的概念是一个如此不确定的概念，以至于尽管每个人都想得到幸福，但他从来不能确定并且不能自身一致地说出，什么才是他真正希望的和愿意的。其中的原因在于，所有属于幸福概念的要素，全都是经验性的，即都必须借之于经验；然而对于幸福的理念来说，在我当前的和任何未来的状况中却都需要一个绝对的整体，一个最大的福分。现在，最有洞察力、同时也是最全能者，但毕竟又是有限的存在者，不可能对他究竟想要什么产生出一种确定的概念。……简言之，他不可能按照任何一种原理来万无一失地规定什么将会使他真正幸福，原因就在于，为此就会需要有全知。所以，为了获得幸福人们不可能按照确定的原则行动，而是只能遵照经验性的建议，如饮食、节俭、礼貌、克制，等等，经验告诉我们这些东西通常最能增进福利。……可靠而又普遍地确定哪种行动将会增进一位理性存在者的幸福，这是一个完全不可能解决的课题；所以就幸福而言，任何一个命令在严格意义上要求去做使人幸福的事情都是不可能的……[③]”。康德甚至认为幸福与道德是对立的，幸福论意味着道德的柔性死亡，这一批评的出发点在于，幸福构成了所有个体的偏好得以满足的核

---

① Aristoteles：Nikomachische Ethik，1176b.

② Vgl. Otfried Hoeffe：Ethik，Muenchen 2013，S. 35.

③ Immanuel Kant：Grundlegung zur Metaphysik der Sitten，Werkausgabe，hrsg. von Wilhelm Weischedel，Frankfurt a. M. 1974，Bd. VII，S. 47 –48.

心[①]。另外，幸福感因人而异，其内容差异巨大且可能相互冲突。而伦理义务的概念应是严格普遍化的，这就决定了不仅其内容不受情境的左右（如任何时候都不得撒谎），而且其表达陈述也应是精密严整且客观有效。故康德以来的近代伦理学，其追求不再是个体的善的品性的价值，而是具有普遍约束力的规范性的应当；其任务不再是统一人们对善的看法，而是公正地调节和处置人际价值与利益之间的冲突。

除了描述伦理学和规范伦理学之外，伦理学的大家庭里还有两个成员，即元伦理学和应用伦理学。元伦理学与描述伦理学和规范伦理学不同，既不研究具体的道德事实，也不探讨规范本身的状态与性质，而是基于语言分析对道德词汇和道德陈述的意义做出解释，从而探究道德判断的可知性、真值性。比如它要回答我们是否能够知道一个规范性的陈述是真的，还是假的。这里又存在着所谓认知伦理学与非认知伦理学之分。前者肯定我们能够知道一种规范性陈述的真假；而后者则否认道德判断或规范命题的真实性，认定规范陈述不过是私人情感上的好恶的表达，难以得到有效的论证。尽管元伦理学同规范伦理学一样具有独立的研究领域，但前者并不能够完全脱离于后者的导向与影响。如果一种元伦理学的结论与我们通常的基本性的伦理假定相悖，则该结论就需要拥有强大的辩护的支撑。在这个意义上，“伦理学上的假定具有一种辨析的功能，并且为对于一种元伦理学的假定有权享有的必要辩护需求确定标准[②]”。

应用伦理学是最晚出现的伦理学学科。它并非像应用数学或应用物理学那样，是一种理论对实践的简单应用，不是将普遍的道德规范或原则径直运用到具体的事例或行动上去，从而粗略地为不同实践领域提供规范性的向导，而是应用与理论一起，处于一种相互的论证与检验的关系。所谓应用伦理学是二十世纪六十年代末至七十年代初才形成的一门新兴学科，其任务在于分析现实社会中不同领域里（如政治、经济、科技、环境、生命、性关系、媒体、法律、国际关系，等等）出现的重大问题的伦理维度，为这些问题所引起的道德悖论的解决创造一种对话的平台，从而为赢得相应的社会共识提供伦理上的理论支持。应用伦理学的目的在于探讨如何使道德要求通过社会整体的行为规则与

---

① Vgl. Otfried Hoeffe：Ethik，Muenchen 2013，S. 59.

② Michael Quante：Einfuehrung in die allgemeine Ethik，2. Auflage，Darmstadt 2006，S. 25.

行为程序得以实现，即面对冲突、诉诸商谈、达到共识、形成规则。应用伦理学要为相关方面的立法和法律修改提供理据。作为伦理学的一门分支学科，应用伦理学不仅拥有自己的基础理论形态，而且也包括政治伦理、经济伦理、科技伦理、环境伦理、生命伦理、性伦理、媒体伦理、法律伦理、军事伦理、国际关系伦理等众多分支领域。这些应用伦理学分支的任务，在于试图对各自领域中出现的紧迫的伦理道德问题，特别是伦理冲突问题，提出某种有说服力的解答。

应用伦理学的产生与发展，体现了伦理学反思从单纯的理论构造、规范论证过渡到关注实践这样一种历史性的转变。

如前所述，应用伦理学的一个重要任务，就在于为相关方面的立法和法律修订提供理据。这就涉及道德与法律的关系这一伦理学中的一个重要课题。众所周知，不论是道德还是法律，都体现着人际交往的规范系统。法律来源于道德，法律规范是对最重要、最基本的道德规则的一种保障。但法律是由国家立法机构历经一定程序确立的、通过制裁机制使其效力得以强制保障的行为规范系统。在现代社会，“法律规范以法律的形式保障共同体每位成员应有的权利，体现着对于所有社会行为均有约束力的秩序。[①]”从历史上看，法律从道德中完全独立出来是十七世纪末至十八世纪初的事情，到了当今时代，道德与法律处于一种即各自区别又相互联系的关系。

对于现代社会而言，法律占据着一种日益明显的不可取代的地位。这是因为法律特别对于“在一个陌生人世界里如何使社会道德化”的问题，能够提出自己比较有效的解答方案。如何在一个宏大的社会系统中使道德成为一种切实的约束力？如果说，个人信念、社会舆论和制度框架构成了道德的三种实现途径的话，那么，使一个陌生人的社会实现道德的最可靠的方式，自然是道德法律化，即寄望于社会形成道德的制度或结构，这是从效果角度来说的。在一个陌生人社会里，我守德，同时期待别人也这样。能够限制或阻止他人采取不道德行为的唯一有效方式，能够即便是在一种陌生人的环境中也能赢得一种可以信赖关系的唯一可靠途径，就是建构法律规则来对行为做出强制性的规约。

---

① Annemarie Pieper：Einfuehrung in die Ethik，4. Auflage，Tuebingen und Basel 2000，S. 136.

因为如果没有法律外壳的强有力的保障，道德就有可能如同“一盏不亮的灯”那样只是摆设。

哈贝马斯认为，在现代世界里，法律为道德起到了一种减轻负担的作用，这表现在认知、驱动和组织三个方面。

第一，认知方面：在道德上，对规范的论证并非是首要的问题。“因为一般而言争议并不在于原则本身，这些原则将对每个人的同等尊重、分配正义、对需要援助者的仁爱、忠实、正直等作为义务来看待。倒是这些高度普遍化的规范的抽象性导致了应用问题，只要一种急迫的冲突超越了协作的、处于惯常关联中的相互作用的近距范围。对这样一种具体的却难以预料的情形的决断，就要求有复杂的操作。[①]”但在决断情形中，“理性道德只是给出了公正判断有争议问题的一种程序。它提不出义务清单，连一组等级排序的规范也提不出，而只是期望主体建构自己的判断。[②]”所以，“在复杂问题面前，论证和应用问题对于个体的分析能力经常是构成了一种过分要求。这种认知上的不确定性可以通过立法的实际情况来消解。[③]”法律可以清楚地给个体规定什么是可做的，什么是禁令。“政治立法者决定，哪些规范适用于作为法律，而法庭则为所有各方来调解对有效的、但有阐释之需求的规范的应用在解释上的争端，这种调解是明了的、确定性的。[④]”法律机制的建构与完善，大大缓解了行为个体在形塑道德判断时认知上的障碍。

第二，驱动方面：认识道德规范并不困难，难的是乐于依照道德要求去行动，而且为了合乎道德的要求，有时还需抑制自身对眼前利益追求的冲动。在仅仅有道德约束的情况下，行为主体可能会陷入一种理由驱动上的不确定性之中。而在一种法律的环境里，守德守法的动力是由惩罚的威胁得以保障的。“有强制力的法律通过制裁威胁来确定可以有对规范的期待，其方式是，规范的应答者会把自己限定在以后果为导向的明智权衡上[⑤]”。

---

①②③　Habermas：Faktizitaet und Geltung，vgl. Detlef Horster（Hg.）：Texte zur Ethik，Stuttgart 2012，S. 93.

④　Habermas：Faktizitaet und Geltung，vgl. Detlef Horster（Hg.）：Texte zur Ethik，Stuttgart 2012，S. 94.

⑤　Habermas：Faktizitaet und Geltung，vgl. Detlef Horster（Hg.）：Texte zur Ethik，Stuttgart 2012，S. 95.

第三，组织方面：对于个体而言，不伤害这样的消极义务是每个人不费力就能够严格履行的。但行善的积极义务，特别是像通过捐赠来减轻全球贫困这样的任务，却是个体能力和活动范围所难以承受的，它需要有合作性的努力和组织化的安排。而法律则可以调节人们的整体行善行为，它可以规定组织，协调关系、整合力量、规约责任，从而把个体的道德压力转移到集体平台身上。

在哈贝马斯看来，道德主体借助于法律而实现了三个层面的减压。这里显现出道德的功能被现代法律所取代的明显趋势。但这并不意味着道德的地位将消失，道德与法律的关系并不是单面向的，现代法律确实可以对道德起到值得期待的充实作用，“但道德可以超越与其保持着内在联系的法律系统，而辐射到所有的行为领域。①”

第七节　总结与余论

本章对“道德”和“伦理学”这两个基本概念进行了辨析，指出“道德”就是人际相处的行为规范，换言之，道德关涉到人们应当如何行动。而“伦理学”则是以道德为研究对象的哲学学科，也可以说伦理学是以人际间道德规范为研究对象的学科。

道德既具有作为仅仅适用于某一族群或共同体内部的行为规范的自然的或特殊的道德的涵义，也拥有普遍道德的涵义；普遍道德一方面表现为各个族群或文化共同体所共同拥有的重叠的道德直觉与道德公理，另一方面表现为人们基于理性洞察而自主建构的所谓人工的道德。正是由于道德概念涵义的两重性，才导致了道德相对主义与普世道德观之间的对立冲突，才决定了描述伦理学与规范伦理学之间的视阈分野。

伦理学家善于将普通人直觉性的、不连贯、不系统的道德信念与立场，转变成为成体系的道德知识。他们善于发现、挖掘和总结人际间通行的道德规范与原则，探究它们背后的论证理据以及与它们相关联的伦理学之不同的理论派

① Habermas：Faktizitaet und Geltung，vgl. Detlef Horster（Hg.）：Texte zur Ethik，Stuttgart 2012，S. 97.

别，研讨各种道德规范发生冲突之时的应对之道。虽然遭到许多质疑和抨击，规范伦理学在二十一世纪仍然将发挥主导的作用，为人类提供行动的标准与指南。在当今这样一种人类行为后果高度不确定的风险时代，道德活动的载体无疑都是整体性的，道德活动的实施无疑都是机制性的，道德活动的效果也无疑都是全球性的。

第三章
道德规范的起源

NOMEN VIRGINIS.
ΜΡ ΘΥ
Luc. I.V. 26.
Sub gratioso Nomine
Matrisq, Virginisq,
Vertumnus æneîs Auctior
Recusus est Figuris.

前面我们说到，道德既具有作为仅仅适用于某一族群或共同体内部的行为规范的自然的或特殊的道德的涵义，也拥有普遍道德的涵义；普遍道德一方面表现为各个族群或文化共同体所共同拥有的重叠的道德直觉与道德公理，另一方面表现为人们基于理性洞察而自主建构的所谓人工的道德。正是由于道德概念涵义的两重性，才导致了道德相对主义与普世道德观之间的对立冲突，才决定了描述伦理学与规范伦理学之间的视阈分野。

现在，我们已经大体上搞清了道德以及以道德为研究对象的伦理性的涵义，下面的问题便是，我们作为人类为什么需要道德，或者说，道德规范是由于怎样的需求而起源的？

弗兰克纳在“为什么要道德？”一文中问到：为什么人类社会除了公约与法律之外，还需要一套道德系统？他的回答是，“因为如果没有这一系统，则人与人之间就不能有在这一集体中共同生活的令人满意的条件[①]”。于是社会便只有两种选择，要么是回到我们所有的人或我们的大多数人的状况比现在要恶劣得多的自然状态，要么是回到以暴力威慑来避免任何行为过失的极权主义专制统治。弗兰克纳在这里说明了伦理道德对于人类社会的作用，即人类从本性上说属于社会存在，除了极个别情形之外人总是生活在共同体之中。由于我们自己的需求、目标和利益不可避免地会与他人的需求、目标和利益发生冲突，则人们共同生活的持续，便有赖于所有的人对有约束力的行为规则的遵循。而道德规范就是作为社会存在的人们能够和谐共存的基本的、最低限度的行为准则，它们的存在赋予了人们的行为以确定性和安全感，从而有利于社会系统的稳定与整合，因此对于整个社会生活的正常维持与运作，对于所有的人都是有益处的。埃尔林厄（Rainer Erlinger）指出：“道德是我们共同生活的基

---

① William K. Frankena：Ethics，vgl. Dieter Birnbacher/Norbert Hoerster（Hg.）：Texte zur Ethik，8. Auflage，Muenchen 1991，S. 340.

础。没有道德我们无法生活，如果能够，我们也不想有这种生活[①]”。这可能是对弗兰克纳观点的最好的呼应。

但是，一谈到道德的社会功能，我们马上也就想到了法律。我们知道，作为社会动物，人们彼此共处和相互作为需要有道德规范和法律规范的调节与制约。这种调节与制约的最终结果是所有的人利益的最大化。然而现实生活里道德与法律在人们心目中的定位却有着不小的差异。“用法律的武器来维权”和“企业家要讲道德”这两句呈现不同价值诉求的大家耳熟能详的话语就是这种差别的体现。所以毫不奇怪一种颇为盛行的误解认定，法律强调权利，保障人们的利益与自由。而道德强调义务，约束当事人的行为自由，控制当事人的利益需求。这种观点令人难以理喻。假如法律是维护自己利益的，道德是限制自己利益的，那么当事人究竟有何理由需要道德呢?

当然，人们为何要有道德这一问题不是任何时代都可以提出来的。西方哲学史的文献告诉我们，长久以来人们都不曾对这一问题做出哲学反思，甚至任何有关对这一问题的提及本身都曾是可鄙的。西塞罗便指称那些思索是否应当道德行事的人为渎神者和大逆不道，“因为就在他们的怀疑中就有了罪恶[②]”。这样也就不难理解，有关人为何要道德的追问晚到十九世纪才得到了应有的重视，而大部分相关论著却只是在二十世纪下半叶才得以出现的。

尽管我们已经有幸跨入了一个可以对自由发问无须自责的时代，跨入了一个基于理性的理由而自我决定的时代，但人们为何要有道德这一问题也并非是每个人自发就能够提出来的。一般而言，我们都是在一个由父母、兄长、老师等的教诲所构建的一种道德的舆论环境中成长起来的，未加思索地接受一些基本的道德规则，就像学习母语那样自然而然，并且往往是终身受益。但当我们有一天不再是满足于习以为常地自发接受道德教诲，不再满足于不假思索地将传授下来的道德规范运用于指导自己行动的时候，我们便触及到了伦理学的领域，因为伦理学的主要任务就在于厘清和确证道德规范的内容及其约束力的理性根据。正如普雷希特（Richard David Precht）所言：“因为人是唯一在自己

---

① Rainer Erlinger：Moral，Tuebingen 2011，S. 9.

② Zitiert bei Cicero，vgl. Kurt Bayertz：Einleitung. Warum moralisch sein? in：Kurt Bayertz（Hg.）：Einleitung. Warum moralisch sein，Paderborn 2002，S. 16.

面前为其行为辩护的存在。辩护的手段被称为理由[①]”。

谈到伦理学，就一定会涉及道德的定义，因为伦理学是关于道德的科学。而一谈到道德的定义，则马上就又触及前面提过的道德与利益的关系问题，马上就又回到道德是对当事人利益的限制这一观点或误解。我们来看两个关于道德的定义。先是麦凯（John L. Mackie）的：“道德关涉到一种独特的行为规则系统，即这样的行为规则，其任务在于维护他人的利益，这些规则对于行为者而言则构成了对其自然偏好或自我行为愿望的限制[②]”。再看拜耶慈（Kurt Bayertz）的：“我们将‘道德’这一概念看成是一种规则、理想或德性的系统，其功能首先在于阻止损害他人基本利益的行为。属于每位个体基本利益的有：比如不被欺骗、不被侵害、不被杀死，故正是基于这一原因道德禁止欺骗、侵害和杀死他人[③]”。“道德要求我们，基于对他人的顾及而对我们自己的行为做出某些限制[④]”。“每种道德均对行动着的个体予以限制，……以便借由这一方式来维护他人的利益[⑤]”。“道德条例限制每位个体的行为自由。谁要道德，就不可以做某些事情，尽管他可能想做。而他又必须做些其他事情，尽管他可能并不想做[⑥]”。综合上述这两个定义，我们可以概括出如下三个要点：第一，道德是保护他人利益的。第二，道德是限制当事人的，包括其行为、愿望和利益。第三，道德主要是指道德规范，当然也包括道德理想。单从前面有关道德的定义，我们不难得出一种印象，即道德的确强调义务，是对当事人行为自由的约束，对当事人利益需求的控制。但从这样一种道德定义中，根本就看不出道德本身对于作为行为者的当事人的益处，除了对其的限制与约束之外。所以人们自然会提出行为者为何要道德的问题。

---

① Richard David Precht：Die Kunst，kein Egoist zu sein，2. Auflage，Muenchen 2011，S. 19.

② Zitiert bei Mackie，vgl. Wolfgang Kuhlmann：Beitraege zur Diskursethik，Wuerzburg 2007，S. 45.

③ Kurt Bayertz：Einleitung. Warum moralisch sein? in：Kurt Bayertz（Hg.）：Einleitung. Warum moralisch sein，Paderborn 2002，S. 13.

④ Kurt Bayertz：Einleitung. Warum moralisch sein? in：Kurt Bayertz（Hg.）：Einleitung. Warum moralisch sein，Paderborn 2002，S. 25.

⑤ Kurt Bayertz：Einleitung. Warum moralisch sein? in：Kurt Bayertz（Hg.）：Einleitung. Warum moralisch sein，Paderborn 2002，S. 13.

⑥ Kurt Bayertz：Einleitung. Warum moralisch sein? in：Kurt Bayertz（Hg.）：Einleitung. Warum moralisch sein，Paderborn 2002，S. 24.

如果是依照这样的道德定义生活，那么每位行为主体的正确行为就在于克己而利他，就在于放弃自己所有的欲求、需要和利益。于是，道德便散发着一种令人望而生畏的色调。一对老夫妇的“道德故事”就很说明问题。据说这对老夫妇几十年来的早餐一直都保持着丈夫切开面包的仪式。他切开面包，把松脆的上半部递给她，自己留下略硬的底部。三十年后一次偶然的机会他才得知，她每天所期盼的正是他认为不好所以留给他自己的面包的底部，而她却以为他或许喜欢底部故把松脆的上半部递给了自己，为了他的喜好她抑制了自己的真实意图。与此同时，渴望松脆的上半部的他几十年来一直认为她也有对松脆部分的同样的喜好，故从来就把“好”东西留给自己的妻子，而三十年来日复一日地放弃了对自己的真实需求的满足。这样的极端克己利他的道德便产生了如此荒诞的结果。其实，每个人作为人都拥有维护自身欲求与利益的权利，作为行为主体的我自然也应有这样的权利。埃尔林厄说得好：“两个人彼此相对，作为人都是等价的，且其需求也是同等重要的。道德的目标并不在于，要求一个人总是把自己放在次要地位[①]”。然而，假如现在在我身上出现了不近人情的强走极端的情况，或是出于某种观念或是迫于某种形势我对自己或与自己相关的家人的正当利益采取了令人难以理解的压抑态度，那么伦理道德对于我自己而言实际上就已经成了一种外在的强制性的力量，成了一种可以说是相当惨烈的苛求；这种力量与苛求显然就已经违背了人道的理念，不能不说是对“人是第一位的”原则构成了严重的挑战。正是在这个意义上我们可以讲，善待自己与善待别人一样，不能不说也是一种道德上的要求。“每个人都有主张其利益而非完全自我牺牲的权利。奉献所有的一切这样的要求，是太极端了——并且违背人性[②]”。

总之，以“道德是对当事人利益的限制”为核心的道德定义是非常片面的。人们不禁要问：道德难道仅仅在于维护他人利益不受侵害吗？那么我为何不应损害他人利益呢？难道这种不伤害与我自己的利益无关？

还需要指出的是，认定道德与作为行为者的当事人的利益无关的观点绝非是一种虚构。历史上将道德与当事人的利益完全割裂起来，甚至根本对立起来

---

① Rainer Erlinger：Moral，Tuebingen 2011，S. 26.

② Rainer Erlinger：Moral，Tuebingen 2011，S. 29.

的主张曾经在伦理学界中占据过重要的乃至主导的地位，中国两千多年的义利之辨以及儒家重义轻利的道义论成为中国伦理思想的正统这一事实为此提供了明证。所以才有了长久以来人为何要道德这一问题根本就提不出来的情形。假设当时提出这个问题，且答案中并不含有与当事人的利益相关的一切内容，那么究竟如何能够回答这一问题呢？

按照历史上出现的传统伦理思维方式，人们可以发现有几种可能的解答。第一，人为何要道德，因为这是上帝的要求。道德是上帝的指令，人间的行为法则来源于基督教的自然法，来源于超验的上帝的旨意。显然，这种论证方式在一个世俗性的社会里不具任何说服力。

第二，人为何要道德，因为这是上天的要求。在道德的来源问题上，中国的儒家伦理思想家直接从“天道”推出“人道”。而西方的柏拉图、亚里士多德也特别强调伦理学与本体论—宇宙论之间的内在关联，认为道德行为规范是从秩序完美的本体结构中推导出来的。从柏拉图的理念论，到舍勒/哈特曼（Nicolai Hartmann）的价值伦理学，再到当代约纳斯（Hans Jonas）的目的论自然伦理学，都认定道德是一种独立于人而存在的客观价值，它来源于一种整全的、有机的和和谐的宇宙总体或世界秩序，这一巨大整体既是一种客观实在，又具有提出内蕴着规范性约束力的指令的能力。而人作为宇宙整体的组成部分，其任务在于听从宇宙整体颁布的道德法则，服务于世界秩序的总体目标的实现。在一个后形而上学的时代，这样一种有关道德的来源的论证方式显然是粗俗的、缺乏公信力的。它甚至还不如道德为上帝的指令的说法。因为上帝在许多人的心目中是人格化的，所以可以设想上帝能够发出命令。而如何能够想象宇宙整体可以下传具有规范性约束力的指令？这样一种把道德约束力归溯为人际之外的客观状态的权威的做法，被施泰因沃特（Ulrich Steinvorth）概括为古典伦理学的方式，它不把道德看成是人们的一种乐意，一种自由自主的选择，而是视为与某种独立于人类利益意愿的客观状态的符合。“对于古典者来说，只能愿意善的东西[①]”，“人们应当乐意某种善的事物[②]”。这样一种古典伦理学的思维方式对后世的影响巨大。如果说当代的约纳斯也信奉这种主张当

---

① Ulrich Steinvorth：Klassische und moderne Ethik，Hamburg 1990，S. 58.

② Ulrich Steinvorth：Klassische und moderne Ethik，Hamburg 1990，S. 56.

属一种特例的话，那么应当说现代伦理学直到十九世纪还都存有这种传统思维的要素。所以就不难理解，尽管将道德视为人们为维护自身利益而自愿设定的契约的观点产生于近代，但大部分近代伦理学仍不可能也不愿意摆脱古典伦理学的立场。连一些契约论者本身都不例外。这就造成了在他们身上出现的一种矛盾状态："即便是霍布斯阐发了认定正义的原则是我们自己建构的'法律与契约'的契约论，……但同时他也坚守自然权利的观点，即道德行为是合乎于自然法则的行为①"。"边沁虽然宣称'快乐与痛苦'是'正当与不正当'的唯一标准，但他也像霍布斯那样将这一现代论点同有关道德标准与自然法则提供的东西是吻合的这一传统自然权利的假定结合在一起②"。这样一种在契约论、人定论与自然权利说之间的摇摆迟疑，反映了近代伦理学家在那样一种特殊历史境遇下立场的可以理解的不彻底性。

第三，人为何要道德，因为这是人的客观的先验理性的要求。康德和格特（Bernard Gert）都持这种观点，且他们的出发点均是基于对道德的普世性的考量。为了说明道德为放之四海而皆准的普遍真理，就得抽剥掉其中任何可能的因人而异的情感、欲求、利益等因素，康德的方法是，直接认定道德与人的主观偏好、利益欲求无涉，而是来源于人的理性的主体性结构，即为所有人类理性主体先天分享的纯粹的实践理性。但问题在于，把道德的根基归溯为所谓实践理性的先验性，这本身无疑就是一种独断论的论证方式，且不说这种以独断的方式申言出来实践理性还要靠诸如自由、上帝和灵魂不死等令人疑惑的假定的支撑。格特的方法是，将道德规则比喻为逻辑或数学法则，就像逻辑或数学法则不是人所发明的那样，道德规则也不是发明物，而是被发现的。"一种道德规则是不变的或不可变的③"。"道德规则应是在不顾及到个体、集团、地点或时间的情况下得到遵守的④"。"它是被发现的，而不是被发明的。……因为如果人们是发明了这些规则，则便说明，道德规则在被发明之前并不存在因而对于在其被发明前的时间点的人们是无法应用的⑤"。故"每种有关将道德规

①② Ulrich Steinvorth：Klassische und moderne Ethik，Hamburg 1990，S. 60.

③ Bernard Gert：Die moralischen Regeln，Frankfurt a. M. 1983，S. 105.

④ Bernard Gert：Die moralischen Regeln，Frankfurt a. M. 1983，S. 103.

⑤ Bernard Gert：Die moralischen Regeln，Frankfurt a. M. 1983，S. 105.

则视为有赖于人的决断的规则的理论，都是不适当的[1]”。显然，格特将道德归溯为一种与利益无涉的先验的直觉与洞见，他坚信直觉与洞见不是妥协的产物，为所有的人所分享且不可能相对化。但问题在于，从生成方式与路径来看，道德直觉与洞见真的是与生俱来，还是一种历经重复与强化的人生体验的积累、总结与结晶的生成物？更多的论据支持后一种说法。如果其成立，则道德便并非是拥有内在固有价值的纯粹先验物，而是与人的感受、体验与利益息息相关。这里所呈现的正是现代伦理学的根本特征，即不相信道德根源于人类之外的某种先在的客观秩序，而是来自于所有的人为满足利益需求的自愿契约，因而道德论证的依据就存在于人类主体之间的交往活动的本身之中。应当指出，康德与格特属于近代或当代伦理学家，他们通过将道德的根据归溯为人的客观先验理性而使自己与古典伦理学区别开来，后者将道德归因于人之外的宇宙的秩序。同古典伦理学家相比，他们的观点与立场无疑是向前进了一大步，即实现了将道德从与物的因素的关联向与人的因素的关联的跨越。但是由于他们否认道德与人的欲求和利益相干，因此他们的现代性就不能说是充分、彻底，当然也就无法呈现或代表被施泰因沃特所称的现代伦理学的本质特征。武克提茨（Franz M. Wuketits）在否定所谓纯粹的道德时指出：“一种道德体系，如果只是要求什么而绝不包含报答的前景，则便完全是不可思议的，或者其本身绝无成功的预期[2]”。原因就在于，“只存在着行动着的人，其行动决定性地受到其希冀、偏好、厌恶等的引导。谁要是认识到根植于人类本性的行为配置并且当真，则就会反驳不同的道德要求为荒谬”，例如康德的纯粹义务的道德、不顾及自身需求的律令[3]。

第一节　道德规范起源于对所有的人共通利益的维护

在人为何要道德这一问题上，现代伦理学家的回答清晰而又果断：因为这

① Bernard Gert：Die moralischen Regeln，Frankfurt a. M. 1983，S. 105.
② Franz M. Wuketits：Wie viel Moral vertraegt der Mensch? Guetersloh 2010，S. 40.
③ Franz M. Wuketits：Wie viel Moral vertraegt der Mensch? Guetersloh 2010，S. 170 – 171.

是所有的人的利益的需要。这一回答主要体现了契约主义伦理学的基本立场，故契约主义伦理学是现代伦理学指标性的学派。现代伦理学得出这样一种回答是合乎逻辑的。如果像柏拉图或基督教那样将宇宙本体或上帝视为道德的根据，认定道德是以整体秩序或神的意志为目的，人们必然会遭遇到“这一点无法证实的困境”。如果像康德那样将纯粹的实践理性视为道德的源泉，把道德看成是自我目的，人们就会觉得一涉及道德自己便陷入一种强大的独断命令的驱使，但到头来又会发现这种自我命令本质上是软弱无力的，人们没有理由对独断的、难以经受理性论证因而缺乏说服力的东西当真。更关键的是，无论古典伦理学还是近代康德伦理学的一个共同特征，都在于将道德视为一种外在于人的利益的自在的东西，人们之所以需要道德，是因为它本身是好的或善的东西。由于道德是好的或善的，所以人们应当乐意之。

然而对于现代人而言，出现了一种视角的颠倒，即不是道德为主体，而是人为主体。不是道德决定了人，而是人决定道德。因为人乐意之，所以它才是好的。“对于现代派而言，某物是好的，因为它为人们所乐意[①]”。“某事物是好的，因为人们愿意这种事物[②]”。“一种行为或机构是好的或合法的，可允许或被认可的，是因为人们认定它们是好的或合法的，因为人们允许或认可它们[③]”。也就是说以前道德是出发点，然后才有了人应当去遵守。现在人是出发点，然后才决定了什么是道德，所以人才应当遵守之。这一视角的转换把人提到了一个起点和中心的位置上。弗兰克纳说得好：“道德具有推进个人良好的生活之功能，而不是无端干扰它。道德是为了人而存在的，并非人为道德而存在[④]”。

谈到道德，首先需要提及的是作为行为主体的人。提及人就是提及人的自由，即他自主选择的权利与能力。正是基于这种自由意志，才有了所有的道德规范得到决断的可能。这里“中心价值是行为主体的自主，并非是在自主为最重

---

① Ulrich Steinvorth：Klassische und moderne Ethik，Hamburg 1990，S. 58.

②③ Ulrich Steinvorth：Klassische und moderne Ethik，Hamburg 1990，S. 56.

④ Zitiert bei William K. Frankena ，vgl. Dieter Birnbacher/Norbert Hoerster（Hg.）：Texte zur Ethik，8. Auflage，Muenchen 1991，S. 340342.

要的东西这一意义上，而是在自主是所有其他价值从其中产生出来这一意义上[①]”。换言之，道德的产生、道德规范的约束力均源于行为主体的自主意志。人的自由是所有道德价值的前提。正如库彻拉（Franz von Kutschera）所言：“在道德问题上我们总是以自由为前提，因为对于我们而言伦理问题只发生在这样的情形中，即我们面临着一种决定，也就是我们拥有二中选一的机会[②]”。

正是在这个意义上，人们可以说道德并非是一种原本先在的、后来被人们偶然发现的东西，而是被发明的，是能动生成的。按照麦凯的观点，“伦理学中并不存在先验的先在物，而只是由作为经验主体的我们创造和确立的东西，它是我们决断的对象。故而并不存在为某个人必须认定为在道德上是好或正确的东西[③]”。“道德并不适于被发现，而是适于被阐发和加工：我们必须决断：我们接受哪些道德规则，我们乐意基于哪些立场[④]”。

这里“乐意”一词十分重要，它说明道德不应是某种令人勉强的东西。如果它是勉强之物，则人们也就没有理由发明建构它。恰恰相反，“对道德规则的遵守毋宁是需要有认同和愉快的乐意：人们必须乐意遵守道德规则。道德排除勉强。它要求行为者体认到道德行为的美和优。行为者必须自己感到履行应有的义务是正确的[⑤]”。总之，道德来源于主体乐意，乐意与满足愿望相关，乐意是因，遂愿是果，于是也可以说道德应当旨在主体遂意：“我之所以从事某一行为，理由恰恰在于该行为有利于我的愿望的实现。……与此相应，我之所以要满足一种道德要求，理由恰恰在于这与我的愿望相吻合。换言之，对于我而言一种道德要求是有约束力的，只有当我拥有与愿望相关涉的理由，来满足这一要求。只有当做某件事情符合我的愿望的实现，则让我去做此事的要求才是正当的”[⑥]。故也可以说道德要求起源于行为主体的乐意与实际心愿。那么，究竟什么是使道德成为可能的人们的根本意愿呢？答案逻辑上只有一个：

---

① Christine M. Korsgaad：Der Ursprung der Normativitaet，in：Herlinde Pauer – Studer（Hg.）：Konstruktionen praktischer Vernunft，Frankfurt a. M. 2000，S. 45.

② Franz von Kutschera：Grundlagen der Ethik，Berlin 1999，S. 271.

③ Zitiert bei Mackie，vgl. Wolfgang Kuhlmann：Beitraege zur Diskursethik，Wuerzburg 2007，S. 50.

④ Zitiert bei Mackie，vgl. Wolfgang Kuhlmann：Beitraege zur Diskursethik，Wuerzburg 2007，S. 45.

⑤ Ulrich Steinvorth：Klassische und moderne Ethik，Hamburg 1990，S. 166 – 167.

⑥ Peter Schaber：Die andere Moral des ethischen Subjektivisten，in：Peter Schaber/Rafael Huentelmann（Hg.）：Grundlagen der Ethik，Normativitaet und Objektivitaet，Frankfurt a. M. 2003，S. 13.

对自身利益的维护。每个人都乐意维护自己的利益，这一点是自然而然的，无须过多的说明与论证。

于是，道德的来源或其约束力的根据，便通过行为主体，通过其自由意志，通过其意愿，最终归溯为其利益需求。“一种行为对于一位个体而言，只有当它服务于该个体的利益，才有资格被视为是合乎理性的[①]”。道德行为也不例外，道德的内容与效用要归溯于人们的主观需求、希冀与利益，道德旨在对利益的维护。把利益确定为道德的根源和其约束力的根据，就阻断了道德与上天、上帝以及某种先验存在物的关联。既然道德仅仅与人的利益相系，是人所欲求的对象，则就说明道德一定是人自己建构的，建构出来维护自身的利益。这就是契约论伦理学的思路。

尽管古希腊的伊壁鸠鲁也曾认定正义、法律来自于人的契约，但契约主义伦理学的提出却要首先归功于近代的霍布斯。他设想了一种自然状态，由于该状态中没有道德规则，没有行为限制，人人为了达到目的可以不择手段，结果是大家相互伤害，谁也无法过好。为了避免这种结局，人们建构了道德规范，禁止所有的人互相欺骗、偷窃、伤害和残杀。虽然这些道德规范对每个人的自由形成了一定程度的限制，但一种安定的社会生活却因此而得到了保障。“当我们设想，个体遵守其规则，则他们虽不能达到完全没有冲突地相处（这一点由于资源缺乏而被排除），但他们却拥有可能，和平地调节其冲突并以此方式平衡地享受其劳动成果[②]”。可见，在霍布斯这里，道德起源于维护人们的基本利益免受他人的侵害，“道德的决定性的理由在于，避免恶行和损害[③]”，“人们应当道德，因为否则的话别人就会受到伤害[④]”。于是，在为何要道德或者道德究竟起源于何种理由这一问题上，霍布斯给出了维护利益免受侵害的解答，也就是说，禁止伤害构成了所谓霍布斯式的答案。霍布斯的观点非常鲜明：“就基本道德而言，出于对他人的好处而行动并非首要是指，做对他有用之事，而是放弃损害他人之事[⑤]”。拜耶茨认为，霍布斯式的答案集中体现了

---

① Norbert Hoerster：Was ist Moral？Stuttgart 2008，S. 56.

② Kurt Bayertz：Warum ueberhaupt moralisch sein？Muenchen 2004，S. 130 – 131.

③④ Kurt Bayertz：Warum ueberhaupt moralisch sein？Muenchen 2004，S. 117.

⑤ Kurt Bayertz：Warum ueberhaupt moralisch sein？Muenchen 2004，S. 116.

道德这个词的狭窄含义。“这个词的狭义便是指对人类起源发生学意义上的伤害的禁止。许多人会觉得这一点不够。但在一种后宗教的、后形而上学的、多元的世界里，我们无法针对每位主体令人信服地论证，为何应借由道德这一词宽泛的意义来限制其行为自由①”。

与霍布斯认定道德起源于维护人们的基本利益免受他人的侵害的解答不同，在契约论伦理学内部，还有休谟式的有关为何要道德这一问题的答案。休谟认定道德起源于对人们的基本利益的增进，而并非是像霍布斯所理解的那样仅仅在于对伤害的禁止。这种对基本利益的增进是通过相互的理性的社会合作得以实现的。亚里士多德早就指出：“每个人从本性上讲都生活在一个集体之中②”，休谟也认为，“一种完全的孤独性或许是能够给予我们的最严重的惩罚③”。但是，即便是对集体的需求属于人的本性，我们仍然需要一个与之独立的理由，来说明社会合作对人类的益处。其实这种理由不胜枚举。“因为显而易见的是合作性的联合对于为生存的抗争构成了一种优势：联合使共同防御外在的危险成为可能，并且通过劳动分工的可能性给所有参与者带来益处④”。休谟特别强调社会合作在对基本利益的增进上发挥的作用，在他看来，“人类个体拥有仅靠自己力量所无法实现的需求。通过相互的合作他们可以共同创造他们所需的、作为单个者却无法生产的产品⑤”。休谟的例子是两位农民收粮，两人都难以独立完成收割自己的粮食。于是便合作，第一天共同收一个人的，第二天共同收另一个人的。这个合作过程顺利完成的前提，是守约。如果潜在的合作方没有情感上的联系，则他们便需要有一种特殊的理由来相互信任并基于此而能够依时而合作。这个特殊的理由，就是守约。因而体现在守约上的道德是社会合作的基础与前提。没有道德就没有合作。一般而言，社会合作能够给予合作双方带来从独自而为中无法获得的好处。但是，合作的各方也会担心，如果对方不讲道德，则自己的合作行为便意味着吃亏受损。这种情况特别体现在一次性的合作经历上。当然，如果从长期来看，从重复的合作活动的角

① Kurt Bayertz：Warum ueberhaupt moralisch sein? Muenchen 2004，S. 119 – 120.

② Aristoteles：Die Nikomachische Ethik，1097b.

③ Zitiert bei David Hume，vgl. Karl Hepfer：Philosophische Ethik，Goettigen 2008，S. 12.

④ Karl Hepfer：Philosophische Ethik，Goettigen 2008，S. 12.

⑤ Vgl. Kurt Bayertz：Warum ueberhaupt moralisch sein? Muenchen 2004，S. 131.

度来看，则道德“生存”的几率就会大大增加。“因为如果合作伙伴是同一个人且合作是重复进行的，如果参与者数量众多，则可能的合作赢利就明显增大，从长期来看会胜于损失的风险[①]”。《合作的进化》一书的作者阿克塞尔罗德（Robert Axelrod）也持同样的观点，“当尽可能多的回合得到博弈，并且这一组人马相互间实施了足够量的互动，在这种条件下，阿克塞尔罗德认为，我们就可以确信，合作在一个没有中心统治总部的情况下才能够在一个自私主义者的世界里出现[②]”。总之，只要合作是重复性的，只要参与者数量众多，则合作还是肯定会有利于当事人自身利益的增进，即便是他无法排除遇到无道德者的风险。而合作所带来的利益，又定能使无道德者发现自己原先的行为得不偿失，他或许可以从一次不合作中获利，但无法持续。一位毫无顾忌的自利主义者，全然不顾他人的利益，仅仅并且是任何时候都追逐己利，这样在特定条件下就会抽空他自己的基础。成功的自利行为，顾及其他参与者的利益，考虑到利益的均衡，即便这有时需要做出放弃，或者有时甚至会给自己带来损失。道德意味着自己无法为所欲为，意味着对自己自由的某种限制，但聪明者知道，“这种损失会通过好处得到远比补偿更多的东西，这好处来自于合作和有着可能结果的劳动分工[③]”。因此道德最终是有利的，这源于以道德为前提的合作能够给所有的人带来益处。当然，这种道德的实质在于利益的相互性、对等性、平衡性，而不是自我牺牲式的利他。布思克斯（Chris Buskes）指出：“相互的利他主义意味着，某个人在某个时候为另一人付出精力和注意力，并期待着某个时候会有一种对此的回报[④]”。这种回报并非总是直接发生，“这种回报不一定直接回馈给我们，更不是以现金的形式返还给我们。它的存在方式之一在于，我们在一个社会组织中的地位，也就是说我们的社会威望提高了，如果我们显示出乐于助人的话[⑤]”。总而言之，道德在于利益的相互性、对等性和平衡性，道德既要克服极端自利，也要避免极端利他。“道德行为最好的

---

① Karl Hepfer：Philosophische Ethik，Goettigen 2008，S. 72.

② Peter Fischer：Einfuehrung in die Ethik，Paderborn 2003，S. 76.

③ Karl Hepfer：Philosophische Ethik，Goettigen 2008，S. 66.

④ Vgl. Franz M. Wuketits：Wie viel Moral vertraegt der Mensch? Guetersloh 2010，S. 33.

⑤ Franz M. Wuketits：Wie viel Moral vertraegt der Mensch? Guetersloh 2010，S. 38.

论证是相互性原则[①]”，道德对于所有的人都应是物有所得。而人的这种体现在互助互利上的道德性，也是一个群体、一个社会得以持存的基本前提。“一种社会只有当其成员至少是在某种最低程度上相互合作，才能中期直至长期得以维持。借此互助或相互的利他主义原则便凸显出来了[②]”。

这样我们就看到了，在契约主义伦理学的内部，针对有关人们为何要道德，或者道德起源于何种考量这一问题存在着两种解答方式。如果说霍布斯式的解答所展示的是道德的消极性的益处，即保护个体不受他人的伤害，那么就可以说休谟式的解答所强调的则是道德的积极性的益处，即道德的存在能够使个体获得好处。这两种解答方式并不是对立的，而是处于相互补充的关系。霍布斯和休谟的两种论据均表明，一种道德的存在和对道德的遵守，原则上对于大家都有好处。道德构成了社会成员正常的共同生活的基本前提。

值得指出的是，霍布斯和休谟的两种解答或两种论据的共同点，就在于正确理解并处理了道德与利益的关系。一方面，他们都不否认人们对正当利益的追求和主张，不否认每个人都拥有权利，毫无良心顾忌地主张其利益和伸张其需求。这样也就完全排除了道德与绝对利他主义之间的必然关系。另一方面，他们也认为，“由于我们自己的安康从本质上取决于我们如何对待他人，故较为合宜的便是合作以及顾及他人的希冀和需求[③]”。塞涅卡（Lucius Annaeus Seneca）早就指出：“只想到自己并且逐利无所不用其极的人，绝不可能过一种伦理上负责任的生活。如果你想为自己而活，就必须为他人而活[④]”。而道德便在于因他人之故而对自己过度的逐利活动做出限制。霍尔姆斯（Oliver Wendel Holmes）的比喻非常形象：“挥舞我拳头的权利止于他人鼻子的边上[⑤]”。这就是说，我的确拥有为所欲为的权利，但该权利的边界在于不得伤及他人。这样也就完全排除了道德与绝对利己主义之间的任何关系。这也就是说，绝对利他主义与绝对利己主义都是为道德所拒斥的，道德容纳和包含了正当利己与顾及他人这两个因素，“道德不是要说，你如果为自己着想便是个坏

---

① Franz M. Wuketits：Wie viel Moral vertraegt der Mensch? Guetersloh 2010，S. 121.

② Franz M. Wuketits：Wie viel Moral vertraegt der Mensch? Guetersloh 2010，S. 32.

③ Franz M. Wuketits：Wie viel Moral vertraegt der Mensch? Guetersloh 2010，S. 39.

④ Vgl. Richard David Precht：Die Kunst，kein Egoist zu sein，2. Auflage，Muenchen 2011，S. 161.

⑤ Vgl. Rainer Erlinger：Moral，Tuebingen 2011，S. 30.

人，而是说，你如果只为自己着想便是个坏人[1]。”

由于道德容纳和包含了正当利己与顾及他人这两个因素，既认可善待他人，亦认可善待自己，因而它也就体现了一种不偏激、不过分、合宜、适度和均衡的理性的态度。一句话，道德是合乎理性的。这样一来就涉及道德与理性的关系问题。所谓理性是这样一种能力，使我们能够论证、推理，追循抽象的思路，辨别真假。理性意味着人们是出于理由来评价、判断和行动。拥有理性者能够正确面对其情感冲动、生物本能、盲目意志，能够在拉开距离的前提下对它们进行审思、检视、评价和必要的约束控制。诉诸理性者善于依据理由进行反思和权衡："我所乐意的东西对我真的是有利的？对他人是有利的？在道德上真的是正确的？对自身意志做出评价的能力，被人们称为自主的理性。……我们并非总是和无条件地听从我们意志的提示。我们必须在我们自己面前对这种意志……进行辩护[2]"。简言之，基于理性就意味着得到理由的辩护或论证。由于正当利己与顾及他人都可以得到理由的辩护，故理性就意味着对极端自利与极端利他的否定，意味着一种合宜的、避免极端的，在自利与他利之间、短期利益与长远利益之间进行调节并使之保持平衡的处事态度。这样，善于理性思维者就能够认清其利益的内在关联，能够在决断时顾及到其行为的长远后果，必要时放弃对其需求的短期的、即刻的满足，从而更快、更好、更便捷地实现自身的总体目标。从道德和理性均合乎人们的总体利益这个意义上讲，我们就可以说："伦理上的善等同于对于一个人从长远来看……何为理性的东西[3]"。一句话，道德的就是理性的。

综上所述，在作为现代伦理观指标性的理论流派的契约主义伦理学中，"道德在这里被理解为是一种契约，是个体为了其彼此益处而相互订立的[4]"。"道德原则是通过人们自身建构的东西得到论证的，通过他们的利益、需求或其有关应满足这些利益与需求的决断[5]"。回到我们前面提出的人为何要道德

---

① Rainer Erlinger：Moral，Tuebingen 2011，S. 30.

② Richard David Precht：Die Kunst，kein Egoist zu sein，2. Auflage，Muenchen 2011，S. 122.

③ Karl Hepfer：Philosophische Ethik，Goettingen 2008，S. 134.

④ Kurt Bayertz：Einleitung. Warum moralisch sein? in：Kurt Bayertz（Hg.）：Einleitung. Warum moralisch sein，Paderborn 2002，S. 23.

⑤ Ulrich Steinvorth：Klassische und moderne Ethik，Hamburg 1990，S. 58.

这一问题，现代伦理学的回答简单而又令人信服："人们应当道德，因为这合乎所有的人的最大利益[①]"。用拜耶尔（Kurt Baier）的话就是，"对于每个人最好的可能的生活，只有当每个人都服从道德规则之时，才是可能的[②]"。

有人会说，将道德论证奠基在人的利益之上是不可行的，因为人们的利益是多种多样的，无法为道德规范的普遍约束力提供坚实的根据。所以才有了康德不是把道德归因于人的各式各样的利益，而是归因于人类同等享有的先验的纯粹实践理性的做法。但这种观点忽视了，人类利益的多样性并不能遮蔽人类利益的相通性、一致性。赫斯特（Norbert Hoerster）说得好："人既有不同的利益，也有同等的利益[③]"。这种同等的利益是如此根本，以至于任何一位拥有正常判断力的理性的人都不可能否认；它们并非是可有可无，就像房子或车轮作为人类的发明并非可有可无那样。这些同等的利益取决于人类生物进化的规律，与文化差异无关，故而亦被称为自然的或天然的利益。正是这种天然的、相通的利益，为人类建构并应用内容一致且具有普遍约束力的道德规范奠定了基础。

属于这种人类共通的、天然的利益的最典型的内容，就是生存下去的兴趣。"每个人在正常情况下都会有对自身生存下去的兴趣，也就是说对不被杀死的兴趣。而那些在某些情况下出于什么原因想杀死别人者，也有这种兴趣。对于这些人而言，从长远来看自己不被杀死的兴趣要比其偶尔的杀人愿望重要得多。因而基于这一兴趣即便是他们……也像所有其他个体那样从如下一点获得好处，即一个有着'不应杀人'之内容的规范得到社会的普遍遵守[④]"。"尽管即便是这一规范对于每位认同之的人而言也有弊端：认同者不再有伤害他人的自由。但是——这是决定性的一点——这一规范给每位认同它的人带来的益处，显然要大于其弊端。这从长远来看肯定是如此。换言之，这一规范的效用为人们拥有或获得，这符合每个人的利益[⑤]"。这里的关键就在于，道德合乎

---

① Kurt Bayertz：Einleitung. Warum moralisch sein? in：Kurt Bayertz（Hg.）：Einleitung. Warum moralisch sein，Paderborn 2002，S. 23.

② Kurt Bayertz：Warum ueberhaupt moralisch sein? Muenchen 2004，S. 133.

③ Norbert Hoerster：Was ist Moral? Stuttgart 2008，S. 60.

④ Norbert Hoerster：Ethik und Interesse，Stuttgart 2003，S. 75 – 76.

⑤ Norbert Hoerster：Was ist Moral? Stuttgart 2008，S. 59.

所有的人的利益，所以人们才乐意建构并遵循它。即便是对于行为主体而言，道德规范意味着对自己行为自由的某种限制，甚至可以说是对自己一时利益或极端利益的某种约束，但从长远来看、从总体上讲道德却是绝对符合自身利益的。“如果与某一规范相关的直接当事个体不能从该规范运用于其利益的实现中获益，则就不会有得到论证的道德规范①”。

于是道德与自利之间的一种辩证关系在此就呈现了出来：从总体上讲、从长远来看道德是合乎所有当事人的自利的，否则道德就没有存在的必要。但道德往往又意味着对当事人极端自由与自利的限制。道德不能让每个人每时每刻都享有绝对的自由和无限的自利。然而我们又万万不能因此而得出道德是有悖于人的自利、与自利毫不相干的误解，就像本章一开始所陈述的那样一种对道德的看法。理由在于，第一，从正面说，道德对于此当事人的自利从总体上讲、从长远来看也是吻合的，否则他就没有理由接受道德的约束。第二，从反面说，不道德的行径给当事人所造成的内在的罪感与外在的惩戒当然也是与自身自利的需求根本冲突的。第三，道德绝非排斥自利。做好事即便是出于自利的目的，也是无可指摘，甚至是可以理解的。况且从理论上讲利他主义也并不能排除利己的动机。“一种富有成效的明智伦理学向其应答者澄清了自利与道德之间的关系，它表明：任何形式的利他主义，即便是内蕴于正义或公正的利他主义，最终都只是实现（能够理解的）自利的手段②”。所以，“当利他主义的行为是基于自我主义的动机，则我们也无需痛苦③”。因为，出于自利的好事尽管动机是自利，但毕竟是好事，难道人们乐意接受出于无私目的所做的恶行？二战后美国对西德提供了援助，被视为出于自利的目的。但难道这不比做出报复要好吗？假设一战后法国也是这样帮助德国，则就能极大降低发生二战的可能。所以说自利与道德绝非是相互排斥的。连格特都指出：“自利和道德常常是为同一行为提供了理由④”。

以上我们阐述了道德或道德规范的起源，即它们是人类为了维护所有的人

---

① Norbert Hoerster：Ethik und Interesse，Stuttgart 2003，S. 174.

② Wolfgang Kuhlmann：Beitraege zur Diskursethik，Wuerzburg 2007，S. 49.

③ Franz M. Wuketits：Wie viel Moral vertraegt der Mensch? Guetersloh 2010，S. 41.

④ Bernard Gert：Die moralischen Regeln，Frankfurt a. M. 1983，S. 278.

共通的利益所建构的。这里的关键在于，利益不是指个人特殊的利益，而是指每个人都不可或缺的与他人彼此相通的利益。这就为道德规范的普遍的约束力提供了基础，也就是为道德的普世性的论证奠立了依据。众所周知，道德规范的基本特征在于普世性，它们不仅适用于我自己，而且适用于任何人。“一种道德规范是一种规范，它是带着对普遍认同的要求而得到持守的[①]”。所以康德强调道德的普遍化视角，要求人们对于道德问题应基于一种不偏不倚的客观中立的观察者的立场做出研判。为了做到不偏不倚，他摒弃了一切自利、个人意愿与欲求的因素。但现代伦理学恰恰要求以利益为出发点来论证道德，那么能否做到不偏不倚呢？答案当然是肯定的。因为作为出发点的利益不是个人独特的益处，而是与所有的人共通的普遍的天然利益。这里推演的逻辑是这样的：首先，某种道德规范（如不得杀人）是符合我自己的生命续存下去这一利益的，故它应当得到我的遵守。然后，该求生的利益是与所有他人共享的，是一种共通的、天然的利益。因此所有的其他人也会同我一样乐于遵守这一道德规范。“这样一来将这一规范运用到实践使之得到接受并且通过这些行为方式支持和强化其效用，对于每位个体而言便得到了主观性的论证[②]”。所谓主观上得到论证，是指得到论证的规范符合每个人的利益。因此某一规范得到主观上的论证就不是指仅仅得到当事人我自己的论证，而是指同时也在主体间得到了论证[③]。道德就是这样一种能够和应当得到普遍论证的东西。而“能够得到论证的东西，从根本上讲可以相应于每一位理性的存在而得到论证。应当得到论证的东西，从根本上讲可以相应于每一个人也应当能够得到论证[④]”。主观性的论证不仅仅是基于个体视角的论证，而是像萨特所言，我通过为我自己选择一种解答而为每个人做出了选择[⑤]。当然，这样一种得到虚拟的主体间理性论证的道德规范，虽然并不具备柏拉图理念论式的客观性，但却也是一种真实的存在，作为一种强大的逻辑力量它们根植于主体间普遍认同与分享的立场。

---

① Norbert Hoerster：Was ist Moral？Stuttgart 2008，S. 16.

② Norbert Hoerster：Ethik und Interesse，Stuttgart 2003，S. 75 – 76.

③ Vgl. Norbert Hoerster：Was ist Moral？Stuttgart 2008，S. 59.

④ Friede Ricken：Allgemeine Ethik，2. Auflage，Stuttgart 1989，S. 128.

⑤ Vgl. Friedrich Dudda：Mich waehlend waehle ich den Menschen，in：Peter Schaber/Rafael Huentelmann（Hg.）：Grundlagen der Ethik，Normativitaet und Objektivitaet，Frankfurt a. M. 2003，S. 34.

第二节 道德规范：从不伤害、公正到仁爱

以上我们论证了道德规范起源于人类对于自身共通的利益的维护，恪守道德规范是任何一位理性的主体都乐意的行为。这同时也说明了人类利益的共通性奠基了道德规范的普世性。所谓道德规范的普世性，是指道德规则同等地适用于所有的人，不论是利他主义者，还是自利主义者。“道德规则的普世性意味着，它们对于所有理性的人都是适用的，这些理性的人具有使由道德规则所要求或所禁止的行为得以贯彻的意志[①]”。所有的人之所以都乐于遵守道德规则，从正面说是为了维护自身的利益，正如施特莫尔（Peter Stemmer）所言，“这种道德是一种具有理性内容的对于所有的人均理性的道德。它是一种非地域性、非相对性的普遍的道德，其理由存在于设想每个人毫无疑问都拥有的基本利益之中[②]”。从反面上讲，“所有理性的人之所以公开对道德持遵循的态度，是因为所有理性的人都想避免由于违背道德规则给自己带来的恶[③]”。

正是基于对道德规则的普世性的考量，格特甚至提出：“道德规则并不指导我们增进善事，而是避免恶事的发生。因此并非偶然的是，所有的道德规则都是禁令或者都能以禁令方式得以表述[④]”。这些禁令可以归结为“不伤害”这一总的原则，赫斯特称之为第一规范[⑤]。但从具体内容上讲，“不伤害”又可细分为如下规则：你不应杀人；你不应给任何人施加痛苦；你不应剥夺任何人的自由或机会；你不应剥夺任何人的快乐；你不应作假或欺骗；你不可偷窃；你不可在他人面前食言或违约；你不得侮辱和贬损他人。这些作为道德规范或规则的禁令都是能够经受住最严格的普世性程度的检验的，任何一个人都能出于自己不愿遭受伤害的考量，而乐于认同并遵守这些道德禁令的。当然，

---

① Bernard Gert：Die moralischen Regeln，Frankfurt a. M. 1983，S. 105.

② Peter Stemmer：Handeln zugunsten anderer，Berlin 2002，S. 209.

③ Bernard Gert：Die moralischen Regeln，Frankfurt a. M. 1983，S. 142.

④ Bernard Gert：Die moralischen Regeln，Frankfurt a. M. 1983，S. 107.

⑤ Norbert Hoerster：Was ist Moral? Stuttgart 2008，S. 59.

"普遍性不应与绝对性混为一谈。所有的道德规则都有例外①"。比如以阻止他人生命受到侵害为目的的谎言，在道德上就是完全可以接受的。

除了不伤害之外，能够为所有的人认同并乐于遵守的另一道德规范，就是公平正义。公正作为一个重要的伦理概念有其独特的意涵和所指，即免除任意、得所应得、不偏不倚；恪守公正就意味着以一种适宜、均衡的态度来处事或受到对待。公正作为一种道德规范，根基于对一种人际关系中的基础性的对称的认可，符合人们正常的道德直觉和心理期待。根据公正这一道德规范的要求，每一位个体的地位和利益都同等重要，因而决不允许无理地区别对待。公正作为一种道德要求，既可以体现为个体的人的行为品质，也可以体现为社会整体的秩序规范。按照一种个体性的理解，公正是一种作用于人与人之间关系的行为选择和道德的生活态度。生活中最重要的一个法则就是人与人之间相处共存之时必须遵循的对等定律：我对别人怎样，别人对我也就怎样；别人就是我的一面镜子，在别人对我的反应中就可以看到我对人家的态度。按照一种社会性的理解，公正属于人类共同生活中用于建构一种恰适得当的社会秩序的基本规范和原则。我们经常说法律是最基本的道德。而作为法律之根源的道德的第一个、也是最明显的内涵就是"公正"。"法律"这个概念给人的印象不只是纯粹的描述性陈述，而是总包含着一种作为公正的价值。法律拥有公正之义，法学也有"正义之科学"之说。

以上我们展示了，通过我的利益与每个人的利益的共通性，就可以从我的乐意中推演出所有的人的乐意。从利益的普遍分享性中，可以推出意志的共同一致性以及道德规范的普遍适用性。这一理路与金律的逻辑是吻合的。从世界史上看，金律曾被誉为人类第一项普遍的伦理原则，它是一种有关对等性的形式化的验证法则，通过虚拟的角色置换，使所有当事人最基本的利益得以保障。但金律的视角仅仅是自我的视角。尽管以自我为视角，借助于自身基本利益与所有的人基本利益的共通性，完全可以推导出普世的伦理规范，但这些规范仅仅限于"不伤害"和"公正"这样的消极性的内容，而无法延伸到仁爱这样的积极性的内容。完全以自我为视角，甚至难免得出荒谬的结果。比如，

---

① Bernard Gert：Die moralischen Regeln，Frankfurt a. M. 1983，S. 106.

我可能因自尊的原因在困难之时并不希望得到他人的帮助，则也可以在他人有难之时拒绝驰援。正如格特所言，“并非所有的人都期望同样的好处，尽管他们都乐意避免同样的恶①”。

这就是自我视角的弊端。所以该视角的效用是有限的。以自我为出发点，可以推出人人在禁害和公正上达成一致，但难以在仁爱上取得共识。因为仁爱至少包含两层涵义，一是所谓宽泛意义上的仁爱，即增进他人的福祉。二是紧急救援，从而阻止他人遭受恶行。这两种仁爱行为均属需要付出代价的积极性的行为，而人们的有限能力使他们难以在近亲与生人之间一视同仁地主动作为。于是，像增进福祉和紧急救援这样的积极性的仁爱行为，就难以成为人人在任何情况下都会恪守的普世性的道德规则，难以成为人们对任何人时时处处都必须履行的道德义务。“人们无法在任何时候并且是同等地针对每个人来遵守这一规则，而且也根本无法这样来要求②”。增进福祉和紧急救援在格特那里充其量被看成是应当鼓励去追寻的道德理想，“一位理性的人公开会赞同每个人追寻这些理想，但不会认为每个人时时刻刻都应成就这些理想。理性的人要求，每个人努力去恒常遵循道德规则。而他只能鼓励人们追寻道德理想③”。

如果仅是基于自我视角，则我们也就只能停留在格特的结论上。尽管这一结论使我们对普世性的道德规范的特性赢得了清晰的认知，让我们感到其论证的精致性与功利主义有关最大多数的最大幸福是道德原则的辩护以及传统伦理学将仁爱推至所有的人的论证方式的粗俗性形成了鲜明的对照，但把增进福祉和紧急救援这样的积极性的仁爱行为仅仅视为道德理想这一做法显然还是不尽如人意的。至少紧急救援就不应只是作为道德理想。在他人遇到生命危险时，谁都能够做到不落井下石。但仅仅不落井下石还是不够的，还应当驰援，才能阻止最严重的恶果的发生。有句话说得极是：一定情况下只要大家旁观，罪恶就能得逞。显见，增进福祉和紧急救援虽然同属于行为主体需要付出代价的积极性的作为，即仁爱行为，但细分起来我们可以发现，两者的重要程度是不一的。紧急救援（从而阻止恶行）所具有的道德分量要大大强于增进福祉。连

---

① Bernard Gert：Die moralischen Regeln，Frankfurt a. M. 1983，S. 133.

② Bernard Gert：Die moralischen Regeln，Frankfurt a. M. 1983，S. 112.

③ Bernard Gert：Die moralischen Regeln，Frankfurt a. M. 1983，S. 179.

格特也承认："增进善事这一点无法为作恶辩护。而为了阻止一种更大的恶，则可以为此作恶辩护[①]"。这就是我们尽管难以想象哪个国家会立法要求公民适时捐献，但已经看到"见死不救罪"早就成为许多西方国家的一项重要的法律规定的原因。紧急救援既然在一定范围内已成为法律，那么论证它是一项道德规范也就应属理所当然，因为法律是以道德为理据支撑的。

为了使至少是仁爱中的紧急救援从值得鼓励的道德理想上升和强化为必须恪守的普世性的道德规范和道德义务，就一定要实现对自我视角的转换。因为行为者的自我视角充满了行为主体的个人情感、态度和立场的随意性。他可能有挺身而出的荣誉感，也可能因怯懦而拒绝承担任何风险。对亲疏远近的权衡，对荣辱得失的考量，使人们难以形成一种能够共同分享的普遍立场。而需救助者在紧急时能否获援，则完全悬系于行为者偶然的情感态度，听任于个人命运的随机摆布。

自我视角的弊端为其受到转换提供了理由。而所谓转换就是从自我的视角过渡到他者的视角，从以行为主体为出发点转换成为以行为对象为出发点，从对主体的利益诉求转变成为对客体的利益诉求，并且将其利益上升固化为权利，即一种有关利益的特殊质量的要求。那么，这是如何做到的呢？

实现视角转换的第一步，是如何看待作为行为对象的人。那就要求我们一定要把人作为人来认可，"每个人都应尊重他人是一个人[②]"。"把他人作为人来认可，绝非是一种一般的态度，而是一种在道德的视角下要求我们的态度。因为康德有关绝对命令的表述'要这样行动，以至于把不论是你的人格中的人性，还是任何其他人的人格中的人性，在任何时候都同时用做目的，而绝不只是用做手段'恰恰击中了伦理学这件事的要害[③]"。故"人的自我目的性是道德原则[④]"。"人是自我目的"意味着，首先，他是"作为一位个体的他自己，他不是类属中的一个样本，而是他自己[⑤]"。"他拥有一种个体性，这种个

① Bernard Gert：Die moralischen Regeln，Frankfurt a. M. 1983，S. 112.
② Franz von Kutschera：Grundlagen der Ethik，Berlin 1999，S. 269.
③ Franz von Kutschera：Grundlagen der Ethik，Berlin 1999，S. 273.
④ Friede Ricken：Allgemeine Ethik，2. Auflage，Stuttgart 1989，S. 126.
⑤ Franz von Kutschera：Grundlagen der Ethik，Berlin 1999，S. 272.

体性在其个性中得以展现并且他通过此个性而与其他人相互区别[①]”。这样一种个体的人的理念起源于罗马法和基督教。故古希腊的柏拉图和亚里士多德不会接受平等的个体人的概念。在他们眼里，从道德上看人并非是统一的类。好人与坏人并非具有同等的价值。其次，“他在其行为以及其目标的选择上是自由的[②]”。

由于人是自我目的，故其个体性与自由选择就应得到他人的尊重。而“将每个人作为人来尊重，意味着认可其权利[③]”。这种认可与其能力或成就无关。“尊重也必须适用于那些没有多少或者根本就没有成就者，那些没有价值目标的人，比如毫无顾忌的自私者。尊重不能首先与成就或生活规划相关，而是在于，我们认可他拥有自己的权利和道德责任。我们应当认可他拥有权利，……这种权利并非来自于其角色、成就或贡献、行为或信念，而是缘自于他是一个人[④]”。这种权利是平等的，是每个人同等分享的，每个人都是权利与义务的统一体。

从个体的权利诉求中就导出了国家、集体与他人相应的义务。“首先个体具有对一位处于困境者，比如处于紧急的生命危险的人予以援助的义务。这种义务来自于对生命和身体完整性的权利，当我们将这种权利这样地去理解，即它不仅意味着对他人的一种不杀人、不伤人、不阻碍他人关心自己生命与健康的禁令，而且也意味着一种帮助的义务，只要他无法自助[⑤]”。“把他人作为人来尊重包含着一种需要的话对其基本自由权利予以积极支持的准备，而不只是不去践踏它。它要求一种对他人的责任。如果人们不打算为他人做些什么，则就谈不上对其的尊重[⑥]”。在他人处于生命危险之时，我们驰援相救，这不是出于我们个人的荣誉尊严，而是鉴于受援者的生命权利。权利诉求是普世性的，为所有的人分享，与其成就、能力、地位无关。于是，从普世的权利中便导引出普世的义务，紧急救援的行为规范从普世权利中汲取了普世性，从而上升为道德义务。

---

①② Franz von Kutschera：Grundlagen der Ethik，Berlin 1999，S. 271.

③ Franz von Kutschera：Grundlagen der Ethik，Berlin 1999，S. 279.

④ Franz von Kutschera：Grundlagen der Ethik，Berlin 1999，S. 275.

⑤⑥ Franz von Kutschera：Grundlagen der Ethik，Berlin 1999，S. 284.

可见，这里就已发生了一种视角的巨变，即从自我意愿的视角转换成为他人权利的视角。我们的出发点不再是作为行为者的自我，因为自我的意愿与旨趣充满了差异性与随意性，而是作为行为对象的他者、受援者，因为他们的权利是共同一致的。于是出发点、着眼点便从偶然随机的主体的意愿，转变成为客体普遍分享的共同的权利，是行为对象的权利对行为主体提出了行动的召唤，提出了一种强制性的义务诉求。通过这样一种视角的转换以及主客体间关系的精细梳理，紧急救援便上升为一种并非可有可无的道德规范，行为主体对其的遵循与否也并非出于自己的主观随意，而是出自于一种必须履行的道德义务，受援者的命运也就不再取决于行为者的偶然意志，其像生命安全这样的根本利益也就可以获得切实的保障。而这样一种严密的生命安全保障对于每个人都是利益攸关的，因为每个人都有陷入生命危险的可能。可见，与某些传统伦理学从人的性善本质中推出仁爱原则，并将仁爱原则对外延展到适用于所有的人的论证思路相较，以权利为视角的论证理路就能够避免随意性与逻辑跳跃，并呈现出论据链之间的严整性与密致性以及结论的强大说服力。当然，紧急救援是一种需要一定付出的积极性的仁爱行为，它尽管也是一种普世性的道德规范，但与禁止伤害之律令的无条件适用性不同，它的实施是有条件限制的。如以不伤害行为主体自身、不冒主体的生命危险为前提；遇到近亲与陌生人都遭难之时，先援救近亲的行为是可以理解的，等等。故紧急救援应属于一种具有一定特殊性的普世的道德规范，同时也构成了“见死不救罪”的法理依据。

第三节　为什么不应逃票乘车：制裁机制、道德情感、心理健康

前面我们阐述了以“不伤害”、“公正”为核心的道德规范起源于人们维护自身利益的需求，接着通过从自我意欲视角向他人权利视角的转换，论证了积极性的紧急救援这层涵义的仁爱规范也是一种普世性的道德义务，从而从总体上展现了道德行为的必要性与合理性，回答了人为何要道德的问题。我们发现，人是一种社会存在，为了能够和谐相处，就需要有社会规则来限定人的任

意行为。而限制本身的副作用要远远小于限制带来的益处。因为整个社会的正常运行才能维持，每个人从总体上讲、从长远来看也能获得收益，限制所带来的是包括他自己在内的整体利益的提升。

在上述的阐释中，基于道德普世性的理由我们可以说“人为何要道德”与“我为何要道德”是同一个问题。因为“我”在这里不过是普通的人中的一员。我是普遍的我，是可以随便置换为他人的那个自我。但当我不是指普遍的我，而是特定的那个我，不可置换为他人的那个我之时，“人为何要道德”与“我为何要道德”便不是同一个问题。可以这么说，人人都应道德，当我是普遍的我时，我当然也应道德。当我不是普遍的我，而是特定的我自己，是不能随便被置换成为他人的那个我之时，则人人都应道德，而我既可以应道德，也可以不道德。这样便出现了一种特殊的情况：当包括我在内的所有的人都道德时，社会就能够因此而赢得普遍益处的最大化，进入最佳的状态；但当所有其他的人都道德，而我是例外，则社会的整体利益就会因此而受损，但我自己的利益则可达致极值。这就相当于我的所谓逃票乘车的情况。逃票乘车现象说明了：道德从总体上讲、从长远来看可以促进包括我在内的每个人的最大利益，使社会整体达到最好的状态，但不能使特定的我或特定的某个人在任何一个时间点都能获得利益的最大化。这是观察道德问题的一种普遍化的视角。只有在别人都道德，而我不道德时，即只有在道德规范普遍通行，而唯有我不遵循之时，才能保障我在任何时刻都可赢得益处的极值。这是观察道德问题的一种个体化的视角。个体化的视角把道德与极端私利联系在了一起，并从极端自利的角度来反观道德：“我是否有义务不伤害他人的心理，取决于这样一种相应的不作为在相应的行为情境下是否有益于我的意愿和利益。而且只要这样一种道德义务与个体意愿之间的关联得到了确认，则就谈不上道德义务的普遍适用性[①]”。而普遍化的视角则表明，道德与极端自利显然是对立的，道德并非总是合算。这样也就回答了本文一开始就提出的道德究竟是维护还是限制人的利益的问题，答案是：道德是对由每个人所分享的社会总体长远利益的保障，但也是对个体每时每刻利益极值的限制。那么，对于我而言，是应该基于

① Peter Schaber：Die andere Moral des ethischen Subjektivisten，in：Peter Schaber/Rafael Huentelmann（Hg.）：Grundlagen der Ethik，Normativitaet und Objektivitaet，Frankfurt a. M. 2003，S. 16.

普遍化的视角追求长远的、总体的利益的最大化，还是基于个体化的视角追求每时每刻的利益的极值呢？换言之，我是否该逃票乘车？回答是否定的，有下述几种理由。

首先，不道德的违规行为会招致外在的制裁机制的惩处。“没有惩罚道德在现实中谁都不会遵守[①]”。当道德规范上升为法律规范时，不道德的行为就成为违法行为而受到法律的制裁。法律在康德那里被视为是对参与者的任意的一种限制；法律尽管限制了个体的自由，但却维护了所有的人的自由。与道德相比，法律具有内容和形式两个方面的特点。从内容上讲，法律是道德的最低限度或核心要素，这一观点是耶利内克（Georg Jellinek）1872 年提出的。他认为，法律包含的仅在于，对于一个社会的共同生活不可或缺的绝对最低限度的东西[②]。从形式上看，法律关联着外在的制裁措施，因而其规范内容的约束力能够获得强制性的保障。哈贝马斯指出：“一种理性道德，基于其无法足够地驱动其执行者的动机与立场的程度，而依赖于一种法律，这种法律在形塑动机与立场方面对合于规范的行为起强制的作用[③]”。即便是没有上升为法律规范，缺德的作为也会招致周围的反感、鄙视与谴责，从而降低了与他人合作的可能性，减少了从合作中所带来的益处，最终会证明不规范行为的不智。但如果不道德的行为隐藏得很好，就不会引发制裁，那么我有何理由不逃票乘车呢？

其次，不道德的违规行为或许会招致内在的制裁机制的惩处。违规、缺德的行为尽管没有被发现，但因损害他人利益而有可能引发行为主体自身良心的不安，从而形成内在的谴责与反省。良心是一个在伦理学、神学、心理学、社会学和法学中都得到讨论的概念，在某种情况下甚至成为道德、健康心智的同义语。但至今人们对它并没有一种统一的理解，对其性质与作用的评价也不尽相同。施托克尔（H. G. Stocker）说：“良心被看成是上帝的预言，最高的理性主管、人的判断、感觉、意志、冲动、直觉、道德总体本性、知性演绎推理、无误之物、不可信的东西、根基于条约中的东西、人间中的神的东西、动物中

---

① Norbert Hoerster：Was ist Moral? Stuttgart 2008，S. 93.

② Vgl. Rainer Erlinger：Moral，Tuebingen 2011，S. 103.

③ Juergen Habermas：Faktizitaet und Geltung，Frankfurt a. M. 1992，S. 148.

就有的生物性的负罪体验、状态、功能、器官、行为，等等[①]”。但一般人们认为良心是一种内在的道德感或道德意识，正如康德所说是一种“自我进行指向的道德判断力[②]”，通过这种判断力来鉴别我们目标的对错，反思我们行为的好坏，审视结果的善恶。它就像一只罗盘那样安置在我们的头上或心里，“因为这一罗盘存在于我们的大脑中，我们就知道几乎我们所有的行为是否会受到惩罚。大部分人一生都不会上法庭，因为社会规范已内化于其心了[③]”。良心作为一种自主的内在的道德主管，常常被人们视为“认知之源、（有关负罪感、内心谴责的）情感之源以及动力之源[④]”。

说到良心，自然会涉及以同情心为核心的情感在道德中的地位的问题。在西方伦理学发展史上，道德究竟是以理性还是以情感为基础，一直以来就存在着针锋相对的两种立场。认定道德以理性为基础者，被统称为理性伦理派，认定道德以情感为基础者，被划归为情感伦理派。而对理性的信仰则大体上支配了叔本华以前的西方哲学界。在理性哲学家们看来，同情只属于原始的情感，并不能发挥什么重要的作用。柏拉图强调情感应受控于理性的引导。斯多葛派则因同情与理性的主导观念不符而对同情持否定的态度。到了近代，对理性的信仰又由于霍布斯开创的契约主义伦理学而获得了新的逻辑支点。在霍布斯的启示下，人们相信可以通过对人性的理性洞察，运用理性设计制度的方式来避免由人性之恶所导致的冲突，最终使每个人的长远利益都得到保障。这就是说，人们完全可以通过对自身本性、自身利益和社会秩序之必要性的理性认知而成为一种（守法意义上的）道德公民，从而实现社会的安宁和国家的繁荣。“这样一种有关理性的力量及其与道德关系的乐观主义的见解，在启蒙了的同代人中获得了超出英国的巨大反响，并且影响到了现代的国家理念[⑤]”。近代哲学中的斯宾诺莎和法国唯物主义，也由于认定同情远离于理性论证而视其为

---

① Zitiert bei H. G. Stocker，vgl. Franz von Kutschera：Grundlagen der Ethik，Berlin 1999，S. 317.

② Vgl. Franz von Kutschera：Grundlagen der Ethik，Berlin 1999，S. 317.

③ Hans – Joachim Niemann：Ist das Gewissen wirklich die letzte Instanz? In：Aufklaerung und Kritik，1/2010，S. 33.

④ Franz von Kutschera：Grundlagen der Ethik，Berlin 1999，S. 317.

⑤ Georg Lind：Die Entwicklung moralischer Gefuehle durch Vernunft und Dialog，in：Georg Lind/Gundula Pollitt – Gerlach（Hg.）：Moral in unmoralischer Zeit，Asanger 1989，S. 12.

无用的，甚至是有害的。康德当然也不相信同情心对于行为主体的行为具有多大的驱动性力量。需要一提的是，尽管康德也属于理性伦理派，但他的理性道德与契约论代表的经典的理性道德差别巨大。

在西方思想史上，对同情在伦理学中的作用持认同立场者虽不众多，但也还是存在的。中世纪基督教哲学家把仁慈和近爱看成是核心的德性，而同情则属于这种德性，故同情是作为德性论的内容得到研究的。卢梭相信同情为人际间的一种基础性的、前理性的约束性力量。休谟对同情的认可是建立在其情感主义理论的基础上的。他认定“所有的人类行为归根到底都是奠立于痛苦和快乐之基础上的。四种感觉……构成了对我们自己和对其他人做出全部积极和消极评价的底蕴：自豪和羞耻、喜欢和厌恶。于是，休谟便这样地阐发出其情感主义的核心论断：‘道德与其说是一种判断之事，不如说是一种感觉之事’：能够引发自豪或喜欢的事情，我们就会争取，能够导致羞耻或厌恶的事情，我们就会努力避免①”。当然，同情伦理的最大代表则首推叔本华。叔本华是霍布斯最激烈的反对者，他否认人的认知能力与道德素质之间的关联性，认为人的头脑可以更清醒，但并不妨碍心灵仍然依旧。他也不满足于康德只讲义务的道德理论的空泛性，认为康德只是说出了我们应当道德地行动，但没有讲清楚为何应当道德地行动。叔本华就是要为道德行为给出一个清晰明确的理由，他的答案是：道德真正的驱动力是人的同情感。与不相信情感的理性主义哲学传统（如柏拉图、斯宾诺莎和康德）完全不同，叔本华认定并非人的理性，而是人的同情、移情的能力才构成了道德的唯一基础，这种能力才是唯一真实的道德动力。在他看来，所谓同情就是对他人痛苦直接的感同身受，换言之，同情是一种将他人的存在与感受视为自身的感受的细腻的道德情感，“它是一种对他人受苦的有感触并且不能无所谓之态度的一般的表达②”。同情意味着设身处地地为他人（也包括动物）着想的能力，“在对异在的痛苦的同情中，我们与其换位思考，并且‘在其命运中’观察到‘整个人类的命运，随即首先

---

① Vgl. Karl Hepfer：Philosophische Ethik，Goettigen 2008，S. 124.

② Uta Eichler：Mitleid und Pflicht，in：H. Klemme/ M. Kuehn/ D. Schoenecker（Hg.）：Moralischer Motivation，Hamburg 2006，S. 247.

是我们自己的命运'[①]"。通过这种对命运的反思，我们便虚拟地“将自己设置在被我们的行为所关涉到的其他个体的位置上，我们就能够也必须明了自己的道德义务，我们设问：这些行为的后果对于他们是否是可接受的[②]”。叔本华从同情中引导出他的两个德性定理：“不伤害任何人；尽可能帮助所有的人。”这是每种道德的简洁的表述。这样，叔本华便通过同情，将他人的痛苦直接转变成为我的行动的动机，从而清晰地展示了同情伦理所要表达的同情感对道德行为的驱动作用。叔本华之后，霍克海默尔把同情理解为是对他人尊严予以尊重的一种具体的表达。“在作为以团结为活动内容的同情中，个体能够在痛苦着的他人中认识自己[③]”。二十世纪上半叶，在元伦理学领域，把伦理陈述仅仅视为情感表达的假定达到了一个高潮。

毫无疑问，作为道德情感的同情非常重要，它是一种自然的缘于人类本身的相似性的对他人痛苦的感同身受以及由此而激发的对驰援的准备与心愿，因而构成了人的道德行为的一种不容忽视的动机，是伦理道德不可或缺的组成部分。武克提茨指出：“即便是在一个大众社会里人们也应当期待一种最低限度的关怀之存在，为什么？因为我们……具备同情、移情的能力[④]”。也就是说，即便是在匿名的大众社会里，“也根植着某种情感的基本结构[⑤]”。在一般的环境下，良心的不安与对他人痛苦的感同身受的的确确都能够使我们自觉远离违规和缺德的行为。而良心、同情感的树立有待于在家庭、学校及工作岗位长期的教育与熏陶，才有可能从一种偶发的情感冲动成长为一种稳固的心理定势、坚定的价值取向和自明的道德直觉。

但从伦理学的角度来看，如果像叔本华那样，把同情视为道德的唯一基础而排除了其他，则也就有些偏激了。关于这一点，如果我们回忆和检视一下思想史上出现的对同情伦理的三大驳斥理由，就可以看得更为清晰。第一个理由来自于理性主义对情感之缺陷的最经典的批评，即同情作为情感不仅在人际间

---

① Vgl. Gunzelin Schmid Noerr: Geschichte der Ethik, Leibzig 2006, S. 109.

② Kurt Bayertz: Warum ueberhaupt moralisch sein? Muenchen 2004, S. 125.

③ Vgl. Alfons Maurer: Mitleid, in: Jean – Pierre Wils/Christoph Huebenthal (Hg.): Lexikon der Ethik, Paderborn 2006. S. 237.

④ Franz M. Wuketits: Wie viel Moral vertraegt der Mensch? Guetersloh 2010, S. 85.

⑤ Franz M. Wuketits: Wie viel Moral vertraegt der Mensch? Guetersloh 2010, S. 87.

是各异的，是一种难以度量的、测不准的值，而且即便是对于同一主体而言，它也是不确定的、任意的、主观的、与情境相关涉的，同情感充满了偶然性与随机性，难以经受一种主体间可以理解的批判性的审视，故在理性主义的哲学传统中，无法轻易得到认可。赫斯特指出，属于情感之列的“良心作为道德正确行为的尺度是不可信的，它会失误①”。罗素甚至提醒人们良心可以命令我们犯下最恶劣的罪行。可见，尽管同情心对某些道德行为具有驱动性的功能，但这种功能缺乏坚实性。“没有哪样强烈的情感……可以要求有一种道德规范那样的约束性②”，而道德规范却要求有一种普遍的适用性，每一个人，不论是何种人，不论有何好恶，均必须遵循之。而情感却提供不了这样一种稳定一致的有效性，故同情作为情感无法替代对道德行为的理性反思，无法为一种经过理性的审视与验证的、对所有的人均平等适用的普世性的道德及其约束力提供一种牢靠稳定的论证。康德尽管承认同情之感的美好，但同时也批评这一“良性的激情”是软弱的并且在任何时候都是盲目的，在他看来，“同情不是道德行为确定的理由③”。第二个理由在于作为情感的同情的覆盖面是有局限性的。休谟尽管强调同情作为人性的一部分构成了人的行为的强大动力，但他也承认同情的适用性仅局限于近亲。的确，我们的道德同情之感，是像一块击入水面的石头所激起的涟漪那样，沿着由内到外、由近及远的轨迹辐射的。基于人类在进化中发展出来的生物性和情感性的基本结构，我们不可能对所有的人施予同等的同情，“我们对亲近于我们的人的评价，不同于对陌生人，这是一种天然的本能④”。拥有同情感的同一个人，对于不同的对象只能表现出不同程度的同情：“良心不懂得平等。……自己的孩子、自己的妻子、自己的亲戚和朋友不可能不获得比他人更大的重要性。我们如果不是这样，从火中救出别人的孩子而不是自己的，则我们以后就会遭受到无法忍受的良心折磨⑤”。

---

① Norbert Hoerster：Ethik und Interesse，Stuttgart 2003，S. 14.

② Annemarie Pieper：Einfuehrung in die Ethik，4. Auflage，Tuebingen und Basel 2000，S. 190.

③ Alfons Maurer：Mitleid，in：Jean – Pierre Wils/Christoph Huebenthal（Hg.）：Lexikon der Ethik，Paderborn 2006. S. 237.

④ Richard David Precht：Die Kunst，kein Egoist zu sein，2. Auflage，Muenchen 2011，S. 241.

⑤ Hans – Joachim Niemann：Ist das Gewissen wirklich die letzte Instanz? In：Aufklaerung und Kritik，1/2010，S. 39.

这个例子说明同情感的由近及远性是一种正常的、可以理解的现象。但是，如果换一种场景，同情伦理的局限性和有害性就明显呈现出来了。据一项全球性的关于道德的思想实验的调查，当问到是否可以用一个无辜的大胖子来堵路以阻挡压过来的电车，从而挽救轨道上五条人命时，四分之三的回答是可以，因为五条人命大于一条。但若问道，如果是用您自己的孩子来堵路呢？结果是无人同意。可见，我们的主观道德情感与普遍的理性道德之间，具有难以低估的巨大区别。道德情感有时无法体现正确，“尽管我们或许都有这样的理性的洞见，即每个人的生命原则上都是等价的，但这只是原则上而言。事实上我们对亲近于我们的人命与并非如此的人命做出了巨大的区分[①]”。这个事例清楚说明了情感判断的局限性和不可靠性，故绝对难以成为道德的唯一的确定基础。第三个理由在于，同情表现了强者对弱者的非对等关系，不符合道德公正的对等性要求。我们知道，同情所展现的是一种强势的同情者与弱势的被同情者之间不对等的关系与态势，其着眼点在于单方面的强者情感的驱动力，它所提升的可能是同情者在与他人关系中的势力与威严，它所贬低和鄙视的可能是受苦受难的被同情者的尊严，在这里无法体现出道德对于人际间对等权利与义务的要求。而“从概念上讲道德是一种相互要求的宇宙[②]”。仅就这一点而言，尽管同情在伦理道德中具有一种重要的价值地位，“但同情……不能成为道德的基础，……因为如果那样的话相互的要求便不再属于道德了[③]”。另外，在现代社会，对于弱者而言最关键的在于权利与正义的伸张，而非仅仅在于对同情与关护的乞求。正是在这个意义上，尼采激烈地批评以同情、近爱为核心的犹太—基督教道德是由神甫煽动的奴隶道德，它所体现的只是弱者的怨恨以及神甫对他人统治的兴趣。这样一来，同情便意味着强化而非减弱世间的苦难，“因为同情与一种积极的生活感觉的强化正相反对，恰恰由此而使得消除世间的痛苦变得困难[④]”。所以尼采自己鼓吹一种自我肯定、抬升生命的英雄道德。

当然，历史上出现的对同情伦理的所有抨击并不能起到完全颠覆同情在伦

---

① Richard David Precht：Die Kunst，kein Egoist zu sein，2. Auflage，Muenchen 2011，S. 240.

② Ernst Tugendhat：Vorlesungen ueber Ethik，Frankfurt a. M. 1993，S. 196.

③ Ernst Tugendhat：Vorlesungen ueber Ethik，Frankfurt a. M. 1993，S. 191.

④ Alfons Maurer：Mitleid，in：Jean – Pierre Wils/Christoph Huebenthal（Hg.）：Lexikon der Ethik，Paderborn 2006. S. 237.

理道德中的地位的效果。因为“同情是一种力量，一种现存的倾向，它们能够在具体的人性的和社会的关系与关联中得到实现①”。而有关道德究竟是以理性还是以情感为基础的争论，即便是到了今天也没有停歇。“我们是否依据理由来决断，抑或是依照与此相系的情感的强大来决断，这是一个我们永无能准确回答的问题。理由是明显的：我们的意识本身就无法清楚地区分情感与思想②”。这表明，直觉、感觉与理性在我们的道德决断中是交织在一起共同作用的因素。“道德感觉保障了个体的连续性，它在大部分日常生活中构成了复杂决断的唯一安全的基础③”。这就是说，“在日常生活中我们大多是听从我们迅捷的道德灵感。我们依照同情或反感做出的判断远快于按照道德准则④”。但当感觉与感觉之间发生冲突的时候，当决断单方面地倒向某些感觉而忽视了其他感觉的时候，当在复杂的社会情境面前要求我们做出巨大抉择之时，我们就需要诉诸理性的引导，需要借由理性来对感觉间的冲突进行化解和调节，需要通过对理据的审视、辩驳、反思和权衡来做出明智的道德决断。由此可见，情感与理性在伦理道德中从根本上说并不是对立的，情感为理性决断提供了养料并构成了助力。

我们研究了这么多有关道德情感的内容，目的还是为了说明良心这一概念，因为良心属于情感之列。回到前面的话题，我们冀望于人们鉴于良心发现而阻止自己不道德的违规行为，依靠内在惩治机制的震慑而远离损害他人利益的举动。但是，对良心的拥有，在某种程度上也取决于行为主体对道德规范的深度反思与真心接受。而那些对行为规范从不反思也不接受的极端自私者，也就不可能遭受良心的煎熬与内在的惩罚。例如，“同情作为自然情感多少都只是存在着的。有人对于每一种痛苦都会自发以同情相对，但大多数人却只是在部分情况下才这样做。而在有些人那里相反的幸灾乐祸的感受与对残暴的快感

---

① Alfons Maurer：Mitleid，in：Jean - Pierre Wils/Christoph Huebenthal（Hg.）：Lexikon der Ethik，Paderborn 2006. S. 239.

② Richard David Precht：Die Kunst，kein Egoist zu sein，2. Auflage，Muenchen 2011，S. 124.

③ Georg Lind：Die Entwicklung moralischer Gefuehle durch Vernunft und Dialog，in：Georg Lind/Gundula Pollitt - Gerlach（Hg.）：Moral in unmoralischer Zeit，Asanger 1989，S. 28.

④ Richard David Precht：Die Kunst，kein Egoist zu sein，2. Auflage，Muenchen 2011，S. 123.

则要强于同情[①]”。而我们又不可能强迫包括极端自私者在内的任何人拥有良心，良心或同情心属于道德情感，“我们不能让任何人感到有义务去拥有这些情感，从而以这样一种方式来行动[②]”。“规定某人拥有或不拥有某种情感是荒谬的[③]”。因为它违背了人在自由选择上的尊严。所以，把拒绝逃票乘车的决断建立在良心驱使的基础之上，从本质上说也是靠不住的。

最后，或许还有一道终极防线可以阻止哪怕是最自私者也不去逃票乘车，那就是其心理健康的需求。

每位极端自私者都不会缺乏小聪明。他也完全懂得博弈论中蕴含着的伦理学原理，即以自我让步、自我限制为前提的合作行为，可以给参与者带来长远的、总体性的益处。他更不会不知道，“一位全然不顾他人利益，任何时候都仅仅追逐己利的无所顾忌的自利主义者，在某种条件下自己就瓦解了其基础[④]”，即违规后他会被识别、被绝交、被清除出局并受应有的制裁。因此，以追逐利益的极值为目的的、多少具有冒险性的违规缺德的行为，便使他总是处于一种隐藏其真实动机、躲避遭到揭发的高度紧张的精神状态之中。不仅如此，由于他懂得不道德者难以受到周围人的欢迎，因此他不仅需要掩盖其不义的本真行为，而且还要树立好人的完美形象。“也就是他要给周围营造出一种其实他并没有的态度。这一点如果是富有成效地进行的话，长远来看并非易事，而是需要巨大的辛劳与警醒[⑤]”。而“大部分人不可能拥有这里所要求的对持续的警醒、缜密的考量以及伪装的天赋[⑥]”。伪装出一种优秀品格的拥有者的努力，会给当事人带来巨大的心理压力和精神负担，这样一种付出与损失是那种从通过对利益极值的追逐中获得的好处所难以补偿的。真正理智的聪明者应当懂得：难的是什么，易的是什么。伟大的启蒙家利希藤贝格（Georg Christoph Lichtenberg）说过：“让聪明的人相信这个人所装出的状态，在大多数情况下要比这个人真的成为他想显示的状态难得多[⑦]”。赫斯特说，“在大部

① Ernst Tugendhat：Vorlesungen ueber Ethik，Frankfurt a. M. 1993，S. 182.

②③ Annemarie Pieper：Einfuehrung in die Ethik，4. Auflage，Tuebingen und Basel 2000，S. 190.

④ Karl Hepfer：Philosophische Ethik，Goettingen 2008，74.

⑤ Norbert Hoerster：Was ist Moral? Stuttgart 2008，S. 92.

⑥ Norbert Hoerster：Ethik und Interesse，Stuttgart 2003，S. 200.

⑦ Zitiert bei Georg Christoph Lichtenberg，vgl. Norbert Hoerster：Was ist Moral? Stuttgart 2008，S. 92.

分情况下借助于事实上的有德来达到目标，比起借助于试图仅仅是装出有德来达到目标要容易得多[①]”。西谚道：真诚能坚持最久。对于极端自私者而言，避免陷入双重人格与精神分裂的最佳途径是真的做个好人，“正派表现的最安全和最廉价的方法，永远总是真的正派[②]”。

以上主要是从消极的角度来讲的。从积极的视角来看，道德是完全正常的人类需求。之所以如此，是因为不作恶和做善事能够使当事人获得一种内在的满足和心灵的宁静。所谓善举的回报，就是做一个好人的良好感受，一种较高的情感质量。社会心理学的研究成果证明了道德与幸福的正向关联：“最好者似乎绝不是那些绝对追寻自身好处的人，而是投身于他人的事务者[③]”。这是因为“人是依赖于他人注意和认可而生的存在[④]”。他人的认可与否又取决于我的自我形象的塑造。“为了能得到认可，我们常常会是利他性的。我们的大脑为此给我们提供了回报，我们自我感觉‘愉快’[⑤]”。我用不作恶和做善事的长久经历来建构自己的自我形象，为了得到他人的认可我就必须维护这样良好的形象。“对于我而言，自我感觉良好是重要的。我的长远的幸福强烈地依赖于此[⑥]”。

于是，人不应当逃票乘车，这就不再仅是指一次行为，而且更是指一种习惯。人是由自己一再重复的行为铸造的，习惯一经形成便能够转变成一种顽强而又巨大的力量。并非每次道德行为都能够给当事人的利益极值带来最大化，但从总体上、从整个人生来看，却是值得的。并非一种优良的品格可以避免所有的不利，但从总体上讲、从长远来看，培养一种良心或一种道德品格对于每个人来说都是有利的。所以有人说，行为决定习惯，习惯决定性格，性格决定命运。从这个意义上讲，德性论对品格培育的重视与强调并非毫无道理。道德行为、道德素质与理性、明智和有利是统一的，“一位道德的人比一位无德者拥有更大的幸福的机会[⑦]”。

---

① Norbert Hoerster：Was ist Moral? Stuttgart 2008，S. 92.

② Norbert Hoerster：Ethik und Interesse，Stuttgart 2003，S. 201.

③ Kurt Bayertz：Warum ueberhaupt moralisch sein? Muenchen 2004，S. 200.

④⑤ Richard David Precht：Die Kunst，kein Egoist zu sein，2. Auflage，Muenchen 2011，S. 184.

⑥ Richard David Precht：Die Kunst，kein Egoist zu sein，2. Auflage，Muenchen 2011，S. 337.

⑦ Bernard Gert：Die moralischen Regeln，Frankfurt a. M. 1983，S. 263.

人们为何要有道德，或者说，道德规范起源于怎样的需求这一问题，是伦理学的一个前提性问题，也是伦理学家必须关注和回答的问题。伦理学家要从人类几千年以来的思想宝库中汲取已经、正在并且应当左右我们生活的精神养料，对之进行分析阐释，说明尽管这个世界业已高度发展并变得无比复杂，但人类仍然需要有道德的导引。伦理学家要从学理上论证人们遵守道德规范的缘由，说明人之所以需要守德，与人既是由理性驱动，也是由情感引导的特性相关，进而从理性合作和情感驱动两个方面来厘清人类服从道德要求的动力机制。当然，这并不意味着伦理学家本身便是人们应当学习和效仿的道德权威。伦理学家的优势更多是在于，具备伦理学领域的专业知识，了解基本的道德价值与原则以及像自主性、人的尊严这样的伦理学核心理念的意义，善于明晰概念、辨识问题、逻辑思维、理性论证。其作用一方面类似于一个过滤器，在伦理论证中依靠理性的标准和武器来铲除混乱的、矛盾的、不合逻辑和难以说明的论据及立场。另一方面像一只罗盘，对于具体事态的是非判断、情境的道德维度的把握以及有关重大的伦理问题的决断，提供一种普遍的道德标准和致思路径，就像“罗盘并非直接标示正确的道路，而是指出了正确道路如何得以获知[①]”那样。伦理学家能够对不同场景中的道德行为做出论证，辨析典型事例中伦理因素的构造，帮助人们在复杂的事态中确立一个正确的前行方位，但对道德意识的呼吁和召唤，并不能直接导致对象的行为的贯彻落实，因为这最终取决于行动者自己的自由抉择。“然而就像罗盘只是帮助其使用者找到正确的道路，而无法强迫其真的去走这条正确认识到的道路那样，伦理学只是引导行为者以道德的方式来确定其意志，而无法强迫其真的去实施道德上得以认知的行为[②]”。因为每个人都是自己生活的主人，为此他就必须运用自身的判断力，来决定是否接受伦理学家的建议，来对自己应当走的道路做出选择，并最终为此而承担应有的责任。这尽管对于社会意味着道德安稳感的丧失，对于个体意味着抉择风险的出现，但同时却又体现了人的从咎由自取的不成熟状态的最终摆脱，体现了人类运用自身理智的巨大勇气，体现了自由选择这一启蒙运动所推崇的最高价值。

---

① Annemarie Pieper：Einfuehrung in die Ethik，4. Auflage，Tuebingen und Basel 2000，S. 115.

② Annemarie Pieper：Einfuehrung in die Ethik，4. Auflage，Tuebingen und Basel 2000，S. 116.

第四节 总结与余论

本章探讨了人们为何要有道德这一伦理学的基本问题。其背景是，长久以来人们都不曾对这一问题做出哲学反思，甚至任何有关对这一问题的提及本身都曾被认为是可鄙的。于是，有关人为何要道德的追问晚到十九世纪才得到了应有的重视，而大部分相关论著却只是在二十世纪下半叶才得以出现的。本文从研究道德的定义入手，分析了有关人为何要有道德的几种传统答案，在此基础上从一种不偏不倚的视角出发，展示了道德规范与所有的人共通利益的维护之间的关系，从而为道德规范的普遍的约束力，或者说为道德的普世性的论证奠立了依据。接着，论者阐释了不伤害、公正为何成为最基本的道德规范的缘由。下一步，通过从自我意欲视角向他人权利视角的转换，论证了紧急救援意义上的仁爱规范也是一种普世性的道德义务，从总体上展现了道德行为的必要性与合理性。最后，通过“人为何不应逃票乘车”的例证，说明“并非每次道德行为都能够给利益极值带来最大化，但从总体上、从整个人生来看却是值得的”这一真理，从而比较全面地回答了人为何要道德的问题。

不伤害、公正和紧急救援意义上的仁爱这些道德规范，是人类社会的一种共识性的行为基础，在此基础上不同的道德理论、道德信仰者都可以和谐共处，这体现了多样性中的统一性。例如，在德性论看来，不伤害、公正和紧急救援意义上的仁爱毫无疑问构成了一个人的优秀品德。在功利主义看来，这三项行为规范均符合增进一般社会福利的总体原则。在义务论看来，这三项规范均能经受住其有关道德法则的三大严格检验：可普遍化、以人为目的和自我立法。在契约主义看来，这三大行为规范可以也应当得到人们的建构，因为它们构成了理性的行为主体出于自利的需求以及共同利益的保障而能够认同与接受的行为约束。

可见，从根本上讲道德并不是高不可攀的神秘之物。只有道德理想才是令人仰慕的崇高目标。而一般的道德要求则是正常之物，可以理解的东西，所谓人之常情而已。道德是我们每个人都能够且也应该做到的东西。从表面上看，我们每个人似乎都可以随心所欲，但一般日常的人生体验告诉我们，我们实际上并不可能随心所欲、为所欲为。我们要想成功，在做每一件事情的时候，就都要扪心自问：这样做是否无端地伤及到他人？是否公道妥帖？是否在紧急的情况下能够援救他人？我的这种做法，是否可以得到可普遍化要求的检验，也就是说，是否可以得到所有当事人的认同？这也正是所谓金律“己所不欲，勿施于人”的要求。因此，道德是一个人行走时的定向指针，是一个社会得以存续的建构基石。我们不能做小人，也无须做圣者，道德给我们设定的目标不过是一个正常之人而已。

第四章

论道德义务的人权基础

上一章我们说明了道德以规范为具体体现，通过探究道德规范的起源，阐释了不伤害、公正和紧急驰援意义上的仁爱这些基本规范，如何构成了一个得到文明社会普遍接受的统一的行为指南与准则的框架。下面我们将研讨，道德规范需要行为主体恪守，所谓守规就意味着一种约束，而约束则等同于义务，故当事人恪守规范就等同于他在履行义务，即遵守道德规范就意味着履行道德义务。这样我们就过渡到伦理学中的一个重要话题：关于道德义务及其与道德权利的关系问题。本章的任务在于说明，是否履行道德义务，取决于行为主体是否拥有自由选择的道德权利。换言之，自由构成了所有道德行为的原点和基础，不伤害、公正和仁爱这些基本的道德规范，都要以自由选择的权利作为前提和价值底蕴。在此，论者没有像美国生命伦理学四项基本原则那样把自主同不伤害、公正、关怀放在同一层面上，因为自由（自主）与不伤害、公正和仁爱根本就不是同一量级的范畴，自由，或者更准确地说，自由选择的权利构成了所有道德规范与原则的基础与前提，故是一个更为初始的概念，需要单独用一章的篇幅进行讲解。

长期以来伦理学界一直都有这样一种说法：道德只讲义务，而权利范畴则属于法律领域；就个人而言，履行义务不应以个人权利为前提。这种论点不仅反映了我们的社会曾经拥有一个只讲义务不谈权利的历史传统这一事实，而且也说明了人权的道德视点在许多文化区域的伦理学界一直就没有得到与其重要性相匹配的应有重视和研究的原因。有力地驳斥上述观点可以从法学和伦理学两个层面来进行。从法学层面，简单地说：法律是最基本的道德，任何法律范畴的背后都有坚实的道德内蕴作为价值支撑，故法律上的权利归根到底来自于道德权利。从这个意义上讲，失去了伦理学领域对道德权利的探究，则法学领域对法律权利的把握与研议也就毫无根基可言。从伦理学层面来看，伦理学当然不可能不讲道德义务，但是道德义务从何而来，现代社会却会有一个与传统社会相比截然不同的答案。通过对道德义务在现代社会的生成机理的研讨，我们可以发现，没有对道德权利，特别是对作为道德权利基本组成部分的人权的认可，则有关道德义务的所有的论说便立即成为无稽之谈。

不可否认，道德义务是道德理论与实践的核心内容之一，拥有着“约束性”和“应当”的意涵，该“应当”与“约束性”是道德上的，并且是一种强制性的要求，“义务的概念已蕴含着绝对强制的思想，这种强制可以是相对于主体实际的冲动与希冀（即偏好），并且是非这些因素所论证的[①]”。道德义务总是意味着对行为主体个人意欲与利益的放弃、对自身需求满足过程的推延和对个体自由的限制。道德义务通常体现在如十戒这样的道德行为规范上。一句话，道德义务是约束行为主体做出道德行为选择的绝对性要求。

历史上，道德义务作为一种行为的约束性要求往往是出自于不同的理由或根据的。由于笃信上帝，人们可以将服膺神的召唤作为履行道德义务的理由。由于依附于奴隶主、封建主以及君主国，人们可以将这种身份依赖关系作为履行道德义务的根据。而上述大体上属于前现代化时期的情形具有一个共同的特点，即履行义务的动机受制于外在的情境而难以普遍化。但现代伦理学的一个基本要求就是普遍性，也就是说，现代伦理学要求履行义务的动机是可普遍理解和接受的。于是便出现了不同于将上帝、主宰或君主国作为履行义务的根据的做法：人们不再是基于外在的因素，而是基于得到论证的理由、基于自身自主的理性意志、基于对自己认定的道德法则的服膺来履行自己的道德义务。这样一种情形，只有在启蒙运动以后的现代社会才会发生。

在现代社会里，人不再是像以往那样被嵌定在先在的由身份关系决定的社会义务的体系结构之中。因为现代社会所实行的是一个由自给自足的小农经济转变而来的商品交换的市场经济，现代社会所展现的是一个由村落型的熟人社会转变而来的都市型的匿名社会。于是，传统社会中由身份角色关系所确定的义务载体便蜕变成为市场经济中平等的自由主体。启蒙运动的贡献，就在于作为个体的人的解放，现代社会的特征就在于对真正大写的、独一无二的、其价值不可替代的人的发现与认同。在这样一个时代里，如果再向一个人提出尽义

---

① Maximilian Forschner：Pflicht，in：Otfried Hoeffe（Hg.）：Lexikon der Ethik，Muenchen 1992，S. 209 – 210.

务的要求，就不能像过去那样诉诸对其身份关系的识别与追问，因为他既不是奴隶，又不是贫农，也不是卑微的臣民；如果要让一个人尽义务，就要给出一个道德的理由。“事实上在现代道德哲学中所关涉的首先并不是德性与价值，而是这样一个问题：规范性的‘正确’，亦即‘公正’，是如何确立的[①]”。“一种缺乏道德权威和民主合法性的道德，会是既无信服力，亦无可靠性[②]”。现代社会里，并非是没有道德义务，只是这种道德义务根植于一种现代社会的人的图景，在这图景中人都是独立自主、拥有尊严的行为主体。也就是说，这种道德义务根植于作为该义务载体的行为主体自主的意愿，取决于其根据自身利益需求独立做出的价值选择，一句话，义务来源于行为主体作为人权的自主选择的权利。在现代社会，如果要让一个人尽义务，要求者就要自行考问：被要求者为何要尽义务，他是否乐意为之，这种义务是否出自于其权利并且与其权利诉求并行不悖？这才是对一位公民，一位拥有人的尊严的行为主体的正确态度。

第一节　现代社会义务观的社会历史背景

道德义务不能独立于道德权利得以定义和履行，这是与传统社会相较，现代社会在义务观上所呈现出的一个重大转变。这一转变具有着深刻的社会历史背景，其中洛克有关国家角色的观念和康德的人的自主选择的理念所起的作用，构成了这一转变的重要思想理论前提。

在洛克生活的时代，国家是绝对统治者的天下的观念仍然占据主导地位。国民作为驯服的臣民，对国家及统治者肩负着不容推卸的义务。从历史上看，人权学说恰恰起源于对这种绝对国家之理念的反抗。而终结了这样一种国家概念的十八世纪的大革命，正是以这种人权学说作为思想基础的。提出这种人权学说的思想家是洛克。在他看来，人生而拥有生命、自由和财产这三项基本权

---

① Gerhard Schweppenhaeuser：Grundbegriffe der Ethik，Hamburg 2003，S. 59.

② Hillary Wiesner：Zehn Probleme fuer eine universale Ethik，in：Karl – Josef Kuschel，Alessandro Pinzani，Martin Zillinger（Hg.）：Ein Ethos fuer eine Welt? Frankfurt a. M. 1999，S. 143.

利，人权就体现在这三种权利形态上。洛克进而指出，这三项基本权利同时也是三种基本财产。“财产”一词在洛克那里不仅是物质意义上的财富，而且也是指人的身体、生命、道德人格、道德行为等广泛内容。一句话，“洛克的‘财产’这一表述包含着人本身这一财产[①]”。洛克想用财产这一概念表达这样一种思想：人是其生命、自由和财产的所有者。“因此人是这样一种存在，他自己拥有自己，是他自己的主人[②]”。“这样一种将人自己作为财产的思想，导致了洛克的一种有关国家角色的极新的观念。事实上，如果人由于其理性的和有意识的存在，而构成了其自身的财产，则无论是任何一个他人或者是国家，都不能成为人的所有者，也就是说对其生命、自由和其通过劳动获得的物产为所欲为[③]”。

可见，正是从其人权学说中洛克推出了自己崭新的法治国家的理念。在洛克看来，人是其自身的拥有者，而非国家的所有物。国家是人民建构的，人民建构国家的唯一目的，就在于对自己权利与生命提供保护，作为裁判对民众的利益冲突进行调节。洛克式的国家是法律的守护者，其任务“在于依据宪法实现对人对其自身的财产权，亦即三种人权的维护与保障[④]”。

洛克的人权理论与其法治国家的学说是一枚硬币的两面，这一理论不仅刷新了人们对人的图景、国家的图景以及人与国家之间关系的理解，而且也使人们对“人的义务”的认知得到了重大的改观。人首先是一个权利的主体，而非义务的履行者。作为权利的主体，人是自己的主人，独立于等级体系所强加的人身依附关系的制约。在国家面前，人拥有逻辑优先性：如果一个国家里不存在任何人，则该国也不存在。如果一个人不属于任何一个国家（如难民），则他仍然存在。就义务而言，义务的主体首先是国家，国家有维护个体生命、自由和财产三项权利的义务。

尽管洛克是人权思想的开拓者之一，但与康德相较，洛克的学说还存在着一定的局限性。因为他仍坚信人权之所以不可让渡，是由于它是上帝所赋予。而康德则用人的理性取代了上帝，他认定人权是一项理性权利，人权是由人的

---

①②③④Ada Neschke - Hentschke：Tradition und Europas. Die Menschenrechte und der Rechtsstaat als Frucht des antiken und christlichen Denkens, in：Hans - Helmuth Gander（Hg.）：Menschenrechte. Philosophie und juristische Positionen，Freiburg/Muenchen 2009，S. 28.

理性所赋予的。这里所谓的理性，是指人的自主性。自主性构成了康德伦理学的一个核心概念。康德认为，不是外在的事物，而是人自己将自己设置为自主的存在。作为自主存在的人，既有能力为自己订立法则，也有能力依照这一法则的要求行事，因而人是自我立法与自我守法的统一体："这样真正的自主性才得到了考量，亦即人自己给自己立法并且让自己受自己法则的约束①"。"人，只要其是理性存在，即拥有塑造法则概念的能力，则便也有能力，作为理性存在依据该法则来行动②"。

从自我立法与自我守法中，康德导出了其义务的概念。义务所表述的是一种自由的意志服膺于一项无条件的应当。康德的义务概念完全不同于传统社会所理解的义务概念，在这里义务的根据不再归溯为上帝、主宰或君主国，而是归溯于义务履行者自身的自主意志。在这里行为主体对义务的接受是自愿的，根植于其对一种必然性的洞察，故这样一种义务是人之自我履行的义务，是自身乐意践行的义务。一句话，康德的义务不是来自于任何外在的强制，而是归因于人的内在的自主性。"近代发展出了与道德自由相应的自主性的思想，这种思想将义务解释成为某一存在者的理性自由的无条件的自我要求与自我约束，该存在者拥有理性的能力且并非总是理性的。故而义务的理由则在于作为理性自由存在者的'个体性'③"。

至此，综合上述有关洛克的人权理念、法治国家的思想和康德基于自主性的义务的学说，我们可以得到几个关键词：人权、国家和义务。这几个关键词拥有着丰厚的伦理学的意涵："人权"是每个人作为人所应当享有的权利。"国家"应履行维护人权的义务。"义务"的载体不仅仅是国家，而且也包括每一个人。作为义务载体的个人，其义务来自于自身享有的人的权利。

---

① Ada Neschke - Hentschke：Tradition und Europas. Die Menschenrechte und der Rechtsstaat als Frucht des antiken und christlichen Denkens，in：Hans - Helmuth Gander（Hg.）：Menschenrechte. Philosophie und juristische Positionen，Freiburg/Muenchen 2009，S. 33.

② Ada Neschke - Hentschke：Tradition und Europas. Die Menschenrechte und der Rechtsstaat als Frucht des antiken und christlichen Denkens，in：Hans - Helmuth Gander（Hg.）：Menschenrechte. Philosophie und juristische Positionen，Freiburg/Muenchen 2009，S. 32.

③ Maximilian Forschner：Pflicht，in：Otfried Hoeffe（Hg.）：Lexikon der Ethik，Muenchen 1992，S. 210.

第二节　义务来自于人的权利

“义务来自于人的权利”这句话包含两个层面的涵义。

第一，义务出自于人的权利。一方面，一个人提出权利诉求，就意味着他人、集体和国家应通过履行相应的义务对这种要求做出应答，他人、集体和国家有义务做出什么或不做什么。另一方面，“一种道德上核心的领域是以义务的相互性和对等性为特征的[①]”。提出权利诉求的行为主体本身也必须为他人、集体和国家履行义务。“个体权利的自然边界在于他人的权利[②]”。因而“个体的自由受到其他人权利的限制。这样，从权利中产生了义务：从言论自由中导出了不侮辱他人的义务，……行为自由的界限是紧急情况下的助人的社会义务[③]”。一个人享有多少权利，也就必须履行多少义务，“没有权利与义务这双重原则，民主与公开的社会便无法持存[④]”。《世界人权宣言》虽是关于人的权利的道德呼吁，但每项权利的背后都蕴含着相应的义务，而且在第二十九条中还明确规定：“一、人人对社会负有义务，因为只有在社会中他的个性才可能得到自由和充分的发展。二、人人在行使他的权利和自由时，只受法律所确定的限制，确定此种限制的唯一目的在于保证对旁人的权利和自由给予应有的承认和尊重，并在一个民主的社会中适应道德、公共秩序和普遍福利的正当需要。”而 1969 年的《美洲人权公约》第三十二条专门谈到了义务和权利的关系：“1. 每一个人对他的家庭、他的社会和人类都负有责任。2. 在一个民主社会中，每个人的权利都受到他人的权利、全体的安全和大众福利的正当要求的限制”。正是在这个意义上，罗曼（Georg Lohmann）指出：“从纯粹道德的视

---

① Georg Lohmann：Globale Gerechtigkeit，Menschenrechte und korrespondierende Pflichten. Eine Skizze，in：Hans – Helmuth Gander（Hg.）：Menschenrechte. Philosophie und juristische Positionen，Freiburg/Muenchen 2009，S. 44.

② Constanz Stelzenmueller：Die gefaehrlichen achzehn Gebote，in：Die Zeit，42/1997.

③ Thomas Kleine – Brockhoff：Wer Bürgertugenden erzwingen will，riskiert die Freiheit，in：Die Zeit，43/1997.

④ Helmut Schmidt：Zeit，von den Pflichten zu sprechen！in：Die Zeit，41/1997.

角来看，从人权中总是能产生出广泛的道德义务，它……包含着所有的人的一种相互和普遍的对财富的公正分配的义务，一种在交换关系中的公平对待的义务以及紧急状态下的援助的义务，从而使一种合乎人的尊严的生活的最低程度的理念对于所有的人成为可能①”。

总之，一位提出权利主张的行为主体，既享受他人为自己履行的义务，同时也必须为他人的权利力尽自己的义务，而这样做的最终目的在于限制任意的自由，维护所有的人的人权。这乃是“义务出自于人的权利”之命题最重要的意涵。

第二，“义务出自于人的权利”这句话的另一层涵义，是指人对其义务的履行，需出自其自觉自愿，不得受制于外在的强迫，不得违背其自主意志，不得损害其自主的权利。自由权是人权中除生命权外最重要的一项内容，自主性是现代道德的核心价值，也是康德伦理学最基本的历史遗产。“现代伦理学重视个人的自由意志。因为，没有这一尊重，道德义务的现代概念将是完全不可理解的②”。依照自由、自主的价值理念，我们应相信人拥有道德行为的能力，应当尊重行为主体在道德行为上的自由选择。自由、自主性的精髓在于免于强制。自由“总是拥有‘消极的目标’，即不受干预。它总是摆脱于某种事物——因此是一种防压的护堤。柏林说：‘我说的自由，是行动的机会，而非行动本身’。它包含着犯傻的自由、非理性的自由、犯错的自由，甚至对集体价值漠不关心的自由。反之，如果自由是与为公益所用相系，则它轻而易举就变成了被奴役③”。二十世纪九十年代，以德国前总理施密特为首的一群政治精英起草了一部《世界人类义务宣言》，尽管全部内容都是对人类义务的呼吁，但该宣言也并不否认这种对义务的呼吁是以对人权的认可为前提的。《世界人类义务宣言》展示了作者群体自身对于正确与错误、允许与禁止行为的理解，而对此广大公民是否有兴趣则完全取决于他们自己的意愿。“义务虽是一种道德敦促，但非强迫。恰恰是因为道德并非是‘规定’的，故公民的自

① Georg Lohmann：Globale Gerechtigkeit，Menschenrechte und korrespondierende Pflichten. Eine Skizze，in：Hans – Helmuth Gander（Hg.）：Menschenrechte. Philosophie und juristische Positionen，Freiburg/Muenchen 2009，S. 50.

② Truls Wyller：Geschichte der Ethik. Eine systematische Einfuehrung，Paderborn 2002，S. 77 – 78.

③ Thomas Kleine – Brockhoff：Wer Bürgertugenden erzwingen will，riskiert die Freiheit，in：Die Zeit，43/1997.

我义务便是不可或缺的[1]”。

哈贝马斯曾经指出：“自由……表现为意志借助于洞见的自我约束[2]”。但如果当事人拒绝这种体现在履行义务上的自我约束，则也不能强迫他。即便是涉及最有强制性色彩的法律义务，如果当事人拒绝履行，则就应依法惩治他，但也不能通过洗脑令其在思想上彻底屈服。

通过上述有关义务与人权关系的分析，我们了解了现代社会义务的生成机理和义务得以履行的动力支撑，借此我们阐述了一种现象：在现代社会，如果要让某人尽义务，就必须考量他为何要履行该义务以及他是否乐意履行之的问题。所有上述解析，为我们下面描绘现代义务的特征奠定了必要的基础。

第三节　现代社会义务的样态

义务来自于人权，义务决定于权利，故权利有什么性质便决定了义务有什么特征。与传统社会的义务相比，现代社会的义务由于根植于权利诉求故不论在质和量的层面都呈现出新的样态。

从义务的载体来看，现代社会不仅认定个体赋有对他人、集体和国家的义务，而且特别强调国家必须履行维护个体权益的义务，此乃国家存在的根本原因之所在，而这与传统社会君主是国家存在的唯一目的的情形截然不同。在对个体权益的维护方面，国家的义务显然要强于每位具体个人所应履行的义务。罗曼指出：“从道德上看，人权首先要求所有的个体尽义务，如果所有的个体无法合宜地履行这些义务，则人权要求所有的人一起尽义务。所有的人一起尽义务，意味着所有的人都要关心去建构相应的共同机制，以便能够履行相应的义务，首先受到要求的是国家以及国家的法律秩序，也包括国际机构和法律机关，原则上还包括一种全球的法律秩序[3]”。

---

① Hans Kueng：Fuerchtet euch nicht vor dem Ethos，in：Die Zeit，45/1997.

② Juergen Habermas：Die Einbeziehung des Anderen，Frankfurt a. M. 1999，S. 38.

③ Georg Lohmann：Globale Gerechtigkeit，Menschenrechte und korrespondierende Pflichten. Eine Skizze，in：Hans – Helmuth Gander （Hg.）：Menschenrechte. Philosophie und juristische Positionen，Freiburg/Muenchen 2009，S. 47 –48.

从义务的领域来看，存在着法律义务和德性义务之别（康德）。在康德以前，法律义务亦被称为狭义义务或完全义务，而德性义务则被称为广义义务或非完全义务："指像良心义务、爱的义务和人道义务这样的伦理义务。这些是立足于自身的洞见而非为国家借助于法律所能强制的[①]"。同法律权利在保护力度上要强于道德权利相类似，从约束力的角度来说，法律义务比德性义务（或道德义务）当然要强得多。

从义务的强度关系来看，有消极义务与积极义务之分。一般而言，消极权利和消极义务比积极权利和积极义务在强度上要高：不被杀的权利（消极权利）强于被救命的权利（积极权利）；不杀人的义务（消极义务）强于挽救人命的义务（积极义务）。"像不伤害这样的消极义务对于所有的人来说都是可以得到绝对论证的。而像紧急情况下的救援这样的积极义务则总取决于特定的条件，其得到论证大体上受制于对相关程度和不同人员（范围）的考量[②]"。如果再做细分，则又有所谓严格的消极义务、严格的积极义务、宽泛的积极义务、高尚义务之别。严格的消极义务大体上可以概括为禁害原则，如不得杀人、不得伤害、不得剥夺他人自由等。这种义务的严格性就在于，对其恪守具有绝对的约束效力，在任何时空环境下、针对任何人都必须履行该义务，如有违背，则会受到包括法律制裁在内的惩罚。但由于这种义务一般而言并不需要行为主体的主动作为，更无需任何代价的付出，故是最容易得到履行的。严格的积极义务关涉到特殊的行为律令，如你应守约、严守合同、恪守职业规范、保护好自己的后代等。这种义务的严格性也在于，对其恪守具有绝对的约束效力，如不履行也可能会招致法律的制裁。但有别于消极义务，这种积极义务并非普遍适用于所有的人，也并非在任何时空环境里均有效。其适用性是有条件约束的，比如赡养义务局限于特定的人群（如儿童、父母、配偶）。对职业规范的遵守，一般也主要是与工作场所相关。同样有别于消极义务，积极义务要求行为主体为义务的履行必须付出一定的资源、精力和时间的代价。宽泛的积

① Hans Kueng：Fuerchtet euch nicht vor dem Ethos，in：Die Zeit，45/1997.

② Georg Lohmann：Globale Gerechtigkeit，Menschenrechte und korrespondierende Pflichten. Eine Skizze，in：Hans – Helmuth Gander（Hg.）：Menschenrechte. Philosophie und juristische Positionen，Freiburg/Muenchen 2009，S. 43.

极义务关涉到人际团结的美德，如在他人陷入困境时应提供帮助，推进他人及整个社会的福利，广结善缘等。主动履行这种义务，会赢得社会的积极评价。反之，没有履行该义务，也不会受到制裁。故宽泛的积极义务仅仅体现着一种价值倡导、行为建议，本身并无有效的约束力。高尚义务属于道德理想的范畴，体现着大大超出普遍期待的英雄主义壮举。行为主体为了一种高尚目的而做出重大的自我牺牲，他所赢得的是整个社会特殊的尊重与赞叹①。

如上所述，义务有法律义务和道德义务的区别。伦理学当然主要研究道德义务。道德义务源自于以人权为核心的道德权利。当甲不幸落水并有生命危险，而乙的救助对自己不会带来生存威胁之时，则乙便拥有一种严格意义上的救助义务，“这样一种救助的义务显然是基于道德上合法的积极权利。这种积极权利的道德基础就在于，需救助者乙拥有一种甲来帮助他的道德权利②”。“说某人针对某事拥有道德义务，本质上意味着，他人拥有理由针对一项与之相反的行为以一种特殊的方式做出反应，即动用道德上独特的制裁③”。

与法律义务具有制度性约束力的特征不同，道德义务并不受制于国家法律的强制，而是受制于社会舆论的压力和内在良心的作用。制裁违背应尽的道德义务之行为的方式，是谴责、批评、鄙视等④。这些情绪上的反应是强烈的、进攻性的，其语言表达方式是“要求你必须做什么”或“要求你不应做什么”。这种要求甚至具有一种意涵，即若得不到满足，则应答人就应遭到的控告，不论是良心还是舆论意义上的：“权利不仅是可要求的，而且是公开得到要求的，因此在一种原则的意义上是可起诉的，即便这种起诉并非是与在法律或准法律机制面前的施行相关。密尔（John Stuart Mill）指出，在道德制裁上我们尽管基于道德理由放弃了身体上的强制，但我们总是拥有一种愿望，必要

---

① Vgl. Gertrud Nunner - Winkler：Verantwortlichkeit fuer andere：Das Problem der “pisitiven” Pflichten, in：Georg Lind/Gundula Pollitt - Gerlach（Hg.）：Moral in unmoralischer Zeit，Asanger 1989，S. 34 - 38.

② Andreas Wildt：Milde Pflichten Moralische Verpflichtungen ohne korrelative moralische Rechte anderer，in：Deutsche Zeitschrift fuer Philosophie 55（2007）1，S. 44.

③ Andreas Wildt：Milde Pflichten Moralische Verpflichtungen ohne korrelative moralische Rechte anderer，in：Deutsche Zeitschrift fuer Philosophie 55（2007）1，S. 48.

④ 这些情绪表达发生在人与人之间，故道德义务只是对于人际间的关系而言的，不存在行为主体自己对自己的道德义务。

时对道德上的做恶者实施强制[①]”。

在一个匿名的陌生人社会里，道德义务总是建立在道德权利的基础之上的。但也有人指出，像在家庭、友人等私人领域，如果讲义务总是基于道德权利，则就有可能损害人际联系中的情感质量，使私密圈里约束力的自发性、高度信任感等特征受到扭曲。故维尔特（Andreas Wildt）探讨了在基于人权的道德义务之外，是否还存在一种并非直接源于权利的义务（即非权义务）的问题。

首先必须排除一种误解，即认为非权义务似乎与权利没有什么关系。应当说，任何道德义务都不能独立于道德权利而得到论证。即便是我们接受维尔特的说法，承认有些道德义务并非直接来源于人的权利，但我们也必须明确，任何义务的履行最终都取决于当事人的自主意愿，也就是说，履行义务的要求本身决不能违背体现为自主性的人权。从这个意义上讲，所有的道德义务都是与人权相关联的。

那么，维尔特所说的非权义务究竟有何特点？他认为这种道德义务并非来源于义务受益者相应的道德权利，而是根植于履行义务者自身的团结、关爱的意识，根植于其人性的存在。比如，当有人落水而面临死亡，救援行为使我亦陷于生命危险之时，我仍有救援的义务，但此义务就算作非权义务。“在这种情况下，我们也承认有一种救助的义务，而无需诉诸该被救者一种相应的道德权利[②]”。被救者不能将此救助义务理解为源自于其权利，因为救援者也有生命权。再如，“有钱者在道德上有扶贫的义务。但几乎在每一社会都存在如此多的需求者，以至于不可能使人人都得到满足。因而理解善行义务的最简单的方式，不是将善行解释为所有情形下的义务，而是将其理解为这样一种义务，偶尔并经常地，即在许多相关情形里的一些情形中去行善[③]”。

上述救人或行善义务，都不是以受益者的权利为基础的。倡导此项义务者，往往不是坚守权利与正义立场的伦理学家，而是重视同情、利他、关怀、

---

① Andreas Wildt：Milde Pflichten Moralische Verpflichtungen ohne korrelative moralische Rechte anderer，in：Deutsche Zeitschrift fuer Philosophie 55（2007）1，S. 49.

② Andreas Wildt：Milde Pflichten Moralische Verpflichtungen ohne korrelative moralische Rechte anderer，in：Deutsche Zeitschrift fuer Philosophie 55（2007）1，S. 46.

③ Andreas Wildt：Milde Pflichten Moralische Verpflichtungen ohne korrelative moralische Rechte anderer，in：Deutsche Zeitschrift fuer Philosophie 55（2007）1，S. 52.

责任或德性这些概念的伦理学家，如约纳斯、列维纳斯、女性主义者、同情论者或德性论者。这种非权义务具有原始性、自发性和偶发性的特点，人们呼吁当事人履行此义务的口气是缓和的，所使用的是如“你最好这样做”等请求性的用语。当事人如果拒绝此义务，他人也无法像在权利基础上的义务得不到履行时那样提出控告，即便这种控告只是良心或是舆论意义上的。

但问题在于，道德义务属于伦理学的范畴，而伦理学中无论道德权利还是道德义务都应是普世性的，都应适用于所有的人类行为主体。正如罗曼所言：“道德义务是不偏不倚得到了论证的或可以得到论证的义务①”。如果某种义务并不直接来自于权利，而其效用对于个人亲密联系的圈子更为根本，且履行义务者是否履行完全取决于其偶然的意愿与情绪（包括对自身形象的考量），则自然有人会怀疑，这种难以在普遍性视角下得到论证的非权义务是否还算得上是一种作为伦理学研究对象的严格意义上的道德义务？尽管它属于人际交往关系中的一种相当重要的现象，而且我们谁都不会否认像仁慈、宽容、忠实、负责等都是一些值得赞赏的正面的品质。当然，这的确是一个不易回答的问题。如果我们承认非权义务算是道德义务，那么或许就必须特别地点明：这完全是一种特殊意义下的道德义务。

第四节 总结与余论

本章概述了现代社会条件下道德义务的起源问题，提出了“义务来自于人的权利”的基本观点。我们知道，道德义务是道德理论与实践的核心内容之一，伦理学当然不可能不讲道德义务。道德义务总是意味着对行为主体个人意欲与利益的放弃、对自身需求满足过程的推延和对个体自由的限制。但是道德义务从何而来，现代社会却会有一个与传统社会相比截然不同的答案。在现代社会里，道德义务根植于作为该义务载体的行为主体自主的意愿，取决于其根据自身利益需

① Georg Lohmann：Globale Gerechtigkeit，Menschenrechte und korrespondierende Pflichten. Eine Skizze，in：Hans－Helmuth Gander（Hg.）：Menschenrechte. Philosophie und juristische Positionen，Freiburg/Muenchen 2009，S. 44.

求独立做出的价值选择，一句话，义务来源于行为主体作为人权的自主选择的权利。同时，与传统社会的义务相比，现代社会的义务由于奠基于权利诉求故不论在质和量的层面都呈现出新的样态。总之，通过对道德义务在现代社会的生成机理的研讨，我们可以发现，道德义务不能独立于道德权利得以定义和履行，这是与传统社会相较，现代社会在义务观上所呈现出的一个重大转变。

中国正经历着一场前所未有的经济、社会和文化变革，从而终结了一个只讲义务、没有权利并且义务才是道德的同义语的历史时代，同时也就启动了为义务为先、权利缺位的局面所支配的中国伦理学界的思想自觉。

我们这个时代的最大变化，是作为个体的人的图景和与之相应的对作为个体的人的态度的改观。人不再首先和仅仅被视为履行义务的工具，而是被看作为拥有自我目的、自我需求和基本权利的行为主体。这自然就会导致整个社会对人的义务现象的观察视角的巨大变迁。人拥有人权，也承负着义务。权利意味着对自我利益的主张与维护，义务则意味着对自我欲望的控制与约束。但人对义务的履行并不服务于外在的目的，最终还是为了自己人权的保护。作为基本的道德权利的人权不是上天或上帝赐予的，而是人们自己为自己挣得的："事实上，人权的历史不能描写成纯粹观念的历史，而只能描写成将实践哲学的理念转变成政治现实的奋斗史①"。在挣得人权的同时，人们也自觉地承担了相应的义务与责任，不然权利也就自身难保、化为乌有。可见，探究义务的人权基础，并非旨在削弱义务意识，而是通过对义务的伦理学上的论证，通过给义务一个道德的理由，为道德义务奠定一种坚实的根基，从而使行为主体真正自觉自愿地履行义务。

人权是普世性的，所谓普世并不是指适用于任何时空，不是指一种历史与现实的存在状况，而是指价值层面的应当。与此相类似，"人权是人类义务的根源"或"道德义务拥有人权的基础"这一命题也并非是一个历史事实，而是只有在启蒙运动以后公民社会的历史时代才会提出的，是文明社会中逐渐成为现实的一项价值选择。

---

① Ada Neschke－Hentschke：Tradition und Europas. Die Menschenrechte und der Rechtsstaat als Frucht des antiken und christlichen Denkens，in：Hans－Helmuth Gander（Hg.）：Menschenrechte. Philosophie und juristische Positionen，Freiburg/Muenchen 2009，S. 16.

第五章

德性论及其命运

NOMEN VIRGINIS.
MPOY
Luc. 1.V. 26.
Sub gratioso Nomine,
Matrisq, Virginisq,
Vertumnus æneis Auctior
Recusus est Figuris.

如前已述，不伤害、公正和紧急驰援意义上的仁爱这些道德规范，作为人类社会的一种共识性的行为基础，得到了不同的道德理论，如德性论、功利主义、义务论和契约主义的一致认同。但是，在判定道德的终极依据或最高标准的问题上，它们作为不同的学术流派与理论样态，则分别呈示出某种不同的价值立场，提出了各自相异的解答。换言之，所有的伦理流派都坚信存在着一种最高的或终极的道德标准，而所有其他的律令、禁令之所以能够得到论证，在于它们都是该最高标准的体现。问题就在，究竟什么是这一所谓的最高的或终极的道德标准？德性论的答案是作为内在规范的道德品格，或者说品德卓越的人。功利主义的答案是最大多数的最大幸福的原则。义务论的答案是绝对命令。契约主义的答案是遵守契约所决定的规则来行事。它们各自宣称自己确立的最高的道德标准，才是人类社会道德行为的终极指南，在此基础上，它们致力于对自己所秉持的道德信念做出令人信服的辩护与论证。正可谓“两位哲人宁愿同用一只牙刷，也不愿持同样的观点。”应当说，伦理学的产生与发展基于人类的生活经验，这种经验是复杂多元的，反映了人类生活的多重维度与层面。这最终也就必然造成了不同的道德理论、伦理学流派彼此差异、相互竞争的现实格局。

前面已经说过，规范伦理学体现了伦理学这一概念的本义，当我们谈及伦理学，如果没有某种特定的说明和解释的话，一般都是指规范伦理学。在规范伦理学中，又可以区分出重视人类行为外在规范的功利主义、义务论和契约主义一派和强调人类行为内在规范或态度动机的德性论一派。在西方，从古希腊直到启蒙运动时期，德性论伦理学或美德伦理学一直都是占主导地位的，后来才让位于功利主义和义务论。在这以后，便是以义务论、契约主义和功利主义为代表的所谓外在规范伦理学的一统天下，这种局面一直坚持到了二十世纪。但到了二十世纪八十年代之后，情况又发生了微妙的变化。早在 1958 年安斯库姆（Elizabeth Anscombe）就指出，以义务论和功利主义为代表的规范伦理学，只是强调道德判断与道德行为应是奠立于外在规范、规则、原则的基础之上，而缺乏对行为者内在态度与动机的考量。故她提出要复兴亚里士多德的德性论。作为对这种曾长期取代了德性论地位的规范伦理学的挑战与反叛，德性论试图证明自己拥有更为强劲的解决问题的能力，这不仅体现在理论阐述的层面，而且也体现在实际应用的领域。到了二十世纪八十年代，德性论的复兴已经成为一种现实的不可忽视的现象。

在当代德性论者看来，义务论和功利主义的最大弱点，在于无法应对道德现象精致的结构。从道德行为论证的角度讲，外在规范伦理学专注于“我应当怎么做”这一问题，追问行为主体应按何种规范与原则行事；换言之，它们重视的是行为主体的行为本身。但是这种外在规范伦理学忽视了，在原则与行为之间还有一个环节，正是这个环节才促使行为主体恪守这一规范或原则，即遵循此规范或原则行事。这个所谓的环节，就是行为者的行为动机。外在规范伦理学可以很好地论证行为的理由，但殊不知在理由与动机之间并没有必然的联系。人们可以认为某种行为在道德上是好的、值得去做的，但出于偷懒、恶意、恐惧而并没有去施行该善举。在德性论者看来，行为动机不是理由所能决定的，而是由行为主体的品格、气质、情感能力决定的。所以与专注于“我应当怎么做”的外在规范伦理学不同，作为内在规范伦理学的德性论专注于“我应当做一个怎样的人”的问题，即关注行为者本身，它重视的不单是行为主体的某件行为，而是包含行为动机在内的行为者整体。正是人的品格与情感决定了他是一个怎样的人，人是怎样的才决定了当事者行为的全部。所以，德性论重视人的品格、气质、情感能力，这些可以统称为德性。德性的意义就在于，它不仅能够像法律那样确定外在的行为，而且更重要的是还能从个体的内部塑造其态度，从而使行为者拥有行为的动机。而德性打下的印记则更为深刻因而更加可靠。德性所起的作用是：公民习惯于非自私自利地行动，这样守法就易如反掌。总之，在德性论看来，道德的本质不在于遵循某种基本的规范与原则，而在于某种德性的养成。而近代以来规范伦理学对道德行为的论证是失效的，这也正是当代社会道德生活状态陷于堕落的一个重要原因，共同体主义的代表人物麦金太尔持的就是这一观点。

从道德行为选择的角度来看。外在规范伦理学固执于道德原则的普遍有效性，强调规范与原则在任何具体事例上运用的绝对无条件性，而拒绝一切可能的相对化处置与必要的情境权衡。但在遇到两个同等重要的规范或原则之间发生冲突或者同一原则在利益矛盾着的两个行为主体的应用问题上，外在伦理学就立即陷入绝境。而德性论的优势恰恰在于认可规范与原则运用程度的相对性，关注具体情境的特殊性，并善于调动规范或原则之外的如情感、直觉等其他道德要素在道德权衡中的作用，从而为化解冲突并做出合宜的道德抉择开辟道路。相反地，在外在规范伦理学的支配下，道德争论的各方却永远不可能以一种理性的方式达成有效的共识，在麦金太尔看来，堕胎问题上永无休止的争论为此提供了一个明证。

尽管 1958 年安斯库姆著名的论文“现代道德哲学”被公认为是德性伦理学复兴的标杆性的成果，但安斯库姆本人并不要求简单恢复古希腊的德性伦理，而是寻求一种合宜的道德心理学，一种对意愿、需求、乐趣等概念的更好的理解。而麦金太尔则态度鲜明地主张，回归亚里士多德的德性论伦理学的传统，是摆脱当代所谓道德危机的唯一出路。

第一节　亚里士多德的德性论

在西方伦理学史上，亚氏无疑是德性论的最大代表。亚里士多德并不关心人们应遵循何种普遍的行为规范行事，他并不将道德与普遍有效的原则联系起来，而是认定道德与德性相关（尽管他也承认一些绝对的行为规则的存在，如离婚、偷窃、谋杀在任何情况下都是错的）。德性又是以一种有关善好的生活观念为目标。万物皆有其目的——求善。一个事物的善好在于履行其功能，刀子的善好在于很好地切东西，人的善好在于“心灵的合道德的活动”。善好的生活并不一定与个人的有用性或乐趣相关，而是其本身就构成了人的存在目的。真正的、最高的善好就是人的幸福。

如上所述，亚里士多德并不关心普遍的行为规范，而是重视行为者本身，重视个体的德性的培育，即品德、情感、道德感知的养成。在他看来，善并不意味着单独一件善行，而是指有德性者在相应情境中的作为。一位有德性者能够在行为情境中发现正确的尺度。故好人才是善的标准与尺度。“好人对每种事物都判断得正确[①]”。亚里士多德说：“一个人被称为公正的人或节制的人，却不是仅仅因为做了这样的行为，而是因为他像公正的人或节制的人那样做了这样的行为。[②]”在他看来，所谓德性就是人的心灵的可嘉和卓越的特征，是“值得赞赏的品质[③]”，“每种德性都既是使得作为该德性的载体的那个事物本身的状态好，又使得那事物的活动完成得好。……那么人的德性就是既使得一个人好又使得他出色完成他的活动的品质[④]”。

德性分为理智德性与道德德性两种。理智德性是指智慧、理解与明智，通过学习而获得，其形成需要经验与时间。

道德德性是指慷慨、审慎、勇敢与节制等。道德德性的特征在于适度、适中，在于两极中的中道，比如勇敢是鲁莽与懦弱之间的中道，慷慨是浪费与吝啬之间的中道。“所以德性是一种选择的品质，存在于相对于我们的适度之间。……适度是两种欠缺的品质即过度与不及的中间。适度之所以是适度，在于它在感情与行动中，发现并选择了中道，而在这一关系中错误就在于，要么达不到正确，要么超过正确。所以虽然从其实质或本质概念来说德性是适度，但从它构成了最高的善并使一切得以完善的角度来说，它是极端者和终点。[⑤]”当然，本身就是恶的性质与行为，如嫉妒、无耻或偷窃、谋杀，就不存在所谓适度、过度与不及，而是永远的错误。道德德性通过习惯而养成，故“从小养成这样的习惯还是那样的习惯决不是小事[⑥]”。

可见，理智德性和道德德性这两种德性均非生来就有，但人类拥有德性生活的潜能。这种潜能必须得到培育，要通过习惯而获得，否则就会成为祸害。而德性是对人的自然本性的一种校正，有德性者善于将学习体验到的东西付诸实践并能够持续地道德行事。他终有道德行动的习惯。这就是亚氏德性论的核

---

① Aristoteles：Nikomachische Ethik，1113a.

② Aristoteles：Nikomachische Ethik，1105b.

③ Aristoteles：Nikomachische Ethik，1103a.

④ Aristoteles：Nikomachische Ethik，1106a.

⑤ Aristoteles：Nikomachische Ethik，1107a.

⑥ Aristoteles：Nikomachische Ethik，1103b.

心内容。

毫无疑问，亚里士多德的德性论早已成为不朽的理论经典，但时代的悠久变迁决定了它无法完全以原初的形态介入当今人们的生活。作为道德德性之根本特征的适度、中庸的法则虽然能够为人们的行为抉择提供重要和智慧的指引，但其适用性并不能涵盖社会生活的全部。人际间的许多伦理冲突显然都不是借助寻求中道即可解决的。因而亚氏德性论在当代的复兴，就并不能意味着亚氏理论的原原本本的回归，而是大体上表现为三个不同的变种形式。一是以麦金太尔为代表的所谓共同体主义式的变形，二是以努斯鲍姆（Martha C. Nussbaum）为代表的所谓普遍主义的变形，三是以麦克道尔（John Mc-Dowell）为代表的以强调“明智”为特征的所谓明智论的变形。

第二节　亚里士多德德性论的共同体主义式的变形

以麦金太尔为代表的共同体主义者强调，在亚里士多德看来，每个国家共同体都寻求实现某一确定的善好或目标，这说明对于古希腊的伦理学而言，善好的生活并不是指个体独特的价值取向，更不是指自我决定的主体之原创性的自我规划，古希腊伦理学家决不强调个体性的自我实现及独特的个体性的原创性，并不允许个体对善好生活的自我决定的理解，恰恰相反，古希腊伦理学家认定善好的生活拥有一种社会的向度。换言之，善好的生活并不是个体自行认定的对象，而是个体生活于其中的文化传统或社会共同体所认定的对象，是由广大社会成员共同分享与持有的一种想法。由于按照亚里士多德的德性论，德性是以某种善好的生活为目标，故善好生活的社会向度必然也就决定了德性亦拥有一种社会向度。于是，在麦金太尔看来，所谓德性论中的德性便不是个体自行认定的德性，而是服务于由某一共同体所确定的善好的那些德性。从善好生活的社会向度过渡到德性的社会向度，麦金太尔的目标在于强调人的存在的社会向度，强调一位个体应成为一个善好共同体中的好公民。这也就显示出了亚氏德性论的共同体主义式的变形出现的原因与宗旨：抗击近代以来兴盛的个体主义的绝对性，明察人类存在的有限性以及其行为的可错性，提醒人们在维护自身个体利益的同时，还要顾及共同的利益、目标与规范，从而把握住个体与共同体之间应有的平衡。正如德国大主教莱内尔特（Joachim Reinelt）所言："世界上只要有一个人不再知道，他最多只是第二名，则魔鬼马上就出现了。[①]"

在对亚里士多德德性论的共同体主义式的理解的基础上，共同体主义铸造起了自己的道德观：道德并不是理性建构的产物和抽象反思的对象，不是通过理智的辨明、对原则的熟习、对规则的应用而得以掌握的，道德的根源在于相应的社会共同体，建构与传承道德的基本主管是家庭与社区，正是在家庭与社区这样与历史传统有着密切关系的生动的生活世界中，道德价值才得到了习练与体味，从而成为指导外在行为的内在的精神力量。

然而共同体主义的道德观马上暴露了两个重要的缺陷，一是它将道德的起源与道德的论证两个性质不同的问题混淆起来了。不论是从道德的历史发展还是从每位个体对道德的承袭的角度来看，家庭、学校乃至社区的确扮演着重要的角色。但是单纯的对道德的起源的探究，并不能解决某种道德立场或规范是否正确的问题。后者是理性分析与价值论辩的对象，而前者则大体上属于经验性描述的对象。

共同体主义道德观的第二个缺陷，在于其严重的道德相对主义性质。在共同体主义者看来，道德不是理性权衡的产物，而是在共同体中培育而成的结果，这样每个人的道德认同性便深深地烙下了其族群独特性的印痕。人类社会充满着各式各样的族群，于是道德也就是各不相同的了。由于每一种道德共同体都有其特定的历史传统与存在理由，则对不同的相互竞争的道德进行鉴别与评价，也就成为一种不可能。而道德相对主义的后果就在于，越是强化道德，就会导致道德与道德之间的差异性和相互冲突的情形越发明显和更加尖锐。显然，从共同体主义的道德观中，无法导引出一种普世性道德原则或道德规范，共同体主义的所谓道德，也就无法得到一种普遍性的道德论证。但现代社会的特点、需求与任务，恰恰在于超越所有不同族群或共同体的差异与界线，寻求并形成一种有普遍约束力的价值导向与道德规范。现代社会高度的异质化特征

---

① Vgl. Wolfgang Schaeuble：Buergertugenden und Gemeinsinn in der liberalen Gesellschaft，in：Erwin Teufel（Hg.）：Was haelt die moderne Gesellschaft zusammen? Frankfurt a. M. 1996，S. 77.

决定了它很难成为一种命运共同体，而只能是一种利益共同体。包括国家机构、制度设置、法律规范和道德原则在内的所有社会建制，都拥有一种工具性的功能，那就是服务于利益共同体中的人际交往与共同生活。于是，道德的合法性便不可能再是来源于对复杂的传统习俗的承接，而是来源于所有当事人基于自主意志的理性建构。当然在这种对道德的理性建构中，传统所提供的养料是不可能受到拒绝也无法拒绝的，但族群、共同体历史传统的影响已不再是缘于其身份和地位，而是缘于其是否拥有竞争力。当代人所接受的道德的一切内容，都不能逃脱理性的审视。如果某一道德共同体所提供的历史传统资源难以经受住这种审视，则也就无法避免自身崩解并被淘汰或超越的命运。总之，在当代社会中能够生存的道德一定是一种经历理性论证的洗礼因而具有普遍约束力的道德，而共同体主义却是无法为这种道德的产生与论证提供有效的工具与方法的。

第三节　亚里士多德德性论的普遍主义的变形

与共同体主义对亚氏德性论的理解不同，以努斯鲍姆为代表的学者认为亚氏的德性之确定并不取决于某种特定的共同体，德性对于任何人都是同等地普遍适用的，并且对于赢得善好的生活是不可或缺的。在努斯鲍姆看来，属于这种德性的是指与他人建立联系的能力、形成对善好的理解以及审慎地规划生命征程，等等[①]。这样一些基本的德性超越了所有文化共同体的差异与界限，因而是普世性的。

强调德性的普世性，这是努斯鲍姆德性论的特点，也是其强项。人类社会是一个行为主体间密切交往的复杂网络，需要有一种超越各种共同体之多样性的普世的规则。它表现为人人都应拥有的一种行事立场与态度，这就是德性与品格，如对他人权益与需求的必要的顾及、尊重与协助，以公正、合宜的方式处置分歧与冲突。在一个物欲横流、崇尚自我的时代，品格—德性问题当然不

① Vgl. Christof Rapp：Aristoteles，in：Marcus Duewell/Christoph Huebenthall/Micha H. Werner (Hg.)：Handbuch Ethik，Stuttgart 2006，S. 79.

容忽视，尤其是对于青少年，因为他们一般并不清楚良好的处事态度是社会运行的润滑剂，社会生活恰恰是依靠人人应有的伦理智慧才能达致顺畅和谐，人类交往的客观运作机制决定了缺乏德性的行为无论是对于自己还是对于社会都会造成严重的后果。因而职业教育不仅要包含专业技能与求职能力的内容，而且也应包含品格教养，使受教育者具备一种基本的鉴别是非的能力。

然而努斯鲍姆的德性论尽管是一种普遍主义的，但作为德性论仍然摆脱不了德性论固有的弱点。虽然德性论正确地指出道德在很大程度上关涉到人的品格的培育与教化，道德不仅与社会运行的框架条件相关（制度伦理），而且也与个体的责任义务感相关，社会的整体道德质量从某种意义上讲取决于社会成员的道德水准；虽然德性论自诩在道德规则与道德行为之间找到了德性这个中间环节或连接点，从而保障行为主体借助品格的彰显将对道德原则的认知转化为具体的道德的行为，但是德性论自始至终却无法证明德性与品格的培育如何能够在结构复杂的社会大系统中形成一种切实的约束力。

在一个范围有限、透明稳定的人际交往领域，德性伦理的实践是可以预期的。因为在熟人社会里，德性甚至可以作为唯一的行为规范发挥作用：谁不守德，就会招致来自周围人际直接的惩罚。整个小小的社会，都可以寄希望于有道德的人，也就是寄望于一个个自觉的好人。所以伦理学中的德性论在这里就可以发挥明显的作用。这也就很好地解释了中国传统文化强调德性，而这种道德往往只适用于近距离的人际关系。我们的传统社会的文化是熟人社会的文化。我们的传统的行为规则都是调节近亲的，所谓父子、兄长、夫妻、君臣。

但在一个范围无限、人际关系相对疏远、流动性极强的纷繁复杂的社会系统中，单纯的道德呼吁显然根本就产生不了应有的强制作用。陌生人社会里，大家都是匆匆过客。在这种环境中，我做不道德的事，并不会招致熟人社会式的关系破裂的惩罚，相反地，如果我道德，他人不道德，则我还很有吃亏的可能。历史经验证明，在一个结构宏大的社会系统中，对于有道德的人，社会只能期望，但不能指望。对他人都能够成为有德之人的预期，总是难逃空想的结局。

更糟糕的是，在一个自由民主的时代，德性论已经丧失了将德性植进成年公民的内心之行为的论辩理由，因为再好的品质，也不能强加于人，而是应由当事人自主自愿地做出选择。

有趣的是，正是有关道德约束力问题的思考，才导致了当代德性论的产生。作为当代德性论复兴的主要标志的安斯库姆的“现代道德哲学”一文，将康德的原则主义伦理学作为抨击的对象，它认为原则主义伦理学的理论困难在于无法保障其绝对的根基性，除非回溯到对上帝以及上帝的立法权威的信仰，否则道德命令就根本不可能拥有整合人心的力量。但在一个世俗化的社会里，人们又很难依赖于一种神的立法者的理念。因而康德的自我立法的观念是荒谬的，其有关建立一种可科学论证的普遍化的道德的尝试与努力必然逃脱不了失败的命运。但这种对康德原则主义伦理学的批评显然是错误的。在康德的伦理学中，人类理性以及自我立法的理念与作为上帝的立法者的角色完全没有任何关系，上帝立法意味着一个外在的主管向人类发号施令，就像颁布十戒那样；而自我立法则意味着：人们能够排除任意的冲动的干扰，按照理性的理由做出相应的决断，从而担负起道德上的责任。在原则主义伦理学看来，道德约束力恰恰在于行为主体自身的理性认定，所谓道德就是作为行为主体的人类自身对自己行为的约束性的律令。

在如何使道德具有约束力的问题上，不是德性论而是以康德原则主义伦理学为代表的启蒙运动的谋划才做出了有效的论证。而这又是与对道德内涵的理解密切相关的。启蒙运动的谋划，为人们理解道德的内容提供了一个颇有竞争力的观察视角：道德可以经得起严格的理性论证并且恰恰正是理性论证的结果（尽管麦金太尔对现代道德哲学的对道德进行理性论证的能力持怀疑的态度），而所谓道德规则，按照格特和瓦思（Lothar R. Waas）等人的看法，是指“原则上讲每个人出于深思熟虑的自身利益而期望的应为每个人所遵循的规则①”。这里就解决了道德的来源与道德的约束力两个问题。从来源上讲，道德与人类自身的利益相关，正是自我利益上的需求才导致了对道德的要求。利益成为道德论证的决定性的标准。从约束力的角度来看，由于道德规则来自于人们对其自我利益的深思熟虑的考量，于是人们也就没有理由不去自觉遵守。

---

① Lothar R. Waas：MacIntyre und die moralische Krise der Gegenwart – After Virtue “kommunitaristisch” betrachtet，in：Zeitschrift fuer Politik，49. Jg. 2/2002，S. 225. Vgl. Bernard Gert：Die moralischen Regeln：Eine neue rationale Begruendung der Moral，Frankfurt a. M. 1983，Kap. 4 – 6.

在解决了道德的来源与约束力的问题之后，就可以解决道德的内容的问题。如上所述，按照启蒙运动的谋划，道德规则是每个人基于理性的理由，即基于自身利益的考量而必须遵守的原则，因而道德对于每个人在任何时候都同等有效，这就决定了道德原则的内容不可能与行为主体的利益相冲突。而只有像不杀人、不撒谎、不伤害这样的以消极性的禁令形式表现出来的道德规则，才符合这一要求，即不与行为主体自身利益相冲突故而任何人在任何时候都能够切实践行。而关爱他人、慷慨助人等积极性的律令就不是这样，因为如果让当事人每时每刻都遵守这样的律令，则某些情况下很快就会因与其自身利益相悖而触及到行为主体容忍度的边界。

瓦思将上述消极性的禁令称为完全的义务或法律义务，而积极性的律令则为不完全的义务或道德义务。“这样看来法律义务是这样的义务，即人们在任何时候都必须履行，它拥有无条件约束力，如果没有得到履行则会通过惩罚的规定在法律上具有强制性，因而亦被称为‘完全的’义务。而相应的‘道德义务’则是这样的义务，它并不是每个人可以向任何人要求得到履行的，而是其被履行与否取决于每位个体的决断。为他人做出牺牲、热于助人或慷慨大方，做好事、关怀他人、耐心、善解人意、充满善意，所有这些都是一些态度，该态度与这样的行为相联系：人们虽然并无义务这样行为，但情形需要时或人际间特殊的关系存在时，人们应这样去做[①]”。应当指出的是，在社会实践中两种义务之间确有密切的联系。充满关爱、理解和仁慈的社会氛围对于认同性的建构是具有建设性的，而忽视道德义务则会对法律义务的履行造成消极的影响，进而易于助长自我主义，甚至导致心理疾病以及反社会行为。因此共同体主义者特别强调道德义务，他们要在当代社会强化“道德的声音”，尤其是行善的道德义务，从而普遍增强社会的责任感。然而，两种义务中，究竟哪种义务更为根本？换言之，哪种义务构成了现代道德的本质内容？

在古希腊与中世纪的实践哲学中，法律义务与道德义务一直都是处于重叠状态的。到了近代初期，启蒙主义哲学致力于将作为社会普遍行为规范的法律与作为个体自身修行需求的道德从概念上区分开来。而有别于古希腊和中世纪

---

① Lothar R. Waas：MacIntyre und die moralische Krise der Gegenwart – After Virtue “kommunitaristisch” betrachtet，in：Zeitschrift fuer Politik，49. Jg. 2/2002，S. 223.

传统的德性论的是，启蒙运动的谋划进而又将社会道德直接就理解为所谓的法律义务。因为在现代社会里，人们只能在最低限度的道德理解上达成共识，而最低限度的道德无疑就是指法律义务，法律是最基本的道德。“法律规范……以道德规范作为其约束力的前提条件，因为，比如一个自由—民主的法律秩序便是奠立在这样的道德前提之上的，即自由、正义和平等作为无条件的价值得到认可，该价值的实现构成了每个人的任务。①”法律义务不与任何行为主体的正当利益相冲突，并且能够为任何当事人在任何时空条件下所践行，因而具备道德所应有的普世性特征，同时具备强制性的约束力量，故在现—当代社会，“只有所谓的法律义务才可以……作为道德规则而得到论证②”。在现—当代社会，法律义务构成了道德的基本内容。所谓现代道德就体现为法律。这是从内容的角度说的。

当代德性论的努力在于超越法律义务提振道德义务，不论其初衷如何善良，但其思想路径偏离了近代以来道德哲学的理论论证模式，并且又显示不出其更有竞争力，其对当代道德的理解也是一种高度理想化的理解，因而它的努力的预期效果应当是可想而知的。

毫无疑问，当代民主社会的生存不能仅靠主张权利，而且也要靠强调义务。没有个体或团体对整个社会的责任担当，每个人本身的自由也就无法维持。因此保持一种权利与义务之间、对共同体的依赖与对整体的责任之间的对等平衡，是每个社会正常运行的必要前提。但是讲道德并不是说说就行，更不是讲得越多就越好。道德讲多了反倒会产生说教疲倦，从而使社会陷入不仅缺乏品德而且也缺乏品德得以发扬的智慧的怪圈。当代社会从历史上赢得的一项重要文化遗产就是这样一种认知：道德要真正发挥效力，就必须经过一定的民主程序而转变成为公民的共同意志，也就是以法规的形式对整个社会产生约束力。以法规形式表现出来的道德从民意中赢得合法性，而合法的道德要求又通过精致的理性筹划而具有强制性，它在规约人们的行为之时不是靠在行为主体的行为动机层面做出意念诱导（因为当代社会环境下人的动机全然是一个不

---

① Annemarie Pieper：Einfuehrung in die Ethik，4. Auflage，Tuebingen und Basel 2000，S. 136.

② Lothar R. Waas：MacIntyre und die moralische Krise der Gegenwart - After Virtue “kommunitaristisch” betrachtet，in：Zeitschrift fuer Politik，49. Jg. 2/2002，S. 226.

可以也无法掌控的领域——人的尊严决定了自己可以不被洗脑)，而是完全依凭经精密设计的规则本身的运行机制。道德法律化的效果是：大家都不得不守法，而守法就是恪守底线道德。政府虽然并不知道人们出于何种动机守法，是因为心善而守法，还是因为怕受惩罚而守法？但实际结果是大家都自觉守法。久而久之，守法行为便能够成为民众的一种习惯，从而反过来又会带动起整个社会道德水准的全面提升。这体现在人们可以形成一种文化氛围：恬静、守序、敬业、尽责。整个社会就是在这样一种精神气质的滋润下平稳运行，如同一架设计精密的时钟。其实这正是浸透在大众心灵深处的强大的道德意识发挥作用的结果，而这种更高的道德意识的形成，既可能得益于宗教传统提供的养料，更取决于严密精细的法律制度对人们行为的形塑与规范作用。

这样一来，一方面挟持着从民意基础中汲取的合法性，另一方面依靠理性设计出来的强制性效力，当代法律化了的道德在一个范围无限广阔和结构高度复杂的社会里，自然就显示出其比德性论所推崇的那种可以期望但不可指望的传统道德的运行模式强大得多的竞争力。

第四节　亚里士多德德性论的明智论的变形

在以麦克道尔和伽达默尔为代表的学者所推崇的亚氏的德性论中，明智（phronesis）这种理智德性占据中心地位。因为合德性地行动，意味着一种正确的行动，而正确的行动则以人们知道在某种情形下何为正确为前提。麦克道尔认为，明智是一种知识，关涉到某一特定情形中的相关要素。这种无可普遍化的知识决定着每一单独的决断，能够对每一种个别的行为方式做出理性化的解释[①]。伽达默尔也将其解释学与亚氏的明智相互联系起来，认为明智是一种具体的道德判断的能力，这种能力以先在的法律和道德以及对善好的理解为前提，它取决于共同体的教育和个体的体验，而并非是通过对具体情境的抽象性的理解而获得的。

---

① Vgl. Christof Rapp: Aristoteles, in: Marcus Duewell/Christoph Huebenthall/Micha H. Werner (Hg.): Handbuch Ethik, Stuttgart 2006, S. 80.

众所周知，亚氏区分了道德德性与理智德性两种。理智德性又被分为智慧（sophia）与明智（phronesis）。智慧所关注的是所有存在物的原因、最终原则的完整的知识，涉及变化与偶然性中的不变之物、必然之物、永恒之物，关涉到规律性与普遍性。而明智作为实践理性则是以一种情境的特殊为目标，它关注的是充满偶然性、可变性的行为领域。“由于德性是在人的具体行为中表达出来的，所以它使一种情境上的特殊的行为之合宜性成为可能，这种行为精确地顾及到了当时当地的情境状态①”。在亚氏看来，明智作为一种理智德性本身代表着一种实践的判断力，它着眼于人类生活的普遍目标（包括个体、家庭、城邦之幸福），在具体特殊的情境中选择善，“它对在社会中通过伦理的德性理想（正义、勇敢、适度，等等）体现出来的普遍的大体上先在的价值，合乎情境地——而且也因而是个体间相区别地——予以确定并且贯彻到一种行为决断上去②”。在亚氏看来，“明智的人的特点就是能够对他自身是有价值的和有益的事情做出正确的权衡③”。

总而言之，明智拥有三大功能：一是能够以善好和幸福的生活为向导；二是能够对每一具体个别的情形形成正确的判断力；三是能够对各种相关要素（具体目标、实践途径、可能的后果、时机的利弊等）做出综合性的反思。简言之，明智是一种理智的能力，使人能够在具体境遇中做出正确的决断，运用正确的手段与途径，从而达到由德性选择的目标，实现善好和幸福的生活。一句话，明智是一种通过对合宜的手段的选择来实现其既定目标的能力。

显然明智拥有一种工具理性的功能。但明智本身并不是价值中立的，亚里士多德之所以将其列入伦理学的范畴，恰恰是因为明智并非是一种可以达到任何目标的工具，其追寻的目标是德性选择的善好和幸福的生活这一目标。正是这种目标的卓越决定了作为工具的明智的卓越，决定了明智本身也拥有价值内蕴。反之，道德德性也不能离开明智这一理智德性，道德德性决定目标，理智德性决定途径，只有两种德性的共同作用才能真正实现道德的行为。所以正义

---

① Herlinde Pauer－Studer：Einfuehrung in die Ethik，Wien 2003，S. 60－61.

② Andreas Luckner：Klugheitsethik，in：Marcus Duewell/Christoph Huebenthall/Micha H. Werner（Hg.）：Handbuch Ethik，Stuttgart 2006，S. 210.

③ Aristoteles：Nikomachische Ethik，1140a.

只有在同时也是明智之时，才是正义的。失去了明智的支撑，失去了明智对由情境所制约的具体行为的导引，道德德性便成为无可实现的抽象之物。正因为此，中世纪经院哲学家托马斯·阿奎那指出：明智既是实践道德目标的手段，则便也构成了所有其他德性的实现的必然前提条件[①]。

亚里士多德德性论中的明智论之所以受到当代哲学家的青睐与追捧，这与十六世纪以来近代西方伦理学中明智这一判断力明显受到漠视的现实相关。有人甚至将对明智的态度视为区分现代与古希腊道德哲学的一个重要标尺[②]。康德最早将明智逐出了道德范畴之领域，在他看来幸福并非是道德生活的主要原则，而明智不过是人们有关实现自身幸福的方法与途径的知识，故而明智仅具有操作性、技艺性的作用，并无道德内蕴。韦伯继承了这种对明智的纯技术层面的理解，将明智视为与价值无涉的目的合理性或形式的合理性。受康德的影响，近代哲学放弃了对明智这一实践理性的关注，道德哲学的原则主义趋向越来越明显。康德指出："每个人都必须承认，一条规律，如果它在道德上应当是有效的，也就是说，作为约束性之根据，则它自身就必须拥有绝对的必然性[③]"。在康德看来，所谓道德原则，就是对于任何人在任何时候都绝对普遍有效的原则，其有效适用性独立于一切文化与社会条件，其绝对的约束力使之甚至能够拒绝一切情境权衡。康德将这种原则主义伦理学发挥到了极致：他"挤掉了"道德原则中所有道德内容的"水分"，只保留了道德原则的这种在任何时空情境中均绝对普遍有效的纯形式化的特征。这对于古希腊伦理学而言，显然完全是不可理喻的。

近代以来原则主义伦理学尽管在揭示道德原则的普世性质以及在道德的理性论证方面显示出了强大的竞争优势，但其过强的原则主义倾向也暴露出了一定的弊端，在某种程度上造成了哲学理论同社会实践的严重疏离。原则主义伦理学没有充分估计到同样一项原则在运用到两个利益正相冲突的行为主体身上

---

① Vgl. Frank Grunert：Klugheit，in：Peter Prechtl/Franz – Peter Burkard（Hg.）：Metzler – Philosophie – Lexikon，Stuttgart 1999，S. 283.

② Lothar R. Waas：MacIntyre und die moralische Krise der Gegenwart – After Virtue "kommunitaristisch" betrachtet，in：Zeitschrift fuer Politik，49. Jg. 2/2002，S. 229.

③ Immanuel Kant：Grundlegung zur Metaphysik der Sitten，in：Kants Werk（Akademie Textausgabe）Bd. IV. Berlin 1968，S. 389.

所出现的矛盾情形，比如说尊重生命这一原则在孕妇与胎儿的生命发生冲突的情况下就会立即陷入困境。社会现实生活的错综复杂性，向原则主义伦理学有关道德原则的绝对有效适用性的要求提出了严峻的挑战。特别是在当代社会，人们在最基本的价值原则取向上并无根本的分歧，不同与差异更多是出现在对伦理冲突和道德悖论之解决途径上的见解方面。正如瓦思所言，“道德上观念的差异性一般而言并不关涉道德规则的有效性，而是涉及这些规则在具体事例中正确的应用，也就是说，当它们正相冲突之时，应如何去做①”。这就决定了在充满着利益冲突的现实社会生活面前，人们不仅应坚定地秉持与依托基本的道德原则，而且还要辅之以一种明智的与情境相适的判断力。明智这一实践理性的介入表明对原则的运用并不是机械式的照搬，而是应在正确的地方和正确的时间、以正确的方式做出正确的事情。明智提供了一种实践智慧，它提示着人们在对具体境遇的处置中不仅需要依据道德原则行事的意志，而且也需要在复杂条件下保持对规则的正确运用所必需的头脑清醒。

与康德原则主义伦理学相较，亚里士多德德性论中的明智学说在这方面展现出了相当大的优势。它为人们应对复杂的道德冲突提供了一套解决问题的基本框架与思路。亚氏德性论给当代社会的有益启示表现在两个方面。

第一，在对具体的社会生活实践以及所涌现出的问题的道德分析与权衡中，伦理原则无疑是立足点和出发点，但不能排斥道德情感与直觉等其他要素的作用。休谟早就意识到情感的功效，作为一种对他人境地的感同身受的能力，同情构成了道德判断的基础。然而康德的原则主义伦理学却彻底中断了这一思想传统，将道德情感排除出伦理考量之外。其实，情感在道德评价中拥有着不容忽视的地位，它在道德判断中不仅具有工具价值（对于契约主义而言，情感有助于稳固出于自利的契约），而且其自身也是一种独立的价值之源，因为“好的行为在某些情况下构成了情感的表达②”。除了道德情感之外，道德直觉、社会习俗、具体当下的时空情境、行为选择的替代方案、行为抉择可能的后果等各种要素，都是一个人做出道德判断与权衡时必须顾及的综合性前提

---

① Lothar R. Waas：MacIntyre und die moralische Krise der Gegenwart – After Virtue “kommunitaristisch” betrachtet，in：Zeitschrift fuer Politik，49. Jg. 2/2002，S. 228.

② Herlinde Pauer – Studer：Einfuehrung in die Ethik，Wien 2003，S. 76.

基础。“事实上规范性的考量只是提供一种普遍性的判断标准，它还必须与特殊的事实规律性以及与各种生活世界和行为情境的具体条件相协调[①]”。“做出好的决断意味着，对一种情境的不同面向做出合宜的反应。这就要求品格性立场与对情境的理智判断的一种共同作用[②]”。例如就堕胎问题而言，不仅是以原则为导向，而且也辅以明智为导向的道德权衡模式就表现在：不只是回答堕胎是否道德这一泛泛的原则问题，而且更要回答某一孕妇在某一具体情境下是否可以堕胎的问题。这里既要考虑规范性的要素，也要顾及事实上的因素；既要尊重孕妇内在的道德信念，也要关注其外在的生活状态，基于所有要素的综合性考量，做出一个周全的、与该孕妇之特殊的生活情境相适合的最终决断。

第二，道德原则在社会生活实践中的应用并非是一个单纯的应用过程，而同时也是原则本身的重塑过程。伽达默尔的解释学反对原则主义伦理学的一个重要理由，就是认定后者忽视了规范的应用本身也包含着一系列创造性的元素。在伽达默尔看来，每一个事例都绝不只是普遍法则的一种个别化，换言之，对事例的判断并非意味着简单地应用普遍性的准则，而是原则本身也要在这一过程中得到充实、校正或重塑。于是对原则的应用问题与对原则本身的论证问题就绝非是截然分开的，而是相互交织在一起的。例如，尊重人的尊严是一项重要的伦理原则。有人将人兽嵌合体的研究视为对人性尊严的严重侵犯。但这就涉及到了究竟何为人的尊严的理论问题。这样应用问题实际上也就推动了原则本身的精确化与发展，这是一种原则与规范得到重塑的应用。生命伦理学中以“两害相权取其轻”为内容的所谓二级原则和以“在某些提供有利的行为中允许伴随有害效应”为内容的所谓双重效应原则的提出，就是道德原则在应用中得到扩充与发展的典型例证。

当然，亚里士多德德性论中明智学说在当代的复兴，只是意味着对原则主义伦理学偏颇的一种矫正，对其功能的一种补充，而绝非是一种地位取代。尽管从道德原则中难以引出对于每种情形均适用的具体的行为指导，但实践的明智的勃兴并不意味着告别原则。德性论强调决定行为主体的内在动机的品德以

---

① Kurt Bayertz: Praktische Philosophie als angewandte Ethik, in: Kurt Bayertz (Hg.): Praktische Philosophie, Hamburg 1994, S. 30.

② Herlinde Pauer - Studer: Einfuehrung in die Ethik, Wien 2003, S. 77.

及与具体情境相适应的明智的判断力，而原则主义则重视普世性的道德规范，两者的有机结合才是人们应对与解决道德难题的有效方式。然而德性论主张道德合宜的行为并不来源于原则，而是来自于拥有品德的人对当下感知的决断。这显然就导致了行为的随意性和不确定性。实际上任何一种对具体事例的道德观察都已经蕴含着某种普遍性的要素，并以此为前提。某种行为或场景之所以成为伦理反思的对象，就意味着一种普遍的道德信念已经是先决条件了。"我们的实践，……只有在与规则相关的对外界的评价中才获得结构与支撑①"。比如说，在特定情况下我们可以撒谎，但这是在一般情况下不允许撒谎这一前提之下发生的。我们总得有一个原则，相应的准则是我们行为的理所当然的立足点，否则人们就无所适从了。正是在这个意义上，黑尔（Richard M. Hare）指出："所有的决断，除非完全是任意的，均在某种程度上是一种原则性的决断②"。这也就是说，尽管"德性伦理学……强调了道德的许多重要的面向，然而如果没有与原则伦理学的要素的关联，它便会失去适用性③"。

第五节　总结与余论

本章阐述了二十世纪八十年代以来所谓亚里士多德德性论的复兴，并不意味着亚氏理论的原原本本的回归，而是大体上表现为三个不同的变种形式。一是所谓共同体主义式的变形，二是所谓普遍主义的变形，三是所谓明智论的变形。

古希腊和中世纪哲学的特点之一在于能够给予人们一种安稳感。古希腊哲学家相信一种秩序完美的宇宙整体不仅是存在的，而且从其结构中能够导出人类善与公正的行为规则。由于将伦理学奠基于宇宙秩序的运行法则之上，道德判断便拥有了一个稳固的基点。中世纪基督教哲学则相信在个体行为与上帝订

---

① Herlinde Pauer – Studer：Einfuehrung in die Ethik，Wien 2003，S. 78.

② Richard M. Hare：Die Sprache der Moral，Frankfurt a. M. 1972，S. 91，vgl. Kurt Bayertz：Praktische Philosophie als angewandte Ethik，in：Kurt Bayertz（Hg.）：Praktische Philosophie，Hamburg 1994，S. 19.

③ Herlinde Pauer – Studer：Einfuehrung in die Ethik，Wien 2003，S. 75.

立的律令之间可以存在某种一致。而到了今天，在一个自由与自我决定成为社会主导原则、人们丧失了一个先在的客观秩序可以依托的情况之下，古代和中世纪曾经有过的那样一种对道德价值的安稳感已经不复存在了。“由人类所反思并有意识地建构起来的道德失去了作为传统道德之特征的绝对性。道德有效性必须寻求其他的源泉：来自于个体间的共识或者来自于他们的理性。然而这些源泉的可靠性并不是牢靠的[①]”。这种高度的不确定性表现在两个层面，一是在日常生活层面：如何在价值观念高度分化的现代社会形成一种精神凝聚力，从而使全体社会成员的道德认知与道德水准从整体上得以提振？另一个是在伦理冲突与道德悖论层面：当遇到这种矛盾与冲突之时，选择何种途径予以应对和疏解？面对这两种不确定性，原则主义伦理学采取了以确定性应对非确定性、以不变应万变的态度。

在社会道德生活层面，原则主义伦理学强调道德规则的普世性，希冀以一种统一的社会规范来整合全体社会成员的基本行为。而当代德性论却怀疑这种所谓普世的道德规则的约束性能力。德性论也追求确定性，其良方在于强化行为主体的品性和善良的道德动机，以此作为提升道德水平的手段而取代“软弱无力”的普世规范。但德性论的共同体主义式的变形所呼吁的共同体的善好在内容上并无普世性，这样立即就陷于道德相对主义而与其所追求的确定性的目标相悖；德性论的普遍主义的变形在内容上虽认可德性的普世性，但其形式上的无约束力的特征也使其很难担当整合社会道德意识的重任。当代德性论提振社会道德精神的努力是可敬的，但其思路与方式与当代社会的运行规则及价值理念的整合模式的要求偏差甚远，故其所有的尝试都难以逃脱流于空想的命运。

在应对伦理冲突和道德悖论之层面，原则主义伦理学追求确定性的努力不幸转变为对道德原则的僵死的固守，这就严重损害了其解决矛盾和问题的能力。而当代德性论的明智论的变形则正确地强调了在应对道德冲突的分析与权衡中，不仅要有关于道德原则的规范性知识，而且也要有能够导引正确行为的对情境的理解。明智的道德判断力的运用结果，虽然不会导致道德的确定性，

---

① Kurt Bayertz：Praktische Philosophie als angewandte Ethik，in：Kurt Bayertz（Hg.）：Praktische Philosophie，Hamburg 1994，S. 42.

但能够为解决冲突化解矛盾开辟道路。

总而言之，针对原则主义伦理学追求道德确定性的努力，当代德性论奏响了确定性与非确定性的变奏曲。它在道德生活层面提振道德水平的努力是失败的，但在应对道德冲突的问题上，却提出了原则主义伦理学必须关注和汲取的颇有价值的道德权衡的思路与模式。

第六章

功利主义及其价值

如前已述，功利主义属于规范伦理学中重要的一种。它作为一个专门的伦理学流派起源于十八世纪。而我们今天所知晓的所谓规范伦理学，应当说是近代个体化进程的产物。近代的特点之一，在于宗教对社会的整合力量的式微。于是，每位个体就有机会根据自身意愿对规范伦理的不同类型做出选择。与规范伦理学起源于个体化的历史背景相类似，功利主义也是以社会革命理论得到传播的时代为前提条件。功利主义剑指维多利亚时代流行的道德意识，即为了义务的履行可以不惜一切代价。而功利主义的信奉者则重视行为选择的后果，认为如果恪守承诺给合约的受益人所带来的是不良后果，则守约义务对于立约者便不再是绝对的义务。

第一节　功利主义的主要代表：边沁、密尔、西季威克

功利主义是一种规范伦理，其实质在于将行为的后果或遵循行为规则的后果能否有助于所有当事人功利（快乐、安康、利益、益处、效用、偏好与幸福）总量的最大化视为其是否合乎道德的标准。功利主义具有如下基本特征：首先，由于它将快乐、安康、福利看成是唯一的善，因此功利主义被视为享乐主义在当代的发展形态。其次，由于它在研判某一行为或规则的道德性时，不是依据其自身的性质，而是基于其所导致的预期或事实上出现的后果（即对普遍福利的贡献度），故功利主义亦被称为后果论；这也就决定了按照功利主义，一行为主体在行动之前，必须进行理性权衡与算计，力求行为后果达到快乐的最大化和痛苦的最小化。再次，后果论也是目的论。由于功利主义将益处最大化作为行为后果的最高目标，故它被归属于目的论。按照所谓目的论伦理

学的要求，某一行为或规则是否服务于某项目的，是判断其是否合乎道德的标准。而功利主义的总体目标在于，使尽可能最大多数人的尽可能最大的幸福在一个尽可能长的时间内得到实现。最后，功利主义所强调的功利，不仅仅是指行为者个体的功利，而是指所有当事人的幸福与基本利益，所有的人的福利与苦楚都要得到同等的顾及，这种顾及不应受到时空关系、族群归属、社会关系、个体能力上差异的影响。人之相互区别是由于个体，而非因为性别与族群，考量的唯一标准在于当事人是否拥有利益需求。“这意味着，我们对利益单纯作为利益来权衡，而不是作为我们的利益或澳大利亚人的利益或白人的利益。这给我们造就了一种平等的基本原则：对利益的平等权衡的原则……利益就是利益，无论是谁的利益[①]”。这就体现了功利主义道德视点的平等性、普遍性、不偏不倚性的特征，从而有别于自我主义。功利主义之所以主张平等，同其兴起时抗击贵族特权的政治背景相关。功利主义之所以倡导道德顾及的普遍性，之所以将个体趋乐避苦的享乐主义冲动，泛化为一种集体益处最大化的价值原则，是因为它看到了人与人之间的相互依存性，个体福祉只有在当事人将普遍福利亦视为其行为标准之时才能真正得到实现。

第一位阐述了功利主义伦理学基本理念的是苏格兰思想家哈奇森（Francis Hutcheson），最好的行为在于实现尽可能最大多数人的尽可能最大幸福的论点是他提出来的。

而边沁则在其论著《道德和立法原则导论》（1789 年）中，通过对功利主义道德哲学的全面阐述，通过将“功利主义”这一概念发展成为一种专门的哲学立场，奠立了古典功利主义的地位。边沁指出，“自然把人类置于两位主公——快乐和痛苦——的主宰之下。只有它们才指示我们应当干什么，决定我们将要干什么。[②]”边沁坚信描述性的人类学命题与规范性的伦理学命题之间的一致性，从所有的人都致力于趋乐避苦的描述性命题中，可推导出增乐避苦在道德上是正确的这一伦理学命题；从人的趋乐避苦的本性中，能推导出应在政治、经济、教育领域采取措施，来促进尽可能最大多数人的尽可能最大幸

---

① Peter Singer：Praktische Ethik，Stuttgart 1984，S. 32f.

② Jeremy Bentham：Prinzipien der Moral und der Gesetzgebung，vgl. Detlef Horster（Hg.）：Texte zur Ethik，Stuttgart 2012，S. 231.

福。于是，功利便是一切德行的试金石，实现最大多数人的最大幸福就构成了边沁功利主义的根本性伦理原则。边沁指出："功利原理是指这样的原理：它按照看来势必增大或减小利益有关者之幸福的倾向，亦即促进或妨碍此种幸福的倾向，来赞成或非难任何一项行动。[①]"为了更好地实现增乐避苦这一道德原则，边沁进而区分了快乐与痛苦的类型（如感官之乐、财富之乐、技能之乐、和睦之乐等）并研究了如何估算快乐和痛苦的值（如强度、持续时间、确定性、远近、丰度、纯度、广度等）。

密尔则在其《功利主义》（1863 年）一书中发展了边沁的思想。他开宗明义地指出：幸福是唯一值得欲求的目的，其他事物仅仅是达到幸福的手段。而"所谓幸福，是指快乐和免除痛苦；所谓不幸，是指痛苦和丧失快乐[②]"。由于唯有本身令人快乐的东西，或者是获得快乐免受痛苦的手段，才是善，故"幸福是一种善"[③]。密尔思想的特点在于，一方面，他认定快乐在量与质上的区别，指出精神上的快乐要高于肉体上的快感，正所谓宁做一位不满足的苏格拉底，也不做一只快乐的小猪。"理智的快乐、感情和想象力的快乐以及道德情感的快乐所具有的价值要远高于单纯感官的快乐。[④]""与低等的存在物相比，具有高级官能的存在物需要较多的东西才能使自己幸福，对苦难的感受也很可能更深切，……尽管有这些不利之处，他也决不会真正希望沉沦到自己感觉是一种低级的生存中去。[⑤]"另一方面，他赞赏自由的原则。在他看来，基于功利主义原理，追求利益、满足欲望、实现幸福是人类行为的最高道德准则，而只有每个人自己才最了解其利益何在，故个人可以支配自身意志并自由自主地行动，乃天经地义之大事。密尔认定自由，特别是言论自由，是一种基本的价值。在他看来，言论自由（出版自由、科学自由）构成了正确确定最

---

① Jeremy Bentham：Prinzipien der Moral und der Gesetzgebung，vgl. Detlef Horster（Hg.）：Texte zur Ethik，Stuttgart 2012，S. 234.

② John St. Mill：Utilitarismus，vgl. Dieter Birnbacher /Norbert Hoerster（Hg.）：Texte zur Ethik，8. Auflage，Muenchen 1991，S. 203.

③ John St. Mill：Utilitarismus，vgl. Detlef Horster（Hg.）：Texte zur Ethik，Stuttgart 2012，S. 243.

④ John St. Mill：Utilitarismus，vgl. Dieter Birnbacher /Norbert Hoerster（Hg.）：Texte zur Ethik，8. Auflage，Muenchen 1991，S. 205.

⑤ John St. Mill：Utilitarismus，vgl. Dieter Birnbacher /Norbert Hoerster（Hg.）：Texte zur Ethik，8. Auflage，Muenchen 1991，S. 206.

大幸福的前提。

西季威克（Henry Sidgwick）在其《伦理学方法》中，对边沁和密尔所创建的古典功利主义理论进行了系统的总结和清晰的阐释。首先，西季威克指出功利主义是合乎常识的道德。他认为，“常识道德可以被称为一种至少是无意识的功利主义道德[①]”。“功利主义不仅支持着关于不同义务孰轻孰重的公认观点，而且当通常被视为同等重要的规则陷入相互冲突时还被召唤来作为仲裁者。[②]”故常识道德一般都具有功利主义的基础，而功利主义不过是常识道德的科学系统化形式。其次，他认为，功利主义原则只有通过直觉主义的方法才能把握。具体和普遍的直觉共存于我们的道德思考之中，像公正、仁爱、审慎等原则便是依靠直觉来认知和了悟的自明原则，通过它们可以达到最大多数最大幸福的目标。再次，西季威克承袭了密尔对功利主义的初级原则与次级原则的区分，并对此做出了更为详尽的研究。初级原则（功利的最大化原则）适用于国家以及其他机制性的行为，其目标在于实现社会的最优化。但在日常生活领域，最大多数人的最大幸福这一初级原则显然难以打动人心，故不适宜作为个体行为的决断原则。所以在具体的道德实践中，应应用更为有效的、无更多利他主义色彩的次级原则，用以指导具体实践的次级原则恰恰并非是功利主义的。而初级原则只是元标准，负责对具体的次级原则进行验证。

第二节　行为功利主义、规则功利主义、平均效用功利主义、偏好功利主义

在漫长的历史上，功利主义呈现着不同的表现形态。行为功利主义认定任何行为，只要其后果能够促成普遍幸福的最大化，便是道德上正确的。古典功利主义创始者边沁、密尔就是行为功利主义的代表，而斯马特（John

---

① Henry Sidgwick：Die Methoden der Ethik，vgl. Detlef Horster（Hg.）：Texte zur Ethik，Stuttgart 2012，S. 250.

② Henry Sidgwick：Die Methoden der Ethik，vgl. Detlef Horster（Hg.）：Texte zur Ethik，Stuttgart 2012，S. 251－252.

C. Smart）则承袭了他们对行为的重视。但行为功利主义者无法应对如下困惑：一些谎言有可能给社会大众造成巨大的满足与幸福感，但这并不能改变说谎行为自身本质上的可鄙性。

所以在二十世纪就出现了所谓规则功利主义，代表人物有厄姆森（James O. Urmson）、莱恩斯（David Lyons）、勃兰特（Richard B. Brandt）。他们不再视某一具体行为之能够带来普遍益处的最大化为判断其道德性的标准。在判定某一行为之时，他们做出的是两阶判断：一种行为在道德上是正确的，只要它合乎某项行为规则（一阶判断）；该规则能够带来社会福利的最大化，其正面的结果绝对压倒了负面的结果（二阶判断）。规则功利主义者自认为解决了行为功利主义无法摆脱的某一行为能够带来效益最大化，但该行为本身有悖于人们的道德直觉这一难题，而通过将行为规则的益处性作为其道德性的标准，便将最大化效用这一功利主义的价值基础在规则这里保存下来了。但细究起来，规则功利主义通过将规则与功利强合在一起的做法，并没有解决行为功利主义所遇到的所有难题。一般情况下，规则与功利的确是一致的，比如不说谎、禁止杀人、诚实守信的规则能给社会带来长远的益处。但在特殊情况下，规则与功利则是冲突的。如个别情况下谎言可以给社会造成巨大的满足与幸福感。在紧急避险的状态下，以杀死个别的罪犯为代价能够换取多数人的性命得到挽救。在这些特殊事例中，规则功利主义也陷入了两难：要么是坚守功利主义的基本立场，只要是符合社会益处最大化的要求就应肯定，于是说谎和杀人便可以得到认同。但这样就又违背了规则功利主义的原则了，因为说谎和杀人毕竟是违规了。要么，是坚持恪守规则这一立场，拒斥说谎和杀人的做法。但实际结果则又背离了功利主义的基本方向了。可见，规则功利主义显然解决不了规则的例外这样一些非常态的价值冲突的难题。

另外值得一提的是所谓平均效用功利主义，代表人物是海萨尼（John Harsanyi）。与之相对的是传统功利主义所体现的所谓总体效用功利主义。传统功利主义强调效用、利益总量的最大化，其消极后果有二：一是不顾及个体间效用的公正分配的问题，巨大的利益分配的不公平现象是这种功利主义所容忍的，这与人们的正义的道德直觉相悖。二是效用、幸福、快乐总量的提升也可以通过人口总量的增加得到实现，但人口越多，则平均益处却大减。所以，平均效用功利主义不再单纯将效用总量的最大化作为判断行为正确的标准，而是专注于每个人益处的最大化，强调效用在每位社会成员身上的平均总量的增加是行为道德性的尺度。这样，一方面顾及到了分配中平等与公正的层面，为富人帮助穷人的义务提供了论据支撑；另一方面，也排除了当前一些社会所采取的限制人口的措施在道德上的压力。但平均效用功利主义也不得不直面如下的批评：按照这种功利主义，通过瘟疫或战争的方式将生活质量低于平均幸福度的人口“剪除掉”，这在道德上是很难受到否定的，但显然又有悖于人们通常的道德直觉。平均效用功利主义一直致力于造就幸福的人，殊不知问题的关键并不是使幸福的人增多，而是尽可能多地使人幸福。

最后需要关注的是所谓偏好功利主义。在它看来，功利、效用在传统功利主义中等同于快乐或幸福的满足，但这些主观感受无可公度性，难以精确计算。偏好功利主义用偏好来取代功用，偏好是指愿望的满足、奋斗的成功。一位行为主体的愿望是否实现，这是可精确观测与度量的。所以按照偏好功利主义，善是人的愿望的满足，凡是能使人的愿望与利益获得最大实现的行为，便是道德上正确的行为。杀死一位想活下去的人的行为是恶的，因为其偏好（想要活下去）未得到顾及。但是在偏好功利主义这里，也存在着一个巨大的问题，那就是它只注重当事人的愿望是否实现，而不顾及当事人对此有何体验；它只关心当事人愿望得以满足的强度，而不重视当事人对其愿望满足的体验上的强度，这与功利主义注重作为其核心概念之一的“感受性”的基本立场是背道而驰的。比恩巴赫尔指出：“偏好功利主义从根本上偏移了功利主义的价值基础。如果说边沁、密尔和西季威克致力于快乐的最大化，那么偏好功利主义则致力于愿望与利益的最大实现。道德的目的不再是生成某种主观的状态，而是造就某种世界状态。由于愿望与利益可以独立于个体体验视阈而指向世界状态，则利益的满足便并非必然与愿望者的主观体验相合。在极端情况下愿望的满足甚至于与某位主体的体验的可能性全然无关，如其有关在人类终结后生物圈应保持完整性的愿望[①]”。

---

① Dieter Birnbacher：Utilitarismus，in：Marcus Duewell，Christoph Huebenthal und Micha H. Werner（Hg.）：Handbuch Ethik，2. Auflage，Stuttgart 2006，S. 101.

第三节 功利主义的弱点

如上所述，功利主义作为规范伦理的一种类型，自近代诞生以来经历着从古典形态到各种各样变体的发展。每一种变体的出现都呈示着其试图规避功利主义的某项缺陷的努力，但同时往往又伴随着一种新的弱点的显现。从历史上看，与其他伦理学流派相比，功利主义最大的失误在于仅注重总体益处的提升，从而陷于一种所谓的集体自私主义。其后果有二：一是导致对个体权益的漠视。二是形成了作为伦理学核心概念的正义原则在社会中的缺位。我们先看第一点。功利主义作为启蒙运动以后诞生的伦理学流派自然也不是不讲人，不讲个体的，从某种意义上说功利主义恰恰也是一种个体主义的伦理学。之所以这么讲，是因为在它看来，只有个体才可能拥有感受性，而国家、文化、共同体则不具备感知能力。由于是否具有感受性是判定某一对象是否值得道德考量的标准，故国家、文化、共同体就不会像个体的人那样因其自身的缘故而值得顾及。“在边沁看来，共同体是一种‘虚构物’，只有个体的人的利益才是现实的[①]”。“不理解什么是个人利益，谈论共同体的利益便毫无意义。[②]”但功利主义不仅认可个体的人，当然也承认集体的人群的存在。当个体人的利益与集体人群的利益发生冲突之时，它的价值导向是十分清晰的，即个人应为集体、为福利的总量做出道德牺牲，“单个个体可以为了提升有用性的总量而做出牺牲（功利主义式的牺牲）[③]”，这种个体牺牲的要求即便是在违背当事人意志的情形下也是正当的。“如果百分之九十五的民众使百分之五的人成为奴隶，且这少数奴隶对其命运勉强予以认同，则这种情况便是允许的[④]”。当在极特殊情况下谋杀一位无辜的人，能够给社会整体带来极大益处或避免社会灾难之时，功利主义提不出反对杀害无辜之行为的理由。即便规则功利主义也是

---

① Konrad Ott：Moralbegruendungen，Hamburg 2001，S. 104.

② Jeremy Bentham：Prinzipien der Moral und der Gesetzgebung，vgl. Detlef Horster（Hg.）：Texte zur Ethik，Stuttgart 2012，S. 235.

③ Konrad Ott：Moralbegruendungen，Hamburg 2001，S. 114.

④ Konrad Ott：Moralbegruendungen，Hamburg 2001，S. 111.

与“每个人都拥有基本权利，这种权利不能因总体福利的缘故而受到侵害”的理念相悖的。总之，功利主义专注于宏观的整体利益，而不顾及每个人所拥有的作为个体权利的基本人权，这与体现在契约主义以及康德义务论上的近代以来主流的价值理念是正相冲突的。人权原则的核心思想在于，人是因为其本身的缘故而作为人得以尊重的，人的身心完整性不可侵犯是一项道德原则，该原则是有效的，而不仅仅是因为有益于社会福利总体最大化才有效。故威廉姆斯在抨击功利主义时指出，当非个体性的益处最大化的视点威胁到个体的道德完整性，影响到其对不可剥夺的生命规划的追逐时，这种视点就要抛弃①。

我们再看第二点。在前面论述平均效用功利主义的产生原因时，我们就注意到，传统功利主义仅关注效用、利益总量的最大化，从而漠视了功利在社会的公正分配的问题，而正义却是伦理学中的一个核心概念。一个在分配上严重不公平的社会，即便其福利总量不断增长，但福利的享受仅仅由极少数人所垄断，则这绝对不会获得人们道德上的认同。从这个意义上讲，公正是一种比功利总量的最大化更高的价值。所以，当代功利主义者均主张总体功利的提升是一项道德标准，但并非是唯一的尺度，对于最大多数的最大幸福原则，应以公正、正义的原则作为补充，这样才能使功利主义合乎于对人性的普遍认知。

第四节　功利主义的优势

功利主义是一种常识性道德，人类自然的趋乐避苦的本性构成了其价值诉求的人类学基础，也构成了其无可回溯的经验性的出发点，故功利主义也被归类于伦理学的自然主义。功利主义致力于人类的利益与需求，目标是普遍福利的极致，体现的是两害相权取其轻的思路，但在某些事例上却与同属于常识性道德的人的公平正义的道德直觉相冲突，故而饱受争议，并被迫发生原则的调整、修正，甚至是形态的转变。这两种常识性道德之间的碰撞与博弈，导致了功利主义的光亮在伦理学的屏幕上忽明忽暗、盛衰交替、绝非万能但也不可取

---

① Vgl. Dieter Birnbacher: Utilitarismus, in: Marcus Duewell, Christoph Huebenthal und Micha H. Werner (Hg.): Handbuch Ethik, 2. Auflage, Stuttgart 2006, S. 105.

代的复杂境遇。

在历史上功利主义就曾显现出其顺应自由主义和资本主义时代要求的积极的一面：它是在英、法启蒙运动中发展出来的以人的欲求为致思的出发点、以人的福利是否最大化为判别是非标准的世俗主义的伦理学，如此就完全摒弃了将道德与社会规范归溯为一种宗教神学体系或者一种玄妙的形而上学的本源的论证传统，使伦理学从悬空中移回地面，通过在人的趋利避害的本性中找到立足点而真正成为人的伦理学，成为人学。在边沁看来，一种思想如果根植于不容置疑的神圣的主管（如上帝），就会为统治与支配的目的所利用，就可能成为一种公开或隐蔽的压迫方式。密尔也曾深刻地抨击了其时代的政治与社会体制，早在 1851 年他就要求妇女也应有选举权。在以后的社会实践中，功利主义作为一种社会伦理，在调节政治行为与统治方式层面发挥了巨大的影响。

以理性的权衡和科学精细的计算为特色的方法论，也是功利主义的一大亮点。功利主义是它那个时代自然与社会科学交互作用的产物。从内容上功利主义汲取了近代人类学、心理学的研究成果，前两者均将人视为由自保和追求幸福的冲动所支配的存在。从方法上功利主义承袭了培根的经验论、牛顿物理学的研究程式，它要以自然科学为样板，建立一门独立于形而上学纠缠的“道德科学”，可以对功利和幸福进行量化并做出计算。如此功利主义被归为实用主义与经验主义哲学流派，其精于理性算计的方法论极大地影响了福利经济学、决策论的发展，而且也推进了当时英国的司法变革。早期功利主义本身就是一种社会改革理论，边沁以普遍福利思想为内容，以精细计算为方法，试图使法律从不清晰转变到可理解，从互相矛盾到连贯一致，从而为十九世纪英国法律体系的完善奠定了理论基础。可以说，即便是今天西方国家在绝大部分法律的立法中，功利主义思想的全面渗透的现象也是不容否认的。

有人认为规则功利主义加上公正原则的补充，可以成为一种颇具竞争力的伦理学理论。我们今天研究功利主义，最主要的在于探求其当代价值。现代社会已经确立了以坚守人权、尊重个体自主性为内容的基本原则，但这一普世原则的具体应用却遭遇到形形色色困境的挑战。如同一原则在不同主体身上同时运用时产生的道德悖论的问题，以康德义务论为特色的“原则的无条件运用”可能造成的荒诞的甚至是灾难性的后果的问题。这就会形成所谓原则失灵的局面。而注重权益考量之外其他因素（如感受性）以及擅长对行为后果的顾及的功利主义，在这种两难面前或许就可以为脱困提供某种思想灵感、观念启迪与解决方案。功利主义当然不可能取代权利本位的价值立场，但在坚守人权的不可侵害性、公正待人和仁爱的总体伦理原则的前提下，适时适地地运用功利主义提供的道德智慧，是直面伦理悖论与道德困境的当代人类不应回避的明智的行为选择，这在以应对伦理冲突、道德难题为主要特征的应用伦理学的理论与实践中表现得最为明显。

1. 以整体和未来为导向的思维方式

生态伦理学的一个主题，是未来人类的利益如何得到道德辩护，换言之，可持续发展的伦理学理据究竟是什么。对于在当代伦理学领域影响巨大、以强调严格的对等性秩序为特征的契约主义而言，一种有关我们对后代所应肩负的义务的有效论证，并非是件易事。因为后代没有也不可能与我们签订任何契约。比较有效的论证方式是，我们这代人之所以拥有签订契约的能力，缘于同样无法预先与我们签约的前辈对我们的付出，前辈的付出对我们形成了一种无法拒绝的道德命令，即将对后代的付出无条件地传递到后辈身上，尽管后者并没有与我们签约并做出什么承诺的能力。这样一种论证方式是机智的。在对未来人类的利益的道德辩护上，功利主义通过其对整体性的考量提供了另一种思路。功利主义有别于自利主义，它所追求的是普遍福利的最大化："最好的社会状态，是个体福利总量最大化的状态[①]"。"一种状态乙在道德规范意义上要好于状态甲或者是同等的，如果乙状态下个体功利价值的总量高于甲状态的相应功利总量或者是同等的[②]"。在这里体现的是功利主义的整体性思维的特色：有用性总量的最大化是功利主义的唯一目标，在这一目标下人们所处的时空上的差异并不是考量的对象。也就是说，唯一值得关注的是益处总量的最大化，至于是当代人还是未来人的益处，是东方世界还是西方世界的益处，这并不重要。

---

① Julian Nida－Ruemelin：Theoretische und angewandte Ethik：Paradigmen，Begruendungen，Bereiche，in：Julian Nida－Ruemelin（Hg.）：Angewandte Ethik，Stuttgart 1996，S. 9.

② H. Unnerstall：Rechte zukuenftiger Generationen，Wuerzburg 1999，S. 307，vgl. Konrad Ott：Moralbegruendungen，Hamburg 2001，S. 98.

从整体性的思维方式中，可以推出功利主义的普遍性的、不偏不倚的观察事物的视角：功利主义是一种普遍伦理，其利益最大化原则对于任何人都是平等适用的，它屏蔽掉了所有当事人在年龄、性别、族群、地位上的差别："伦理要求的普遍性与不偏不倚性必须由此而得到保障，即所有的为行为后果所裹挟到的当事人都应获得同等的顾及。既不得因特殊的社会关系（如在行为者与其亲属之间）而有所不同，也不得因效果出现较晚则其重要性就要看成是弱于近期的效果①"。"不仅如此，从时空上的普遍主义中，从拒绝对未来益处的轻视中，导出了相对严格的关护未来这样一种要求②"。后代人的重要性并不低于当代人。"后代人与当代人已被置于同等的地位③"。"从一个普遍的视点来看，人们生活于其中的时代不能影响其幸福的价值。后代人的利益对于一位功利主义者而言必须得到像其同代人利益一样的关注④"。这样，为后代考量、为未来负责、坚持可持续的发展，便当然是功利主义主题中的应有之义。

实际上，在对过去、现在与未来间关系的权衡之中，功利主义甚至更是以未来和长远发展为价值导向的。像承诺、赏善罚恶这样以过去为导向的义务，在功利主义这里被转换成为以未来为导向的义务：承诺的目的并不仅仅在于履行一项以前的诺言，而更是为了实现和提升社会的信任度。赏善罚恶的目的并不仅仅是为了回馈或报复，而是为了鼓励从善和遏制做恶。功利主义致力于社会和国家长远利益的和谐与保障，为此，对后代不利的过高的国家债务是被坚决拒斥的，甚至当代利益的放弃也是值得的，只要这种放弃所导致的是后代利益的增加，且这种益处的增长远远超过现在承受的被放弃的益处。

2. "快乐"原则的广泛应用

功利主义的"快乐"原则，在有关性伦理的讨论中扮演了一种不容忽视的角色。性享受、性欢愉对于无论是东方还是西方传统的社会道德都是一大禁

---

① Michael Quante：Einfuehrung in die allgemeine Ethik，2. Auflage，Darmstadt 2006，S. 134.

② Dieter Birnbacher：Utilitarismus，in：Marcus Duewell，Christoph Huebenthal und Micha H. Werner（Hg.）：Handbuch Ethik，2. Auflage，Stuttgart 2006，S. 105.

③ Konrad Ott：Moralbegruendungen，Hamburg 2001，S. 104.

④ H. Sidgwick，zit. nach：P. Laslett/J. S. Fishkin：Justice between Age Groups and Generations，New Haven/London 1992，S. 19，vgl. Konrad Ott：Moralbegruendungen，Hamburg 2001，S. 104.

忌。直到二十世纪六十年代以后，在性革命的洗礼下一种开明的有关性的道德观念才在西方世界占据了主导地位，即无强制条件下发生的性享受、性欢愉体现了人类自然、真实的欲求，对己对人均是无害的，故在伦理道德上至少是中立的。如果在道德评价上还有什么积极意义的话，则可以说这样一种对性的认知可以通过对女性性享受与性欢愉的认可，而巩固并促进男女的平等意识。然而当代开明的性道德理论中的无害原则，如果辅以功利主义的“快乐”原则作为补充和强化的话，则对于传统的社会禁忌就能够形成更为猛烈的抗击力量。事实上，功利主义并不满足于依据无害原则对性享受与性欢愉做出“在道德上是中立的”这样一种相对消极性的判断，而是以凡能满足人的需求、给人带来快乐的事物均是合乎道德的为由，以满足人的需求为最高价值尺度，给予人类的性活动以更积极的评价。这样不仅性享受、性欢愉，而且自慰、同性恋、情色品消费上出现的伦理困惑，就在功利主义的“快乐”原则的应用下得到了消解。而一个人们对性并无非理性的罪恶感的社会，显然是一种更加人性化、更值得在其中生活的社会。功利主义对性的开明态度，应当是任何一种文明秩序都不会拒绝的。“由于性行为构成了‘快乐’的一个源泉，一种功利主义的性道德或许便蕴含着如下的要求，即使性乐趣的程度最大化。功利主义者必须主张一种道德义务，即每个人都应当改善其与此相关的能力与技术[①]”。

在备受争议的安乐死问题上，功利主义的“快乐”原则的价值更显重大。对于功利主义而言，生存的价值在于快乐的感受。“人的（当然动物的）生命没有内在价值，而只有外在的价值。对于功利主义者而言，并非生命，而是体验才具有内在价值，故生命的价值从根本上讲取决于两个因素，一是使个体的生存成为可能的体验的质量（生存质量），另一是对生命保护做出可能的限制所引发的个体与社会的消极后果，如焦虑、错乱和丧失人性[②]”。当一位极度痛苦且没有任何康复希望的人提出安乐死要求时，拒绝之则对于任何人都不会带来益处，而是所有的人的痛苦的强化。故若有这样一位病人提出这种要求时，就应允许其安乐死。按照当前通行的生命伦理学的理论与实践，可以不采

---

① Konrad Ott：Moralbegruendungen，Hamburg 2001，S. 110.

② Dieter Birnbacher：Utilitarismus，in：Marcus Duewell，Christoph Huebenthal und Micha H. Werner（Hg.）：Handbuch Ethik，2. Auflage，Stuttgart 2006，S. 106.

取或中断延长其生命的措施，但严格禁止主动实施的安乐死，也严禁帮助病人自杀。而功利主义对消极性的不作为与积极性的作为不做区分，在它那里听任其痛苦与施加痛苦是一回事，任凭其死亡与协助其死亡没有区别。故功利主义主张医生拥有对自愿安乐死者协助的权利，只要这种安乐死要求合乎病人的主观意志与客观状态。功利主义不区分作为与不作为的立场，显然有悖于人们的道德直觉与常识，但其积极意义则在于，强化了行为主体应负的责任以及相应的责任意识。当事人不仅要对其主动行为负责，对其不作为的后果也要负责，这种被动责任的观念也渗透在西方发达国家有关“见死不救罪”的立法初衷上。

3. “感受性”标准的强大解释力

众所周知，就道德论证而言，契约主义凭借其与人权、正义理论的内在逻辑关联已然成为一种当代最具竞争力的伦理学理论。然而契约主义伦理学并不是万能的。其注重契约当事人对等平衡的道德地位的立场，理所当然地将动物排除在道德共同体之外，但这样也就难以对残害动物的行径做出一种强有力的道德谴责，而类似残忍的行为显然又有悖于人们通常的道德直觉。契约主义维护人的权益、尊重行为主体自主选择的原则是理性的，但也是抽象的，在直面堕胎困境中孕妇的生命权与胎儿的生命权间的冲突时，在应对治疗性克隆的困境中需器官移植的病人的健康权与作为器官的源泉的人类胚胎的生命权益之间冲突的问题上，契约主义所提供的单一的人权的理论标准虽然是正确的，但却又是失效的。在这种情况下，以感受性能力作为判定某一对象是否拥有道德地位的唯一尺度的功利主义，为人们开辟了一条摆脱伦理困境的重要出路。按照功利主义的立场，感受性能力是某一对象能否得到道德顾及的唯一基础，像智慧、理性等其他能力都不起作用。而所谓善则意味着快乐感超过了痛苦感。

功利主义的这一原则，为生态伦理学中的所谓痛苦中心主义奠立了基础。痛苦中心主义将具有痛感能力的动物纳入道德共同体之中。从这个意义上讲，功利主义就是痛苦中心主义。边沁赋予动物以道德顾及的论证理据是：问题不在于它们是否能说理，而在于它们能否痛苦？当代功利主义者辛格（Peter Singer）则从感受性是利益的前提的立场中，推出动物也拥有利益，具备一种特殊的价值，应在决断中得到应有顾及的结论。由于痛苦感是一个决定性的指标，故在功利主义看来，杀死有感知能力的动物比给它们施加痛苦更容易得到辩护。许多功利主义者吃素，并非是因为动物被杀的行为不道德，而是由于动物在被宰杀之前的恐惧心态对动物本身和作为旁观者的人类的折磨的无法忍受。总之，以感受性作为判断对象能否拥有道德地位的标准，在动物保护的问题上，功利主义就能够提供一种比其他任何伦理学理论更有竞争力和说服力的辩护理据。当然，由于功利主义的普遍性的道德视点，在动物的痛苦与人类的痛苦之间该否做出区分的问题上，功利主义势必会陷入两难。一方面，普遍主义的道德视点要求功利主义对人与动物做出同等的、不加任何区分的道德顾及。但另一方面，人们在直觉上也会意识到人与动物的痛苦和快乐在性质上的巨大差异。动物的感知力源于其原始的生存本能。人类的感知则关涉到具有时空维度的复杂的意识与意志活动。早在密尔就认识到"人类具有比'纯粹动物性的欲望'更高级的快乐的能力[①]"。所以当代功利主义一般都认可人类利益高于动物利益。对动物施加痛苦肯定是不道德的，但如果因此而产生了巨大的益处，则施加痛苦的行为还是可以得到辩护的，如来自于动物实验的新药带来的重要社会效益就具有更大的道德意义。总体上拒斥动物实验的辛格也承认，如果通过动物实验的痛苦所产生的结果能够减少更多的痛苦，则这种实验在伦理上也是可辩护的。

借助于感知能力这一标准，功利主义不仅将拥有痛感的动物接纳进道德共同体，而且也将无感受力的人类存在（如早期人类胚胎）排除在该共同体之外。这样就使得以恪守权益原则为特色的契约主义所无法应对的孕妇及病人与早期人类胚胎之间生命权的冲突，基于一种鲜明的道德理据得到了化解。我们当然不会认同功利主义完全抹煞人类属性在论证道德地位上的重要作用的做法，而是认定人类属性是进入人类道德共同体的基本依据，因而所有的人体形式都具有道德地位，这样才能为人类利益高于动物利益的价值选择提供令人信服的伦理辩护。但是对于同属于人类道德共同体的孕妇、病人与早期人类胚胎之间的生命权益冲突，我们只能引入功利主义的感受性的标准，确立感受性是

① Herlinde Pauer-Studer：Einfuehrung in die Ethik，Wien 2003，S. 34.

某一对象能否值得道德考量的重要指标、道德地位的高低取决于感受性的强弱的原则，从而得出在堕胎困境中胎儿要让位于孕妇、在治疗性克隆的困境中早期人类胚胎要让位于病人的结论。而且以感知性作为尺度，我们还可以为脑死标准的确立做出强有力的伦理辩护：一个人如果不可逆地失去了感知能力，则这也就意味着其生命的彻底终结。遗体当然也有道德地位（人体均属于道德共同体），但对它的道德顾及显然只是针对和取决于活着的人的心理感受。

第五节　总结与余论

本章阐释了功利主义的基本特征、主要代表人物和不同的表现形态，充分揭示了其致命弱点，在此基础上着重探讨了功利主义产生的社会历史意义，描述了它所提供的以整体和未来为导向的思维方式、“快乐”原则和“感受性”标准为内容的道德智慧在当代应用伦理学的理论与实践中所起的不可替代的重要作用。

功利主义在二十世纪前半叶受到过猛烈的抨击，而到了六七十年代则又以不同的形式获得了复兴。当然，不论如何引人注目，功利主义也不可能取代以尊重个体权益、维护社会正义为本质的主流价值的地位。克万特（Michael Quante）是这样对功利主义全面评价的：“一种功利主义的伦理学从其总体上无法对我们的伦理上的自我理解做出一种合宜的复原，即便它或许在某些领域触及到了我们伦理实践的本质性的特征[①]”。当然，毕竟功利主义契合人们体现在追求整体和长远的益处最大化的常识性的道德直觉，这正是功利主义能够保持其勃勃生机的奥秘之所在。

人类的社会生存及其行为模式存在着复杂的维度，功利主义准确地捕捉到了其中的某一界面并且做出了颇具说服力的解释。功利主义不仅提供了以两害相权取其轻、趋乐避苦、诉诸感受性标准为内容的重要的道德智慧，而且也展示了一种以人为终极目的的明确明智的价值诉求，从而提醒着人们对道德绝对

① Michael Quante：Einfuehrung in die allgemeine Ethik，2. Auflage，Darmstadt 2006，S. 136 - 137.

化、道德异化和不顾一切后果的倾向保持着一种必要的警觉。在功利主义看来，道德并没有独立于人类福利的自在的价值，生命、平等、正义、德性及道德直觉等都是外在的价值，其生存全然取决于人类的现实需求。既没有无条件、无例外的权利与义务，也没有可以容忍和听任包括人类毁灭在内的一切后果的绝对禁令。任何道德原则的践行，都不可能不顾及到其结果给社会造成的感受。功利主义的这些提示，合宜地诠释了“道德是为了人，而非人是为了道德而存在”这一命题的真理性。毫无疑问，功利主义所呈示的都是些常识性的东西。道德思维固然不能依赖常识，但如果长期过度游离于常识之外，就必定会陷入尴尬与荒谬，这是功利主义给当代留下的不容漠视的重要启示。

第七章
义务论及其遗产

NOMEN VIRGINIS.
Luc. I.V.26.
Sub gratioso Nomine
Matrisq, Virginisq,
Vertumnus æneis Auctior
Recusus est Figuris.

并非任何价值重大的学术理论本身都是逻辑自恰和论证严密的。该理论影响深远是因为它显示出了某种真理，令人们感同身受从而引起巨大共鸣，但这并非意味着它一定是一种论据推演上无懈可击的理论。换言之，有价值的学说之所以有价值，有可能仅在于其结论的巨大启迪性，而不在于其论证的进路与过程。从某种意义上讲，康德义务论伦理学就是如此。

康德伦理学的出现，是使整个近现代伦理学得以开启的一个重要标志。以“道德的普世性”、“人是目的”和“自由原则”为核心的康德的伦理思想，对于现代社会制度的建构和人类文明生活的塑造都起到了难有替代的作用。然而，康德伦理学在学理推演上表现出来的独断性质以及他对原则所恪守的不妥协的令人生畏的严酷主义，也使得其自身遭受到众多的非议与嘲弄。这就显示了康德伦理学异乎寻常的复杂性：一方面，人们可以以康德为思想灵感与价值依归来延展和高扬起一柄闪现人性尊严光辉的旗帜，另一方面，人们也可以利用康德在理论表述上隐晦、专断的特质反过来对它进行肆意的解读与尽兴的发挥，以至于像艾希曼（Adolf Eichmann）这样的纳粹党刽子手 1962 年在受审法庭上竟然辩解道：他的一生一直都是紧随着康德的道德理念，特别是依据其义务概念行事的。

的确，义务论是康德伦理学的标志性特征。他认为，人若出自义务行动，则其行为准则便拥有一种道德价值。而这种行为法则是由作为行为主体的他自己自我设定的，并非取决于外在的规定。人如果不是依照自己为自己订立的法则行事，他就会失去对该法则的尊重。这就是康德独特的义务概念，它不同于传统的对上帝尊从的义务。就此而言，康德开创了一种崭新的义务论伦理学。后面我们将谈到的商谈伦理学，并不与康德的义务论有根本的关联，也不是对康德义务论的一种发展。商谈伦理学之所以放在康德伦理学后面讲，是着眼于康德“普遍规律公式”所体现的程序伦理对商谈伦理学的影响，后者发展出的所谓主体间的程序伦理是对康德单一主体的程序伦理的一种超越。

第一节 康德伦理学的基本架构

康德认为传统道德哲学的失误，就在于将道德奠立在人们的利益需求、主观意愿和自身偏好的基础之上。由于就需求、意愿和偏好而言，人与人之间是千差万别甚至是相互对立的，故在这样的基础上显然就不可能造就出一种具有普遍必然性的道德来。所以，传统的道德哲学无法抗击对道德的正确可证性以及对伦理原则在主体间的有效适用性持否定态度的道德怀疑主义。

康德致力于为道德要求的客观普遍有效性寻求一种牢固稳定的基础。这样一种奠基性的工作的前提，就是必须将行为主体的任何利益、经验、品性、特质等充满偶然性的感性因素排除在道德论证的过程之外，道德原则决不来自于经验的总结、技术的规则和明智的建议，恪守道德原则既不是为了达到某一目的，也不是为了服务于普遍的福利，“伦理学上的应当完全独立于事实上的希冀[①]”。经过这样一种彻底的大清除，道德的根基就剩下了一个唯一的来源，在康德看来，这就是人类“理性的主体性结构”，也被称作为所谓的“实践理性”。实践理性的本质特征就在于其纯粹的先验性，它为所有人类理性主体所先天分享，并且是独立于人类一切感性经验而存在。康德认为对于每一个普通人而言，其实践的判断能力会远远超过其理论的判断能力。“这里很容易就看得出，手持这一罗盘，人类理性就会在所有出现的情况下很好地懂得去分辨，什么是善，什么是恶，什么符合义务，什么违背义务，人们即使不教给理性任何新东西，只要像苏格拉底所做的那样，使理性注意自己固有的原则，因而也不需要科学和哲学，人们就知道如何做才是诚实的和善良的，甚至才是智慧的和有德的[②]”。康德相信，在这样一种纯而又纯的、先验的实践理性的基础之上，他就可以建构起一种普遍有效的哲学伦理学。

---

① Michael Quante：Einfuehrung in die allgemeine Ethik，2. Auflage，Darmstadt 2006，S. 80.

② Immanuel Kant：Grundlegung zur Metaphysik der Sitten，Werkausgabe，hrsg. von Wilhelm Weischedel，Frankfurt a. M. 1974，Bd. VII，S. 31.

作为人类道德之唯一源泉的实践理性，必须通过一种先验的演绎程序，从自身中导引出所有的道德法则来。康德称作为人类行为规则的道德原则为绝对命令（或称定言命令，Kategorischer Imperativ），它与所谓假言命令（Hypothetischer Imperativ）完全不同。假言命令体现的是一种为了达到某一目的而设置的行为引导，其表述形式是："你如果需要 x，就做 y。"比如，明智（Klugheit）所体现的就是这种假言命令。"于是，人们可以把选择实现他自己最大福利的手段的那种熟巧称为最狭隘意义上的明智。所以，关系到选择实现自己幸福的手段的命令，即明智的规范，就总还是假言的；这种行动并不是绝对地，而只是作为达到其他意图的手段被要求的①"。

而绝对命令则不是以任何外在的事物为目的，而是以自身为目的，是为了自身的缘故而设置的行为要求，其表述形式为："做 x"，或"你要做 x"。在康德看来，道德原则应是绝对命令，它以自身为目的，其适用性是无条件的、绝对的和无一例外的。例如，"你不应该做欺骗性的承诺，不是因为这将使你在事情暴露时丧失信用，而是说一种这样的行为须本身就被视为恶的，因而这一禁止的命令就是绝对的了②"。康德说："绝对命令，宣称其行动不与任何一种意图相关，即没有任何别的目的而自身便是客观必然的，这种绝对命令就被视为一种必然的（实践的）原则③"。

康德的绝对命令有几种不同的表述形式，即所谓"普遍规律公式"、"自我目的的公式"和"自主性公式"，其地位是同等重要的。

第一，"普遍规律公式"。绝对命令的第一种表述形式并非为一条具有实质内容的道德律令，因为如果是，则很可能造成一种道德仍是来自于外在的目标的设定的结果。故绝对命令的第一种表述形式必然表现为一种没有内容的形式上的基本原则，它是一项对人类任何行为准则的道德质量与资格进行检验的程序性的原则，其标准在于审视被验证的行为准则是否具有可普遍化的能力。

---

① Immanuel Kant：Grundlegung zur Metaphysik der Sitten，Werkausgabe，hrsg. von Wilhelm Weischedel，Frankfurt a. M. 1974，Bd. VII，S. 244.

② Immanuel Kant：Grundlegung zur Metaphysik der Sitten，Werkausgabe，hrsg. von Wilhelm Weischedel，Frankfurt a. M. 1974，Bd. VII，S. 49.

③ Immanuel Kant：Grundlegung zur Metaphysik der Sitten，Werkausgabe，hrsg. von Wilhelm Weischedel，Frankfurt a. M. 1974，Bd. VII，S. 43 –44.

如果该行为准则顺利通过绝对命令的检验，即证明自身具有可普遍化的能力，则它就是一项道德准则。例如，撒谎是不是一项道德准则呢？我们可以问一问自己，撒谎可以成为一条普遍法则吗？如果我们认同，则就会因生活在一个没有诺言的世界而遭遇到自我摧毁的后果。我们如果不认同，则就说明它不可能普遍化，故不是什么道德准则。所以，康德绝对命令的第一种表述形式就是："你要仅仅按照你同时也能够愿意它成为一条普遍法则的那个准则去行动[①]"，或者，"这样地行为，使你的意志的准则在任何时候都同时能够成为一条普遍的立法原则[②]"。

第二，"自我目的公式"。在康德看来，道德的根据在于作为实践理性的人类自身的主体性结构，这同时也就说明道德并非来自于任何外在的目的，而是以人自身为目的。既然人自身构成了目的，就说明人拥有一种内在的价值或绝对的价值。康德称这种内在价值为"尊严"，而把人作为人来尊重的理念也就是从这里推导出来的。但康德又指出，值得尊重的并不是人的偶然偏好与自然需求，而是其理性的存在，即构成所谓"人性"的东西。"所以，德性和具有德性能力的人性，就是独自就具有尊严的东西[③]"。所以康德的"自我目的公式"表述为："要这样行动，以至于把不论是你的人格中的人性，还是任何其他人的人格中的人性，在任何时候都同时用做目的，而绝不只是用做手段[④]"。

第三，"自主性公式"。按照"自我目的公式"，道德在很大程度上涉及到对人的尊重。康德向往一种美好的社会，在这里每个人的自由都得到同等的顾及，这叫做目的王国。在目的王国中，每位公民都既是道德原则的服膺者，也是该原则的创建者，是臣民与至上的立法者的合而为一。所以康德绝对命令的第三种表述方式为："这样去行动，这个意志能够通过其准则把自己同时看做

---

① Immanuel Kant：Grundlegung zur Metaphysik der Sitten，Werkausgabe，hrsg. von Wilhelm Weischedel，Frankfurt a. M. 1974，Bd. VII，S. 51.

② Immanuel Kant：Kritik der praktischen Vernunft，Werkausgabe，hrsg. von Wilhelm Weischedel，Frankfurt a. M. 1974，Bd. VII，S. 140.

③ Immanuel Kant：Grundlegung zur Metaphysik der Sitten，Werkausgabe，hrsg. von Wilhelm Weischedel，Frankfurt a. M. 1974，Bd. VII，S. 68.

④ Immanuel Kant：Grundlegung zur Metaphysik der Sitten，Werkausgabe，hrsg. von Wilhelm Weischedel，Frankfurt a. M. 1974，Bd. VII，S. 61.

普遍立法的[①]”。

关于绝对命令存在的必然性本身以及绝对命令三种表述形式之间的内在联系，康德自始至终都没有做出清晰可辨、逻辑自恰的论证。这就为绝对命令的实际应用制造了巨大的困难。康德满足于对绝对命令的纯独断论式的理解：绝对命令的可信性径直存在于该命令的威严与权势中，它是一种必然的应当，一种毋庸置疑的必须。至于无条件适用的绝对命令如何应对社会现实中尖锐的道德冲突、伦理悖论的问题，至于道德原则的绝对性与其实际应用的相对性间的张力的问题，都难以得到康德伦理学的认真探究。但毕竟现实世界中的人都是拥有欲求的存在，为具体利益所驱使，即便是具备纯粹实践理性的能力，也未必每每真正理性地行动。作为有限的行为主体，如何能够严格地按照纯粹实践理性的要求行事，如何能够总是合乎道德地作为呢？显然，按照康德绝对命令的独断式的理论设置，这个问题是无法解决的。于是，康德只好寄托于一整套假定，借此来规约有限的行为主体在道德实践中与以绝对命令为代表的道德理想（即实践理性的要求）保持着一种无限的接近与契合的状态。第一个假定是灵魂不死。这样经验性的主体才有可能在时间上达致对道德理想的无限接近。第二个假定是上帝存在。上帝作为大自然的理性的创生者，有能力为自然与自由、感性与纯粹的实践理性之间的契合提供担保。第三个假定是意志自由。“康德的整个理念都是以自主性意义上的自由为前提的[②]”，离开了意志自由的假定，整个康德伦理学的理论大厦也就无从谈起。

“这三个形而上学的基本假定：自由、上帝和灵魂不死，在康德那里不仅是作为理论原则来理解，而且也是作为实践的假设[③]”。但是某种道德学说，一旦最终只是依照一种自身令人疑惑的假定的支撑才能存在，则该理论体系的说服力与可信度在人们心目中的命运，也就可想而知了。当然，这并不妨碍我们可以从该理论中，汲取借鉴一些赋有历史启发性价值的立场与体现时代精神的理念。

---

① Immanuel Kant：Grundlegung zur Metaphysik der Sitten，Werkausgabe，hrsg. von Wilhelm Weischedel，Frankfurt a. M. 1974，Bd. VII，S. 67.

②③ Michael Quante：Einfuehrung in die allgemeine Ethik，2. Auflage，Darmstadt 2006，S. 84.

第二节　康德伦理学的启迪价值

1. 道德的普世性

康德坚信，凡道德之物必定是普世性的。可以说，他的伦理学，就是致力于证明道德的普世性的伦理学。正是本着道德普世性的信念，他将其绝对命令的第一种表述形式设定为一项形式化的程序性的法则（即普遍规律公式），用“是否可普遍化”这一标准来研判某种行为准则是否是道德原则。而绝对命令的第二、第三种表述形式（自我目的公式和自主性公式）都是承载实质内容的道德律令，它们作为道德原则自然拥有可普遍化的能力。值得指出的是，道德的普世性问题是一个复杂的课题，康德是通过“道德的先验性”和“道德的纯粹义务性”这两个层面的论述，来论证道德的普遍适用性的特质的，但康德的论证显然具有着强烈的独断论的色彩。

1.1. 道德的先验性

康德对道德的理解有别于霍布斯和休谟。因为在康德看来，后者总是将道德与经验的因素、利益的考量联系在一起。而道德如果总是与经验性的意欲相纠葛，就不可能具有普遍的、无条件有效适用的能力。因此道德既不奠基于经验性的人类学，也不立足于对外在的幸福目标的追求，而是仅仅根植于纯粹的意志，即根植于有别于知性的人类纯粹的实践理性。康德指出：“自然的一切事物都按照规律发生作用。唯有一位理性存在者才具有按照对规律的观念，即按照原则去行动的能力，或者说他具有一种意志。既然行动从法则中引导出来需要理性，则意志就不是别的，而只是实践理性①”。

实践理性不同于知性。知性关涉到生活实践、利益、习俗和历史传统，它所建构的是人们行为的准则（Maxime）。准则就是实践的行为规则，体现了生

① Immanuel Kant：Grundlegung zur Metaphysik der Sitten，Werkausgabe，hrsg. von Wilhelm Weischedel，Frankfurt a. M. 1974，Bd. VII，S. 41.

活实践的明智，以格言谚语的形式表达。准则的内容可能关涉到达致某种外在目的的合宜的技术手段，也可能关涉到实现我们自身最大幸福的睿智的建议。这些准则如果是与人类利益需求相系的价值陈述，则就难以拥有严格意义上的客观可证性，故而难保其具备道德性。

而纯粹的实践理性，则是对知性成果的反思与审视。它产生道德原则，依此来对知性所产生的准则的道德性做出研判。纯粹实践理性的本质特点，就在于其先验性，即独立于任何经验意欲或情感因素而存在。康德指出："所有的道德概念都完全先验地在理性中拥有自己的位置和起源，这无论是在最普通的人类理性还是在最高程度的思辨理性中都是同样如此；它们绝不能从任何经验性的、因而只是偶然的知识中被抽象出来，它们的尊严恰恰在于其来源的这种纯洁性，以便为我们用作为最高的实践原则；每次有人往里添进经验性的东西，也就在同等程度上剥夺了它们对于行动的真正影响以及不受限制的价值。在纯粹关涉到思辨时理论意图上最大的必然性所要求的是——不仅如此，且这一点也具有最大的实践重要性——从纯粹理性中汲取它们的概念和法则，使之纯粹而不混杂地阐示出来，也即对这全部实践的或纯粹的理性知识的范围，即纯粹实践理性的全部能力予以确定，但在这里，不是使这些原则依赖于人类理性的特殊的自然本性，就像思辨哲学允许的，有时甚至会认为是必要的那样，而是由于道德法则应当完全适用于每一位理性存在者，而就将它们从该理性存在者的普遍概念中导引出来，并且以这种方式……把所有道德……完全地……阐示出来[1]"。正是由于纯粹的实践理性的先验性特征，道德的普世性才能得到担保，其约束力才能是绝对的、必然的、无条件的、无一例外的和不以某一外在目的为前提的。就道德的普世性来自于理性的先验性而言，康德写道："每个人都必须承认，一项法则，如果是道德有效的，即作为一种约束性的根据，则一定要有绝对的必然性。……从而，约束性的根据既不能在人类本性中去寻找，也不能在他所处的世界环境中去寻找，而是应先验地仅在纯粹理性的

① Immanuel Kant: Grundlegung zur Metaphysik der Sitten, Werkausgabe, hrsg. von Wilhelm Weischedel, Frankfurt a. M. 1974, Bd. VII, S. 40.

概念中去寻找”[①]。康德坚信，将道德奠立在理性结构的先验性之上，他就能为整个伦理学建构起一道牢固的基础。“该基础独立于经验主体的事实上的意欲。由于该基础仅仅与这种以自由的方式自己设定法则的纯粹实践理性相关涉，则这些法则便是不偏不倚的，并在严格意义上是普世性的[②]”。

1.2. 道德的纯粹义务性

在康德看来，论证道德的普世性的另一重要理据，在于道德所具有的纯粹义务论的特征。换言之，道德之所以是普世的，是因为道德是一种纯粹的义务，义务因其纯粹性、绝对性、不顾及任何后果的特点，故而适用于一切时代、一切地域和所有的人群。康德指出：“因为义务应当是行动的实践上无条件的必要性；所以，它必须适用于一切理性存在者（一个命令任何时候只能针对他们），而且唯有此它才是全部人类意志的一个法则。[③]” 正因为此，康德的伦理学被称为典型的义务论。康德伦理学的任务，就在于“证明有一种绝对的、无须任何动机而独立地下命令的实践法则，以及服从这个法则就是义务[④]”。由于这种义务论强调行为动机的纯粹性，所以又被称为动机论。由于这种义务论所固守的都是一些以命令、禁令形式表现出来的原则，且认定这些道德原则的适用是绝对的、无条件的、不顾一切后果的，所以义务论又被称为原则主义。

康德之所以主张义务论，是因为他高度怀疑以目的或后果为导向的对道德的理解：如果一种行为是由于外在偶然的因素（如偏好、恐惧、期盼与实用）所驱使，则就不可能说它是有道德价值的。康德认定，一种行为是否具有道德性，标准就在于其动机与意图：它是否出自于一种纯粹的道德义务，是否出自于对道德法则的尊重，是否出自于对作为行为之根基的原则的正确性的洞见。康德说：“具有道德内涵的行动，不是出于爱好，而是出于义务而去做。[⑤]” 一

---

① Immanuel Kant：Grundlegung zur Metaphysik der Sitten，Werkausgabe，hrsg. von Wilhelm Weischedel，Frankfurt a. M. 1974，Bd. VII，S. 13.

② Michael Quante：Einfuehrung in die allgemeine Ethik，2. Auflage，Darmstadt 2006，S. 81.

③④ Immanuel Kant：Grundlegung zur Metaphysik der Sitten，Werkausgabe，hrsg. von Wilhelm Weischedel，Frankfurt a. M. 1974，Bd. VII，S. 56.

⑤ Immanuel Kant：Grundlegung zur Metaphysik der Sitten，Werkausgabe，hrsg. von Wilhelm Weischedel，Frankfurt a. M. 1974，Bd. VII，S. 24.

种行为之所以拥有道德价值，在于它不是出于偏好，而是出于义务。因为偏好不可靠。“在康德看来，一位商人的诚信只有在下述情况中才具有道德维度，即当他的诚信的动机合乎于诚信是正确的这样一种信念，而非例如合乎于善的道德对于交易也会带来好处的信念。康德把义务的约束性视为一项命令，或者将一种律令及其绝对的、换言之无限的特征看作是绝对的。①”所以就有了绝对命令（定言命令）的提法。在康德看来，义务是绝对的，按义务要求行事有时会与自身利益冲突，这就意味着出于义务的行为不是为了达到某种外在目的，他之所以合道德地行动完全是出于纯粹对道德法则的尊重。

这种纯粹的道德义务或道德动机究竟是什么？在康德看来，这是一种唯一的、无限的善的事物，即纯粹的善良意志，它是一种自在的善。“善良意志并不是因为它产生了什么作用或完成了什么事情，也不是因为它适合于用来达到某个预定的目的而是善的，而仅仅是因为这个意愿而是善的，也就是说，它自在地是善的，……它会像一颗宝石那样自己在那里闪闪发光，它是某种在自己自身内就拥有其完全价值的东西。②”通过强调善良意志，康德就把自己同仅重视德性的亚里士多德区别开来了，在康德看来，像勇敢、果断、坚毅以及适度、自制、冷静审慎等属性，尽管从很多方面来看是好的、值得希求的，但其本身也必须是以善良意志为前提，它们自己并没有无条件的内在价值。“因为没有善良意志的诸原理，这些属性极有可能成为恶……。③”

对于康德的善良意志、绝对义务的概念，人们在理解与解释上分歧巨大。安斯库姆认为这是一个脱离了实质内容的空洞的概念。而也有哲学家（如英国的 H. A. Prichard）则相信善良意志体现了一种良心，是指包括道德感、直觉、内在的洞见在内的一种对对与错的直接的意识，如不杀人、不欺骗、不偷窃这样显而易见、普遍有效的绝对真理。

如果将善良意志、绝对义务理解为“不杀人”等道德直觉，则用义务论来论证道德的普世性，当然是非常有力的。但问题在于，康德作为一种论证与

① Brenda Almond：Pflicht，in：Marcus Duewell，Christoph Huebenthal und Micha H. Werner（Hg.）：Handbuch Ethik，2. Auflage，Stuttgart 2006，S. 465.

②③ Immanuel Kant：Grundlegung zur Metaphysik der Sitten，Werkausgabe，hrsg. von Wilhelm Weischedel，Frankfurt a. M. 1974，Bd. VII，S. 19.

论据的逻辑整体的义务论的道德理论，具有纯动机论和严酷的原则主义的性质。之所以说康德道德理论是严酷的原则主义的，是因为该理论只着眼于行为的动机层面，不顾及任何后果，完全否认道德原则的绝对普世性与其实际应用的相对性、有条件性之间的内在张力，于是义务论便自逼成为一种严酷主义，它甚至认可“道德原则的无条件的恪守可以付出任何代价”，从而走向一种匪夷所思的荒诞主义的绝境。康德严酷的原则主义，必然导致不同内容的义务之间发生冲突而无法解决，如不撒谎与不伤害之间往往就无法两全。

罗斯（William David Ross）因而拒斥康德僵硬的绝对主义，认定在道德选择之时，必须考虑到不同义务间的冲突以及行为的后果。故他提出所谓多重义务论，即一组义务清单，由七种义务组成：忠诚、补偿、感恩、正义、行善、自身改善、不伤害。这些叫做显见义务（prima facie duty）。在这些义务都是自明初始的，是人们在考量任何其他因素之前一般都应遵从的义务，它们不可还原为某种更根本的单一的最终始基，这些义务无法用一套等级结构编排起来，好让我们确定哪个或哪些义务是绝对的、压倒性的并可以将其他原则统摄在一起。在罗斯看来，如何协调这些义务之间可能出现的冲突，确定哪种义务具有优先性，就需要行为主体在掌控全面信息的前提下，运用直觉性的判断力和感受能力，基于具体的情境进行权衡并最终对我们应当履行的实际义务做出决断。

就康德义务论对动机的纯粹性的强调而言，许多人批评这样一种纯粹的义务、绝对的应当只是理想王国中的一种存在，只是在一个由上帝作为主管的神学体系中才有意义（安斯库姆）；或者，只是一种哲学的发明或“哲学的异想天开”（Ernst Tugendhat），这异想天开从根本上讲体现了一种愿望，即把对上帝之言的全能力量的诉诸，保存在一个世俗化了的思想体系之中①。

尽管康德为道德合法性寻求一种稳定的最终根基的探索，极大地推进了人们对道德内容的普世性的认知，但康德的努力是不成功的，因为他的义务论的伦理学漠视了利益、偏好、欲望和情感等人类意欲的层面，将一系列支撑道德的重要因素都抹煞掉了。实际上，道德拥有一种复杂的来源，它不仅涉及理性

① Vgl. Herlinde Pauer－Studer：Einfuehrung in die Ethik，Wien 2003，S. 24.

动机的层面，而且也关切到对实际后果的考量；它不仅是以绝对命令的形式出现，而且也不排斥假言命令；富特（Philippa Foot）甚至认定“道德规范仅是在某些条件的关联下才是适用的。基于这些条件……这一规则可以得到论证[①]”。“道德并不只是一种情感之事，但也并非只是理性权衡之事。[②]”用图根哈特（Ernst Tugendhat）的话来讲，一种可信的道德观念的基础，并不在于绝对的理性概念，而是在于一种“复杂的理由与动机的交织[③]”。当然，这样一种可信的伦理学，也就不再是摆脱了所有如意欲和利益这样的经验性要素的严格的义务论了。由于有了利益、偏好、意欲等经验性要素的渗透，道德论证也就不可能再像康德义务论那样，是所谓的最终的证成了。而这也就宣告了伦理学客观主义的终结。

2. 人是目的

众所周知，康德将其绝对命令的第一种表述形式，设定为一项形式化、程序性的法则（即普遍规律公式）。黑格尔因此批判康德的伦理学仅是形式上的，而无内容方面的确定性。他的这一批判对于后来的道德哲学产生了深远的影响。但这种批判实际上体现了一种误解。因为绝对命令还有第二、第三种表述形式（自我目的公式和自主性公式），两者其实都是含有实质性内容的道德律令。所以鲍尔—施图德（Herlinde Pauer - Studer）指出：“构成了除普遍化原则之外康德伦理学的一个核心的尊重之理念，并非可归结为是一种纯粹的形式上的标准。因为尊重原则包含着对工具化的禁令……并且从积极的方面来看包含了一种顾及他人及其需求的义务[④]”。鲍尔—施图德说的尊重理念所涉及的，正是康德的自我目的公式，该公式蕴含着禁止将他人纯粹作为手段，而必须视为平等的行为主体的深刻的道德要求。

康德有关“人是目的”思想的逻辑推演的轨迹是清晰通畅的。康德区分了两种目的，一种是所谓“主观目的”（或称自然目的），另一种是所谓“客

① Vgl. Herlinde Pauer - Studer：Einfuehrung in die Ethik，Wien 2003，S. 25.

② Herlinde Pauer - Studer：Einfuehrung in die Ethik，Wien 2003，S. 24.

③ Ernst Tugendhat：Vorlesungen ueber Ethik，Frankfurt a. M. 1993，S. 28.

④ Herlinde Pauer - Studer：Einfuehrung in die Ethik，Wien 2003，S. 22 – 23.

观目的”（或称绝对必然的目的）。主观目的关涉到自我幸福意义上的利益，主观目的意味着，最大限度地避免损害和最大程度地实现利益。由于利益与每位行为主体的意欲和希冀相关，意欲和希冀又取决于人们相互之间各不相同的主观感受与偏好，故以利益为导向的主观目的便是相对的、不确定的。和与利益相涉的主观目的不同，客观目的关涉到道德领域。由于对康德来讲，道德并非来自于感性的经验利益，而是根植于人类纯粹的实践理性，因而与道德相涉的客观目的便必然是与纯粹的实践理性相关，或者说是由纯粹的实践理性自己确定的。

纯粹的实践理性如何确定目的呢？由于纯粹的实践理性是独立于人的感性冲动结构的，故而它就不可能以人的感性的利益与偏好为基础来确定目的，而只能是以自身为基础来确定目的，即将其自主性本身设置成其意欲的唯一目的。“如果人拥有纯粹实践理性的能力，则其存在就是为了作为一种绝对必然目的的自身和每位他人。这样，对于他就有了一种绝对实践的必然性，总是将这种绝对必然目的作为这样一种绝对必然目的来看待①”。康德的客观目的有几个特点：第一，它是由纯粹实践理性设定的，纯粹的实践理性是先验的，故客观目的独立于主体具体的感性经验和变化不居的利益，因而是绝对的和必然的，一种这样的目的的必然性严格有别于主体自身幸福意义上的“主观目的”的随意性。第二，客观目的是由纯粹实践理性设定的，这是从逻辑的角度讲，而不是从时间的角度讲的。也就是说它并非是纯粹实践理性产生之后出现的东西，“一种绝对的必然目的必须更多地理解为是一种‘总已是存在的’和‘恒常的’，按康德所说，一种必然目的是存在着的②”。第三，客观目的是由纯粹实践理性设定的，故该目的永远不可能游离于纯粹的实践理性之外。

如上所述，与道德相涉的目的是由纯粹实践理性设定的。纯粹的实践理性作为先验性的事物，不可能依照外在的经验性的东西来设置目的，而只能也必须是以自身为基础来确定目的，即以自身为唯一的目的。而纯粹实践理性的载体是人，这样康德便合乎逻辑地推出了近代史上闪烁着人道主义光辉的最重要的一个观念：人必须将自己设为目的，人是自我目的或目的自身。“人以及一

---

①② Klaus Steigleder：Kant，in：Marcus Duewell，Christoph Huebenthal und Micha H. Werner（Hg.）：Handbuch Ethik，2. Auflage，Stuttgart 2006，S. 132.

般的每一个理性存在者，都作为自在的目的本身而实存，不仅仅作为这个或那个意志随意使用的手段，而是在其所有的不论指向自己还是也指向其他理性存在者的行动中，都必须在任何时候都同时被看做目的[①]”。

人是自我目的或目的自身，就说明人拥有一种绝对的价值，康德称之为人的尊严。由于绝对的价值——尊严，来自于“人是自我目的”这一设定，而“人是自我目的”这一设定又取决于纯粹的实践理性自我设置目的的行为，故按照康德的逻辑，并非任何人都拥有绝对的价值——尊严，只是在当事人具备纯粹实践理性能力的条件下，他才享有这种尊严。正是纯粹的实践理性能力，才决定了其载体的绝对价值得以论证。

人既然是自我目的，拥有一种绝对的价值，这就提出了一个道德上的要求，那就是必须把人作为尊严的主体来尊重与顾及。我们所有的行为，不论其动机还是其后果，都应合乎人的绝对价值提出的要求，这里所说的人不仅是指自我，也包括他人。在康德看来，尊重与顾及自我和他人的绝对价值，可以从两个方面来理解：从消极的层面看，不加害于自我和他人，不把人仅仅作为工具与手段。“工具化之存在，……表明完全知情的当事人对他人的行为并不认同[②]”。从积极的层面看，行为应有益于自身或他人。将他人作为目的自身来看待，“这就意味着，按照能够分享他人的目的这一准则来行动，并且首先是，按照促进他人的努力及其‘幸福’这样的准则来行动[③]”。康德有关人的自尊的思想非常有特色。在他看来，出于自尊人对自己也负有义务。人应使其行为与人的尊严相吻合，与人性相一致。人应自尊，在自己的眼里不得有自我贬损和侮辱。而自杀、自残、偷窃、欺骗、吝啬等行为，在康德看来均损害了人的尊严。

在康德那里，“人是目的”的思想是以绝对命令的一种表述形式的面貌呈现出来的。这就体现了康德的两个用意。一是，他要说明“人是目的”的思想是一项可普遍化的客观原则。“这一原则之所以是客观的，是因为不仅一位单个个体，而且所有理性的人都将自己理解为自在目的。作为理性存在的他们

---

① Immanuel Kant：Grundlegung zur Metaphysik der Sitten，Werkausgabe，hrsg. von Wilhelm Weischedel，Frankfurt a. M. 1974，Bd. VII，S. 59 -60.

②③ Herlinde Pauer - Studer：Einfuehrung in die Ethik，Wien 2003，S. 14.

将自己理解为这样一种存在，其价值不取决于他人的主观偏好和随心所欲[1]”。二是，“人是目的”的思想在康德那里占有极为重要的地位。他之所以将“人是目的”作为他所认可的第一条具有实质内容的道德律令，是因为他要用这一思想来概括其有别于古希腊“以神秘的宇宙本体为本”和中世纪“以上帝为本”的人道主义的总体特征，从而为由他所开创的整个近代人本主义伦理学的主旨奠定基调。

3. 自由原则

自主性公式是康德绝对命令的第三种表述形式，其基本内容是“自我立法”。同自我目的公式一样，它本身也是一项道德法则（das Gesetz），内容在于必须尊重每一位公民的自主意志。在康德那里，自主即自由，自由即自主，故自主性公式集中体现的是自由这一重要的道德范畴或原则。

如前所述，康德伦理学有别于传统经验论伦理学的本质特征，在于强调道德来自于纯粹的实践理性，是由先验的实践理性结构自我设定起来的。如果对这一建构过程做一详细的分析，我们就可以发现这里存在着三个要素：建构的主体是理性的存在者，建构的行为是自主地设置，建构的结果是道德法则的产生。描绘这一纯粹实践理性对道德的建构过程的意义在于，借助有关理性、自主和道德三者关系的分析，使康德的自由概念或原则得到确证。

我们先看建构的主体：按照康德，道德并非是由经验的感性主体建构的，而是由拥有纯粹的实践理性的主体建构的，理性的主体是建构活动的载体。这种纯粹的实践理性并不是价值中立的，其本身是一种自在的善，即善良意志：“康德将这种不蕴含任何经验面向因而不具备任何个体特征的纯粹的实践理性也称为纯粹的或善良的意志[2]”。这样的诠释，便为人们理解康德道德法则的建构活动奠定了必要的基础。可见，康德从“本体存在”的层面打开了理性与道德的通道。

我们再看建构的行为：同纯粹的实践理性是一种外在于任何感性经验要素而独立的存在那样，作为善良意志的纯粹的实践理性在思考、决断和建构的过

① Herlinde Pauer－Studer：Einfuehrung in die Ethik，Wien 2003，S. 13.

② Michael Quante：Einfuehrung in die allgemeine Ethik，2. Auflage，Darmstadt 2006，S. 81.

程中，也不可能受任何异己的、外在的因素的影响，其设置道德的行动也必定完全是自主的。换言之，存在者是纯粹的、无拘无束的，其行动自然也是自由自在、未有干扰的。“任何一种拥有意志的理性存在，……都必然会视自身为自由的。[①]”也就是说，作为善良意志的纯粹实践理性，是依照自己的意志来设立道德法则的：“在康德看来，一种理性的存在必须依照自由的理念行事。当我们对理由做出对比权衡，在我们的决断中听由我们所坚信的理由的引导，……则我们便立足于理性的立场上。这一点的前提条件是，我们在权衡和决断中享有自由并绝非为外在所决定。理性的视角要求有一种自主的意志[②]”。于是，康德便在“实际行动”的层面，打开了理性与自主（自由）的通道。

我们最后再看建构的结果：结果当然就是理性所立的法——道德法则。人类的道德法则，产生于作为善良意志的纯粹实践理性自身自由自主的设置。“对于康德而言，理性存在的自我立法是道德的根源。道德法则是我们作为理性行为者自己的意志的结果。[③]”道德不仅是人自由自主设定的，对道德的遵守也来自于人的自由自主的意愿，即自觉自愿地依照道德法则的要求行事。将道德的立法与守法，统一在纯粹实践理性的自主意志之上，康德便完成了其道德哲学体系的建构，该体系决不受制于任何外在的感性经验因素的干扰，而是完全奠立在先验的理性自身的基础之上。借助于有关纯粹实践理性对道德的建构结果的陈述，康德便在“行为结果”的层面，打开了道德与自主的通道。

就理性、自主和道德三者的关系而言，在康德看来，理性是自主的，自主的理性产生道德。针对康德对这三者的关系的理解，鲍尔—施图德总结道：“一种理性的意志必须视自身为自由意志。一种自由意志必须视自身为道德意志，一种置于道德法则下的意志。故一种理性的意志必须视自身为道德意志，一种置于道德法则下的意志[④]”。

在对康德的纯粹实践理性建构道德之过程的分析中，或者说在康德对理性、自主和道德三者关系的理解中，构成重点或亮点的是“自主”（die Auton-

① Klaus Steigleder：Kant，in：Marcus Duewell，Christoph Huebenthal und Micha H. Werner（Hg.）：Handbuch Ethik，2. Auflage，Stuttgart 2006，S. 134.

② Herlinde Pauer－Studer：Einfuehrung in die Ethik，Wien 2003，S. 18.

③ Herlinde Pauer－Studer：Einfuehrung in die Ethik，Wien 2003，S. 16.

④ Herlinde Pauer－Studer：Einfuehrung in die Ethik，Wien 2003，S. 18.

omie）这个概念。在康德那里，自主与自由（die Freiheit）是相通的。就康德而言，“自由必然要作为自主来理解……反之亦然，并且自由也要理解为自主[①]”。如前已述，在理性、自主、道德的逻辑序列中，康德所表达的思想是，理性自主地为自己订立道德法则，即理性从自由中推出道德。故就自由与道德的逻辑关系而言，自由先于道德。

但康德还有另一种思路，即借由人类拥有道德能力这一事实来反衬和证明人的自由选择的可能性。于是，自由与道德的关系又可以理解为：因为人能有道德能力，故说明人是自由的。我们能够遵守道德法则，所以说我们是自由的，因为我们遵守的是我们自己制定的道德准则，而如果我们只是跟着自己的欲望走，则就没有自由可言，人成了欲望的奴隶。这就是所谓我应当，所以我能够。这种思路与先前所说的并不相同。下面我们看看他具体是如何阐述的。

自由原则在康德那里不是本体论意义上的，它不是一项存在的原则，而是一项道德应当的原则。康德认为，我们无法从理论上论证意志自由，就像无法论证上帝存在那样。对自由的成功论证，仅仅发生在道德实践的层面：人的意志永远处于义务（道德）与意欲（利益）的十字路口上。如果我们的意志以意欲、行为的后果为导向，我们就是不自由的，而是受制于对利益的顾及、对后果的考量等无法先验掌控的外在的偶然因素。反之，如果我们听从内心义务的召唤、遵循可以先验认知的道德的动机去行事，则我们就是自由的了。康德从人的道德能力中推出自由的理念，从道德的客观真实存在中推出了自由原则存在的必然性。我们能够选择善而不是选择恶，这就说明我们是自由的，自由是一种必定存在的东西。反之，如果我们没有自由意志，则就无法解释为何人们的的确确可以和能够对善做出了选择。故我们的道德体验逼迫我们将意志自由作为必然的事物来预设。当某人向我们提出一个不道德的请求，接受之会给我们带来极大益处，拒绝之则有不利的后果，在这种情况下我们应当拒绝之、也能够拒绝它，于是我们同时也就意识到了自由的存在。

康德不仅从人的道德性中推演出自由的必然性，而且还把自由也看成是一项道德原则，一项道德判断的标准，正是在这个意义上康德指出：“自主意识

---

① Klaus Steigleder: Kant, in: Marcus Duewell, Christoph Huebenthal und Micha H. Werner (Hg.): Handbuch Ethik, 2. Auflage, Stuttgart 2006, S. 134.

和服从道德法则的意志完全是同一个东西[①]”。

最后，需要介绍一种说法，它认为康德在对自由的论证上的最大贡献，在于说明自由是先验的东西，而非人类后天建构之物。于是，自由实际上是无需论证的，需要论证的仅是对自由的限制。按照克林斯（Hermann Krings）的理解，康德的自由是先验的，先验意味着论证的终点，于是自由也就构成了道德的最终根基："先验自由是人类意愿和行为中的绝对物的理念[②]"。由于自由是先验的，故从生成的角度来看，人们对自由不能采取"判定"（Dezision）的方式，而只能采取"决断"（Entschluss）的方式："先验自由是对一种绝对决断的称谓，即一种将自由作为最终主导意志（Um - willen）来认可和肯定的决断[③]"。"先验的自由亦可描绘为先验的决断[④]"。在克林斯看来，先验自由是使自由得以认可的一种决断，这里所说的被认可的自由，不仅是指行为主体自身的自由，而且也是指他人的自由。"先验自由……意味着原初的决断，（意味着）向他人自由的自我开放[⑤]"，"在先验自由的行动中，借助于向他人自由的自我开放，不仅自己的自由得到了设置，而且他人的自由也得到了肯定[⑥]"。

第三节　作为康德伦理学当代发展的商谈伦理学

从强调道德规范的先验性因而可终极证成的角度来看，阿佩尔的商谈伦理学可以被视为康德伦理学在当代的进一步发展。尽管商谈伦理学的主要代表人物除阿佩尔外，还有哈贝马斯，且哈贝马斯的思想启迪来自于谢林的理论[⑦]，但商谈伦理学的起始毕竟是与阿佩尔相关。1967 年，阿佩尔做了一篇题为"交往共同体的先验性与伦理学的基础"的学术报告，从而这一年亦被视为商

---

① Immanuel Kant：Grundlegung zur Metaphysik der Sitten，Werkausgabe，hrsg. von Wilhelm Weischedel，Frankfurt a. M. 1974，Bd. Ⅶ，S. 82.

②③ Vgl. Annemarie Pieper：Einfuehrung in die Ethik，4. Auflage，Tuebingen und Basel 2000，S. 261.

④ Hermann Krings：System und Freiheit，Freiburg/Muenchen 1980，S. 62.

⑤ Vgl. Annemarie Pieper：Einfuehrung in die Ethik，4. Auflage，Tuebingen und Basel 2000，S. 261.

⑥ Hermann Krings：System und Freiheit，Freiburg/Muenchen 1980，S. 126.

⑦ Vgl. Thomas Assheuer：Juergen Habermas，in：Deutschland，4/2009，S24.

谈伦理学的诞生年①。

维尔讷（Micha H. Werner）指出："商谈伦理学的道德原则可以理解为是康德道德原则的一种变体。②"这一判断清楚地揭示出了商谈伦理学与康德伦理学之间的亲缘关系。

1. 从独白式的个体主体到交往行为中的众多主体

康德强调，道德原则一定是普遍适用且可得到主体间的论证的，而主体间的可论证性之所以能够实现，缘于道德原则所具有的独立于任何经验污染的先验性，这种先验性又只能在人类纯粹的实践理性的结构中去寻找。康德相信每个人都拥有这种实践理性的结构，故在对道德判断的塑造中，每个人都可以基于自己的想象，设身处地地与他人换位思考，从而达到对普遍的道德原则的识别与验证的目的。阿佩尔完全赞同康德有关道德的普世性的立场，但与康德不同，阿佩尔认为作为道德得以论证的基础的先验性，并非是在个体的所谓纯粹的理性结构中，而是在主体之间论辩式、商谈性的理性交往的结构中得以寻见的。

阿佩尔之所以强调主体间的交往，原因有二。一是依照阿佩尔，伦理学既然涉及的是社会行为的规则系统，则伦理学便自然和必然与交往相关。二是在阿佩尔看来，所谓论证总是针对别人而进行的，故论证只有在与他人的交往行为中才能实现。于是，阿佩尔就将伦理学的行为主体，从康德的个人性的主体转变成为多重的主体、复数的主体，从个体性转变成为主体间性；同时，基于当代语言哲学知识的背景，将康德古典的先验哲学转变成为一种先验的语言实用学，以期实现所谓阿佩尔式的哲学的转换。在这里同样需要提到的是哈贝马斯的贡献。他也不认同康德在检验道德规范的普遍化能力时，仅仅对个体的人的信赖，而是认为道德的视点，仅仅在交往的条件下才可能实现。他指出："但事实上对普遍性检验的反思性应用，需要有一种商议的情境，其中每个人都被迫与所有其他人换位思考，来检验一种规范从每个人的视角来看是否能够为所有的人所乐意。这是一种以相互理解为目的的理性商谈的情境，所有的当

---

①② Micha H. Werner：Diskursethik，in：Marcus Duewell，Christoph Huebenthal und Micha H. Werner（Hg.）：Handbuch Ethik，2. Auflage，Stuttgart 2006，S. 141.

事人都参与这一商谈。对于孤单地做判断的主体而言，这一商谈性相互理解的理念所承受的论证负担，也比独白式运行的那种普遍性检验要大。[①]”

这样一来，康德绝对命令的第一种表述形式的主语，就必须从单数转变成为复数，即从“我——也就是行为主体——能够乐意，我的准则应成为一种普遍的法则”，或者，“我作为行为者必须能够乐意，所有其他的人都以我自己在我的行动中所遵循的准则为导向”，改变为“我们所有的人——也就是说所有理性主体，而且尤其是所有与准则之遵循相关的人——都必须能够乐意将相应的行为准则作为一种普遍的法则[②]”。

2. 从单一主体的程序伦理到主体间的程序伦理

作为康德绝对命令的第一种表述形式的所谓“普遍规律公式”，并非是一项具有实质性内容的道德律令，而是一种对人类行为准则的道德质量与资格进行验证的程序性原则，它以“可否普遍化”作为判定该准则是否是道德原则的尺度与标准。而商谈伦理学也涉及一种形式化或程序性的原则，或称为元规范（Metenorm）。但不同于康德的借助于一种纯粹独白式的对准则的可普遍化能力的检验方式，在商谈伦理学看来，某一行为的理性性、道德性或某一规范的正确性，是基于能否得到所有的当事人依据理由的认同这一原则来判定的。换言之，商谈主体之间的理性认同构成了商谈伦理学的程序性原则或元规范。

康德的“普遍规律公式”是一种程序伦理，它让所有的行为准则统统进入验证程序，检验的标准就在于看它们是否具有可普遍化的能力。阿佩尔和哈贝马斯的商谈伦理学也是一种程序伦理，它让所有的准则、规范和对争议问题的解答方案统统进入（作为商谈实践的）验证程序，检验的标准就在于看它们能否得到商谈主体之间理性的认同。“以共同立法者的角色，每个人都参与一项合作性的事业，于是便也加入进一种主体间得以扩展的视阈中，基于这一视阈能够来检验，一种有争议的规范从每位参与者的角度来看其普遍化的能力

---

① Juergen Habermas：Die Einbeziehung des Anderen，Frankfurt a. M. 1999，S. 48 – 49.

② Micha H. Werner：Diskursethik，in：Marcus Duewell，Christoph Huebenthal und Micha H. Werner（Hg.）：Handbuch Ethik，2. Auflage，Stuttgart 2006，S. 141.

是否能够有效。[①]” 从康德单一主体的程序伦理，到阿佩尔、哈贝马斯的主体间的程序伦理，呈示着道德从传统威权社会的“独白”式的形成模式，向现代民主社会的“协商共识”之生成模式的重要转变。

3. 从康德的最终论证到阿佩尔的终极证成

康德坚信在伦理学中存在着最终论证，即一切人类道德都可以归因为一种纯而又纯的先验的实践理性，这种实践理性的先验性构成了道德原则最后的、无可退溯的终极根源。正因为此，康德奉行的最终论证的理性伦理学，也被称为强式的伦理学客观主义（Der starke ethische Objektivismus）。阿佩尔（与哈贝马斯不同但）与康德一样，亦坚信伦理学的最终论证。但与康德将道德的终极论证，径直建立在实践理性的先验性这样一种具有独断论色彩的立场不同，阿佩尔的最终论证或终极证成的理念，是奠定在人类现实的语言实践的基础之上的。

在阿佩尔看来，任何一种有意义的言谈或论辩中，都存在着某种无可再追溯下去的语言前提或言说条件，阿佩尔称之为语言实用规则或“言说者的前置假定”（Sprecherpraesupposition）。而任何一位理性主体，只要通过交往而进入理性的论证，便一定会受到该言说者的前置假定的约束。如果当事人怀疑这种言说者的前置假定的存在，便立即会陷入自相矛盾。如果说：“我不存在。”这句话便自相矛盾了。矛盾之处就在于言说者的行为与言说的内容之间。因为言说行为是以言说者的存在为前提的。言说者的存在就属于所谓“言说者的前置假定”。故“我不存在”这个判断，呈示着言说内容（“不存在”）与言说者的前置假定（存在）之间的冲突，则“我不存在”这句话是自相矛盾的。

再如，如果我说：“没有真理。”这句话也是自相矛盾的。矛盾也在于言说的内容与言说者的行为之间。言说之行为是提出命题并认定该命题为真理。而提出命题并认定该命题为真理亦属于言说者的前置假定。故“没有真理”这一判断，呈示着言说内容（“无真理”）与言说者的前置假定（“我认定是真的，即……”）之间的冲突，则“没有真理”这句话也是自相矛盾的。

---

① Juergen Habermas：Die Einbeziehung des Anderen，Frankfurt a. M. 1999，S. 46.

“人们可以对一切说‘不’，但无法对理性的能说不的可能性条件说‘不’。[①]”换言之，人们无法对语言实用规则或言说者的前置假定说不。语言实用规则或言说者的前置假定，构成了语言理解的前提条件，该条件为语言共同体所有的参与者所必然认同，故具有先验的特征。也就是说，对这些言说者的前置假定的认可，并不是可有可无的决断，而是存在于先验的强制性的形式中。“这些作为语言理解的可能性条件的规则，必然为一语言共同体所有参与者所认可（即便是暗含地认可），否则理解便不可能实现，故而该规则拥有先验的性质。[②]”

由于作为一切语言交往与理性理解之可能前提条件的语言实用规则或言说者的前置假定是先验的，在阿佩尔看来，这便为哲学伦理学的最后的证成提供了一种终极的、无需再往下追溯的有效性基础。先验的，就是最终论证的。所谓最终论证或证成在这里是指：对所有商谈与论辩之可能性与有效性的条件的先验反思。借此，阿佩尔既反对怀疑主义，也反对相对主义，也同只认可“理解须以实际存在的历史条件为前提”的解释学的立场划清了界限，因为阿佩尔认可语言实践之可能的先天条件。

4. 从康德伦理学的普世性到商谈伦理学的普世性

康德坚信道德的普世性特征，其伦理学可以说就是通过“道德的先验性”和“道德的纯粹义务性”两个层面，来论证道德的普世性的伦理学。商谈伦理学的主要代表人物阿佩尔与哈贝马斯也认同道德的普世性（阿佩尔强调道德原则的先验性，故对道德可做终极证成。而哈贝马斯则强调道德原则的普遍性，故其论证之要求便显得脆弱些），坚信任何伦理原则都是独立于文化和时代，对于所有的理性存在均是同样有效适用的。这一点，可以从以下几个方面得到说明。

首先，如前所述，阿佩尔认定在人类语言实践中，存在着使任何一场商谈或论辩成功进行的前提条件，这就是语言实用规则或言说者的前置假定。这种言说者的前置假定，构成所有语言理解的先验性的基础，故而是普遍性的。阿

---

① Konrad Ott：Moralbegruendungen，Hamburg 2001，S. 153 – 154.

② Anton Huegli/Poul Luebcke（Hg.）：Philosophie – Lexikon，Hamburg 2003，S. 49.

佩尔的言说者的前置假定的内容包括："所有的商谈伙伴原则上都对所有可想到的有效性问题的解决感兴趣。所有的商谈伙伴都认定，自己与所有其他人共同承担可想到的问题。所有的商谈伙伴都认同所有的参与者的同等权利。所有的商谈伙伴都愿意通过交往和论证理性地和无暴力地解决冲突。[①]"

与阿佩尔相类似，哈贝马斯也认同理性论辩存在着前提条件。他将这些条件，借用阿雷克西（Robert Alexy）的用语，称为"商谈规则"之系统。哈贝马斯的商谈规则，一方面是指普遍的合理性要求，如：无自我矛盾、言说的可理解性等；另一方面是指商谈的不偏不倚的规则。哈贝马斯指出："关于竞争可以达到'理性可接受的'，同时也是'令人信服的'结果这一猜想，是奠定在论据的信服力的基础之上的。不论是好的或坏的论据，当然都可以自己摆进商谈之中。故一种陈述的合理的可接受性，最终是奠立于与论证过程本身的某些特征相系的理由的基础之上。我只提出四种最重要的特征：（a）任何一位能够做出重要贡献的人，都不得被排除在参与之外；（b）所有的人都应得到做出贡献的同等的机会。（c）参与者们必须意欲他们所说的东西。（d）交往必须这样地远离外在和内在强制，即对于可批评的有效性之要求的认同或否定的表态，完全是出于对更好的理由的信服力的考量。[②]"哈贝马斯的这些商谈规则无疑也都是普遍性的。

其次，如果我们仔细研究阿佩尔言说者的前置假定和哈贝马斯的商谈规则，就会发现这些语言规则不仅仅是普世性的，而且其本身也蕴含着许多道德要素，如自由、平等、自主决定等伦理要求。因此，商谈参与者在论辩中所受到的语言规则的约束性，实际上也是道德要素与规范的约束性。（请注意，与阿佩尔不同，哈贝马斯不是从言说者的前置假定中直接提取道德原则，而是从作为商谈的前提条件的商谈规则中提取道德原则的。）这说明人们只要运用语言，便先在地把握了理解和应用道德规则的能力，也说明道德规范已然构成了交往性的商谈与言说行为的实践前提。一种所谓的语言伦理也就这样得到解释和论证了。正是在这个意义上，阿佩尔指出："理性的论证是以普遍性的伦理

---

① Vgl. Michael Quante：Einfuehrung in die allgemeine Ethik，2. Auflage，Darmstadt 2006，S. 87.

② Juergen Habermas：Die Einbeziehung des Anderen，Frankfurt a. M. 1999，S. 61 –62.

规范的有效性为前提的[①]”。“尤其是对商谈伦理的道德原则（这里阿佩尔称之为基本规范）的约束性的认可属于论证环境的规范性的‘先验物’，上述论证环境是所有‘思维着的存在’都回避不了的。因而商谈伦理道德原则的约束性原则上讲不可能为思维着的存在所否定，而又毫无自相矛盾[②]”。

当然，在商谈伦理学的代表人物看来，蕴含在言说者的前置假定或商谈规则中的道德要素，无疑也都是普世性的，用阿佩尔的话就是：“（我们可以称）这种在论辩意志中蕴含的道德的基本规范为无条件的或绝对的[③]”。

再次，在哈贝马斯的商谈规则中，不仅蕴含着普世性的道德要素，而且哈贝马斯还从商谈规则中，又直接推演出商谈伦理的两条基本原则，一是所谓“道德原则”：“只有这样的规范才能要求有效性，即它们能够在实际商谈中为所有当事人所认同[④]”。二是所谓“普遍化基本原则”：“一种规范只有这样才是有效的，即从对该规范的普遍遵守中很可能产生的对于每个人的利益格局和价值取向可能会出现的后果和副作用，必须能够为所有的当事人无强制地共同接受[⑤]”。

“道德原则”的道德内蕴，体现为行为主体自主性的要求，呈示出道德的基点从上帝到人的转变。用哈贝马斯的话说：“道德规范能够得到所有当事人的认同，只要这些当事人仅仅在一种实际商谈中共同检验，一种相应的实践是否合乎所有的人的均衡利益。[⑥]”而“普遍化基本原则”的道德内蕴，则体现为普遍性、公正性和对等认可的理念。在哈贝马斯看来，承受着丰厚的道德负载的商谈伦理的这两条基本原则，无疑也都是普世性的，尽管这里不涉及阿佩尔式的所谓先验性的概念，故而是稍弱势的普遍性。

---

① Karl－Otto Apel：Transformation der Philosophie，Frankfurt a. M. 1973，Bd. 2，S. 397.

② Micha H. Werner：Diskursethik，in：Marcus Duewell，Christoph Huebenthal und Micha H. Werner（Hg.）：Handbuch Ethik，2. Auflage，Stuttgart 2006，S. 147.

③ Vgl. Konrad Ott：Moralbegruendungen，Hamburg 2001，S. 155.

④ Juergen Habermas：Die Einbeziehung des Anderen，Frankfurt a. M. 1999，S. 59.

⑤ Juergen Habermas：Die Einbeziehung des Anderen，Frankfurt a. M. 1999，S. 60.

⑥ Juergen Habermas：Die Einbeziehung des Anderen，Frankfurt a. M. 1999，S. 52.

第四节　总结与余论

如果说，康德伦理学给后世提供的最有价值的是以“道德的普世性”、“人是目的”和“自由原则”为主要内容的思想观念，且这些理念已然构成了现代化时代的精神支柱以及现代文明的实质性规定，同时即便是今天有关政治哲学、价值哲学和伦理学的争论也一直都没有离开过这几个主题词的话，那么就不难理解，康德的理论贡献是划时代的，它给当今社会留下了无比丰富与重要的历史遗产。

康德伦理学的一些核心价值，不仅作为实质性的内容为现代社会所确定，而且这一伦理学还通过程序伦理的理念，为伦理原则和道德规范的后续发展确立了标准、指明了方向，从而给包括商谈伦理学在内的后发的理论以巨大的启迪。依托着社会民主化的重要历史背景，商谈伦理学家们把康德单一的主体转变成为复数的主体，将判定“某一原则是否是道德原则”的标准，从能否经受康德个体独白式的“是否可普遍化”的追问，转变为能否得到商谈主体之间无强制、无暴力和理性的普遍认同。这是对程序伦理的重要推进。它表明，比起康德的伦理学，商谈伦理提供了一种使人的道德行为得到论证与解释的更有说服力和竞争力的理论模式与范型。

康德伦理学的影响，不仅体现在实质性的道德原则与规范以及形式上的验证程序上，而且还通过对道德的先验性特征的强调，制约了商谈伦理学对道德的理解，使商谈伦理与以维护利益为主旨的理性—个体主义的契约论区别了开来。从表面上看，商谈伦理与契约主义在“经商谈合作以达成协约共识”这一思想路径上存在着共通之处。然而细究起来就可以发现，两者之间有着明显的差异。

首先，契约主义将商谈参与者塑造成无知之幕背后的理性自利者。而商谈伦理则并不这样做，它认可商谈参与者有其道德情感与信念，他们并不与自身价值观念、团结意识和历史传统相隔绝。

其次，与契约主义不同，对于商谈伦理学而言，道德并非是在商谈中发明的，商谈的作用更在于检验与澄明。“哈贝马斯清楚地指出，商谈的功能首先并不在于创生，而在于对建议出来的规范进行检验。[①]” 阿佩尔也坚信，道德基本规范的约束力并不来自于契约签订者的事实上的认可。恰恰相反，道德规范才使人们有义务致力于一种约定。“只有这些基本规范——而不是某种约定的事实——才保障单一的合乎规范的约定在道德上的约束性。[②]”

如果说，契约主义将道德更多地理解为是一种约定与同意，而受康德影响的商谈伦理学，则将道德理解为是一种洞见。“洞见关涉到得到论证的道德信念，而同意则关涉到约定，亦即政治意志塑造的过程。道德洞见是得到论证的信念，可视为道德观念。它们无法被层级化或相对化，人们必须‘毫无妥协’地秉承之。问题只发生在特例和规范冲突上。在道德问题上无法应用多数决规则和妥协的要求，而在政治问题上它们则是不可或缺的。不得杀人，人拥有言论自由的权利，无缘无故地残害动物是不对的，牧师应有保密的义务，这些都属于洞见的范围。而例如自然保护专业性的评价标准，环境政治的目标设定……属于可能的同意的范围。在洞见上人们并不讨价还价，而在同意这一领域则可允许交易的形式。[③]”

当然，单凭上述分析，我们并不能得出商谈伦理学优于契约主义的结论。首先，承载着道德意蕴的商谈模式是一种理想化的模式；而现实中的商谈与论辩则完全是另一回事，既看不到平等的权利，也看不到共担责任的意愿。故理想化的商谈模式，仅具有一种规范性的导向的价值。其次，从阿佩尔的言说者的前置假定（即商谈参与者享有平等权利和所有参与者均受到普遍认可）中，只能推出道德共识（即所有商谈参与者都会认同某种事物），而不一定会推出道德真理（即大家都认同的东西并不一定就是正确的）。换言之，如果说言说者的前置假定中的先验性道德要素是最终论证的，那么，以言说者的前置假定为前提做出的结论则有可能并不是最终论证的，甚至还有可能并非是道德的。这样，阿佩尔所秉持的道德真理的概念便不再是不可质疑的了。最后，现代社会的发展，使得“洞见与意见之间的界限早就不再是清楚的了。在共识的塑

① Vgl. Konrad Ott：Moralbegruendungen，Hamburg 2001，S. 168.

② Karl－Otto Apel：Transformation der Philosophie，Frankfurt a. M. 1973，Bd. 2，S. 426.

③ Vgl. Konrad Ott：Moralbegruendungen，Hamburg 2001，S. 191－192.

造上的困难之所以出现，是因为行动者们无法在如下这一点上达成一致：在一种需要规则的事情上，是应赢得洞见，还是仅应达成同意[①]”。一些简单的伦理洞见与直觉，并不能为纷繁复杂的权益之间矛盾冲突的解决提供思路与做出贡献。现代社会的基本特征，就是同意的份额越来越大，妥协的趋势越来越明显，道德共识日益取代道德真理。而这样一来，整个社会的发展也就极有可能离商谈伦理学的核心地带及其价值诉求渐行渐远了。

---

① Vgl. Konrad Ott：Moralbegruendungen，Hamburg 2001，S. 192.

第八章
契约主义及其发展

在规范伦理学的大家庭里，将契约视为道德论证之出发点的契约主义无疑是一个重要的理论流派，尽管它在几种规范伦理类型之间的争论中并没有发挥实质性的作用。

作为近代以来标志性的理论范式，契约主义是一种道德哲学、社会哲学和政治哲学，其特点就在于将道德规范的本源、社会秩序的基础和政治统治的依据，归溯为自由与平等的行为主体在一种虚拟的初始状态下所签订的契约，这种契约体现的是行为主体在维护自身基本利益与需求上的自主意志，因而能够得到社会成员的普遍认可，并且构成了人类行为的规则、社会制度的合理性以及政治权威的合法性的一种客观标准。

契约主义是人类近代文明的一项标志性的成果。自然知识的科学化、社会关系的经济化，重塑了人们对自我与世界之间关系的理解。当自然秩序或上帝权威失去了作为人类生活意义的源泉以及社会规则的价值依归之地位的时候，对一种先在的、既定的客观秩序的信仰，马上就被对人类自身价值与力量的信仰所取代。独立自主的个体成为价值与意义的轴心、理论创造的基点，他（她）不仅超然于宇宙的自然秩序、上帝的创生秩序，而且也超然于先在的社会共同体的价值秩序。这个新时代的特征，就是对行为主体权益的保护成为社会与政治机制存在的理由，所有的行为规范与社会义务的概念都来自于人们相互之间自主的约定与设置。于是，"约定"、"契约"、"认同"等便构成了近代哲学、社会与政治理论的基本概念与合法性标准。这一趋势的出现，不仅彻底颠倒了有关个体与社会之关系的传统理解，而且也导致了人们对价值的伦理学论证方式的重新塑造。

从诞生时起，契约主义就因其内容的简洁深刻、形式的明了实用而备受瞩目，同时也遭遇到包括误解在内的质疑与批评的声浪，正是这种声浪的挑战为契约主义自身的改进与完善提供了不竭的养料与助力，使之逐渐蜕变为一种拥有自我纠错能力的完备学说，在与伦理学领域其他各种理论的竞争中脱颖而出，成长为当代最具生命力和影响力的流派。本章的任务，在于对契约主义伦理学这一发展的内在逻辑进程做一概览式的描绘与勾画。

第一节　契约主义伦理学的特征

1. 从政治契约主义到伦理契约主义

契约主义最初是以政治统治理论的形式表现出来的。第一次系统地阐述了契约主义思想的是霍布斯，其政治契约主义及论证模式影响了整个近代政治哲学思维的性质。霍布斯致力于国家统治的合法性论证，其核心思想是：国家统治的合法性，来源于人们在一种严格对等的条件下，为了保障自身利益而做出的自主的、理性的自我限制，因而国家起源于民众的共同意愿。霍布斯首先虚拟了一个缺乏任何约束力的所谓自然状态，在这一状态中，为自利和自保双重动机驱使的人们拥有对一切事物的权利，权利也等同于占有和持有某物的权力。但不受限制的行为自由，却使人们陷于一种人与人之间的相互战争之中，于是短暂而又艰辛的人生不可避免地充满着危险与对暴死的恐惧。然而人们对安宁的自然需求，远远胜于无限制的意志自由带来的乐趣。恰恰是对死亡的恐惧和自保的意愿，导致了充满着不确定性的自然状态的终结。而结束自然状态的唯一方式，是在行为个体之间签订契约，即缔结有关共同生活的规则：每个人都将自己的自然权利让渡给一位统治者（霍布斯称之为利维坦），该统治者负责对社会成员的权利与义务以及社会的和平状态实施监管，借此确保所有当事人的自身利益。故“权利的相互转让就是人们所谓的契约[①]”。“在订立信约之后，失约就成为不义，而非正义的定义就是不履行信约。[②]”通过契约，无

---

① Thomas Hobbes：Leviathan，Kap. 14，vgl. Detlef Horster（Hg.）：Texte zur Ethik，Stuttgart 2012，S. 314.

② Thomas Hobbes：Leviathan，Kap. 15，vgl. Detlef Horster（Hg.）：Texte zur Ethik，Stuttgart 2012，S. 315.

序的人群便结成一种政治共同体，无政府的自然自由状态，便过渡到了国家的文明生活的状态。所谓国家的本质，在霍布斯看来，“用一个定义来说，这就是一大群人相互订立信约，每个人都对它的行为授权，以便使它成为能按其认为有利于大家的和平与共同防卫的方式运用全体的力量和手段的一个人格[①]”。

霍布斯不仅是契约主义思潮的开拓者，且也因其一种独特观点而在契约主义历史上占据了独一无二的地位。这种观点就是：契约对于霍布斯而言是一种对统治的论证的契约，而非对统治的限制的契约。霍布斯赋予了国家统治者一种绝对的权力，既无法通过自由的基本权利、人权，也无法借助于理性权利或自然权利的宪法受到限制。因为在霍布斯看来，只有一种绝对的权威才能震慑住无法无天的民众组成的社会。这尽管意味着人民因此也就放弃了自主的法人的地位，但作为契约者的个体是理性抉择者，他们会服膺于这种统治，因为对他们而言安全与保障才是真正优先的目标，即便是暴君国家也比没有国家的自然状态要好。

然而霍布斯的这一立场遭到了其后继者洛克的否定。与霍布斯不同，在洛克眼里契约既有对统治的论证的功能，也有对其做出限制的作用。洛克认为，自然状态的冲突是权利与权利之间的冲突，使个体不可剥夺的自然权利（包括自由与财产）得以维护和保障，构成了政治统治与国家暴力存在的理由。因此，人民与政府之间存有的是一种信托关系，正是这种信托关系造就了政治统治之合法性的共识基础。政府通过契约从人民那里获得授权，“这种政治主体的权利并不是一种原初的权利，而是一种派生的权利，这是一种每位个体为了有效地履行而向共同体转让的有关自然权利的贯彻和基本权利的保障上的权利[②]”。这也就意味着，当作为契约的一方的政府未履行其维护民众的基本权利的职责，未服务于自然法则的贯彻，未能保障社会秩序的稳定运行，甚至滥用自身的权力，则人民就有权废止与政府的这项契约，彻底终结统治者的统治权力。总之，保障个体的基本权利是洛克的一项绝对标准，它既构成了政治统

---

① Thomas Hobbes：Leviathan，Kap. 17，vgl. Detlef Horster（Hg.）：Texte zur Ethik，Stuttgart 2012，S. 320.

② Wolfgang Kersting：Kontraktualismus，in：Marcus Duewell，Christoph Huebenthal und Micha H. Werner（Hg.）：Handbuch Ethik，2. Auflage，Stuttgart 2006，S. 171.

治的合法性根据，也构成了对政治统治做出限制、乃至令其废止的理由。

同洛克一样，卢梭也不认可统治者享有绝对的权力。卢梭的契约主义是通过其社会契约论体现出来的，社会契约是克服人际间的不平等并形成一种共同意志的最佳途径。但与洛克不同，卢梭认为契约所保护的与其说是人的自然权利，不如说是人的基本自由。卢梭将自由理解为人的本质规定，视为辩护理论所依据的绝对标准。自由不仅是法律与政治秩序的源泉，而且也是其尺度与目的。任何不以自由为内容的签约，任何并非保障自由的协定，都无法维持其合法性的地位。

以上集中展示了契约主义的三位最早代表人物的观点。在何为契约的保障对象的问题上，霍布斯主张的是利益，洛克主张的是权利，卢梭所主张的则是自由。利益、权利和自由这三者在内容上固然相互差异，但有一点却是共同的，即它们都体现了人类的基本需求。换言之，契约主义的不同代表人物都认同，签订契约的目的在于保障人们的基本需求。问题的关键在于，这项命题不仅适用于政治契约主义，而且也适用于伦理契约主义，它影响和制约了近代以来价值建构的基本路径和道德哲学的论证方式。

2. 契约主义伦理学的价值基础：利益

伦理契约主义，是对传统的以某种自然本原或宗教信仰为价值根基的伦理学的一种超越。在不具备这样一种价值来源或意义的根据之后，契约主义的伦理学就必须另寻一种新的价值基础的支撑。这种价值基础必须到人们自身内部去发掘。这里所说的人，当然不是集体的人，而是活生生的单个的行为主体。然而，人与人之间情况千差万别，有的人较有同情感，有的人易生嫉妒心；有人待人慷慨，有人出手小气；有人秉持公正，有人狭隘任性。这样，个体的品性的偶然性显然是无法为重建的伦理学提供价值基础的。那么，谁能承担此等重任呢？契约主义认定，每位理性的行为个体均具有的利益需求，能够为道德奠立一种比人的其他品性稳固得多的根基。如果道德以理性的自我利益为本原，则人们就拥有一种清晰而强烈的、令人信服的动机，来认可道德要求并遵守道德规范。故而“这种每个人通过自我体验、通过对其他主体的观察从经验上可以感知到的个体性的利益，被建构为伦理学的基础[①]”。

于是，利益这个在哲学上曾经长期为人们漠视的事物，瞬间便显露出了其光鲜的面目，并立即承载起完全是正面的、积极的价值。当然，哲学—伦理学意义上的利益概念并不等同于狭隘的、自私自利的利益概念，而是“理性个体的启蒙了的自我利益[②]”，它包括保障生命的需求、对身心完整性的需求和对自由的需求，既是指个体的现实利益，也包含每个人的长远利益。对道德的这种理性个体的纯自利式的典型论证，是由休谟做出的。休谟的出发点，本来是人的自然的高尚情感，正是基于这种自然情感人们可以道德地对待其近亲。但高尚情感却自然地只能投射到近亲身上。为了把道德关系扩展到社会，为了调节与陌生人的关系，就需要在人际间建构起一种契约性的秩序。在休谟看来，道德是理性上深思熟虑的人们约定的结果，因为他们看到，遵循道德规范能够保障自己一份长远的好处。不同于奠立在自然的高尚情感基础上的对待近亲式的道德，这种由利益驱动的相互帮助的约定与对他人的道德情感没有任何关系。对于当事者双方都有益的是，今天我帮助你，明天你帮助我。我并非对你有好感，同时也知道，你也并非对我有好感。对道德规则的认可，仅仅源自于对各自利益的均衡的处置；对伦理规范的共识，仅仅奠基于一种对共同利益的普遍的认知。“这样，正义就借由一种协议或合同而确立起来，也就是借由那个被假设为全体所共有的利益意识而确立起来；在这种感觉支配之下，人们在做出每一个单独的正义行为时，就都期待其他人也会照样行事。如果没有这个协议，就没有一个人会梦想到有正义那样一种德性，或者会被诱导了去使自己的行为符合于正义。[③]”因此在休谟看来，人们无须被迫去遵守道德规则，道德在社会上的通行，也无须预设一个高高在上的起制裁作用的外在主管行使监督保障；仅靠行为主体自利的明智，就足以对作为互相利益间合作的一种形式的道德予以把握认定并付诸实施。所有伦理规范的论证，乃至整个道德体系的建构，都是奠定在利益这一坚实无比的基础之上的。

---

① Michael Quante：Einfuehrung in die allgemeine Ethik，2. Auflage，Darmstadt 2006，S. 54 – 55.

② Michael Quante：Einfuehrung in die allgemeine Ethik，2. Auflage，Darmstadt 2006，S. 56.

③ David Hume：Ein Traktat ueber die menschliche Natur，Buch III，Ueber Moral. Zweiter Teil：Rechtssinn und Widerrechtlichkeit，vgl. Detlef Horster（Hg.）：Texte zur Ethik，Stuttgart 2012，S. 330 – 331.

休谟的这一思想，在当代契约主义代表人物——例如哥梯尔（David Gauthier）——的身上得到了发扬光大。他们承袭了传统契约主义的基本理念，即道德是为了利益的保障的一种理性契约或理性的限制。但他们对这一命题进行了更为精致的打造与转化，从而使之可以表述为：道德是行为主体为了利益总体的最大化而对极端利益的一种有益的限制。尽管早在休谟那里，就意识到了遵循道德规范与保障长远利益之间的联系，但对眼前利益与长远利益、极端利益与利益总体做出精确区分，并以鲜明手法将道德与长远利益、利益总体的最大化结合在一起的，是当代契约主义者。他们用体现在囚徒悖论和逃票乘车两种情境上的博弈论，来说明道德的行为是以对极端自利的最大化的放弃为手段，以社会合作为途径、最终使理性的自利获得最大化的稳定的可持续的行为模式。我们先看麦凯设计的囚徒悖论。失去了相互联系又分别坚守在不同战地上的两名战士，同时遭遇到了各自战场上进犯的敌军。对于这两位而言，马上逃亡无疑是最佳选择。但假如两人都跑，则二者肯定会被追敌歼灭。而两人如果分别固守在自己的岗位上共同阻止敌军的进犯，便有机会一起坚持到援军的到来①。逃票乘车的例子是说，如果大家都买票，自己不买且被抓的可能性极小的话，则自己逃票是最明智的；但此行为不可普遍化，即如果人人都不买票，则交通运行不可持续。如果大家都不买票，自己买票，则这也是不明智的，且自己购票的钱款不足以支持车辆运行的费用。可见，每个人都买票的行为，虽然并不能使自身的利益达致最盛，但整个交通系统才能因此而畅通无阻。这说明如果仅从个体益处的最大化出发进行理性决策，结果往往是荒谬的。而合作虽然意味着对极端自利的放弃，但结果则是整个社会益处的最大化。从这些事例中，哥梯尔看到了道德与利益之间的某种微妙关系：道德与利益相关，但不是与极端的自利相关，对自利的无限制的追逐恰恰只能导致最大可能的恶果。而道德正是通过合作（契约）所达致的对极端利益最大化的一种有益的限制。对于哥梯尔而言，道德毋宁说是一种通过合作（契约）而实现的理性限制的系统，该系统为我们对利益的有效追逐和偏好的最大满足提供保障。道德是一种限制性内容构成的系统，该限制的目标在于“使某人的利

---

① Vgl. Herlinde Pauer - Studer：Einfuehrung in die Ethik，Wien 2003，S. 91.

益尽可能多地得到有效实现，使某人的偏好获得更大的满足，无论其利益或偏好会是什么[①]”。由此可见，在哥梯尔这里，道德并非是与一般的利益相系，更不是与极端的自利相关，而是与理性的自我利益相涉，理性的、长远的自利需求构成了人们对道德约定的动因基础。道德恰恰能够使人的理性自利需求达致最大化。当一个人并不打算在任何情况下均追逐利益最大化，则对于他来说，从长远看，从总体而言则恰恰能够实现利益的最大化。“如果我们每个人都径直追逐自己的利益与愿望，则结果是大家都远不如当我们在遵守某种原则上达成一致时那样过得好。我们中的每个人都从其他人在遵守这些原则时运用的强制中获得的好处，要大于他自己相应于这些原则运用的强制所产生的损失。这在我看来是一种道德的非常清晰的基础，一种在我看来无须毫无根据的假定的基础。[②]”

由于哥梯尔的契约主义将道德理解为旨在理性自利的最大化而通过合作（契约）行为所采取的对极端自利的一种有益的限制，因而人们通常称他的契约主义为契约主义的理性的个体主义的版本，与后面要说的罗尔斯 、斯坎伦（Thomas M. Scanlon）的普遍主义的契约论或称契约主义的普遍主义的版本相区别。

3. 契约主义伦理学的魅力：理性

如上所述，如果说传统契约主义伦理学将道德理解为行为主体为了利益的保障而签订的契约，就可以说当代契约主义伦理学则将道德理解为通过对极端自利的有益限制而使理性利益获得最大化所签订的契约。可见，不论是传统的还是当代的契约主义，均是将道德理解为在普遍可接受的条件下人们理性契约的结果。这样一种简约的伦理学理论逻辑构造，使契约主义散发着诱人的魅力，以至于“经常会有人说，这种伦理论证方案是当代条件下仍就余存的唯一的一种[③]”。契约主义理论不是对任何一种现实存在的契约活动的叙写与描摹

---

① David Gauthier：Morals by Agreement，Oxford：Clarendon Press 1986，p. 103；Vgl. Herlinde Pauer – Studer：Einfuehrung in die Ethik，Wien 2003，S. 94.

② David Gauthier：Selbstinteresse，rationale Uebereinkunft und Moral，in：Herlinde Pauer – Studer（Hg.）：Konstruktionen praktischer Vernunft. Philosophie im Gespraech，Frankfurt a. M. 2000，S. 100.

③ Konrad Ott：Moralbegruendungen，Hamburg 2001，S. 124.

的结果，其理论构造完全是建筑在一种虚拟的逻辑模型的基础之上的：作为契约起点的原初状态是虚拟的，契约的过程与结果也是虚拟的。难怪不少人都疑惑：一种虚拟的契约如何能够对现实的社会产生真实的约束力？然而答案也很简单：契约主义的信念，是建立在该理论内在的理性力量上的。因为任何前契约性的义务都是很难得到论证的，而只要是理性的自主的行为主体，出于自身利益和意欲之需要，都会认同："所有的对任何人都有约束力的原则与行为规则要在一种共同的意志塑造的秩序中产生出来并且以契约的形式得到确定。[①]"通过契约而从相互赋予的权利中派生的义务，显然要比前契约的义务更具竞争力。因而，虚拟的构造之所以能够指导现实的行为，完全是契约主义所拥有的必然的理性的逻辑力量使然。

4. 契约主义伦理学本身的道德意蕴

契约主义不仅拥有理性的必然性，而且其自身也包含着深厚的道德意蕴，这就是维护平等、保持公正和尊重自主。契约主义彻底地贯彻了人格平等原则：虚拟的自然状态或原初状态下每个人都拥有同等的需求与同等的权利，每位行为主体都以平等的身份参与到有关契约的理性论辩之中，而作为理性权衡之结果的契约也必然蕴含着对每个人利益的平等顾及。契约主义也彻底贯彻了公正原则：在理性的论辩中，达成互相赋予权利并自愿承担义务之契约的人们，一定是在一种公正的条件下与氛围中行事的，公正在这里意味着契约为当事人各方普遍认可，意味着契约能够经得起公众面前的公开讨论与辩护。契约主义还彻底贯彻了自由、自主原则：进入缔定契约的程序、在公正的环境中以平等的身份参与协商讨论、对达成的契约予以认可并严格遵守，这些均不是任何外在的异己力量推动与左右的结果，而是完全出自于行为主体本身的自觉自愿，是基于每位当事人对自身利益需求的深思熟虑的考量。契约主义鲜明地展现了个体自由主义的基本立场与价值诉求，契约对自由的限制源自于契约签订者的自主意愿，而对部分自由的限制的最终结果，是当事人自由的最大程度的保障与实现。于是，整个国家机制的建构与法律规则的确立，都可以这样理解

---

① Annemarie Pieper：Einfuehrung in die Ethik，4. Auflage，Tuebingen und Basel 2000，S. 273.

为是一种契约关系，君权并非神授，法意并非天赋，而是全体社会成员出于自身利益的考量自主创设与认同的结果，是他们为了使自由获得最大实现而对部分自由及极端自利予以一定限制的结果。无论是实现自由的最高愿望，还是为了达到此目的所采取的让渡自由的手段，均体现了每位行为主体的自由意志，都源自于他们未受异在因素浸染的真实的自觉自愿。

第二节　契约主义伦理学的发展

1. 契约主义伦理学的困惑

通过上述分析，我们就可以得到有关契约主义伦理学的几个关键词：利益、理性、平等与自主。换言之，契约主义伦理学将道德理解为人类为了利益的保障和需求的满足所做出的一种理性的设计或明智的契约，这种契约体现了对行为主体平等地位的顾及和对其自主意志的尊重这样的道德意蕴。契约主义将道德视为行为主体之间为了利益的相互保障而做出的合作行为，它使社会实现了最大程度的公正。然而，这样一种对道德的理解显然必须是以行为主体的势均力敌的状况为前提的：契约的签订仅是在拥有互相伤害的能力、因而也拥有签约之能力的理性自利者之间才会发生，他们站在同等的起跑线上，只会认同对自身有利的行为规则。故图根哈特称未加修改的契约主义为“强者的道德”。如果按照契约主义伦理学的理路，人们是以一种虚拟的道德真空的原初状态为出发点，来对一种道德规范的合理性做出论证，则这样一种道德概念就必定会窄化在一些最基本的内容上，这种最基本的道德的标准就在于这些道德的被遵守会给行为主体带来益处。“一种伦理学，如果仅立足于对益处的审慎的洞见，如果带来的是对一种极端任意的自我主义的放弃，则会将道德缩归于一种可以说是最低限度的正直公道。[①]”这无疑就意味着，超出平等公正之范围的其他道德规范在契约主义伦理学中很难得到论证。

---

① Konrad Ott：Moralbegruendungen，Hamburg 2001，S. 126.

关于这一点，从特拉普（Rainer W. Trapp）有关道德与法律的客观有效性的分级中就可得到清晰的说明。所谓道德的客观有效性，可以理解为是对于理性自利者的有用性。特拉普区分了规则的客观有用性的三级。第一级：某规则是客观有用的，且对其普遍的遵守可以给每一位行为主体在每一次交往行为中都带来实际的益处。第二级：某规则是客观有用的，且对其普遍的遵守可以给整体长期带来益处。第三级：某规则是客观有用的，但遵守之对于强者而言却仅意味着付出，因为该规则涉及的是对弱者、少数族群、无行为能力者、有非常需求者、甚至非人类生物的关爱与保护。也就是说，第三级的规范就是以仁爱为内容的规范，对于契约主义伦理学而言，这种规范的论证具有很大的难度。在特拉普看来，契约主义伦理学对仁爱规范，能够提供一种“无知之幕”的论据，即每一个人都不知道自己的真实处境，“契约各方应依契约假定：他们可能陷于弱者的境遇①”。出于一种自己可能陷于弱者之境地的理论预设，契约主义者可以认同仁爱规范，从而使自己在真的处于不利状态之时，能够从整个社会成员对仁爱范畴的遵守中获得益处。当然，严格说来，这只是在我们后面将涉及的罗尔斯普遍主义的契约论伦理学那里，才能得到说明。

2. 对契约主义伦理学的诘难

有关“契约主义伦理学所理解的道德只是利己的道德，无法对利他主义做出有效论证”这一点，自然就成为许多人对这种伦理立场予以抨击的一个重要理由。早在十八世纪，英国神学家、哲学家巴特勒（Joseph Butler）和休谟就揭示了契约主义伦理学的这一弱点，明确指出他人的痛苦与需求也是激发人类道德行为的重要动因，从而突显了利他主义立场在道德中的应有地位。巴特勒和休谟的提示无疑是很有价值的。必须承认，在伦理学的规范体系中确有一些内容并非与契约合作相关，而是关涉到单向度的纯利他的价值诉求，该诉求明显蕴含着对自利视角的超越的意味。纯利他的动机当然绝非是以自利为导向的，尽管利他行为可能导致自身意欲的满足，但纯利他的初衷并非是自利的。契约主义伦理学的确遭遇到一种困惑：一方面无法将纯利他排除在道德的

---

① Vgl，Konrad Ott：Moralbegruendungen，Hamburg 2001，S. 127.

视阈之外，另一方面自己又无法对纯利他的立场与现象做出有效的解释，于是契约主义者很容易就背上“缺乏对他人，特别是脆弱者、需援助者应有的道德敏感性”的罪名。因此直到今天人们（特别是女性主义者）仍然批评契约主义理性自利的立场和对等性的思维方式，认为“契约主义忽视了如移情、关怀的现象和对处于特殊状态的特殊的人的体认①”。“契约主义无法对代际义务做出论证。契约主义者对代际契约的概念持怀疑或拒斥的态度。②”

可以说，对契约主义伦理学的批评实际上体现了对西方近代哲学所特有的机械性、直线式和单一性思维方式的反思与不满。契约主义产生于西方近代哲学的背景。这种哲学的特征是单一性观念占支配地位。每个人都是同样自利的、遵循同一原则行事的短视的生物。不同的哲学家将所有人类行为归因于各自理解的单一的原则。契约主义者将这一单一原则解释为理性的自利主义，功利主义者将这单一原则理解为对快乐的追求，尼采则将这单一原则确定为“权利意志”。但显然，人类的行为方式是错综复杂的，任何单一的原则只能描述概括人类行为的一种层面，而无法涵盖人类相互作用关系的完整模式。关于这一点，回溯一下霍布斯创建契约主义理论的初衷，就可以看得更加清晰。当年霍布斯之所以提出契约主义思想，是因为他并不相信人们遵循行为规则的动机完全是由偶然性支配的，所以他要寻找一种比公正公道的直觉洞见更为强烈的道德行为的动机，从而为人类的行为规则系统找到更为稳固的支点。而这种稳定的、支配所有的人的行为的直接动机，就是人们对自保的需求和对死亡的恐惧。霍布斯的用意是，祛除行为规则上的偶然性元素，通过自利的契约为行为的道德规则的合法性做出最坚实的论证。但霍布斯的代价却是排除了超越自利之局限性的人类其他道德要素，如利他的情感、公正正义的道德直觉等。这就使契约主义陷进一种致命的片面性的泥潭之中。

3. 休谟、罗尔斯对契约主义伦理学的充实

休谟早就意识到了这一点，他的解决问题的办法是，一方面承认自利是人类行为的本质性要素，从而维护了契约主义立场的合法性；另一方面也认可利

---

① Herlinde Pauer - Studer：Einfuehrung in die Ethik，Wien 2003，S. 103.

② Konrad Ott：Moralbegruendungen，Hamburg 2001，S. 130.

他心、同情感在人类道德意识中的重要地位，从而使契约主义的自利着眼点的片面性得以消除。为此，休谟区分了两种德性：人工的德性与自然的德性。所谓人工的德性，是指在理性的个体利益的保障所达致的合作的规则，即契约道德，其价值在于限制人的自然本性，特别是限制仅为自己和近亲占有财富的自然偏好，从而使共同的社会生活得以维系，使理性个体持续的长远利益得到维护。另一种是自然的德性，自然德性是对人工德性所体现的个体自利立场的一种超越，其内容就体现在对善举的爱好、对恶行的厌恶、人性、忠诚、仁慈、大方、关爱他人等。在休谟看来，自然德性是一种对于社会共同福祉必不可少的特质与立场，但它们又不能归溯为人工的合约的结果。在休谟那里，人工德性的核心是自利，是理性—自利权衡的产物。自然德性的核心是同情，是德性伦理的体现。休谟不仅认可两种德性的各自独存，而且还要调和它们之间的对立："自利是建立法律秩序的原始动机，而对公益的同情则是这种德性之所以得到道德认可的源泉"[①]。换言之，在休谟看来，自利的作用在于论证道德机制、法律秩序的起源，而在道德机制的约束力、道德规范的内在结构的问题上，则要靠同情等其他内容来描绘与论证。也就是说，对于道德机制，不能仅仅依靠自利本身的论证，还要借助于其他道德要素才能得到完满的说明。

这一点，在罗尔斯"反思的平衡"的理论中又得到了发扬光大。罗尔斯将其正义论称为"契约论"。在后来的著作中，特别是在《政治自由主义》（1992 年）里，他强调，其理论之阐述源于西方立宪传统，而非纯粹契约主义。罗尔斯依凭的是一种基本的直觉思维，它根植于民主立宪国家的设置以及对其解释的传统之中。罗尔斯正义论的目标在于，将理论上得到论证的原则与基本的直觉（罗尔斯称之为临时确定的点）总是重新置于一种反思的平衡考量之中。"它是一种平衡，因为我们的原则和判断最后达到了和谐；而它又是反思性的，因为我们知道我们的判断符合什么样的原则以及是在什么前提下得出的。[②]""有别于功利主义和契约主义，罗尔斯认可道德直觉在论证中的作

① David Hume：Ein Traktat ueber die menschliche Natur，herausgegeben von Reinhard Brandt，Hamburg 1978，S. 243 – 244.

② John Rawls：Eine Theorie der Gerechtigkeit，Abschnitt 4，vgl. Detlef Horster（Hg.）：Texte zur Ethik，Stuttgart 2012，S. 344.

用，他效仿自然科学的理论将我们的道德信念描绘为‘一组事实’，借助于在理论上构造起来的原则能够得到检验或得以修正。这样一来罗尔斯既不完全指望直觉，也不完全指望理论构造。①”

由此看来，休谟和罗尔斯虽处于不同的时代，但都在进行一种共同的尝试：即在不放弃契约主义基本立场的前提之下，将早期契约主义遗忘或抛弃掉的人类固有的利他动机、公正的直觉重新拾找回来，肯定其存在的价值与作用，将其视为日常道德思维前理解的基本要素。这项努力对于当代契约主义的发展影响十分深远，人们意识到契约主义作为一种理论并非是万能的。契约的达致不仅要靠自利的动机，而且也要以某些客观存在的道德公理、道德直觉的协同作用为前提。“作为哲学上的辩护理论，哲学契约主义始终需要有外来的系统性的支撑，无论是通过直接从人权平等主义的命题中获得平等和公正之前提的一种人权理论，还是借助于阐释性地从先在的道德信念中发展出规范性契约前提的一种相参的理论论证图式。②”

上述对契约主义伦理学忽视人类道德公理与直觉之客观存在的批评，构成了当代最大的契约主义代表人物哥梯尔对契约主义进行理论改进的重要思想铺垫。

4. 哥梯尔对契约主义伦理学的改进

哥梯尔也承认，契约主义并非是解释人类行为模式的唯一理论。他通过将契约主义的适用性限定在一定范围的方式，回应了人们有关“契约主义只是强者的道德，无法对利他这一重要道德因素做出论证”的批评声浪，从而试图为契约主义在人们心目中的整体形象做出改进。他指出，“契约主义不关心弱势群体”之观点的持有者，漠视了契约主义实际上区分了两个层面：“一是抽象的宏观层面，在此层面上我们所考量的是道德机制如何赢得认可。另一是道德的微观层面，在此层面上我们所分析的是人们相处的特殊的关系。在哥梯

① Konrad Ott：Moralbegruendungen，Hamburg 2001，S. 131.

② Wolfgang Kersting：Kontraktualismus，in：Marcus Duewell，Christoph Huebenthal und Micha H. Werner（Hg.）：Handbuch Ethik，2. Auflage，Stuttgart 2006，S. 166.

尔看来，道德的契约论绝不要求这种特殊的关系总是也具有契约主义的性质。[①]”“在我看来荒谬绝伦的是，人们会认同一种人际所有的关系都具有契约主义性质的社会。没有人愿意在这样一种社会中生活。……问题在于，契约主义的论据适用于宏观层面，适用于整个社会的层面，也就是一个社会对某种人际关系予以支撑达成一致这个层面。[②]”然而，哥梯尔对契约主义伦理学的捍卫或形象改进，同时也就意味着对契约主义理论本身的一种限制。如果契约主义伦理学只能为道德的宏观层面提供描绘分析，而对道德的微观层面则无能为力，那么这些所谓微观层面的、无法归溯于契约的具体人际关系的道德之源泉及其合法性，就要到其他理论那里寻求论证的根据了。这也就说明哥梯尔实际上已经默认，契约主义伦理学并不是能够为人类道德系统提供稳定论据支撑的全备性的理论。然而这样一来，哥梯尔也就很难说能够达到对契约主义整体形象做出改进的目的。

5. 从理性—个体主义的契约论到普遍主义的契约论

而成功实现了契约主义理论转型的则是罗尔斯和斯坎伦。他们将传统的理性—个体主义的契约论，转变成为普遍主义的契约论。之所以能够做到这一点，是因为他们在对契约主义的论证上，实现了从个体—自利的理性视角，向普遍主义的理性视角的转换。

从传统的契约主义到哥梯尔的当代契约主义，其特点都是基于一种个体—自利的理性视角。在虚拟的自然状态下，每一位个体单凭己力都无法持续地抵御人与人之间的战争造成的对生命财产的威胁。因此合乎理性的是，所有的人都相互缔结一种契约，通过合作来保障每位个体自身的利益。契约是使共同生活成为可能的唯一理性和人道的对自然状态的替代方案。体现在契约上的这一道德秩序是可以得到理性辩护的，理性意味着，使个体的自我利益得到长远的保障，意味着使个体的正当需求得到最大程度的满足。如果说，理性在功利主义那里代表着整体利益的最大化，则在契约主义这里，理性代表着行为主体个

---

① Herlinde Pauer – Studer：Einfuehrung in die Ethik，Wien 2003，S. 103.

② David Gauthier：Selbstinteresse，rationale Uebereinkunft und Moral，in：Herlinde Pauer – Studer (Hg.)：Konstruktionen praktischer Vernunft. Philosophie im Gespraech，Frankfurt a. M. 2000，S. 112.

体利益的最大化。所谓个体—自利的理性视角，是指理性意味着一种以自利为导向的行为模式，理性就是有利，是个体利益最大化和个体目标得到实现。这样理性就具有一种工具性的作用，它是个体利益是否获得最大化或个体目标是否得以实现的指示器。

而普遍主义契约论的出发点，则并不是个体—自利的理性概念。它对理性的理解，与理性—个体主义契约论对理性的理解完全不同。它不把理性视为个体利益是否最大化的显示指标，甚至不把理性与个体利益联系在一起。因为个体利益是千差万别、各式各样的，充满了复杂性与偶然性。有的个体因不具备签订契约的能力而提不出契约的要求。更重要的是，如果理性以个体—自利为着眼点和出发点，则基于这样一种理性视角的契约主义（如传统的理性—个体主义契约论）就难以避免对任何一种有悖自利之因素的拒斥，也就是说，无法对利他主义做出有效的论证。因此普遍主义的契约论终结了对理性作为个体利益的显示器的理解，而是将理性理解为对所有的人的利益都有所顾及因而为所有的人所接受的不偏不倚的立场或视角。“一种普遍主义的契约理念的本质在于这样一种考量，即为了个体们基于一种公正的不偏不倚的程序所达成的每一种基本原则、规则和规定都是可以得到辩护的。[1]”在这里，不偏不倚是普遍主义契约论所理解的理性的一个本质特征；所谓理性的行为，就是基于不偏不倚的视角而得到辩护并因而能够为所有的人接受的行为。“关于道德的普遍主义的契约论以理性概念为出发点，将所有的基于不偏不倚的视角……得到共同接受的道德基本原则都视为是正当的。[2]”

总之，不偏不倚是普遍主义契约论所理解的理性的一个根本特征。普遍主义的契约论是建立在这样一种理性的基础之上的，即契约的根基是一种公正的、不偏不倚的、对所有的人都顾及的视角。而“公正的、不偏不倚的、对所有的人都顾及因而被所有的人都接受”这一特征，也等同于“无法遭到理性的拒绝”。所以普遍主义契约论的一个代表人物斯坎伦，径直将契约主义的论证基础——不偏不倚，简单定义为“无法遭到理性的拒绝”：“一种行为在

---

① Herlinde Pauer - Studer：Einfuehrung in die Ethik，Wien 2003，S. 106.

② Herlinde Pauer - Studer：Einfuehrung in die Ethik，Wien 2003，S. 96.

道德上是正当的，如果它是在任何人都无法理性地予以拒绝的原则基础上发生的。[①]”同不偏不倚的视点一样，“理性的拒绝”也是一种普遍主义的基点，它构成了普遍主义契约论判定何为道德的一个标准：所谓道德或道德原则，其基本特征就在于无法遭到理性的拒绝。借此，功利主义在普遍主义契约论面前，自然就遭到了巨大的困难。因为功利主义的着眼点是多数人的幸福，而为多数人福祉不得不做出牺牲的少数人却无法认同这样的原则。即便是一些人愿意承受这种牺牲并且认同功利主义，也并不意味着功利主义作为一项原则可以顺利通过“理性的拒斥”的关卡。同时，作为一项标准的“理性的拒斥”，也使得普遍主义的契约论可以敞开怀抱接纳在理性—个体主义的契约论那里遇到麻烦的道德要素，如利他主义、道德公理与道德直觉。尽管这些道德要素有可能与利己的需求无涉，但因“无法遭到理性的拒绝”，所以在普遍主义契约论的体系中仍然能够得到有力的辩护。这样反过来，又使普遍主义的契约论有可能克服传统理性—个体主义契约论排斥“利他主义”的缺陷，成为一种相对完备的道德理论。

沿着这一方向，罗尔斯通过对道德原则（正义原则）所做的契约论性质的论证，为契约主义的改进做出了杰出的贡献。同传统的契约主义一样，罗尔斯的契约也并非是真实发生和存在的协约的结果，而是一种思想实验的成果。所谓思想实验是运用想象力所进行的实验，它虚拟性地再现了观点生发的逻辑过程，目的在于将某种事先已经确定的结论得以解释与说明。故这样一种程序对于结论并不是开放的，而是有倾向性的。于是，思想实验的方法仅仅具有解释和说明的功能，没有论证的作用。罗尔斯虚构了一个原初的状态，在这种自然状态中人与人并非像霍布斯所说的那样处于相互争斗的状况，而是被置于“无知之幕”的背后。所谓无知之幕指的是一种绝对平等的状态：处于无知之幕背后的行为主体，尽管都是理性的且以自利为导向、拥有语言交流与论辩的能力、基于对善好的不同理解身怀着各自独特的生活规划，并且作为行为主体他们均拥有抉择的自由，但是行为主体在对共同的行为规范进行选择的时候，并非是基于自身独特的情境，因为无知之幕已将每个人在社会的所处地位、所处时代、年龄性别、独特需

① Vgl. Herlinde Pauer－Studer：Einfuehrung in die Ethik，Wien 2003，S. 96－97.

求、人际关系、个人禀赋、行为能力、道德素质等信息都完全屏蔽掉了，这样也就杜绝了行为主体在寻求社会规范性基本原则时在有利于自身的独特利益上进行操纵的可能性。由于无知之幕的过滤，各式各样的拥有着不同意欲的行为主体马上便转变成为一种普遍化了的行为主体，他所占据的立场是一种不偏不倚的立场，他所选择的行为规则一定是那种合乎每个人的普遍利益因而为每个人认同的原则，这种原则一定是一种客观有效的具有普遍性约束力的原则，而且肯定不会受到理性的拒绝。“当然，没有任何社会能够在严格意义上是一种人们真正自愿加入的合作体系，因为每个人生来就会发现自己处于某一特定的社会中的一个特定的地位，这一地位决定性地影响着他的生活前景。但一个满足了公平的正义原则的社会，还是最接近于一个能够成为一种自愿体系的社会，因为它满足了自由和平等的人们在公平的条件下会同意的原则。在此意义上，它的成员是自主的，他们认可的义务是自我给予的。①”

罗尔斯认为，两个正义原则就是这样一种基于不偏不倚的立场所选择出来的为所有的人普遍认可的原则。“第一的原则要求平等地分配基本的权利和义务。②”即第一个正义原则体现在，每个人都拥有一种对尽可能最大的基本自由的平等权利。基本自由系统包含政治自由（主动与被动的选举权）、言论与宗教自由、职业选择的自由、获取和占有财产的自由，这些自由为所有的人平等享有。第二个正义原则由两项构成：差异原则和机会均等原则。所谓差异原则，是指社会与经济的不平等只有在最少受惠者获得明显益处的前提下才是允许的。“社会和经济的不平等（例如财富和权力的不平等）只有在其结果能给每一个人，尤其是那些最少受惠的社会成员带来补偿利益时，它们才是正义的。③”对富裕与收入的分配虽不必要求绝对平等，但必须给所有的人带来益处。差异原则的意义在于，使处于社会劣势地位者获得最大的好处，其结果：一是满足了人们追求平等的心理：由于差异原则的作用，收入与财富上的不平等就可以被全社会在无嫉妒的状态下得到接受。可见正义概念已将平等的寓意

①② John Rawls：Eine Theorie der Gerechtigkeit，Abschnitt 3，vgl. Detlef Horster（Hg.）：Texte zur Ethik，Stuttgart 2012，S. 338.

③ John Rawls：Eine Theorie der Gerechtigkeit，Abschnitt 3，vgl. Detlef Horster（Hg.）：Texte zur Ethik，Stuttgart 2012，S. 338 – 339.

吸纳了进来，并使平等原则得到了实现。二是满足了人们防范风险的心理：差异原则能够使每个人最大可能的损害降至最少，因而体现了成熟个体的一种降低风险的理性战略。所谓机会均等的原则，是指职位与地位向所有的人平等开放。

其实，从道德哲学的角度来看，罗尔斯对契约主义伦理学的贡献并不在于他的具体的正义原则的提出，而是在于通过无知之幕的设置，将契约主义与道德原则的普遍必然性特征紧紧联系在一起，在契约主义的框架内实现了对道德原则的普遍性本质的令人信服的论证，从而排除了传统的理性—个体主义的契约论无法摆脱的契约签订者自身偶然性因素对契约结果的消极影响，这样反过来又为契约主义伦理学本身的完善打牢了根基，最终确立了普遍主义契约论的地位。

无知之幕体现的是一种普遍主义所要求的不偏不倚的观察问题的视角。罗尔斯的契约主义就是建立在这种客观的、可普遍化的理性视角的基础之上的。由于无知之幕，罗尔斯的契约主义伦理学马上就显示出两大优势。一是使契约主义所提出的任何道德原则，都完全合乎可普遍化这一伦理学最基本的要求：无知之幕的设定、每个人所处地位与时间的可随意置换本身，就蕴含了被选择出来的道德原则的得到普遍认可的能力，“就决定了正义的原则，将是那些追逐自己利益的有理性的人们，在作为谁也不知道自己在社会和自然的偶然因素方面的利害情形的平等者的情况下，都会同意的原则[①]”。罗尔斯用不着费力地去论证某种道德原则的普遍有效性，而是诱使人们进入无知之幕的背后，自觉主动地在什么是普遍有效的道德原则的问题上达成一致。“罗尔斯蒙骗了聪明的自利者，他引诱后者进入到了一种情境，在此后者必须道德地行事，而全然不知。无知之幕的教育剧本建构了一种道德哲学的诡计，以此罗尔斯的正义论将经济合理性控制住，从而达到自己的目的；经济合理性只能从事正义的营生，尽管其出发点一直都是利益的最大化。[②]”

---

① John Rawls：Eine Theorie der Gerechtigkeit，Abschnitt 3，vgl. Detlef Horster（Hg.）：Texte zur Ethik，Stuttgart 2012，S. 343 – 344.

② Wolfgang Kersting：Kontraktualismus，in：Marcus Duewell，Christoph Huebenthal und Micha H. Werner（Hg.）：Handbuch Ethik，2. Auflage，Stuttgart 2006，S. 177.

罗尔斯的契约主义伦理学的另一优势在于，由于无知之幕的设置，人类道德的许多基本要素都可以经过理性的不偏不倚立场的严格审视，而被纳入到契约主义伦理学的体系中来，这不仅包括自由、公正的原则，也包括仁爱、利他的立场。这样也就从根本上克服了理性—个体主义的契约论排斥非自利的道德要素的弊端，从而推动了使契约主义成为一种完备的道德理论的进程。

第三节 总结与余论

作为近代以来标志性的理论范式，契约主义伦理学凭借其内容简洁深刻、形式明了实用的优势，在与伦理学领域其他各种理论的竞争中脱颖而出，成长为当代最具生命力和影响力的流派。本章沿着从政治契约主义到伦理契约主义的发展脉络，通过对契约主义伦理学与利益、与理性的关系以及契约主义伦理学本身的道德意蕴的讲述分析，展现了传统契约主义伦理学的竞争优势和理论缺陷，阐述了休谟、哥梯尔在改进契约主义上的积极作为，在此基础上描绘了由罗尔斯和斯坎伦发动的从理性—个体主义的契约论到普遍主义的契约论的历史嬗变，从而使契约主义伦理学从初始状态达致成熟完备这一发展的内在逻辑进程得到了概览式的叙写与勾画。

“道德是维护利益的契约”，这是契约主义伦理学的基本命题。这一命题一方面表征了契约与利益的关系，说明契约是对利益的保障；另一方面也表征了契约与道德的关系，说明契约是道德得以论证的最终源泉和根据。

就契约与利益的关系而言，按照契约主义伦理学，契约的作用在于对利益的维护与保障，利益在契约主义伦理学中占据着一种核心的地位。从理性—个体主义契约论向普遍主义契约论的演变进程可以看出，利益概念也经历着从个体利益到个体长远利益及最大利益直至整体利益的扩展深化的嬗变，从而推动着契约主义从一种有限的道德体系向一种比较整全完备的道德体系的进化。这一完备化的契约主义就不再只是强者的道德，它不仅拥有传统理性—个体主义契约论所具备的尊重行为主体的自由自主、维护公平公正的道德意蕴，而且也蕴含着利他、关爱弱者的道德能力，这就说明人类为何能够制定以顾及后代利益为特征的可持续发展的战略，为何能够订立一种扶助弱势群体的契约，以便在发生像“泰坦尼克号”式的海难的情况下，女性、老人和儿童可以获得生命救助上的优先权利。

就契约与道德的关系而言，按照契约主义伦理学，道德来源于人类的契约，来自于人们的自我设定。这里的关键在于，契约主义形成了一种思维定势：任何道德原则、道德要求、道德内容，都必须经历基于一种不偏不倚的视角的理性契约的验证，才能获得普遍有效适用的资格。人们经常抨击契约主义排除了对利他主义、对“关爱他人”的道德诉求、对公认的道德公理与道德直觉的应有顾及，因为这些东西均不是人类实际契约的结果。但这种批评并不能动摇契约主义立场的根基。因为即便是作为非实际契约之结果的道德要素——如道德公理、道德直觉以及同情他人的自然情感，也不应拒斥一种不偏不倚视角下的理性的严格检验。契约主义的贡献在于提供了一项原则：道德一定是可普遍化的，它是否真的拥有普遍适用的能力，就要看它是否为不偏不倚视角下的理性契约的结果，或者看它是否经得住理性契约的严格审视。契约主义伦理学就是通过这样一种方式，排除了一切神秘的、偶然的、非理性的因素，为道德的论证提供了一种基础牢固、令人信服和具有强大竞争力的哲学模式。

第九章

伦理理论的应用方法

道德规范同法律规范一样，都是人际文明相处、社会和谐发展的必要条件。道德的运行可以实现社会的最佳状态。道德规范合乎所有的人的利益，尽管它们有可能并不与当事人直截当下的短期欲求相吻合，但从长远和整体的视角来看，它们与所有当事人的根本利益必定是一致的。违逆道德规范而行，要么会受到制度条例的制裁，要么会受到公共舆论的谴责，要么会受到内在良心的折磨。因此，类似于该不该把公家的东西放进自己的书包好独自享用这样的问题，是不需要太多的哲学论辩的，其善恶对错的性质一目了然，人们只需要一点道德教育就可以解决。

引发人们对道德哲学兴趣的往往是另一大类的问题。孕妇和胎儿的生命都是人命，在孕妇难产之时，应保孕妇还是保胎儿？或者，消防队员冲进失火的房间发现双胞胎男孩躺在床上，因环境条件所限他只能救出一个孩子，那么他应如何抉择呢？这类问题体现了同一伦理理论（或原则、规范）在应用到不同对象时发生正相冲突的情形，在上述例子中呈现的是维护人的生命权的伦理原则自相矛盾的情况。萨尔迈尔（Stephan Sellmaier）称此类冲突为道德悖论。"道德悖论出现在同一种伦理理论中。①"。还有一类问题与此不同。比如脑死标准的引入有利于亟需器官移植的病人扩大器官来源。但对于究竟脑死即意味着死亡，还是仅意味着死亡过程的开始这一点，人们却有着完全不同的看法。认定脑死为死亡之确定标准者会说，脑死者既然已经故去，则从其身上摘取器官的行为是不存在任何道德障碍且能够给需要者带来福音的善举。认定脑死仅是一不可逆的死亡过程的开始，但还并不意味着真正的死亡的人则说，摘取器官的行为恰恰导致当事人真的死去，因而这是一种侵害了其生命权的恶劣行径。赞同脑死即摘取器官者的立场有着鲜明的功利主义的色彩，因为其着眼点

---

① Stephan Sellmaier：Ethik der Konflikte，Stuttgart 2008，S. 9.

是普遍益处的最大化。反对者则呈现出坚定的义务论的特征，因为其立足点是个体价值的神圣性。萨尔迈尔称这类冲突为“伦理差异”。“‘伦理差异’是指不同伦理理论之代表间或者不同文化共同体成员之间会出现的冲突。[①]”无论是道德悖论还是伦理差异，都可以归为道德冲突（或价值冲突）。一般而言，道德冲突是指行为主体处于一种两难的情形，他本应满足两种义务或两种规范的要求，但他无论怎么做也都无法同时使其得以实现，于是他在不得不做出抉择之时，势必要违背其中的一种义务或规范。尽管他的选择并非是任意的，但他毕竟是行了一恶，其双手并不清洁，其行为并不干净利落。当然，我们不可能在社会现实中完全规避道德冲突，恰恰相反，“道德冲突是我们生活的一个本质性的组成部分。我们每天都要做出在道德上复杂的、缺乏可普遍接受的解答的决断[②]”。尤其是近百年来的科技进步，把人类引进了一个充满张力的时代。科研成果应用后果的不确定性，技术发明所蕴含着的可能的风险，迫使人们陷于一种对两百年以前的先辈根本不可能想象到的伦理挑战和道德两难不得不进行艰难抉择的困境。

如上所述，恰恰是社会现实中难以回避的道德冲突和伦理挑战激发了人们对伦理学的关注与探究，冀望于诉诸道德哲学而在应对伦理难题上获得理论指导，“伦理学……将给我们提出标准，使我们能够在这样复杂而有争议的情境下做出道德上合宜的决定[③]”。众所周知，伦理学从某种意义上说是众多伦理理论（亦称道德理论或理论分支：如德性论、功利主义、义务论、契约主义等）集合体的一个统称。伦理学里到底有多少这样的理论分支或学说流派以及它们的价值旨趣，平时并不会受到多大的关注。因为在简单的道德问题上，人们凭借自己的道德常识或道德直觉就可以判断善与恶、是与非、对与错，而无需进一步追问自己的判断是基于何种伦理理论。况且，在几乎所有基本的道德问题上，不同的伦理理论也都会做出大体一致的判断。人类那些最基本的道德行为规范，如不伤害、公正、仁爱，都可以分别得到所有伦理学理论分支的支撑。“所有值得注重的伦理理论都谴责任意折磨和杀害他人、自利目的的谎

---

① Stephan Sellmaier：Ethik der Konflikte ，Stuttgart 2008，S. 8.

② Stephan Sellmaier：Ethik der Konflikte ，Stuttgart 2008，S. 9.

③ Stephan Sellmaier：Ethik der Konflikte ，Stuttgart 2008，S. 10.

言或无耻的食言。有趣的是，在行为层面不同的伦理理论之间存在着相当高度的同质性。[①]”“理论之间的差异大部分是在非常的或很复杂的决断情境中才可遇见。[②]”另一方面，人们对理论的兴趣往往也正是在遇到道德冲突、价值难题之时才会被激发。因为现实的道德难题，或许正是这些理论分支之间相互差异的反映。于是人们希望追根寻源，审视和分析不同伦理理论的各自特点与优势，考察和评判它们在价值比拼过程中显示出的竞争力。这反过来对于各种伦理理论本身也就构成了一种无形的压力。我们以往的伦理学教科书的一大缺点，就是仅仅满足于把各种伦理理论，或按照大体的时代顺序或基于合理的逻辑承转逐一列出，往那里一摆就万事大吉了。殊不知各种理论分支自说自话是一回事，而它们在实际应用中是否能够和如何迎应严酷的价值冲突的挑战并且最终解决道德问题，又是另一回事。阿奎那早就注意到：“对于总体规范的论证与推导应有别于这些总体规范在日常具体生活中的实际应用。实践中总体规范应用的严格度肯定比理论中的要低，因为在实践中交织着许多原则，许多的层面与势力都必须得到相互的权衡。[③]”尽管历史上人类已经积累了许许多多的伦理理论及其各自的道德原则，使我们大致能够把握社会的健康运行究竟离不开哪些规范性的基本要素，但是在具体的实践情形中，特别是在价值冲突的境况下如何应用这些理论及原则，则又需要有另外一种性质的权衡与考量。正是在这一意义上，萨斯（Hans – Martin Sass）指出：“价值的贯彻有别于价值的论证。[④]”其实，具体实践的应用过程对于相关的伦理学理论分支而言并不是件坏事。在经受着各种环境、多样事例的挑战与考验中，特别是在与其他理论分支的竞争交手的磨难中，这些理论、流派或学说本身也会有所反思、有所纠正、有所充实、有所更新。所有我们今天还可以看到的伦理学的理论分支或道德理论，能够在残酷的实践应用中幸存下来，这是其各自拥有自身优点和生命力的明证，同时自然也能给这些伦理理论本身提供一种自信的理由。

---

① Stephan Sellmaier：Ethik der Konflikte，Stuttgart 2008，S. 42.

② Stephan Sellmaier：Ethik der Konflikte，Stuttgart 2008，S. 81.

③ Vgl. Hans – Martin Sass：Methoden der Gueterabwaegung in der Postmoderne，in：Hans Michael Baumgartner / Werner Becker（Hg.）：Grenz der Ethik，Muenchen 1994，S. 57.

④ Hans – Martin Sass：Methoden der Gueterabwaegung in der Postmoderne，in：Hans Michael Baumgartner / Werner Becker（Hg.）：Grenz der Ethik，Muenchen 1994，S. 58.

第一节 理论应用实践的不同态度：回避应用问题、情境法（决疑术、境遇伦理、决断论）、伦理原教旨主义、亚里士多德明智学说、融贯主义的方法论

然而可惜的是有些哲学家不是已经丧失了这种理论自信，就是错误地夸大了这种自信。这种状况是通过下述理论应用实践的三种不同态度表现出来的。

第一种态度是只专注于理论构造而回避具体的应用问题。“……有实践哲学家，纯形式化地阐发其原则和规则，仅提供伦理决断应得以论证的形式化的程序方式。这样一种立场常常是逃避性地将伦理反思拉回到基本理论问题上。他们试图避免引入内容性的行为规则，把论证问题完全留给具体的讨论。这样一种拉回的后果自然是应用导向的缺位。这里典型的例证是阿佩尔或哈贝马斯代表的商谈伦理学。[①]”

第二种态度恰恰相反。它拒绝在实践中应用伦理理论或原则，而是着眼于具体的情境。这种自下而上的模式被统称为情境法。其特征在于，相对于每一个具体事例而形成对应的道德判断并运用相应的行为规则，该规则是特殊的、琐碎的，在短期内难以得到清晰表述并系统化，或许只有依靠直觉的方式来把握。按照这种情境法，“利益权衡不是依照普遍化的着眼点，而是依照个体化的具体性的着眼点[②]”。“这种观念完全放弃了论证的维度并仅是专注于具体化的问题，从而规避了内容性的论证问题。[③]”比如萨斯就是这方面的代表。他认为普遍原则过于抽象迟钝，无法解决具体情境中的复杂问题。因此他“在伦理的权衡中也很少顾及像人的尊严、公正或平等这些基本价值[④]”。萨斯自己就说：“有关行为导向的价值的论证不能再依照最后的或理性的内容性洞见

---

① Herbert Rommel：Normenkonflikte und Abwaegungsprozesse，Freiburg/Muenchen 2007，S. 322.
② Herbert Rommel：Normenkonflikte und Abwaegungsprozesse，Freiburg/Muenchen 2007，S. 323.
③ Herbert Rommel：Normenkonflikte und Abwaegungsprozesse，Freiburg/Muenchen 2007，S. 322.
④ Herbert Rommel：Normenkonflikte und Abwaegungsprozesse，Freiburg/Muenchen 2007，S. 323.

而做出，……而是仅仅通过约定、契约、妥协和社会共识。[①]”而且这种约定或契约似乎并没有什么前提或原则可供依附，好像完全取决于当事人的主观任意，正如罗默尔（Herbert Rommel）所批评的那样，“契约所联系着的以义务论方式论证的条件，也就不再有了[②]”。由于对原则的放弃，由于把道德判断完全奠立在得不到辩护的个体或集体的偏见之上，因而依照情境法行事的行为主体往往会陷入盲目主义的迷雾之中。

情境法有多种表现类型。首先就是所谓“决疑术”（casuistry）的论证方法。即为了对某一事例做出道德判断，人们可以将该事例放置在先前类似事例的序列里进行比较。在这个序列中，第一个（或前几个）是曾经赢得过共识的标准事例，然后是与该标准事例多少有些差异的其他事例。通过将有待处理的事例与该事例序列进行参照对比，找出与前者最为接近的事例，就不难得出针对前者的解决方案。决疑术对普遍的规范没有兴趣，而是专注于对现实或虚拟的单个事例的判断。“单个事例的判断在这里不仅是起点，而且也是道德判断之建构的终点或目标。新的单个事例应基于对先前已知的单个事例的判断而得到评判，且是借助于对事例之间的相似性、不同性、类似性与差异性的观察而做出的。[③]”由于在这里无需清晰地援引规范和原则，而只是要求当事人将待解决的事例同已解决的事例在相似性上做出对比，故决断的负担就不在普遍的规范或原则上，而是在判断者自身上。

其次，所谓境遇伦理。情境伦理可以理解为是决疑术的极端化形式，代表人物有巴特（Karl Barth）、弗莱彻（Joseph Fletscher）等。情境伦理或境遇伦理学体现为一种严格的单独主义，它认定每一个单个事例都应当单个地处理，“依之，每个道德判断都只能是基于一种单个事例的直觉，每个具体的事例都要求一种单个的、仅为之量身定做的判断[④]”。亚里士多德也曾经有类似的想法。他说道德取决于对不同的个别事例的感觉：“决断取决于感觉。[⑤]”“借此

① Hans – Martin Sass：Methoden der Gueterabwaegung in der Postmoderne，in：Hans Michael Baumgartner / Werner Becker（Hg.）：Grenz der Ethik，Muenchen 1994，S. 72.

② Herbert Rommel：Normenkonflikte und Abwaegungsprozesse，Freiburg/Muenchen 2007，S. 324.

③ Dieter Birnbacher：Analytische Einfuehrung in die Ethik，2. Auflage，Berlin 2007，S. 90.

④ Dieter Birnbacher：Analytische Einfuehrung in die Ethik，2. Auflage，Berlin 2007，S. 107.

⑤ Aristoteles：Nikomachische Ethik，1109b.

道德认知的器官就并不是操纵普遍原则的理性，而是具体事物具体分析的道德判断力。[①]”这种严格的单独主义的方法，只认可具体问题具体分析，不援引普遍性的视点或标准进行判断，其结果竟可能是，对于两件不同时间出现的、但性质完全相同的事例可以做出全然不同的道德评价。

再次，所谓决断论（Dezisionismus）。决断论比境遇伦理走得更远。它既不指望理性，也不相信直觉。在它看来，我们即便不是在每一个，也是在许多决断情境中，都并不拥有稳定的、清晰的道德直觉。即便是单个的事例也不会使我们产生具体清晰的判断，我们的态度只能是无语。“决断被定义为判断或决定，它们是我们在没有规范或规则可以依凭的情况下，仅靠一种自发的和没有根据的意愿的冲动做出的。[②]”在某种情况下，我们甚至连我们的意愿为何也不清楚，于是决断便是基于我们的口味、好恶做出的。尼采、萨特都持决断论的立场。对于萨特而言，“并非我们的良心（我们的道德要求或直觉）给我们规定道德上的对与错，而是我们选择我们愿意什么可适用为道德上的对与错，这样，这种选择完全可以是任意的和无根据的。由于在萨特看来没有一种能够规定价值的人之外的或社会的权威，则所有的价值，包括道德价值，就都是基于一种个体性的价值设定。就此价值设定而言，个体完全是自由的。[③]”决断论排除了伦理理论的理性内蕴和客观适用性，也排除了道德判断所应具有的可理解性、明晰性的要求。这样也就从根本上断绝了与伦理学的任何关联。“如果道德判断不过是一种完全随意的决断的结果，……则就谈不到它们如何能够与道德的普遍适用的要求相吻合。[④]”

第三种态度是伦理原教旨主义（或称基要主义）式的应用论证方式，或者被称为自上而下的演绎模式，它将道德理论、原则或规范直接应用到具体的事例或问题上去。其特点有别于前两种之处，就在于它对于理论在应用中解决问题的能力怀有一种不切实际的过高自信。伦理原教旨主义把理论运用到实践的方法，是一种逻辑推导的方法：“伦理理论和从中推导出的原则以及标准承

---

① Dieter Birnbacher：Analytische Einfuehrung in die Ethik，2. Auflage，Berlin 2007，S. 108.

② Dieter Birnbacher：Analytische Einfuehrung in die Ethik，2. Auflage，Berlin 2007，S. 109.

③ Dieter Birnbacher：Analytische Einfuehrung in die Ethik，2. Auflage，Berlin 2007，S. 110.

④ Dieter Birnbacher：Analytische Einfuehrung in die Ethik，2. Auflage，Berlin 2007，S. 112.

载着全部的论证负担。道德判断在这里是以将原则以及标准运用到具体事例或事例的类型上去的方式得以建构的。可以通过下面的图式予以说明：伦理理论（比如功利主义）——→原则（比如‘一种行为当它有利于增进幸福与减少痛苦，便是好的。反之，它就是坏的’）——→范围有限的普遍规则（比如‘损害其他交通参与者之举，是坏的’）——→单个的判断（‘超车行为是坏的’）。[①]”这里，原则、规则、判断之间的相互的区别在于它们的普遍性的程度。因此，人们说这是一种自上而下的论证模式：理论导出原则，原则导出规则，规则导出判断。理论与原则承载了全部论证的负担，理论与原则的正确性决定了所有规则及单个判断的正确性。“规则以及单个的判断之从属性层级的有效性取决于最高的层级，也就是说取决于理论以及通过理论所提出的原则及标准的有效性。[②]”这表明，原教旨主义的应用理论的方式是直接的、独断的、自上通下的，它相信无需考虑具体情境的复杂性就可以通过逻辑推导解决一切问题。它可以只专注于抽象的理论原则的贯彻到底，而全然不顾在实际应用中人的判断力的培育、历练及运用（康德就对判断力问题不感兴趣）。对理论和原则的盲目自信，使他们甚至否认存在道德悖论的问题。例如康德、密尔以及许多哲学家都认定，一种合宜的道德理论是不可能容许有道德悖论的。“只是在最近四五十年间人们才开始系统地追问这样一种立场。[③]”

显然，伦理原教旨主义的失误在于将道德理论的效力问题与其应用问题混为一谈，或者更确切地说，用效力问题取代了应用问题。就此而言，商谈伦理学就明智得多，它能够清晰地将理论层面与应用层面区别开来。“商谈伦理学家的出发点是，道德规范的效用就其论证上的可辩护性而言，须在所有可能的当事人面前得到论证。[④]”这里有两个层级的程序：“在第一层级上候选的道德规范在论证性的商谈中应从所有的人的视角来检验其可接受性。在第二层级上

---

① Johannes Fischer/Stefan Grunden/Esther Imhof/Jean - Daniel Strub：Grundkurs Ethik，Stuttgart 2007，S. 100.

② Johannes Fischer/Stefan Grunden/Esther Imhof/Jean - Daniel Strub：Grundkurs Ethik，Stuttgart 2007，S. 101.

③ Stephan Sellmaier：Ethik der Konflikte ，Stuttgart 2008，S. 37.

④ Jens Peter Brune：Dilemma，in：Marcus Duewell/Christoph Huebenthall/Micha H. Werner（Hg.）：Handbuch Ethik，Stuttgart 2006，S. 335.

先前得到论证的规范面临着事实上的具体的情境。[①]”之所以需要将道德理论的效力问题与应用问题区分开来，原因在于一方面，任何道德理论均是抽象的，它虽有普遍适用的要求，但却无法涵盖实践活动中具体情境的全部复杂性。这就造成了任何理论与原则都可能会有例外而难以达到绝对的普遍适用；纯粹机械的套用，往往可能导致荒谬的结论。因此在实践应用中，道德理论和原则只能提供一种导向的作用，而无法与道德理论的普遍性效用要求完全吻合。“道德的绝对命令由于其普遍性而仅具有一种间接的定向作用，像一只罗盘，罗盘也无法指明达到某一目的的最佳途径是什么。与此相类似，鉴于行为定向的考量道德应当仅具有一定向辅助工具的地位。[②]”另一方面，经过两千多年的发展，人类的伦理理论与原则不是仅仅为一种，而是形成了多种理论与原则相互竞争的局面。“谁要是已在具体的职业或生活情境中为伦理原则的实现承担了责任，就会知道，在这种情况下很少会或者绝不会涉及一种或只有一种伦理原则的贯彻。在正常情况下，人们必须对不同的尽可能不被违背的原则与一种或所有原则的事实上的可贯彻性进行权衡。日常生活中，价值的贯彻同在神学或哲学课堂上的价值论证完全不同。[③]”因而，在理论应用到实际的过程中，如何处理和调解理论、原则、规范之间矛盾与冲突？可见，道德的应用问题拥有着与道德的论证问题完全不同的复杂性。人们在运用理论的过程中，如何行使理论与原则的定向功能，如何应对规则出现例外的情况，如何对相互竞争的伦理理论及原则在应用的过程中做出必要的调适、整合乃至妥协，这一切都向人们提出了一个重要的挑战，即在道德理论的应用问题上，不仅需要有对理论与原则的明晰性与坚定性的维护与强调，而且也要需要有对一种明智的道德判断力的秉持与恪守。

就这一点而言，我们重温一下亚里士多德的“明智”学说，似乎就能够获得一种很好的启示。亚氏在《尼各马可伦理学》里表达的立场，可以理解

---

① Jens Peter Brune：Dilemma，in：Marcus Duewell/Christoph Huebenthall/Micha H. Werner（Hg.）：Handbuch Ethik，Stuttgart 2006，S. 335.

② Andreas Luckner：Klugheitsethik，in：Marcus Duewell/Christoph Huebenthall/Micha H. Werner（Hg.）：Handbuch Ethik，Stuttgart 2006，S. 210.

③ Hans－Martin Sass：Methoden der Gueterabwaegung in der Postmoderne，in：Hans Michael Baumgartner / Werner Becker（Hg.）：Grenz der Ethik，Muenchen 1994，S. 67.

为是对苏格拉底—柏拉图的一个命题的反叛。这一命题称“善”是一种普遍的、可以习得的知识，原则上它可以成就合宜的行为。而在亚氏看来，恰恰相反，“善”作为行为目标是无法以一种抽象的方式事先确定的，“善”取决于每种独特的情境，我们不能一般地推进“善”，而只能成就善好的事情、好的房子、好的船、好的社会关系。“只有这样行为者才能将其善好生活的观念，在不同的情境中一步步地加以实现并具体化。[①]”因此“善”不在于一种抽象的观念，而在于不可预测的变化情形下的一种合宜的行为。正如伽达默尔所言：“道德知识并非是在勇敢、正义等普遍的概念中得以体现的，而是在具体的应用中，这种应用依据这些知识来确定此时此刻的行为。[②]”那么，人们如何能够做到使善的理念在特殊的情境中具体化的呢？亚氏引入了“明智”的概念。所谓明智是一种道德洞见，一种唯一在伦理上具有重要性的理智德性。人们依据亚氏的观点一般将明智理解为是一种合于情境的理性的行为方式或行为能力，其任务体现在专注于具体的情境，使人们能够以合宜的手段来实现善好的生活。“明智在个体情境中将善好生活的目标具体化，并且将这一目标与重要的情境特征综合成明智权衡的结果：行为。[③]”“明智始于对一种情境的各个向度的明智的探求。[④]”它并非是一种盲目的工具性的机敏，而是以作为所有目标之目标的善好生活为宗旨。但在明智面前，善好绝非是一个抽象的原则或理念，而是一种具体的存在。恰恰是借助于明智对当下各种复杂情境的正确估断，我们才能把握善好在此时此刻的状态。正是在这个意义上，人们可以说无明智的道德是空的，无道德的明智是盲的。

然而亚里士多德明智学说给我们留下的仅是一种启示，说明在将伦理理论应用到具体情境的时候，人们需要具备一种与对伦理理论和原则本身的论证完全不同的判断力。这当然并不意味着亚氏明智学说可以原原本本地移植到我们今天的道德实践。因为一来，明智作为个体在感悟中习得的一种素质可以说只是体验的对象，而不是一种得以科学认知的对象。换言之，只能意会无法言传。二来更重要的是，亚氏的目的论的世界早已土崩瓦解，作为明智之宗旨的

---

① Klaus Guenther：Der Sinn fuer Angemessenheit，Frankfurt a. M. 1988，S. 218.

② Vgl. Klaus Guenther：Der Sinn fuer Angemessenheit，Frankfurt a. M. 1988，S. 231.

③④ Klaus Guenther：Der Sinn fuer Angemessenheit，Frankfurt a. M. 1988，S. 222.

所谓共同的“善好的生活”早已被多元化的价值诉求所取代，这样亚氏的明智在当今的社会就成了一种无根基、无目标的判断力。于是，作为一种实践判断力的明智在今天就应当拥有全新的内涵，它不再是一种为了达致“善好”的具体实现而对现实情境进行把握和权衡的能力，而是一种在实际的应用中对基于不同理论背景的各种不同的道德规范进行比较权衡、做出有序排列、最终实现有效选择的能力。它之所以不是诉诸一种理论以及从该理论中推导出来的原则、规则和判断，而是要援引各种不同的理论类型，原因就在于它知道要应对当今社会复杂的道德冲突的挑战，仅仅基于一种理论分支是远远不够的，单一理论类型既不能解决道德悖论的问题（因为规范理论无法自行消化同一原则应用到相互冲突的两个对象身上这一自相矛盾，它必须依靠其他理论才能解套），也不能解决伦理差异的问题（因为恰恰不仅仅是该规范理论，而且也正是由于其他别的规范理论的作用才造成了伦理差异）。当今作为实践的判断力的明智应该明了：它自己是应道德冲突而生，而要解决道德冲突，就不能仅仅依靠一根线式的单一的理论类型，因为单一理论既硬挺又僵化，而是应诉诸一个由诸理论分支构成的扇面，该扇面显然拥有柔软、灵活、可调整的优点。于是，它所体现的是一种所谓“融贯主义”（Kohaerentismus）的方法论。

“融贯主义”（Kohaerentismus）一词来自于拉丁语的 cohaerere，意为“关联”、“相互适应”。所谓融贯主义，是介于演绎模式和情境法之间的一条道路。它在将道德理论、规范与原则应用到具体实际的过程中，依凭的不是单一的规范、原则或理论，而是一个由诸多道德理论、规范与原则构成的有序的、有内在关联性的网状整体；换言之，它在道德应用的实践中，在对具体情境做出道德判断之时，是基于动态性的、关照到各种因素之间相互作用的一种审核、反思、权衡、考量、校正的机制。它不再是专注于对个别事例的判断，而是致力于建构一种普遍化的、对于各种不同事例情境都具有指导意义的道德原则与信念的统一一致的体系。其中，单一的规范与原则处于相互和谐的状态并且彼此支撑。

融贯主义与实用主义具有极大的亲缘性，其产生与当代伦理学中“排他式的多元主义”的理论背景相关。在理论伦理学领域盛行着一种“排他式的多元主义”，即不同的伦理学理论及其原则相互竞争，并且“这些理论中的每一种都要求，能够排他性地确定道德的核心领域[①]”。然而，实践领域道德冲突的多样性与复杂性是任何单一的伦理理论及其原则所难以应对的。正如在自然与社会领域，没有一种理论是万能有效的那样，在伦理学领域，也没有任何一种道德学说能够从容直面所有问题的挑战，从而真正实现唯我独尊、排除他者。恰恰相反，再强势的伦理学理论在层出不穷的道德悖论面前，也不得不认可自身解决问题能力的极限。由于任何一种单一的理论都无法为现实问题的解答提供有价值的伦理导向，则任何一种伦理学流派（亚里士多德的德性论、功利主义、康德的义务论、契约主义等）也就都难以在思想学术领域占据一统天下的地位。因此，应该用一种“各种伦理学理论分支构成的组合体”的观念（即包容性的多元主义）来取代“排他式的多元主义”。

这就意味着：人们对伦理学的兴趣，不再是在于对单一理论的研究与应用，而是将各种道德学说的有效的理念元素提取出来，共同组成一幅伦理学的理论框架背景，从这种伦理学的思想资源巨库中选择论据，为自身面临的实际问题的解决提供价值支撑与观念指导。这就如同人们罹患疾病，不仅要靠西医的精确研判与定位处置，而且也要依赖中医的整体调养那样。于是，“伦理学……无需想象为一种统一的封闭的理论。它可以是由不同的完全独立的理论分支构成[②]”。“这些理论分支的功能完全是以规范性问题为导向的，通过这些理论分支这些问题应该得到解决。作为总体哲学项目的伦理学便是一种所有合宜的并且是相互协调的伦理学理论分支的总体。[③]”在这一伦理学的总体中“既要有义务论的要素，也要有后果论的要素，利益的最大化和德性论均起着一种作用[④]”。在这里理论与理论之间应处于一种互补的、相互充实的关系。其中每种理论均拥有导向的价值，但又不会垄断导向功能的全部。因为每种理论或原则都不能仅仅是抽象地自我证明其有效性，而必须在与不同情境的关涉中，在与其他理论和原则的比较和竞争中证实自己的有效性。实践证明，没有

---

① Jens Badura：Kohaerentismus，in：Marcus Duewell/Christoph Huebenthall/Micha H. Werner (Hg.)：Handbuch Ethik，Stuttgart 2006，S. 202.

② Stephan Sellmaier：Ethik der Konflikte，Stuttgart 2008，S. 120.

③ Stephan Sellmaier：Ethik der Konflikte，Stuttgart 2008，S. 121.

④ Jens Badura：Kohaerentismus，in：Marcus Duewell/Christoph Huebenthall/Micha H. Werner (Hg.)：Handbuch Ethik，Stuttgart 2006，S. 202.

一种理论或原则可以做到能够超越和取代所有其他的理论与原则。所以人们才需要有一种众多理论的集合体或扇面。在这一众多理论分支的集合体中，这些不同的理论分支是相互融贯地整合在一起的："融贯不只是指无内在矛盾。融贯描绘了信念是如何协调、和谐并且相互充实，从而共同构成了一种内在一致的系统。①"

这种集合体内部各个理论或信念的相互一致，被人们称为"系统融贯"（Systematische Kohaerenz）。"某一信念系统的融贯涉及到这一系统作为一个整体是怎样的融贯。②"而融贯度决定了论证力。"这样一种信念体系的融贯性便是其可论证性的标准③"，"一个系统越是融贯，个体信念的相互交织与相互支撑越是强烈，则信念便越能得到更佳的论证④"。"对于一种信念系统而言，其系统中的信念越是相互融贯，则其论证力也就越大。⑤"同理，一种单个判断的有效性，并非像伦理原教旨主义所理解的那样来自于一种纵向的、直线式的、基于某一终极原理的逻辑推导，而是取决于它是否从属于一种融贯的理论或信念系统，如果它是与这一理论或信念系统处于一种融贯的契合关系，或者说，它构成了这一系统的一个内在的组成部分，则它便得到了论证。一种单个判断的有效性，来自于其与理论或信念系统的融贯性，这被人们称为"关系融贯"（Relationale Kohaerenz）。"某一陈述与一信念系统的关系融贯涉及到这样一个问题，即这一（局部的）陈述与这一系统的嵌合是多么融贯。⑥"

不论是系统融贯还是关系融贯，均呈示出融贯主义的基本特征：作为一种伦理学方法论，融贯主义相信：不论是某一单个的理论或原则，还是某一个别的判断，其有效性或者其是否能够得到论证都不能简单地归溯为某一终极的理论原点，而是取决于它与一个整体性的系统的内在关系，取决于它是否能与我们理论或信念系统的严密嵌合与无缝对接，取决于它与这一理论或信念系统的

---

① Thomas Zoglauer：Toedliche Konflikte，Stuttgart 2007，S. 284.

② Johannes Fischer/Stefan Grunden/Esther Imhof/Jean – Daniel Strub：Grundkurs Ethik，Stuttgart 2007，S. 106.

③ Jens Badura：Kohaerentismus，in：Marcus Duewell/Christoph Huebenthall/Micha H. Werner（Hg.）：Handbuch Ethik，Stuttgart 2006，S. 197.

④ Thomas Zoglauer：Toedliche Konflikte，Stuttgart 2007，S. 284.

⑤⑥ Johannes Fischer/Stefan Grunden/Esther Imhof/Jean – Daniel Strub：Grundkurs Ethik，Stuttgart 2007，S. 106.

融贯度。这样，“最终是我们信念的整体网络产生了论证的力量[①]”，是我们的理论分支相互组合起来的整体平台展示出来的丰富的理论资源和道德智慧，为社会现实中道德冲突的解决提供了一种明智的伦理导向。

融贯主义作为一种伦理学的方法论，已经在当代伦理学的实践中得到了广泛的应用。比较突出的例证是美国伦理学家比彻姆（Tom L. Beauchamp）和丘卓斯（James F. Childress）提出的生命伦理学四项基本原则，即不伤害、行善、自主、公正。这四项原则构成了一个融贯的系统，它们相互支撑、相互充实，共同搭建起一种论据的平台，为生命伦理学中道德冲突的解答提供了一个理论的框架。四项原则的内容不是抽象的，也不是相互割裂的，“其要求须在每一种具体的个别情形中相互权衡并以合宜的方式特殊化，以便能够做出一种合适的决断。这里也涉及将多元的基本原则通过一个权衡程序以一种融贯的方法整合起来，从而能够为具体的决策情境引导出一种合宜的行为建议[②]”。更值得一提的融贯性方法论模型，是罗尔斯在《正义论》中阐述的“反思的平衡”（reflective equilibrium）。尽管罗尔斯并没有清晰地呈示他是怎样应用反思平衡的方法来为正义论做出辩护的，但反思的平衡这一方法却已获得了一种有关道德判断的普遍的辩护模式的地位，甚至可以说“反思的平衡构成了伦理学中最有影响的辩护方法[③]”。所谓“反思的平衡”，是伦理学中的一种辩护与决策程序，其基本理念在于：“如果我们为我们的有关正义的规范理念做辩护，则我们并不是首先从一种或几种基本原则出发，然后从这些原则中导出所有特殊一些的正义规范的系统。有关正义原则的辩护更是一种可重复的程序，在这一过程中总体性的原则与具体的个别情境的判断在一种相互修正和校正的过程中相互平衡并得到更改[④]”。“无论是基本原理还是单个的情境判断都不能固守于一种终极状态，所有的元素在辩护的过程中都可以得到修正。这一过程的目标在于，在深思熟虑的单个情境判断与基本原理或原则之间实现一种融贯的相适

---

① Jens Badura：Kohaerentismus，in：Marcus Duewell/Christoph Huebenthall/Micha H. Werner（Hg.）：Handbuch Ethik，Stuttgart 2006，S. 199.

② Martin Hoffmann：Kohaerenzbegriffe in der Ethik，Berlin 2008，S. 5.

③ Martin Hoffmann：Kohaerenzbegriffe in der Ethik，Berlin 2008，S. 27.

④ Martin Hoffmann：Kohaerenzbegriffe in der Ethik，Berlin 2008，S. 28.

状态。[1]"在罗尔斯、丹尼尔斯（Norman Daniels）等人那里，"融贯作为一个概念被用来描绘这一目标、这一终极状态、这一辩护过程的理想化的结局。当一个人将需要辩护的原则与特殊的单个情境的判断以一种优先的方式置于一个融贯的关联之中时，他就正好处于'反思的平衡'[2]"。也就是说，正义原则不能归溯于其他的终极原则得到论证，而应是基于其与一规范系统是否融贯的关联度而得到论证。

总而言之，融贯主义的方法在当代伦理学的建构中发挥了一种其重要性日见明显的作用。比恩巴赫尔指出："作为哲学活动，伦理学在更高的程度上以如理性、融贯和系统这样的方法论理想为导向，并且不仅将这些运用于其自身的理论设置，而且也典型地将它们适用于作为（研究）对象的道德之上。[3]""就理性之理想而言，这里批判性地关涉到对未经论证的权威的接受以及对传统和道德的不加质疑的接纳。就融贯和系统之理想而言，这里批判性地关涉到如此的道德规范体系，这些体系本身是矛盾的，或者是由极为异质的因素构成的。[4]"应当说，融贯主义的方法论，既致力于伦理理论扇面内部不同的、各异的理论要素的相互协调、互补与支撑，也着眼于向社会推进一种伦理文化，它既能够对曾经盛行的、遗留下来的道德传统坚守一种清醒的、质疑性的、批判性的立场，也可以对当代社会价值观念多元化的现实图景保持一种开放、理解、接纳与宽容的态度。

第二节　融贯主义权衡模式的具体运作

以上我们阐述了伦理理论（或原则、规范）的应用是一种与该理论（原则、规范）的论证完全不同的过程，这里需要另一种权衡性的智慧，一种道德判断力，适用的是一种融贯主义的方法论。当然，这还只是一种抽象的理论

① Martin Hoffmann：Kohaerenzbegriffe in der Ethik，Berlin 2008，S. 3.
② Martin Hoffmann：Kohaerenzbegriffe in der Ethik，Berlin 2008，S. 29.
③ Dieter Birnbacher：Analytische Einfuehrung in die Ethik，2. Auflage，Berlin 2007，S. 5.
④ Dieter Birnbacher：Analytische Einfuehrung in die Ethik，2. Auflage，Berlin 2007，S. 5－6.

叙述。下面我们将分析这样的融贯主义的权衡模式具体而言是如何运作的。

1. 第一层级：义务论所论证的个体价值原则

如前所述，伦理理论的应用往往并非是某种单一理论的简单的应用，而是由诸多理论构成的一个扇面或框架作为一个整体的应用。其中各种伦理学理论分支融贯地嵌合在一起，无论是义务论、功利主义，还是德性论、契约主义作为一整体的重要组成部分都不可或缺。尽管都很重要，但它们之间也还是有一个主与次、前与后的排列顺序的。“虽然经常存在着相互竞争的规范，但这些规范总还是可以归入一个合宜的序列之中的。①”那么，哪种伦理理论（或原则、规范）或哪种价值处于最优先的地位呢？应当说“个体价值应优先于其他价值，也就是说在冲突的情境下人的个体存在以及保障这种个体存在的东西要作为价值序列的第一级而得到维护②”。“在所有的价值冲突中，……个体性（Personalitaet）应获得优先。人之个体构成了第一级的价值。③”个体价值或个体性这一概念，体现着现代人类文明社会最基本、最核心的价值，即人的生命的神圣不可侵犯、人的身心的完整性、人的尊严、人的其他基本权利，这就类似于瓦尔策（Michael Walzer）所谓的核心道德：“属于核心道德的有‘有关谋杀、欺骗、刑供、压迫和暴政的禁令’以及基本的正义原则和基础性的人权④”。这一层次的核心价值属于人类行为规范的底线，它们具有在其他价值、利益面前的优先性和不可权衡性、不可交易性、不可妥协性、不可相对化性，其他的价值、利益在与之发生冲突之时，都应为之让位。只有在个体价值得以保障的前提下，才谈得上对其他因素或利益的权衡。因此，罗默尔指出；“在实践的讨论中只有那些不与个体优先权之规则及其不同表现形态相冲突的价值或规范才是可普遍化的。具体来说，在所有的价值冲突中人之个体的基本权利要先于任何权衡而得到实现。⑤”伦克（Hans Lenk）也认为，“只有当这些人权或基本权利得以保障，则人们在伦理冲突的情况下才可以转向在一种公平的

---

① Stephan Sellmaier：Ethik der Konflikte ，Stuttgart 2008，S. 35.

② Herbert Rommel：Normenkonflikte und Abwaegungsprozesse，Freiburg/Muenchen 2007，S. 327.

③ Herbert Rommel：Normenkonflikte und Abwaegungsprozesse，Freiburg/Muenchen 2007，S. 353.

④ Vgl. Thomas Zoglauer：Toedliche Konflikte，Stuttgart 2007，S. 304.

⑤ Herbert Rommel：Normenkonflikte und Abwaegungsprozesse，Freiburg/Muenchen 2007，S. 353.

妥协中平等地将利与害分配到所有当事人身上[①]”。对这处于第一级的个体价值做出了最佳辩护的伦理学理论，是康德代表的义务论。因此从伦理学的分支理论排列的角度来说，义务论应置于功利主义之上，义务论对功利主义后果论的决断与适用范围划出了边界，做出了限制。“人的健康完全优先于社会的经济和科学利益”这一原则便可看成是这种限制的一个结果。“在为义务论与后果论或者说功利主义所论证的价值冲突中，……义务论所论证的涉及到个体基本价值的价值优先。[②]”“只有当基本价值与基本权利的优先性得以保障的前提下，功利主义的原则才能发挥效力。[③]”

于是，我们可以看到在这个为不同的理论资源构成的价值序列的顶端，已然由主要为义务论所论证的个体价值所占据，它构成了人们在应对伦理冲突之时做出道德权衡的第一层级的考量。从个体价值优先性原则中，可以导出一种具体的行为规范，例如“一个人的生命被视为最高的利益，它禁止与其他利益相权衡，即便是其他人的生命[④]”。“人的尊严是人的一种非定量的‘价值’，是其自我目的性，因此它并不是交易的对象。对某些个体尊严的侵害是无法通过其他人的益处、福利、好处或幸福的增长得以补偿的。[⑤]”有了个体价值原则确定的人类行为的底线，我们在遇到诸如“本答应清晨到饭店送朋友去机场赶飞机，但半路上遇到有人出了车祸，自己是应恪守诺言还是改变计划营救伤者”这样的问题，或者如柏拉图讲述的“本应信守承诺归还从朋友处借来的武器，但后来发现朋友之所以需用武器是为了去杀一个人之时，是否应不还武器以阻止朋友去杀人”这样的问题之时，答案应当是非常清楚的。尽管在我们面前出现了义务与义务之间的冲突，但这些道德义务存在着轻重之别，我当然应当去救人，当然应阻止朋友去犯罪，尽管守信义务未能得到履行。同理，在遇到“能否为了营救多数人而主动侵害少数，乃至一位无辜者的性命”这样的问题时，我们也不难找到一个清晰的解答思路和明确的答案：即每个人

---

① Vgl. Herbert Rommel：Normenkonflikte und Abwaegungsprozesse，Freiburg/Muenchen 2007，S. 327.

② Herbert Rommel：Normenkonflikte und Abwaegungsprozesse，Freiburg/Muenchen 2007，S. 327.

③ Herbert Rommel：Normenkonflikte und Abwaegungsprozesse，Freiburg/Muenchen 2007，S. 330.

④ Thomas Zoglauer：Toedliche Konflikte，Stuttgart 2007，S. 74.

⑤ Christoph Horn：Gueterabwaegung，in：Marcus Duewell/Christoph Huebenthall/Micha H. Werner（Hg.）：Handbuch Ethik，Stuttgart 2006，S. 393.

都拥有平等的价值，都是目的自身，绝不允许滥用于作为其他目的的手段，即便是为了营救数量巨大的人的生命。因为“数量的状况，如需营救者与需牺牲者之间的情况，不允许起什么作用。人的尊严禁止进行将人命作为可计量的数量的收支计算[①]”。这就是德国宪法法院为什么判决“德国航空法”必须废除的理由，按照该法，当恐怖分子劫持民航班机并以之作为武器来攻击城市的时候，德国国防军可以将该班机击落。德国宪法法院之所以这样判决，是因为击落班机尽管可能有效避免城市里数量众多的生命遭受毁灭，但攻击飞机的行为显然是对班机上无辜乘客生命权利的侵害，把无辜乘客作为拯救其他人性命的工具了。有人会说，不论击落与否，乘客的性命在飞机被劫持并用于攻击城市的情况下反正已是难逃厄运，只是击落行为使其生命缩短了些时间，但有可能因此而使城市平民免受侵害，这难道不可思议吗？然而，依照个体价值的原则，这种考量也绝不构成令“人是日的”、“国家须保障人的生命权益”这些基本理念之有效性相对化的理由。“即便是其生命由于被击落的缘故只是缩短了几分钟，这缩短了的生命预期也不会动摇为基本法所保障的对生命的保护。[②]”“生命决不可以与其他生命相权衡。因为每条人命作为人命都是同等有价值的。人的尊严的不可侵害性的效力独立于其身心状态，也独立于‘个体的人的生命的可预见的长短’。[③]”这样，即便是冒着城市平民大量伤亡的风险，也不可以击落该民航班机。有人会反驳道，国家明知平民有伤亡的巨大风险而不施救，这不也是一种不负责任，乃至是一种罪恶吗？的确，不介入事态而听任命运的摆布从而旁观城市平民的生命权受到无端的侵害，这当然令人难以容忍。但是，我们不仅应看到国家救人的义务，而且也应看到国家禁止杀害无辜者的义务。我们不仅应看到有禁止“任其死亡”这样的禁令，而且更应坚守禁止杀人之禁令。在两者冲突的悲剧面前，“禁杀令优于救人命[④]”。因为在这种严峻的情形下，国家当局或当事者只有一种选择。如果为了营救更多的人，国家当局或当事者在违背其意愿的情况下杀死了某些或某位无辜者，则就

---

① Thomas Zoglauer：Toedliche Konflikte，Stuttgart 2007，S. 75.
② Thomas Zoglauer：Toedliche Konflikte，Stuttgart 2007，S. 71.
③ Thomas Zoglauer：Toedliche Konflikte，Stuttgart 2007，S. 73.
④ Thomas Zoglauer：Toedliche Konflikte，Stuttgart 2007，S. 17.

严重侵害了个体价值的原则。如果他们没有杀死无辜者，结果是听任命运的摆布，而最终出现的很可能是需营救者丧失生命，则国家当局或当事者也并无罪过，因为在这种特殊的情形下并非是他们造成的死亡，故他们对这种悲剧性的后果并不负责任（当然如果他们能够通过其他方式营救却没有这样做，则是另一回事）。诚然，国家当局或当事者在这种严酷的两难中选择了不作为，是不可能摆脱内在良心的煎熬的，但必须承认，不作为是一种可以理解的无奈之举，因为它取决于个体价值原则的不可侵害性。

如前所述，从个体价值的原则中不仅可以推出个体生命的神圣性、不可交易性，而且还可以导引出人的尊严的不可侵害性的行为规范。这些原则与规范为严禁酷刑的律令奠定了理论基础。但当一个嫌犯劫持人质后在取赎金时被抓，而刑供可能是令他交代人质所在地的唯一途径之时，警察有无权利在这极特殊的情况下实施刑供或以之相威胁？这里涉及一种极端的两难情形，甚至可以说一种不可解决的道德冲突。对这一冲突人们有不同的立场和态度是完全正常的。如果警察为了挽救被劫者的生命（如可能被饿死）而对嫌犯动了刑，则他无疑是触犯了处于第一层级的个体价值原则，挑战了劫持者的尊严。他既然违了规，就应承担违规的后果并接受法庭的审判。有人会以这是一种所谓“道德例外的状态”为由帮他做辩解。但是违背了原则与法律就是违背了原则与法律，不能讲这是一种特殊的两难情况而说明刑供的做法是对的，“在这里是违背基本的道德原则行事的，它不能从上位的原则中得到道德辩护[①]”。“在这种情况下对这一规则的违背必须在这一规则面前得到辩护。[②]”换言之，刑供就是刑供，刑供本身是绝对的错误，不论缘于何种理由，不能因是救人而把不得不刑供说成是正确的、合乎道德的。因为这样做无疑是对“刑讯逼供”之禁令的挑战，甚至有可能导致刑供合法化的后果：“假如人们将此行为在下述意义上‘伦理化’，即人们提出道德规则，说明在哪种情况下可以这样去做，则它便不再是例外情境，人们会将之变成常态情况，变成这样的规则：当如下种类的情况出现，就可以刑供或以刑供相威胁。这将会对普遍的道德意识产生严重的后果，特别是当这些规范被法律所吸纳，法律将刑供为某些情况所

---

①② Johannes Fischer/Stefan Grunden/Esther Imhof/Jean－Daniel Strub：Grundkurs Ethik，Stuttgart 2007，S. 135.

规定的话[1]”。当然，法庭在审理这一案件之时，会考虑到尽管警察违法动了刑，但这里涉及的是嫌犯的尊严与无辜的被劫者的尊严乃至生命之间的冲突，而嫌犯是肇事者、责任方，警察动刑是为了避免无辜的被劫者的尊严乃至生命受损这样一种结果所采取的不得已的行动。鉴于此，法庭可以给警察一个温和的判决。这一例证使我们对个体价值、个人尊严原则的严肃性有了一个更深的体认。违背原则的行为本身，不能成为改变这一原则的理由，而必须在这一原则面前为自己辩护。我们应将两件事情区分清楚：一件事情是不得不刑供，以便避免更坏或最坏的结果。另一件事情是，不能说在这种情况下刑供是正确的行为选项。相反，既然违背了原则，就应承担违规的后果，接受应得的惩处。不能因“道德例外的状态”来说明刑供禁令本身有问题，其要求在特殊的情况下是可以弱化甚至是可以忽略的。与此例相类似的是有关医生是否应该辅助病人死亡的争论。医生的职责是救死扶伤，这里不可能包含帮助临终病人结束生命。当然医生可以不去阻止病人自杀的行动。但帮助病人去死则直接违背了医生的道德义务。在极个别情况下医生出于个人良心决断可能会参与助死活动，但这只能是特例，不能成为一种合法的、常态的行为模式，否则会对医生伦理造成严重的负面影响。

前面叙述的例证，体现的要么是不同量级生命（单个或少数无辜者的生命与多数人的生命）之间的冲突，要么是不同责任承担者（犯罪嫌疑人与被劫持的无辜受害人）之间尊严与尊严的冲突，我们给出了解答的方案以及辩护的理由。还有一种冲突比较特别，它出现在两个完全平等、毫无差异的生命与生命、尊严与尊严之间。例如一位消防队员冲进起火的房间里发现有双胞胎婴儿，由于环境或技术条件所限他只能救出其中的一个；或者即将沉没的小艇上挤满了一群青年人，没有任何道德理由指定谁应该跳艇，以牺牲己命为代价挽救全艇人的生命。在这种情况下人们似乎陷入了一个道德死角，即不可能做出一种清晰的道德判断。怎么办？德国十七世纪著名的自然权利理论家普芬多夫（Samuel von Pufendorf）提示人们，在超载的救生艇上或许不会出现全体均得救的情况，此时应抽签决断。谁要是拒绝这一程序，从而让所有人都陷于死

---

① Johannes Fischer/Stefan Grunden/Esther Imhof/Jean - Daniel Strub: Grundkurs Ethik, Stuttgart 2007, S. 135.

亡的危险，则就可以在他不抽签的情况下把他扔进水里[①]。抽签决定的优点在于，它公平地顾及到了所有当事人的需求，且对牺牲者的选择不是基于人为，而是基于偶然。“抽签决定或者所有基于偶然性的决断的辅助手段，在决断层面反映了悖论的起源因而特别适用。用决策论的术语人们可以说，自然造成的东西，只能通过自然，也就是再通过偶然性来解决。[②]”当然，基于偶然性的决断与基于自主性的道德决断不是一个层面的东西，在伦理权衡中引入一种道德中立的自然选择的方式，这既说明了人类道德判决能力的有限性，也证明了道德权衡中确已贯彻了融贯主义的精神。融贯主义道德权衡的模式秉承开放性的理念而决不排斥任何有益的决断标准与方法。除了抽签决定外，明智的融贯主义的伦理理论架构及道德权衡模式，也能够很好地接受海难发生时的所谓海员法则，即逃难的顺序是妇女儿童优先。如果仅以弱势群体应受到优先顾及的道德原则来解析，人们说明不了为何老人不应同时也包括在内。可见，先救妇女儿童并非是完全出于一种鲜明的道德考量，而是这一考量“更具社会生物学的性质。儿童比成年人拥有更长的生命预期，生育期的妇女还能生孩子。因而妇女与儿童的生命从生物学的角度来看比男性成年人‘更有价值’[③]”。可见，融贯主义的道德权衡模式可以包容所有有益的决断要素，从而使其自身充满了能动性与活力及自我纠错的潜能。同时，由于对基本的个体价值原则的清醒认知和坚定恪守，它又不会滑入道德相对主义的泥潭。

2. 第二层级：功利主义理论

前面我们谈到，有关道德冲突的伦理权衡模式要以一种由诸多理论、原则、规范构成的扇面作为考量的依据。在这扇面的第一层级，是义务论所论证的个体价值的原则。它奠定了伦理理论的应用中全部道德论证活动的基石。从第一层级自然会过渡到第二层级，占据第二层级的是功利主义的理论，其价值标准是普遍福祉的最大化和痛苦的最小化。我们前面提过，由不同的理论分支构成的融贯的系统中的任何一个组成部分都是不可或缺的。义务论自不待言，

---

① Vgl. Thomas Zoglauer：Toedliche Konflikte，Stuttgart 2007，S. 118.

② Stephan Sellmaier：Ethik der Konflikte ，Stuttgart 2008，S. 131.

③ Thomas Zoglauer：Toedliche Konflikte，Stuttgart 2007，S. 116.

它已然构成这一理论系统的第一层级。但同时，义务论也不能轻视作为后果论的功利主义，恰恰相反，“后果论与义务论的论证绝非是相互排斥，而是从根本上相互依存”[1]，共同嵌合在一个融贯的理论扇面之中的。义务论不能解决自己的原则要求应用到相互冲突的两个主体身上所产生的悖论，从而需要诉诸功利主义理论资源的援助这一点，为此提供了最佳的证明。相关的例子是孕妇难产时只能保住一条生命时的道德两难。按照义务论论证的个体价值优先原则，孕妇与胎儿在都是人命上并无差异。因此在义务论的视野中，没有任何道德理由仅支持其中的一条生命。义务论本身显然解决不了这一价值悖论。在这一特定的情况下，只有依靠功利主义才能找到脱困的途径。“当人们在义务论层面不可能排出或做出价值等级或优先性的决断，则就只有走一种后果论的利益权衡这条路了。在这条路上行为的内在价值并不具有伦理上的决定性意义，有意义的是一种严格的后果预期和后果评价。普遍的优先规则如下：如果在一种两难性冲突情境下，不存在通过义务论得以论证的价值的可知的优先状态——因为两者是等重的，则依照对后果的权衡能够给所有参与者带来最大可能好处（功利、利益平衡）的伦理和法律价值优先。[2]”依此，难产时孕妇的生命当然优先于胎儿的生命，“挽救母亲或许对于大多数当事人而言比挽救孩子更具有积极性的结果[3]”。

一般而言，在义务论所论证的个体价值得以维护的前提下，进一步的权衡步骤便是功利主义式的利弊计算与考量。“只要个人的个体权利没有受到侵害，则适用社会优先规则，即大家的福祉优先于个人的福祉。[4]”从功利主义的原则中，人们很容易提炼和浓缩出一些简单实用、与我们的公平之直觉相吻合的具体的行为准则，如“两害相权取其轻，两利相权取其重”，高位价值优先于低位价值，直接的道德责任在大多情况下优先于间接和长远的责任，紧急需求优先于非紧急需求，后果可逆的决断优先于后果不可逆的决断（故严禁其危害不可控制与纠正的技术应用），等等。另外，功利主义比较擅长应对紧

---

① Herbert Rommel：Normenkonflikte und Abwaegungsprozesse，Freiburg/Muenchen 2007，S. 327.

② Herbert Rommel：Normenkonflikte und Abwaegungsprozesse，Freiburg/Muenchen 2007，S. 333.

③ Herbert Rommel：Normenkonflikte und Abwaegungsprozesse，Freiburg/Muenchen 2007，S. 334.

④ Herbert Rommel：Normenkonflikte und Abwaegungsprozesse，Freiburg/Muenchen 2007，S. 338.

缺资源的分配问题。按照总体效用最大化原则，有限的财富就不该分配给富人，因为他们在需求的满足上已经达到了一定的饱和度。而将哪怕是十分有限的物品（衣物、食品）分给穷人，就可以给他们带来巨大的益处，其效用远远超过了当把财富分给富人时的结果。同理，如果将西方国家为了抗击罕见疾病在尖端医学上投入的资金转而用于发展中国家抗击流行病，则就能实现普遍利益的最大化。

如前所述，一般而言对义务论所论证的个体价值原则的坚守是功利主义发挥优势的一个前提。但在现实中有时会出现一些比较复杂的情况。比如它们涉及到个体生命与国家利益之间的关系，甚至是两者的冲突，而在某种极端场合人们基于功利主义的立场可能会做出有利于国家利益的行为抉择，并且这种抉择也并非是不可理喻的。一般而言，个体生命与国家利益之间是没有冲突的，且国家的职责恰恰在于保障其公民的生命安全及其他权益。但有时人们也会遭遇到一些极端例外的情形。1977 年西德发生恐怖主义组织红军旅劫持德国雇主协会联邦联合会主席施莱耶尔（H. M. Schleyer）事件，劫持者提出的放人条件是政府释放被关押的该组织的同伙，否则人质的性命难保。社会舆论出现两极反应：一种意见认为应满足劫持者的要求，因为保护国民的生命是国家的最高要务。另一种声音相反，认为法治国家不应让恐怖主义的敲诈得逞。当时的西德政府做出了后一种选择，尽管结果是人质被害。政府的考量是：如果国家被看成是可以勒索的，则更多平民的生命将会受到恐怖主义的威胁。这一事件表明，“个体的生命在特殊严酷的情况下还是可以权衡的，如果它与一种更高的利益相比，在这里是指国家利益[①]”。当然需要指出的是，在这一事件中西德政府当时只是放弃了依照恐怖主义规定的方式对人质的营救，而并非是自己杀害了某位国民。也有学者认为，国家利益高于个体生命，这也就意味着，当国家的行为能力甚至国家的存在都受到威胁之时，则牺牲无辜者的生命也是必要的[②]。例如，当被恐怖分子劫持的民航班机正冲向政府的中枢地带，则国防军就可以将其击落，“被劫持的飞机上的乘客则应为一共同体的保护而做出牺牲[③]”。

---

① Thomas Zoglauer：Toedliche Konflikte，Stuttgart 2007，S. 78.

② Zitiert bei Reinhard Merkel，vgl. Thomas Zoglauer：Toedliche Konflikte，Stuttgart 2007，S. 79.

③ Thomas Zoglauer：Toedliche Konflikte，Stuttgart 2007，S. 81.

3. 第三层级：中庸原则、妥协、无知之幕的方法、双重效用原则

如果说道德权衡的第一层级，是对为义务论所论证的个体价值的恪守，第二层级为功利主义的原则所占据，则就可以说，第三层级是由一些更具体的应对道德冲突的策略和方式所充斥的。这里值得重视的是德性论的中庸原则、契约主义的无知之幕的方法以及妥协及双重效用原则。

我们先看德性论的中庸原则。亚里士多德德性论中包含这样的观点：所谓德性就是人的心灵的可嘉和卓越的特征，是值得赞赏的品质。德性分为两种：理智德性是指智慧、理解与明智。道德德性是指慷慨、审慎、勇敢与节制等。道德德性的特征在于适度、适中，在于两极里的中道，在于两个极端之间把握住正确的尺度，相反地，过度和不及都是恶行的特征。比如勇敢是鲁莽与懦弱之间的中道，慷慨是浪费与吝啬之间的中道。我们现实的实践表明，中庸、中道的确是人们应对道德两难时经常需要应用的原则，是一种不偏不倚、中正中和、把握均势、保持平衡、使人们不致迷失于任何一项极端的道德智慧。

与中庸原则在价值诉求上比较接近的，是妥协的方法。如果一定要对两者作一区分，则大体上可以说中庸体现了一种最终状态，而妥协是达到这一状态的途径与手段，如果中庸可以看成是终点，则妥协便可视为过程。我们知道，在以往所有重要的哲学、伦理学的辞典中，是找不到妥协这个概念的。在德国，只是到了 2006 年出版的《伦理学手册》中才可以看到对这一概念的详尽的解释。这种状况不难理解。因为道德要求本来就是绝对的，是排斥妥协的，没有讨价还价的余地。义务论最不认可妥协。在它看来如果不撒谎是一种道德要求，则任何违背这一禁令的行为在道德上就都是成问题的。“当我们依照妥协来行动，则我们便做了些我们根本并不信服的事情。[①]” 于是，妥协便仅被划归于政治实践与政治决断的领域，似乎与道德无关。但是，道德的应用意味着道德行为能力的施展，而行为能力是不可能完全排斥妥协的作用的，况且一个无妥协的、只是由矛盾和冲突所充斥的社会对于每个人而言都没有好的结果。“如果所有各方的行为都以妥协而非以分歧为导向，这是有利的。因为分

---

① Marcus Duewell：Kompromiss，in：Marcus Duewell/Christoph Huebenthall/Micha H. Werner (Hg.)：Handbuch Ethik，Stuttgart 2006，S. 416.

歧导致行为能力的瘫痪，甚至产生出一种与妥协相比更不符合我的信念的实践。[①]”因此“从道德上看似乎应当妥协[②]”，妥协应属于道德范畴，它成就了一种负责任的行为能力，使大家都能获得一定的行为选择空间。“妥协是作为在道德上多多少少负责任的妥协呈现出来的。[③]”妥协是一种道德智慧，它要求博弈的各方多少修正自己的方案，多少做出一些放弃和让步，通过行为的灵活性达致共同的行为能力及有效的行为结果。妥协的战略虽不能杜绝所有的不公，但至少可以避免最坏的结果，消除发生大恶的危险。例如，在核能的安全性受到高度质疑的宏观背景下，当环保的需求与煤炭工业就业岗位的维持之间发生冲突之时，就应通过一种妥协的途径而使各方利益都能得到恰当的满足与顾及。今天国际社会奉行的可持续发展战略，就是人们应用中庸原则和妥协的方法调节和处理当代人与未来人利益冲突的最佳范例。

我们再看契约主义的无知之幕的方法。这可以说是契约主义在方法论上的一大贡献。罗尔斯运用“无知之幕”这一思想实验，推断出每个人基于自身的利益需求都一定会认同两个正义原则。这一无知之幕的方法，对于我们解决有关在无知情同意之能力者身上做有益于他人的实验研究的难题，提供了一种可行的思路。比如，我们有必要在一些痴呆病人或儿童身上进行某种疾病的试验性研究，尽管风险极小，但当事人并无知情同意之能力，且研究的收益也与其无缘，而是惠及以后的病人。如果从事这样的研究，不仅违背了自主性原则，而且还使当事人成了达到某种目的的纯粹手段。放弃这种研究，则对于未来的患者是不负责任的。在这样一种两难面前，我们可以诉诸无知之幕的方法：在一种合乎逻辑的思想实验中，所有的人都被置于无知之幕之下，大家既可能是这种研究的受益者，也可能成为纯粹研究对象而自身并不受益。基于自身利益的考量，我们每个人都应会选择同意做这种研究。运用无知之幕的方法，并非是要论证现实中的这些病人在无知情同意的情况下也应当服从这种研

---

① Marcus Duewell：Kompromiss，in：Marcus Duewell/Christoph Huebenthall/Micha H. Werner (Hg.)：Handbuch Ethik，Stuttgart 2006，S. 417.

② Marcus Duewell：Kompromiss，in：Marcus Duewell/Christoph Huebenthall/Micha H. Werner (Hg.)：Handbuch Ethik，Stuttgart 2006，S. 416.

③ Marcus Duewell：Kompromiss，in：Marcus Duewell/Christoph Huebenthall/Micha H. Werner (Hg.)：Handbuch Ethik，Stuttgart 2006，S. 419.

究的需要，而是要说明：从理论模型的角度讲，做这样的研究是可以经得起某种道德学说的逻辑验证的。现实中最好的应对方式是，人们达成协议：可以从今后某个时间点起，这样的试验与研究将为社会大众整体所认可、接受和支持。

关于双重效用原则。实践中常有这样的事例：本是进行合法的人道干预，在袭击敌方目标时也伤及到无辜的平民。这表明一种本来是道德上善意的行为，实施后虽达到了目的，但也带来了一种不好的后果，即一种行为导致双重效用。某一行为可能造成双重效用，并不意味着该行为不可以施行。托马斯·阿奎那早就注意到这一现象，在他看来这里行为的意图是关键。意图本身必须是善好的，而非是指向附带的消极后果。人们应“仅仅将意欲的好的行为后果，而不是将非故意的坏的附带效果作为行为类型的特征①”。基于此，阿奎那提出有关双重效用的原则：“第一，行为在道义上必须是善的或者至少是中性的。第二，道德上坏的后果不可以是达到道德上好的效果的手段。第三，行为动机只能是在于好的效果之中。第四，想要达到的好的效果必须至少是附带的坏效果的一种等价物②”，即副作用不能超过行为的正面效果，否则副作用便成为行为的目标了。

第三节 总结与余论

人们对伦理学的关注与探究，往往是由社会现实中难以回避的道德冲突和伦理挑战所激发和引起的，大家冀望于诉诸道德哲学而在应对伦理难题上获得理论指导。然而伦理理论的应用，往往并非是某种单一理论的简单的应用，而是由诸多理论构成的一个框架作为一个整体的应用。这些不同的伦理学理论综合成为一个融贯的体系，从而能够为道德冲突的解答提供价值导向。这个融贯

① Christoph Horn：Gueterabwaegung，in：Marcus Duewell/Christoph Huebenthall/Micha H. Werner (Hg.)：Handbuch Ethik，Stuttgart 2006，S. 393.

② Christoph Horn：Gueterabwaegung，in：Marcus Duewell/Christoph Huebenthall/Micha H. Werner (Hg.)：Handbuch Ethik，Stuttgart 2006，S. 394.

的体系分为三个层级：对个体价值做出论证的义务论被排在第一位，换言之，个体价值或个体性这一概念体现着现代人类文明社会最基本、最核心的价值，包括人的生命的神圣不可侵犯、人的身心的完整性、人的尊严、人的其他基本权利等内容。这一层次的核心价值属于人类行为规范的底线，它们具有在其他价值、利益面前的优先性和无可斟酌性、不可交易性、不可妥协性、不可相对化性。总之，义务论所论证的个体价值的原则，奠定了伦理理论的应用中全部道德论证活动的基石。而功利主义的原则，则被排在上述融贯的体系三个层级中的第二位。排在第三位的，是一些更具体的应对道德冲突的策略和方式，如德性论的中庸原则、契约主义的无知之幕的方法以及妥协及双重效用原则。

综上所述，道德的论证有别于道德的应用。道德论证涉及某一种道德理论价值取向的合理性、论据链条的严密性、理论架构的自恰性、最终结论的逻辑性以及该道德理论本身简单的应用实践的有效性。而道德的应用，则不像道德论证那样往往仅关涉到一种伦理理论自身的逻辑演绎与论据建构，而是涉及多重的理论、原则和规范的相互作用及具体的实际运用，它需要将不同的理论与原则综合成为一个能够为道德冲突的解答提供价值导向的融贯的体系，最终要落实到一种道德的行为能力。可以说，伦理学如果不涉及解决问题，那就实在没有存在的必要。因而与道德的论证相比，道德的应用就不可能是那样形态单一、逻辑严密，而是具有灵活和多变的特征。诺伊拉特（Otto Neurath）把我们的知识系统比作为在海上被风暴击伤、亟需维修的一艘船。“我们就像船员一样，必须在开阔的大海上维修，不能把船置于船坞里将其拆开，也不能从坚实的组成部分中把它重新建造起来。①”与此相类似，伦理学只能为人们渡海提供一块木板，使其免遭沉没，但不能保证把大家送达到彼岸坚实的土地上。道德应用最主要也是最困扰的问题，在于应对道德冲突。道德冲突折射了道德理论与价值选择的多元（——人们有时很难对同一问题形成同质的道德认知），因而也呈示出道德行为定向的艰难。“当道德问题成为议题并要求对之进行反思之时，则一般而言几乎不可能在正确与错误的判断视野上做出清晰的

① Vgl. Thomas Zoglauer：Toedliche Konflikte，Stuttgart 2007，S. 306.

区分，而是伦理学成为一种寻求合宜性的事业。[①]”道德实践环境的复杂与险恶，使道德的应用不得不被一种实用主义的思维与论证方式所控制和制约。“对终极的根基，如上帝的意志、事物的本质、人的本性之理性的法则等的诉诸被与现存的共识、人的利益以及其合法的差异性的关联所取代。道德思维削弱了其绝对性的特征，并变成了均衡不同利益的媒介；其结论的‘真理性’或‘正确性’越来越是依其‘合宜性’、‘可行性’或‘可望得到性’来度量的。[②]”在道德应用的领域，如果能够发现“道德真理”这一字眼，那一定是件十分幸运的事情。能够成为人们现实的努力目标的，或许仅仅在于达成共识，特别是达成经过商谈并改变了自己先前某种立场，进而是基于对事物的某种认知所产生的共同信念与洞见的所谓论证性的共识，或者至少是一种以各自的伦理信念的坚守为前提的、基于不同的理由而认同同一结论的所谓“重叠的共识”。最不理想的或许是仅仅达成经民主投票产生的多数人的共识，它只能解决道德问题，而无法消除道德差异。

在道德的实际应用中，道德冲突使道德哲学家们明了了自己的价值，也看清了自己的局限，同时也强化了其对自身素质问题的认知。道德哲学家必须将对伦理学理论体系的武装，转变成为一种缜密严谨、基于理性而非仅仅基于情感的道德判断力，其能力的成熟度的一个标准在于，他做出判断之后其他正确的判断者在同样情况下也能做出相同的判断。当然，并非所有的问题都苛求伦理学家做出自己的解答。道德哲学的首要任务，是准备解决问题的工具，它不应热衷于取代当事人自己的思维与决断。像萨特所讲述的一位其兄在反纳粹的战场上贡献了生命的法国青年，是应当像哥哥那样奔赴前线继续与纳粹抗争，还是留在家里照看病弱的老母亲这样的难题，也只有留给所有可能的或潜在的当事人遵循自己的自由意志来选择了。

---

① Jens Badura：Kohaerentismus，in：Marcus Duewell/Christoph Huebenthall/Micha H. Werner（Hg.）：Handbuch Ethik，Stuttgart 2006，S. 196.

② Zitiert bei Kurt Bayertz，vgl. Jens Badura：Kohaerentismus，in：Marcus Duewell/Christoph Huebenthall/Micha H. Werner（Hg.）：Handbuch Ethik，Stuttgart 2006，S. 196.

第十章
元伦理学的核心问题：伦理实在论的现实出路

如前已述，元伦理学是伦理学中的一个重要分支。它不仅是指二十世纪初主要在英美世界兴起的一种伦理学研究方向，而且在一种广泛意义上也是指所有对伦理学理论本身的哲学反思，故可以理解为是伦理学的科学理论，属于伦理学中本体论层面的探讨。从这个角度来看，元伦理学与德语世界传统意义上的“基础伦理学”（Fundamentalethik）同义。

与规范伦理学和描述性伦理学不同，元伦理学既不提供任何规范性的伦理原则与要求，也不描绘某一历史时代实际上得到接受的规范系统，而是分析道德规则的存在形式，探求道德语言（道德概念与道德判断）的认识论、语言哲学和本体论的基础。具体而言，它既要研究像“善”、“正确”、“应当”这些道德词汇与概念的语言意义，也要分析道德判断是否和如何具有认知的内涵，例如，“违背其自主意志地杀死一位无辜者，这在道德上是错误的”这一道德判断，究竟是一项关于真理的陈述，还只是一种情感、倡导或命令的表达？作为对道德语言的哲学反思和分析哲学在伦理学中的表现形式，元伦理学试图通过对道德本质的探讨，最终为规范伦理学和描述性伦理学奠定一种普遍的解释框架。

第一节　非认知主义、情感主义、规定主义

元伦理学中涉及道德本质的一个核心论争，是有关道德判断是否具有认知内容，它表达的是某种识见或洞悉，或者仅仅是情感与感受这样的问题。如果认可道德陈述具有认知内容，那么这种内容能否像描述性陈述那样可真可假？针对这些询问，出现了认知主义与非认知主义两大阵营正相反对的不同回答。

认知主义阵营承认道德判断的认知功能，道德陈述是可认识、可论证的。

强的认知主义者同时坚信道德陈述有真假问题，道德判断可以是含有真理的陈述。而弱的认知主义者则承认道德判断的正确性与有效性是可以通过争论来确定的，但道德判断不能等同于可真可假的描述性陈述。

非认知主义阵营则根本否认道德判断的认知功能，认定道德陈述是不可认识、不可论证的。道德陈述也无所谓真假的问题，因为真假问题仅与经验性陈述相关。经验性陈述是真是假，取决于它是否呈现出事实或者说符合现实的状态。经验性陈述如果证明自己是真理，是客观有效的知识，就说明它满足了经验科学有关真理的两项标准：一是能经受逻辑的、数学上的证明。二是能经受观察与实验的验证。但是，道德判断并非是对事实与现实状态的呈现，所以就不是客观有效的知识，当然也不是什么合乎真理的陈述。

非认知主义是以休谟有关人类精神模式的观点为理论渊源的。“在休谟看来，人类精神分为理性与意志。前者的目的在于我们的信念与现实的契合意义上的真理。反之，意志，在休谟看来还包括情绪、希冀和价值立场，目的并非在于与现实的契合，而是在于通过行为使现实适应于我们的意志。①”“理性的目的在于真理并且并无驱动的力量。反之，意志驱动行为，但目的并非在于真理。②”而伦理的特征恰恰在于拥有一种驱动的力量，该力量体现在“应当”这一要求上。伦理学的表述是驱动性的，它并非来自于理性，也并非是有关真理的陈述。

当代非认知主义者布莱克本（Simon Blackburn）认为，否认道德判断具有真值的可能性，否认它是一种客观有效的知识，并不意味着对社会实践中践行的道德立场与价值判断本身持拒斥的态度。非认知主义只不过是要说明，伦理规则归根到底还是一个品格的问题，而不是认知的问题。道德要靠习惯的养成，而非是抽象知识式的学习的对象。

在非认知主义看来，道德陈述的功能不在于把握知识，而在于表达言说者的情感或指令，从而激发起听者的共鸣并采取相应的行动。主张道德陈述是言说者的情感表达的，被称为情感主义。主张道德陈述是言说者的指令表达的，被称为规定主义。

情感主义是非认知主义的一种极端表现形式。它完全否认道德判断具有任

---

① Michael Quante：Einfuehrung in die allgemeine Ethik，2. Auflage，Darmstadt 2006，S. 43.

② Michael Quante：Einfuehrung in die allgemeine Ethik，2. Auflage，Darmstadt 2006，S. 44.

何认知的内容，认定道德陈述的功能仅在于呈现言说者的情感，并且对听者的情感产生激发的作用。故所谓道德讨论无异于情感的相互表达与交流。代表人物有卡尔纳普（Rudolf Carnap）、艾耶尔（Alfred Jules Ayer）和史蒂文森（Charles L. Stevenson）。

艾耶尔认为，伦理表述是由一种断言再加上一种感受表达所组成的，否则它就只是言说者情感的纯粹呈现了。故艾耶尔的理论被称为是“呸/好哇”伦理学理论[①]。史蒂文森则断定，伦理陈述是表达言说者立场的宣示性陈述与针对听者的指令性陈述两部分构成的。如伦理陈述“这是好的”，实际上是由宣示性陈述“我认同之”和指令性陈述“希望你也这样做”这两部分组成。在史蒂文森看来，伦理陈述的本质性功能并不在于宣示性陈述，而是在于其指令性陈述：“道德判断并非只是描绘人们的立场，而是改变和干预这些立场[②]”。任何言说的本质目的在于影响人们的立场，而这种左右他人立场的手段，并非是通过理性论证，而是借助于“感应作用”。

规定主义是非认知主义的一种温和表现形式。其主要代表人物是黑尔。他提出了所谓普遍的规定主义。按照这种规定主义，道德判断不能化归为事实判断（有别于认知主义），也并非是纯粹情感的宣示（有别于情感主义），而是拥有两种决定性的逻辑或语言特征：普遍性与规定性。所谓普遍性，是指道德判断中内蕴着一种普遍性的原则，它决定了言说者在说某事物是坏的时候，逻辑上有义务将所有其他与该事物相同的东西，也说成是坏的、需要禁止的。这就如同当我们说香蕉是黄色的时候，我们逻辑上有义务将所有其他与香蕉有同样颜色的物体也说成是黄色的那样。普遍性特征，使黑尔的立场与纯粹情感主义的立场区别了开来，因为这一特征为价值问题可以经受逻辑和理性的商讨提供了一个基础。所谓规定性，是指道德判断并不具备事实意义上的客观性，而是表示言说者向所有理性的存在者提出了命令、要求、期待和建议，以便借助于命令来左右或导引人们的行为。听者并非会因“感应作用”而简单地受到操纵，而是自己在命令的召

---

① Michael Quante：Einfuehrung in die allgemeine Ethik，2. Auflage，Darmstadt 2006，S. 49.

② Charles L. Stevenson：Die emotive Bedeutung ethischer Ausdrueke，in：Guenther Grewendorf/ Georg Meggle（Hrsg.）：Seminar：Sprache und Ethik. Zur Entwicklung der Metaethik，Frankfurt a. M. 1974，S. 121. Vgl. Michael Quante：Einfuehrung in die allgemeine Ethik，2. Auflage，Darmstadt 2006，S. 50.

唤下做出决断，其最终动因则取决于一种非理性的因素①。

在现阶段的元伦理学讨论中，非认知主义属于少数人坚守的立场。原因在于非认知主义大体上是武断荒谬的，其结论与人们道德社会生活的现实相差甚远。诚然，道德陈述的确表达了言说者的主观态度，也有调动听者相应行为的功能，但其意义远非如此。道德判断还有其他的意义面向。因为即便是言说者自身情感和对听者的要求本身，也有一个是否合宜、是否合理的问题。言说者总是希望自己的道德陈述是源于一种理由的，正是对自己陈述的理由的正确性的信念构成了自身立场以及对听者要求的基础。正是道德判断的普遍性、真理性和客观有效性的价值才使它拥有说服人的力量，才使得道德陈述真正有别于广告、动员等舆论操纵。非认知主义失误的症结在于，根本否认道德陈述拥有某种普遍性、真理性和客观有效性的意义面向，把伦理学上的讨论仅仅理解为情感和意见的表达与交流，从而完全割断了伦理学与理性的关联，将道德现象简单归溯为一种非理性的东西，这样也就彻底绝除了对道德问题的理性论辩、理性论证的可能性，其最终结果是事实上也排除了规范伦理学存在的可能性。“如果我们将道德判断仅仅解释为主观感觉和感受，那么我们就难以主张一种规范—伦理学的观念，它要求描绘客观正确与错误的清晰的标准。规范伦理学理论暗含着一系列的元伦理学的设定。②”

总之，非认知主义这条路是行不通的。原因在于社会实践告诉我们，道德判断是有认知内容的，它所包含着的普遍的、有真值的、客观有效的意义内蕴，为人们对道德问题的商谈与理性的论证提供了基础。因此，抛弃非认知主义、走向认知主义，是一种合乎逻辑的必然选择。

第二节　认知主义、伦理实在论、自然主义、直觉主义

如前所述，认知主义的根本特征在于承认道德判断或陈述是可认知、可论

① Michael Quante：Einfuehrung in die allgemeine Ethik，2. Auflage，Darmstadt 2006，S. 52.

② Herlinde Pauer - Studer：Einfuehrung in die Ethik，Wien 2003，S. 163.

证的。所谓可认知的，是指道德判断或陈述体现为一种知识，人们可以对它进行反思，故而它绝非仅仅是人们主观情感的表达。道德判断或陈述作为一种知识，自身便拥有着一种对真实性、正确性的需求，而且这种真实性、正确性应是普遍客观有效的，即真实性与正确性不仅是判断者或言说者自己认定的，而且也是人们所共同认可的。所以，任何一个道德判断或陈述都是有意义的，而不是随随便便信口说出的。所谓可论证的，是指所说的道德判断或陈述究竟是真还是假，是正确的还是错误的，这一点构成了人们通过论证做出辩护或反驳的对象。在道德问题上，经常会出现正相反对的立场，化解之道在于道德上的商谈与论辩，而不是靠情绪上的施压。"道德商谈是反思的形式，这种反思应是以更优的论据的分量为着眼点的。①"

认知主义认可道德判断与陈述是一种知识，而知识是有真与假、正确与错误之别的。那么，究竟凭什么说某种道德知识是真或假、正确或错误呢？在这一问题上，认知主义阵营内部出现了伦理实在论和反实在论两种态度与立场。

伦理实在论认为，人们之所以能说某种道德判断或陈述是真的、正确的，是因为存在着道德事实或客观价值，该道德判断或陈述是对道德事实或客观价值的精准的反映。

按照实在论，道德事实或客观价值是客观存在着的，它拥有一种本体论意义上的地位，故不能简单化归为人们的主观立场或主体性的结构。道德事实或客观价值是现实世界的一个真实的组成部分，正是它的这种本体论意义上的自在性为道德的普遍的约束性力量、伦理要求的可论证性以及评判道德是非的客观标准提供了基础。"道德判断与我们打交道并非是以一种无约束性的主观感受的形式。②"

道德事实或客观价值是感知与体验的对象。谁要是感受到一种残忍的行为，便会在所有的情况下都能认定这种行为是残忍的、错误的。正如我们能够体验与感知自然客体那样，价值也是我们感知的对象。"所有的实在论的共同点是：它们将感受（比如讲价值感受或者价值感）置于伦理学的一个中心地

---

① Herlinde Pauer - Studer：Einfuehrung in die Ethik，Wien 2003，S. 167.

② Herlinde Pauer - Studer：Einfuehrung in die Ethik，Wien 2003，S. 171.

位，……认可情感在伦理学中处于一种基本的地位。[①]”而“人类的情感以及人的感受也呈示出认知的结构[②]”。

柏拉图可以说是伦理实在论立场的最早代表，尽管在他那个时代元伦理学的这些概念术语还尚未出现。在柏拉图看来，道德事实是客观的，不取决于人们的主观认定。其真实存在就像自然事实那样清晰确凿，而有关道德事实的陈述具有与有关自然事实的陈述一样的地位。

这一立场得到了舍勒和哈特曼的继承，他们成为认可价值是一种独特的本体论意义上的存在的所谓实质性的价值实在论或强的伦理实在论的重要代表人物。在他们看来，价值是客体世界本身所固有的，舍勒指出：“真正的和真实的价值质量是存在着的，它构成了客体的一个自身的领域。[③]”哈特曼认为，“价值的存在独立于意识[④]”，“价值是柏拉图式理念的存在方式[⑤]”。而人则拥有一种先验的伦理认知的能力，通过直觉和洞见来把握自在的价值领域。

对实在论有关“存在着客观价值”的判断的最有名的批评，来自于麦凯。他坚信“客观价值是不存在的[⑥]”。理由有二：第一，认定我们可以通过特殊的认知能力来把握客观价值，这种说法是可疑的。而且如果客观价值是存在着的话，其本体论意义上的存在也是独特的。为了能够解释道德判断的规范性力量，人们必然要赋予这种价值以某种神秘的特征。“假如存在着客观价值，则所关涉到的便是非常鲜见的一类本质、质量或关系，它们与世界上所有其他事物是不一样的。[⑦]”这就是麦凯的所谓“源于特殊性的论据”。麦凯否定客观价值存在的这一理据有正确的地方，但也有失误之处。正确就在于，他揭示出哈

---

①② Michael Quante：Einfuehrung in die allgemeine Ethik，2. Auflage，Darmstadt 2006，S. 98.

③ Max Scheler：Der Formalismus in der Ethik und die materiale Wertethik，Band 2 von Gesamelte Werke，Bern/Muenchen 1980，S. 37. Vgl. Michael Quante：Einfuehrung in die allgemeine Ethik，2. Auflage，Darmstadt 2006，S. 99.

④ Nicolai Hartmann：Ethik，Berlin/Leipzig 1926，S. 134. Vgl. Michael Quante：Einfuehrung in die allgemeine Ethik，2. Auflage，Darmstadt 2006，S. 100.

⑤ Nicolai Hartmann：Ethik，Berlin/Leipzig 1926，S. 108. Vgl. Michael Quante：Einfuehrung in die allgemeine Ethik，2. Auflage，Darmstadt 2006，S. 99.

⑥ John L. Mackie：Ethik. Auf der Suche nach dem Richtigen und Falschen，Stuttgart 1981，S. 11. Vgl. Michael Quante：Einfuehrung in die allgemeine Ethik，2. Auflage，Darmstadt 2006，S. 100.

⑦ John L. Mackie：Ethik. Auf der Suche nach dem Richtigen und Falschen，Stuttgart 1981，S. 43. Vgl. Herlinde Pauer－Studer：Einfuehrung in die Ethik，Wien 2003，S. 168.

特曼等借助直觉与洞见来把握客观价值的说法的实际后果，便是将道德价值变成了某种神秘的东西，那些自认为自己直觉不到客观价值之存在的人们，就会根本否认客观价值的真实性。失误就在于，麦凯不能因客观价值拥有一种与其他事物不同的独特存在方式，就根本否认其存在，这就像我们不能因共相、类属、本质、规律等并非是感知的对象，而全然否认它们的存在那样。共相、类属、本质和规律虽然看不见、摸不着，但确也是客观存在着的，借助于人类的理性认知能力，就可以得到把握。与此相类似，正如实在论者所言，客观价值也是真实存在着的，这种存在并不能因存在方式的独特性而受到否认，况且人们可以通过感知来把握这种存在。

麦凯否认客观价值的第二个理由是，人们生活方式的复杂性决定了人类道德思维的多样性与相对性，不同道德体系之存在这一事实，使得我们必然要抛弃有关客观价值的存在以及相应的认知能力的假定。这就是麦凯的所谓“源自相对性的论据”。源自相对性的论据的荒谬性是显而易见的：尽管人类社会生活中存在着不同的价值体系，但这并不意味着在这当中就没有任何共通的东西，就没有普世的价值，而这种普世价值的客观性是我们可以认知的，正是这种普遍适用的客观价值的存在，使我们在日常的社会生活实践中对伦理问题进行理性的论辩和价值论证成为了可能。从这个意义上可以说，人类的道德生活实践提供了驳斥麦凯“相对性论据”的明证。

以上我们简要讨论了实在论的认知主义的基本理论。而在认知主义阵营中，也有反实在论的立场。反实在论的认知主义者，不承认所谓独立于认识主体的道德事实或客观价值的存在，而是认为道德知识的真与假、正确与错误完全取决于主体间的商谈与论辩。

如上所述，伦理实在论承认道德事实或客观价值，正是它们的存在才使人们有理由判定道德判断与陈述的真假。那么，究竟什么是道德事实，它到底具有何种本体论意义上的地位？在这一问题上，伦理实在论阵营的内部又出现了几种不同的派别。

首先是自然主义。在究竟什么是道德事实这一问题上，自然主义的回答十分干脆：道德事实就是自然事实；道德特征就是自然特征；道德称谓（比如“善”）等同于某些经验性称谓（如“有用”或“快乐”）；道德判断（如“某事在道德上是对的”）可翻译成为某种自然判断（如“某事拥有某种自然特征”）。在一些问题上，自然主义似乎拥有强大的解释力。例如“父慈子孝”体现了一种道德特征，而“父子关系”则体现为一种自然特征。我们在日常的道德生活实践中，丝毫不用费力就可以从“父子关系”中推出“父慈子孝”来，“父子关系”这一存在本身自然而然蕴含着“父慈子孝”这样一种应当。从这个意义上讲，道德与自然、道德特征与自然特征并非是水火不容、截然分开的。

这样我们就可以对所谓“休谟难题”有一个比较合宜的解答。休谟难题是指：在休谟看来，从纯粹描述性的存在—陈述里，推导不出应当—陈述。应当说，在一般情况下的确是如此。如从“黄”颜色中推不出“善”或“恶”，因为“黄”属于存在的层面，“善”则属于价值的层面。故不能将价值与实在混为一谈。

但是，在某些特殊的情况下，存在与应当却是交叉重叠的，比如人本身，即是自然界的一部分，服从因果必然性的约束，同时又体现着一种精神世界，服从道德规范的制约，故人自己即是存在与应当的统一体。再有，我们经常使用的一些概念，也拥有着描述与价值双重的属性。一方面，有一些厚实浓密的描述存在的概念，本身就包含有价值—应当的层面，如“父子关系”先天地含有“父慈子孝”的道德意涵。“残忍”或“侮辱”这样的描述性概念，先天地包含有“恶”和“可鄙”这样的价值内蕴。“人类利益与安康”既是一种自然事实，也是一种具有道德特征的概念。另一方面，“我们的中心的伦理概念与陈述不仅含有价值的或规定性意义内容，而且也含有一种描述性的意义方面①”。这些浓密厚实的概念本身，就构成了一道连接描述性领域与价值领域、贯通存在与应当的桥梁。对于这些描述性的或价值性的厚重概念，从某种意义上讲，休谟难题也就得到了消解。

自然主义立场拥有一定的吸引力。首先，自然主义接受了近代以来人类社会对自然与现实的理解传统，即只有为自然科学所认可的实在（特征、物体、事实）才构成现实的基本组成部分。将道德事实解释为自然事实，将道德科

① Michael Quante：Einfuehrung in die allgemeine Ethik，2. Auflage，Darmstadt 2006，S. 122.

学转变成为经验科学，将伦理实践整合进自然科学的世界图景之中，这样就规避了实质性实在论或强的实在论由于把道德事实看成是一种本体论意义上神秘的独特存在而陷入的困境。其次，由于自然主义将伦理学的概念与表述翻译成为自然科学的概念与表述，这样它在分析人们的伦理实践与感受之时，就无需寻求自然科学以外的其他认识方法，而伦理语言与陈述就如同自然科学的语言与陈述那样拥有了真值性与可论证性。最后，自然主义将道德行为的动机问题径直交由心理学、生物学的理论来分析和解释①。

在当代伦理学界颇为活跃、并与人们的常识颇为契合的进化伦理学，是自然主义的一个最重要的变体。也可以说元伦理学中的自然主义构成了进化伦理学的思想前提。进化伦理学，呈现为一种将伦理理论与进化理论联系在一起，将伦理学化归为进化论，或者说用进化论来解释伦理学的努力。按照进化伦理学，"有机体的任何行为最终都是由遗传上的控制所决定的。故而每种行为，包括伦理行为，原则上都可以通过呈现遗传上的原因而得到解释②"。进化论的创始人是达尔文和斯宾塞（Herbert Spencer）。其核心理论在于：所有的有机体都是在一种有规律的因果进程的框架内发展的。而最重要的因果力量是自然选择，它不仅发生在每个有机体及其行为层面，而且也发生在有机体的分子生物学及遗传学的层面。与道德选择相关的进化论的基本观念是：有机体的行为，只有以其自保的战略为理由才能得到解释。任何行为，包括人类行为，均是以维护自身的生存为目标的，因而自利构成了一种有机体的必然选择。而进化伦理学却承认：伦理行为的本质特征是对自利的克服与抑制，即利他主义。这种说法便与进化论的基本观念形成矛盾了。但进化伦理学又有自己的解答：有机个体做出如自我牺牲、相互帮助等利他主义的举动，为其遗传设置所使然，最终目的仍在于其群体的续存与繁衍，不论是动物还是人类均为如此。于是，自利主义与利他主义的所谓对立就根本不存在了。进化伦理学体现了一种遗传决定论的世界观，它用自然科学来解释伦理学，将伦理学里的概念与论证归溯为遗传学的理论设定，用生物学上的"有利于进化"来分析伦理学上的"善"与"应当"，其结果必然是用生物学来消解伦理学。进化伦理学的要害，

---

① Vgl. Michael Quante：Einfuehrung in die allgemeine Ethik，2. Auflage，Darmstadt 2006，S. 113 – 114.

② Michael Quante：Einfuehrung in die allgemeine Ethik，2. Auflage，Darmstadt 2006，S. 119.

在于根本否认人们的决断与行为自由，其实也就根本排除了人类道德选择的可能性，而这样自然也就最终彻底否定了伦理学的存在理由。

如上所述，自然主义的实在论在对一些道德现象的解释上的确不乏合理性。然而从总体上看，由于它将道德事实简单归结为自然事实，因而有着用自然科学取代伦理学的倾向与特征，所以当然很容易就受到批评与质疑。经验告诉我们，人类在重要的道德问题上的分歧，在某种条件下远大于在自然科学问题上的分歧。伦理学议题上的复杂性，远远超出了自然科学理论所能描绘与解释的范围。

对自然主义最著名、最有影响的抨击来自于摩尔（George Edward Moore），他也主张实在论，但反对自然主义。摩尔认为，“善”构成了伦理学唯一的基本概念，但“善”所表征的是一种非自然的伦理上的特征，这种特征是简单的，可以为人们感知，但无法被定义，因为它并不呈现出一种自然的特性。如果依照自然主义的立场，用自然科学的概念来定义非自然特征的“善”，用经验的或形而上学的概念来定义道德上的“善”，或者简单地讲，把伦理学的概念——“善”化归为自然科学的概念，这就是自然主义的谬误（由于“自然主义的谬误说”与“休谟难题说”有类似之处，故两者常常是被混用的）。

那么，为什么“善”作为非自然的特性是不能用某种自然的特性加以定义的呢？摩尔提出了他的所谓“未决问题的论据”：如果我们用 F 来定义“善”，F 表示某种特征并被大家无异议地普遍接受。如果 F 与“善”真的是同义的，则就“F 真的是善的吗?”这一问题而言，F 一词可以由“善”这个词所取代。则就会出现两个问题：第一，“F 真的是善的吗?”第二，“善真的是善的吗?”两个问题在语义学上没有区别。如果第二个问题没有意义，则第一个也就没有。但在摩尔看来，第一个问题“F 真的是善的吗?”并非是无意义的，而是未决的[①]。也就是说，如果这里的“F”是指“普遍益处的最大化”，则“普遍益处的最大化真的是善的吗?”这个问题，就不是没有意义的，而是未决的，是可以提出来的。因此，在摩尔看来，用 F 来定义“善”是失败的。自然主义被抛弃之后，粉墨登场的则是直觉主义。

---

① Vgl. Thomas Schmidt：Realismus/Intuitionismus/Naturalismus，in：Marcus Duewell/Christoph Huebenthall/Micha H. Werner（Hg.）：Handbuch Ethik，Stuttgart 2006，S. 50.

直觉主义是以自然主义的替代品的面目出现的。对于摩尔来讲，倒向直觉主义是一种必然的选择。摩尔反对自然主义，认定道德事实不同于自然事实，拒绝用自然特征来定义道德特征。但是作为一位实在论者，摩尔也深信道德知识的可能性，道德知识的对象是一种非自然的特性或者一种非自然的独特的事实，即道德事实。也就是说，摩尔相信在自然特性之外还存在着一种本体论意义上的非自然的特性领域，这就是伦理学的现实领域。它并不是自然科学的研究对象，不能采用自然科学的经验观察的方法得以把握。那么，究竟怎样才能把握到这种独立于自然实在领域之外而存在的伦理学的现实领域的事物呢？"'善'是'无法定义的'价值属性。……依照摩尔我们可以借助于按照直觉模式得到理解的伦理直觉来感受，哪些事物是善的。但按照他的想法，这种直觉并不能使我们认知道德的规范与义务。摩尔是从功利主义中获得它们的，按照功利主义只有一种带来最大可能的善的行为在伦理上才是正确的。而摩尔又认定这样得到接受的功利主义的基本公理是无可怀疑的，因为它对于我们来说在直觉上是自明的。①"也就是说，摩尔最终诉诸于一种直觉主义的立场。

在直觉主义看来，人们拥有一种作为特殊认知能力的纯粹直觉，使我们能够达到对道德事实、善以及功利主义的道德原则的直接的把握，就如同人们在对美的判断中把握美那样。总之，直觉主义是在为道德事实确立地位。他们承认道德事实的存在，但它们又不是自然事实性质的存在，不能用经验的方法来认知。于是他们把道德事实确定为一种特殊的事实。既然道德事实是特殊的事实，则就需要有特殊的认知形式——纯粹直觉才能把握。而我们的直觉告诉我们，道德判断、道德事实与道德真理自在地是自明的。直觉主义的代表人物有摩尔、西季威克、罗斯、普里查德（Harold Arthur Prichard）等。尽管摩尔因对直觉主义有自己的理解而否认自己是直觉主义者，但这并不能改变他作为直觉主义代表人物的事实。直觉主义的困难在于，虽然它断言自身可以担保对道德真知的认识，但由于它无法为直觉本身的正确性提供标准与尺度，无法告诉我们如何使我们的直觉在主体之间得到检控与验证，因此直觉主义对道德真知的所谓担保是无力的，直觉主义无法吸引多少追随者，这也是再正常不过的。

---

① Michael Quante：Einfuehrung in die allgemeine Ethik，2. Auflage，Darmstadt 2006，S. 99.

第三节　弱的伦理实在论

基于前面的探讨，我们可以得知：伦理实在论归属于认知主义阵营，它认定道德是一种实际存在着的事实，而绝不仅仅是人们纯粹主观情感的表达，道德事实构成了道德判断的真实基础。但道德事实作为一种客观实在，又具有本身独特的性质。它既不能完全化归为经验事实，也不能仅仅依凭人们的直觉得以把握。那么，它究竟是一种什么性质的存在呢？有一些人认为，它是一种实在的东西，但又不是自然存在物那样的实在，而是打有人们的主观印记、不能完全脱离人们的认知的那样一种实在。类似于这样的一种实在早就为人们所知，如共相、本质、规律等，它们是客观存在着的，但又不是人们的感知对象，而是人类理智才能把握得到的东西。当然，道德事实不同于本质、规律，因为前者是人们可以感知与体验的对象。这种既承认道德事实的客观向度，又认定其与人们的主观因素之必然关联的伦理学的实在论，由于没有极端地将道德事实全然等同于自然事实，也没有最终诉诸神秘的直觉主义，故被称为非自然主义的实在论或弱的伦理实在论。弱的实在论，是伦理实在论本身在克服极端性倾向的过程中必然发展出的一种形态。

弱的伦理实在论的提出应归功于洛克。洛克区分了物体的第一属性与第二属性。所谓第一属性，是一种独立于同其他存在的关系的存在，如物体的大小，一只铁棍五米长、十公斤重，这一事实无论在哪里都是不可否认的。所谓第二属性，则具有两个层面的内容①。首先，第二属性是通过主体的成就与（同主体无关的）客体的特质的相互作用建构起来的。比如物体的颜色与气味，对之人们的感受是不一样的。物体有何颜色与气味，取决于主体的认知功能（只有借助于有感知能力的生物的感受才能得到呈现），也取决于客体的特质。只有通过两方面的相互作用，物体的颜色与气味才能得到建构。这里涉及到一种主体的成就与物体的特性之间的关系。其次，认知主体往往是错将第二

---

① Michael Quante：Einfuehrung in die allgemeine Ethik，2. Auflage，Darmstadt 2006，S. 104.

属性，感知为客体本身的特性。他（她）并不知道自身参与了第二属性的建构过程。就铁棍的颜色而言，我们感知到铁棍是黑色的，并认为黑色就是铁棍所固有的。

基于洛克对第一与第二属性的区分，弱的伦理实在论者如麦克道尔和威金斯（David Wiggins）认定价值就像第二属性一样，是两种因素相互作用的产物。“现实蕴含着价值的维度，它是由独立于主体的客体的层面和主体的特征及能力同时建构起来的。[①]”“价值不能理解为某种从一定意义上独立于我们的世界的组成部分。价值毋宁说是这样一种东西，就像颜色一样，其之所以能够得以理解，恰因为能够认识价值的个体的存在。与认知颜色相类似，认知价值要求有某种感知性的特殊的形式，这样与价值相关的事实就只能为那些获得了相应的感知性的人所把握。[②]”

总而言之，在弱的伦理实在论看来，价值、道德现象就如同物体的第二属性——颜色、气味、声音或美学的研究对象那样，既是客观现实存在的，但又必须借由我们对其的主观认知才能得到呈现，故而是客观要素与主观要素共同建构的产物。尽管有人基于人们对于物体第二属性的商讨余地，远远小于对于道德价值的争论程度，来反驳把道德价值比作为第二属性的尝试，但无可争辩的是，弱的伦理实在论的第二属性说，的确比较成功地说明了道德价值的两重性：它既有客观实在的层面，而不能完全归溯为人的主观感知（从而反对非认知主义的情感主义），但也有别于自然事实，它不能完全脱离于人的主观因素而存在（从而反对自然主义），它更不是某种非自然的但又是本体论意义上的特殊存在，否则便倒向了神秘主义（反对摩尔的直觉主义），而是一种不能独立于人类的感知能力、生活形态及文化特征的客观的实在。

通过上述对弱的伦理实在论的描述，我们对道德的本质已经有了一个逐渐清晰的认知：道德是主客观的结合体，是主体对客体建构的产物。故弱的伦理实在论，实际上是一种建构论。但是有人对此提出了质疑，认为弱的伦理实在论似乎已经偏离了实在论的基本立场。因为所谓实在论，就是认可道德事实的

---

① Vgl. Michael Quante：Einfuehrung in die allgemeine Ethik，2. Auflage，Darmstadt 2006，S. 105.

② Thomas Schmidt：Realismus/Intuitionismus/Naturalismus，in：Marcus Duewell/Christoph Huebenthall/Micha H. Werner（Hg.）：Handbuch Ethik，Stuttgart 2006，S. 57.

客观存在，它不是人类认知主体建构的，而是独立于人们的主观态度、具有本体论地位的客观实在。针对这一质疑，内格尔（Thomas Nagel）、科尔斯戈德（Christine M. Korsgaard）则通过另外一种弱的伦理实在论的阐述，提出了自己的解答。在他们看来，认可道德事实的客观存在，并不意味着一定要承认道德事实是一种独立于全体人类之外的客观实在，而是意味着在全体人类之间，存在着一些道德陈述、道德判断或道德事实，它们是客观的，独立于你、我、他单个主体的主观意志与偏好，为人类共同体所普遍认可。那么，何以判定这些道德事实、道德陈述与道德判断具有这种客观性呢？他们认为，人们可以发明一种可普遍接受的论辩程序，它可以屏蔽掉人们各种各样的主观希冀与利益考量，凡顺利通过这一公正的论辩程序的道德判断，其合法性、有效性和客观性便得到了认定与证明。换言之，"道德的正确性来自于一种建构的程序。……道德原则是建构物，它们来自于普遍明了的前提条件[①]"。由于将道德理解为人们通过程序而建构出来的共识，故这种弱的伦理实在论又被称为"程序实在论"或"道德建构主义"。

当然反对者仍然会像质疑前一种弱的伦理实在论那样，怀疑这后一种弱的伦理实在论，即程序实在论或道德建构主义已经根本不再是实在论了。因为这一弱的伦理实在论，将道德事实与道德判断的"客观性"这一概念的涵义，从主客体之间关系意义上的客观，即宏观意义上的客观，改变成为主体内部关系意义上的客观，即微观意义上的客观了。对此，程序实在论或道德建构主义的回答是：第一，伦理实在论者没有必要一定给道德价值赋予一种本体论意义的地位。在当今的时代，没有多少人相信道德价值会是类似于柏拉图的理念那样的本质物。第二，伦理实在论完全可以满足于这样一种认知：在我们每个人千差万别的理念、信念与欲求之上，存在着一种客观实在的道德价值，作为一种共识它的合法性、客观有效性和现实性来自于普遍得到认可的论辩的程序。"一种认可价值的实在性的立场，绝不是要说明，价值是神秘的本质或性质，而是说明它们是实在的价值：一种有关这些价值的判断或者人们做出行动的理由，可以不依赖于我们的信念或倾向而是真或假的。[②]"一句话，所谓客观实

---

① Vgl. Herlinde Pauer – Studer：Einfuehrung in die Ethik，Wien 2003，S. 177.

② Thomas Nagel：Der Blick von Nirgendwo，Frankfurt a. M. 1992，S. 249.

在，在这里就是指那种独立于我们每个人主观偏好并在人类共同体中具有共识性的性质。第三，在经普遍认可的论辩程序建构共识性的道德价值的过程中，人们的情感因素并非是被排除在外的。实际上，所有与道德相关的人类主观要素，如直觉、情感、偏好等，也都是要得到顾及的，只是这些因素毫无例外都要被置于论辩程序的检验之下。这是道德价值的客观实在性得以保障的必要前提。“程序实在论视对道德原则与判断的建构过程为客观的，因为建构式权衡的个别的步骤是从对所有潜在的值得考量的论证中产生出来的。这一点并不排除，主体的情感在道德判断中扮演重要的角色。然而对于一种致力于客观性的道德观念而言，即便是情感的合宜性也要受到检验。一种将道德价值、规范和原则视为可论证的建构物的建构主义，也可以视与道德判断相关联的情感为这一建构过程的元素，并且置之于主体间检验的标准之下。[①]”第四，程序实在论或道德建构主义所呈现的，是一种弱的伦理实在论。它不追求道德价值的那种独立于人类存在的本体论意义上的实在，而是追求道德价值在人类社会中的规范性意义，坚信道德价值可以构成人类行为的客观的标尺。它认定“像道德要求这样的东西是存在着的，它们有权享受规范性的分量，作为我们社会生活现实的价值。于是，道德实在论便意味着，道德并非是虚构物，而是构成了我们相处的无可回避的准绳。人们可以将这种与（认可）实质意义的道德事实之存在相区别的实在论，亦称为道德建构主义或道德客观主义[②]”。

以上我们简短梳理描绘了在对道德本质的探索问题上伦理实在论的逻辑发展脉络。我们发现，道德现象的无比复杂性对于任何一种元伦理学理论的说服力都构成了挑战。当然，最能承受这一挑战考验的还是实在论，因为它正确、令人信服地揭示出了道德现象所蕴含的实在性的本质。而伦理实在论的发展出路应是弱的实在论，不论是麦克道尔“以所谓‘第二属性’来表示道德的客观性”的弱的实在论，还是内格尔的“道德的客观性来自于主体间的建构”的弱的实在论。弱的伦理实在论者认定道德具有客观实在性，而不是人们纯主观的情感表达，这样就与非认知主义划清了界限，从而捍卫了道德的可论证性，并以道德的客观实在性来有效说明和支撑其规范性的约束力量。弱的伦理

① Herlinde Pauer－Studer：Einfuehrung in die Ethik，Wien 2003，S. 179.

② Herlinde Pauer－Studer：Einfuehrung in die Ethik，Wien 2003，S. 177.

实在论属于认知主义阵营。但它又有别于自然主义的实在论，后者将道德现象完全视为一种与人类认知主体毫无关系的本体论意义上的存在，把道德事实全然等同于自然事实，从而用自然科学取代了伦理学。而弱的伦理实在论，则坚信道德现象与人的主观因素之间的密切关联。麦克道尔式的弱的实在论，将道德看成是物的客观维度与人的主观成就相结合的产物，是人的主观因素对物的客观因素建构的成果。这是一种解释模式。而内格尔式的弱的实在论，则将道德视为主体间建构出的客观存在物，这是另一种解释模式。这一模式拥有几个优点。第一，它有着博大的包容性。它并不否认自然主义学说中蕴含着的某些合理因素，如父子自然关系中包含着父慈子孝的价值应当，它也并不排斥某些先天的直觉（如公正、正义感）和情感在人类道德活动中所起的作用。它所强调的，只不过是所有这些自然因素是否拥有道德价值，一定要经受论辩程序的验证。这样就把对道德现象的观察与论证完全奠立在理性的基础之上了。第二，这一模式体现了道德自主性的思想：道德是人们经过一定程序自己给自己立的法，因此自主、自由意志构成了道德的基石与出发点。而道德自主性的思想，是使整个近现代道德体系得以说明与解释的关键。第三，这一模式所追求的是道德的实用价值，所审视的是某种道德规范在人群中是否客观有效，而并不是以无条件地认可某种道德事实的独立实存为前提。既然道德规范是建构的产物，它就不可能享有自然事实那样的客观实在性，而是一种所谓的准客观性或次级客观性。尽管道德规范体现的是一种准客观性，但它毕竟又不是虚构之物、乌有之物，而是普遍有效适用的。普遍有效适用的，从某种意义上讲就是实在的，内格尔的弱的伦理实在论恰恰满足于道德的这种有效适用所体现的实在性。当然，内格尔式的弱的伦理实在论也会遭遇许多的质疑。其中有代表性的批评是："有关道德原则与判断是主体的建构而不能化归为自然事实的观点，似乎打开了通向主观主义的道路。建构很容易等同于主观主义的创造。[①]"建构当然是人类本身的创造活动，但未必是主观主义的随意的创造。道德建构是有前提的，它取决于人们先天的道德直觉、普遍的道德情感，取决于某些自然事实（如父子关系决定了父慈子孝的价值上的应当），更取决于人们在理性

---

① Herlinde Pauer－Studer：Einfuehrung in die Ethik，Wien 2003，S. 178.

的论辩中达到的共识。人们达成的某种共识，一定是反映了当事人的利益需求，得到了所有的人或大多数人的认可，所以以之为基础形成的道德规范才会拥有普遍的效力。当然共识并不等同于真理，所有的人都有犯错的可能。但这并不构成我们拒斥道德共识的理由。因为人不仅有犯错的可能，而且也有纠错的能力。逃避了超自然力的控制并迈进祛魔化时代的人类，除了自己没有别的依傍。在试错中探索，在纠错中前行，不仅是人类道德进化历史的真实写照，而且也必将是未来人类社会难以摆脱的宿命。

第四节 总结与余论

本章从对“道德判断是否具有认知内容”这一元伦理学中涉及道德本质的一个核心论争的回答入手，探讨了认知主义与非认知主义两大阵营的重大分野，分析了作为非认知主义表现形态的情感主义和规定主义的大致立场和内在缺陷，展示了走向认知主义的逻辑必然性；进而描绘了伦理实在论在认知主义中的强势地位以及作为伦理实在论内部之不同派别的自然主义和直觉主义的基本特征和理论困境，在此基础上着重阐发了将道德价值视为客观要素与主观要素共同建构的产物的弱的伦理实在论的核心内容，从而得出伦理实在论的现实发展出路，应是弱的实在论的最终结论。

总的来说，元伦理学大体上展现着三个层面的问题的探究。首先是概念问题，元伦理学家认为，过去的伦理学理论之所以分歧巨大，原因在于伦理学家们的语言使用不够明确，语词不够清晰，故元伦理学的任务即在于，从可靠性、精确性的角度对如“善好”、“应当”、“义务”等道德概念和语句加以分析定义。其次是本体论问题，这里关涉到道德的属性，即道德究竟是客观的还是主观的？是实在的还是非实在的？再次是认识论的问题，道德究竟是可知的还是不可知的？如果坚持道德实在论，则如何认识客观真实存在的道德？

这其中，有关道德实在论的讨论构成了元伦理学中的核心课题。二十世纪七十年代以前，非道德实在论在元伦理学领域一直占据着统治的地位。七十年代之后，有关道德事实是否存在的争论重新兴起，在道德实在论与非道德实在论之间出现了激烈的对抗。竞争的结果，是实在论告别了长期遭受否定的历史，在今天占据了明显的优势。故本章的内容，集中于对伦理实在论在道德本质问题上的探索的逻辑进程做一扼要的勾画。

在伦理学史上，否认道德是一种客观事实者，既有个体主观主义，又有文化相对主义。前者断言道德是因人而异的，例如，罗素说人们在价值上的分歧实际上是趣味上的差异；海明威则把道德视为感觉上的良好状态，斗牛使他感觉好，故斗牛是道德的。后者承认道德依赖于传统、文化和社会，但否认有人类共通的普遍适用的道德。但是，无论个体主观主义，还是文化相对主义，均无法回避这样一种事实：我们人类的的确确拥有共通的直觉、想法、观念和判断，依靠理性的审视、科学的分析、平等的交流，我们完全能够达到道德共识。我们已经并且在后面还会谈到，从自由选择到道德选择具有一种逻辑的必然性，因为自由最终应当是基于理由的，而该理由是客观的。我们选择友好相待，是因为友好相待本身具有客观价值。

应当说，认可道德事实之存在的伦理实在论，对于道德哲学的生死存亡可以说具有着极为重要的意义。因为如果道德事实从根本上受到了否定，则道德理论这一事业也就完全失去了存在的价值。故令人欣慰的是，在道德现象的本质问题上，或者说，在“道德究竟是客观的还是主观的，或者是否既是客观的又是主观的，或者道德的客观是否是主体之间建构出的客观？道德是一种本体论意义上的客观实在，还是人类本身建构的产物？”这一问题上，作为元伦理学中最具活力的学术流派之一的伦理实在论，做出了无疑最有竞争力的回答。

第十一章
意志自由的塑造

我们之前说过，哲学意义上的价值，指的是一种好的质量或优秀的性质，值得人们努力追求、尽力获取。价值这种好的质量或优秀性质，来自于人们的需求。换言之，价值是对人类有用的东西，只有能够帮助人们维持生存和生活的事物，才是有价值的。我们知道，不伤害、公正处事、仁爱待人等，体现了社会最根本的行为规范内容，同时，它们也代表着人类普遍认同的伦理价值。也就是说，社会的道德行为规范，实际上社会基本价值的一种浓缩。除此之外，人类还逐渐形成了一些把社会成员凝聚在一起的社会价值基准或政治伦理价值，它们构成了当代人类社会制度与政治生活建构的规范性基石，体现了现代文明的精髓。这些社会价值基准或政治伦理价值包括：自由、人权、民主、公正。这些政治伦理价值是在法国大革命时代得以确立的，卢梭对之做了部分的理论表述，康德则提供了哲学奠基。

应当说，这几个政治伦理概念能够编排在一起，并非是一件自然而然之事。历史上出现的伟大的政治伦理学家们，也并非能够对它们一视同仁地表达认同。例如，在十九世纪的古典自由主义者那里，自由、宽容、个体主义虽然构成了中心议题，但公正却被看成是不靠谱的东西（密尔）。只有到了罗尔斯，公正才是人类社会的首要德性和政治兴趣的核心。康德坚信人权的价值，但并不信奉民主，尤其对暴政民主极度反感。而在自由主义的政治哲学家看来，康德尽管强调自主性，但他的那种确定的先验原则的伦理学，与自由主义倡导的开放性、灵活性、可修正性和接近现实的理论品格，并不相吻合。

可见，自由、人权、民主、公正作为核心的政治价值，能够同时得到现代社会的认可，是人类长期艰辛探索、实践和奋斗的成果。自由、人权、民主、公正之间相互依托与印证，互相渗透与适应，它们之间的内在关联与彼此作用，形塑了现代政治文明发展历史的基本样态。人类文明的进程，意味着更大的民主，更多的社会公正，更完备的人权保障和更自由的社会气象。

在这里，我们首先触及到的核心的政治价值，就是自由。就自由与道德的关系而言，意志自由构成了道德抉择的前提与基础。

我们知道，在人类观念形态发展的漫长历史上，有一些概念或主题总也摆脱不了为不同时代的人们所反复探究与研讨这样一种殊荣。比如，“自由”、“正义”及“民主”等。自由是人的自我理解中的一个基础性的概念，它同理性、个体独特性等属性一起，构成了人类之所以能够超拔于自然界而成为拥有精神性禀赋的文化存在的最根本的特征。对自由的探索，一直都是人类哲学研究的主导性动机，近代以来甚至构成了西方思想发展史中的一个核心议题，是哲学、伦理学和政治学里的奠基性、关键性概念。

所谓自由，是指拥有行为能力的人类个体能够自我决定，意味着当事人在某一给定的场景下，不受外在和内在强制的约束，有能力做出一种与他（她）事实上已经做出的完全不同的选择。纯粹从形式上看，自由有消极与积极之分。所谓消极自由，是指行为主体能够摆脱外在因素（社会和政治层面）的强制和内在因素（身体需求、感性冲动、情感偏好）的阻碍，就政治共同体（如国家）而言，其义务在于不去任意、非法地干预或阻碍行为主体的自由。所谓积极自由，是指行为主体的自我决断能够真正得到落实，即能够将其意志贯彻到现实的行为之中：不仅是设定目标，而且还能选择途径、采取措施、满足需求、完成心愿，就政治共同体（如国家）而言，其义务在于采取必要的、有效措施，帮助行为主体行为自由的实现。

从历史上看，自由就其形态与地位而言，曾在欧洲大陆留下了一条清晰的变迁轨迹：古希腊的柏拉图、亚里士多德所重视的，是人在共同体中的外在的政治自由问题；而近现代思想家们，则更关注人就其本质而言是否拥有一种能够自我决断权利的所谓内在的自由问题。古希腊时期，人们强调本体论基础上的秩序高于自由；而近现代时期，人们则坚持主张自由先于秩序。古希腊罗马时期，自由被理解为是人类行为的一种理所当然的前提条件。作为一项特殊的法律规定，自由的概念使一部分人同其他人区分开来。这部分人被称为自由人，能够基于自身意志来行动，免于外在的暴力、伤害和压迫，不同于没有自由的奴隶。在亚里士多德看来，城邦即为自由人的共同体，他们为了自给自足的目的而相互结合在一起[①]，共同遵循得到认可的规则，基于人类最高的善而追求人生的目标。同时，不论是苏格拉底、柏拉图，还是亚里士多德，都不仅认可自由，而且还把自由理解为是基于理性的、以善为导向的并且是超越了感性自然物与纯粹自发性的选择能力。然而，从古希腊的斯多葛派起，经过犹太—基督教的发展，直至近代启蒙主义的哲学与政治运动，自由逐渐演变成了每位个体及每种政治共同体的一种内在的普遍需求。在近代思想家眼里，自由已不再是一种城邦中体现的、为少数人独享的现存之物，而是所有的人基于其自然本性所应享有的天赋权利。正如康德所言："自由（独立于一种他在的强制性的任意），只要它依照一种普遍的法则与每一种他人的自由共在，便是这样一种唯一的、原初的、每个人因其人性而拥有的权利。[②]"在近现代这一人类自我解放的伟大时代里，自由成为改变近代以来人、道德与社会原有面貌的一面最重要的精神旗帜：对于个人而言，个性自由的运用使得当事人赢得强大的品格、高度的自我约束、发达的理智、精致的鉴赏力和思想的原创性（密尔语）。对于道德而言，"道德本来意义的功效在于出于自由和为了自由之故而设置一种目标。这样自由就全然作为意志自由变成了道德行为的原则与标准[③]"。对于社会而言，人们本着自由的精神努力冲破旧有政治、经济、观念秩序的桎梏与强迫，建构起使公民的自由空间得以保障的政治与法律制度。这其中，自由作为"近代人文主义的谋划[④]"，不仅构成了现代人权理念的核心，而且也成为自由民主的宪政国家存在的论证理由。

总而言之，自由构成了人的全面发展的基础，道德产生的前提，社会建构的原则。自由是人类文明成熟程度的标志，也是现代社会正向价值的标尺。就作为行为主体的个人而言，自由又分为意志自由与行动自由。简单来说，意志自由是行动自由的基础，行动自由是意志自由的实现。在宏观的自由概念已经成为近现代人类社会的一种理所当然的背景之下，个体的意志自由与相应的行

---

① Vgl. Annemarie Pieper：Einfuehrung in die Ethik，4. Auflage，Tuebingen 2000，S. 165.

② Immanuel Kant：Die Metaphysik der Sitten，Werkausgabe，hrsg. von Wilhelm Weischedel，Frankfurt a. M. 1977，Bd. VIII，S. 345.

③ Annemarie Pieper：Einfuehrung in die Ethik，4. Auflage，Tuebingen 2000，S. 165.

④ Zitiert bei H. Krings，vgl. Armin G. Wildfeuer：Freiheit，in：Marcus Duewell/Christoph Huebenthal/Micha H. Werner（Hg.）：Handbuch Ethik，Stuttgart 2006，S. 363.

动自由得到充分的认可这一点，也已构成近代以来哲学家、伦理学家的主流共识，人对意志自由的拥有也已成为几乎全球公认的人的图景中的重要特征。但自由以及意志自由概念在人类社会政治生活及精神道德生活中取得决定性的地位，并不意味着意志自由这一概念在自然科学界也得到了清晰的理解和普遍的认可。恰恰相反，随着神经科学的发展以及相应的实验技术的精细化，科学界对意志自由是否存在的质疑却有增无减。2000 年以来，意志自由问题越来越受到神经科学家、生物学家、心理学家、社会学家、法学家、哲学家的重视，国际顶尖的科学刊物频繁发表认知神经科学家有关意志自由的研究论文，与之相呼应的是相关内容的学术研讨会在欧美的密集举行。2004 至 2006 年间的德国，不论是严肃的学术杂志，还是通俗的报纸副刊，均出现了大量有关意志自由是否存在的争论文章，认可意志自由的现实存在的哲学家与持质疑态度的神经科学家之间形成了严重的对立，论战之激烈甚至被惊呼为一场自然与精神大对决的文化战争。这场以自然科学与人文社会科学的共同焦点为核心的争论，不仅仅是展现了学术界内部观点和立场的正常的分歧与交锋，而且还由于议题所涉内容的敏感性，触及到了对人的图景的自我理解，甚至有可能进一步对社会建构及刑法制度也形成挑战。

实际上，认可意志自由的存在的立场同否认其存在的立场之间的论争，并不是什么新鲜事物，而是贯穿于两千多年以来哲学史全部发展过程的重大理论缠斗，到了十九世纪的所谓古典哲学中有关世界观的争议里达到了一次高潮。否定意志自由存在的观点，主要是在宿命论和决定论的立场中体现出来的。宿命论认定人的自由选择的体验是纯粹的幻觉，人类的一切均是由命运所决定的，甚至连人自身的动机、权衡和行动也取决于命运的安排。决定论有别于宿命论，它认可人的决断会对未来发生之事产生影响。但人自身的决断，却是取决于先在的身心上的原因。决定论认为，世界上的一切现象都是有原因的，一种现象是作为原因的另一现象所必然导致的结果。整个宇宙就是一个由因果的相互作用所充斥的封闭的体系，万事万物均为宇宙因果链条所构成的严密系统中的一环，世界取决于因果必然性法则的统治与支配。决定论的观念统摄着整个自然科学界，正如德国脑科学家普林茨（Wolfgang Prinz）所言："科学喜欢一元论和决定论[1]”。按照自然科学描绘的由因果链条所支配的世界图景，人的一切物质活动均取决于粒子物理学意义上的原因，人的一切精神活动均取决于神经生理学意义上的原因，这些因果联系都是可以通过科学研究得到揭示、拆解和分析还原的。于是，在这样一个因果必然性统治的封闭世界里，对于人类而言，由于所有发生的一切决断与行为都是由先前出现的事件所确定的，故人的意志自由、自我决定便无从谈起。人类个体不过是世界整体纯粹的部分或环节，所谓“自由”不过是体现在个体对整体要求的服从上。弗洛伊德早就断言，无意识的机制强烈地确定了人的行为。行为主义者斯金纳（B. F. Skinner）也断定，自由与尊严不过是幻觉，因为人类所有的行为均完全受制于基因设置，与生俱来的行为倾向的强与弱，均受控于某种特定的调节机制（如奖励与惩处）[2]。人既无意志自由和选择的可能，则亦无需也无法对其行为承担什么责任，道德上的判断、称赞与批评均失去了意义。这就是所谓强的决定论的立场。但即便是在决定论阵营的内部，在因果必然性是否绝对有效以及人的自由决断是否可以完全被否定的问题上，也存在着某种观念分歧。与强的决定论立场相对立的是所谓弱的决定论。现代自然科学的科学理论架构的提出，要归因于休谟的经验哲学。但即便是在十八世纪，休谟本人也并非认同强的决定论的立场。休谟认定人的所有的知识均来自于经验观察，有关因果性的认知也不例外。但经验观察无法证实因果必然性，因果之间的联系是我们给予的，它们之间的“必然性并不是本体论的事实，而只能是属于我们的思想活动，只要我们将它们前后一致地相互联系在一起[3]”。于是，在休谟看来，强的决定论所认定的“结果可以是先验地从其原因中导出”的观点，便是站不住脚的。故休谟属于弱的决定论的代表，他承认我们的道德决断并非来自于强制，而是来自于自由的决定，所以道德与自由相关。逻辑实证主义的奠基人石里克（Moritz Schlick）曾经骄傲地宣称，如果他的《伦理学问题》里也有一章谈论自由问题，他就会感到羞耻。即便如此，他也没有全然倒向强的决定

---

① Wolfgang Prinz：Der Mensch ist nicht frei. Ein Gespraech，in：Christian Geyer（Hg.）：Hirnforschung und Willensfreiheit，Frankfurt a. M. 2004，S. 23.

② Vgl. Annemarie Pieper：Einfuehrung in die Ethik，4. Auflage，Tuebingen 2000，S. 164.

③ Gerhard Schweppenhaeuser：Grundbegriffe der Ethik – zur Einfuehrung，Hamburg 2003，S. 68.

论。在他看来，由于我们无法确认因果原则是否毫无例外地绝对普遍有效适用，故有关决定论与非决定论的论争最终也是难以决断的[①]。然而，2000 年以来，强的决定论的立场再次受到了关注并为一些神经科学家、认知心理学家所强烈坚持，意志自由的存在又一次遭到了质疑，从而爆发了前已提及的有关意志自由的学术论战。而在这一事件中，著名的李贝特行为控制实验起了巨大的作用。

第一节　意志自由与神经科学的挑战

1. 李贝特实验及其不同解读

二十世纪八十年代，美国神经心理学家李贝特（Benjamin Libet）为了用自然科学的方式证明意志自由的存在，做了一项脑神经活动实验，要求志愿的受试者在最多三秒钟的时间里，任意用手指按压按钮，并注意其意识到做出手指按压这项“决定”的时间点。结果表明，当事人的作为大脑无意识活动的所谓“准备电位”（readiness－potential）的出现，比其有意识的决定要早约半秒钟。也就是说，与我们通常认定的“人的有意识的决断导致人的行为，我们是自己生活历史的作者”的看法完全不同的是，实验表明，首先启动的是大脑无意识的神经活动过程（即准备电位的建构），然后才有我们对决断的意识，最后才有具体的行动的落实。一句话，我们的有意识的决断不是自主的，而是取决于一种无意识的神经活动过程。我们具体行为产生的最直接的原因，不是我们的有意识的决定，而是无意识的大脑活动。尽管李贝特本人并没有据此得出极端的决定论式的解释，但毕竟实验结果与他的初衷是大相径庭的。之后，神经心理学家哈格德（Patrick Haggard）和埃尔默（Martin Eimer）在更严格的条件下重复了此项实验，证明了李贝特的结果。这一系列的脑科学实验，似乎也验证了早在 1900 年弗洛伊德就提出过的理论：无意识的动机与体验在

---

① Vgl. Gerhard Schweppenhaeuser：Grundbegriffe der Ethik － zur Einfuehrung，Hamburg 2003，S. 65.

人的决断中发挥着重大的作用，尽管当事人自己并不知情。

对于同一实验结果，自然会产生不同的解读。德国脑科学家罗特（Gerhard Roth）、辛格（Wolf Singer）和普林茨均认为，实验表明无意识的大脑活动决定了人的有意识的决断，我们的意志受控于大脑中无意识的过程，这说明我们的意志并不是由我们自己决定的。而大脑究竟是如何工作的，这取决于大脑本身生理过程的运行规律。大脑的决定结果取决于大脑的构成及处理信息的方式，这与我们自己的自由意志无关。由于我们的意志决定于大脑无意识的活动过程，最终是大脑的无意识的神经活动在做决定，而非人的清醒意识，故人的意志自由只是一种幻象。普林茨因此断言："我们不是在做我们所愿意的，而是我们愿意我们所做的。[1]"从这一大脑的无意识的神经活动过程决定了我们的有意识的决断及行为的所谓决定论中，他们进一步得出所谓生物主义还原论的结论：人类全部的行为方式，感知或思想，记忆与决断，情感与评价，有意识的或无意识的，均可还原为大脑中神经信号的加工过程。任何行为动机的生发、决断的权衡经过，都可以依据由自然因果律所决定的神经活动来得以解释。神经生物学测量手段的精确化，可以使精神现象成为可客观度量的自然科学的描述对象，甚至还可以因客观化而成为可操作的东西。一句话，一切精神上的东西都可还原为物质上的东西。这样，精神和意识便完全成为自然现象，人的社会特性也完全取决于其生物本质。正如哈贝马斯对这一观点所总结的那样："只要行为不再是基于可理解的动机和得到判断的状态，而仅仅是鉴于自然规则，即借助于组织上的变化、化学过程或物理上的干预得到解释，则'自然因果性'便……取代了行为的合理性。[2]"这样一来，某些脑科学家对李贝特实验结果的解释自然就导致了极为严重的后果，那就是：人与动物及其他生物之间便不复存在任何区别，人无需为自己的行为承担责任，人的精神意义上的道德行为的主管消失，在其位置替换上的是可客观化的神经生理活动过程的运作，该运作是对大脑的经验性研究的对象。于是，伦理学、法学、教育

---

① Wolfgang Prinz：Der Mensch ist nicht frei. Ein Gespraech，in：Christian Geyer（Hg.）：Hirnforschung und Willensfreiheit，Frankfurt a. M. 2004，S. 22.

② Juergen Habermas：Das Sprachspiel verantwortlicher Urheberschaft und das Problem der Willensfreiheit，in：Hans－Peter－Krueger（Hg.）：Hirn als Subjekt? Berlin 2007，S. 274.

学、社会学均因无的放矢而失去了自身存在的理由。

然而，上述对意志自由持否定立场的神经过程决定论及生物主义的还原论，与我们日常对意志自由、自主决定之客观真实存在的体验完全不符，故难以产生多大的说服力，更用不着说能够得到人文社会科学研究者们的认同。在他们看来，尽管李贝特实验的结果难以推翻，但人们完全可以对该实验做出另一种解读，且从这一解读中得不出意志自由的存在受到否定的结论。

首先，有关时间差的解释。李贝特实验似乎表明我们大脑的无意识的神经活动过程首先做出了决断，然后才有我们对这一决断的自觉意识。在这两者之间存在着一个时间差。其实这是一个误解。实际的情况是，我们的决断是基于大脑的神经活动而进行的，但决断过程并非是大脑纯粹的无意识的活动过程。只是我们对这一决断的自觉意识与决断本身并不是同步的，我们对决断的感知和意识是需要时间的，“人们总是以某种方式仅仅感知到过去了的东西，因而不存在时间上的一比一的感知①”。也就是说，在决断与对决断的自觉之间存在着时间差。应当特别指出的是，这是决断本身与对决断的意识之间的时间差，而不应理解为是先前所说的“无意识的神经活动在先，对这决断的自觉意识在后”之间的那个时间差，这才是对时间差的正确解释。从时间差理据可以看出，李贝特实验只是表明了我们对决断的自觉意识与决断的出现不可能是同步的，但这种时间延迟并不意味着决断不是我们自主做出的，从李贝特实验中得不出意志自由并不存在的结论。

其次，手指反应有别于自由决断。神经过程决定论之所以认定大脑的神经活动决定了人的决断及行为，是因为根据李贝特实验的结果，是先有大脑中的准备电位的出现，然后才有按压电钮的决断，最后才有按压的动作，当然在这里决断与动作基本上无法分开。由于按压的决断晚于准备电位，故按压者按压决断的自由意志并不存在。但基于前述的决断与对决断的意识之间时间差的理据，我们可以断定有关按压决断（如果它真是一种决断）晚于准备电位的出现的观察，应该是一种错觉，用这一错觉来否定意志自由的存在是站不住脚的。如果这不是一种错觉，则我们就要看实验中的这个按压决断本身，究竟是

① Andreas Klein：Willensfreiheit auf dem Pruefstand，Goettingen 2009，S. 351.

不是真正意义上的决断。什么叫决断？通常我们把决断看成是一种有意的行为，无论是长还是短，它均包含有一种权衡的过程，“该权衡以目标和可选的手段为对象，并且要关涉到机会、资源和障碍①”，故“决断也是一种选择和否定②”。总之，“一种决断仅仅是在无论怎样瞬间和模糊的权衡的结果中成就起来的③”。由于决断是一种有意的行为，故决断本身便是自由意志的体现。在李贝特实验中，当然有决断，但它并不体现在手指按压这一动作上，而是体现在受试人员经过事先权衡，最后做出参与此项实验活动并且按照实验指令和规则完成动作的决定上。当受试人员被置于一种规定动作的程序之中，在最多三秒钟之内随时准备按压电钮的时候，所谓决断已经下出了，受试者注意力高度集中，“随着投入的注意力集中在一种直接的先在的任务……，有关这一立即实施的行为的准备电位就已经出现了。……有意识的手指按压，即‘现在’就按的最后的意识冲动，仅仅是执行行为。它仅是一种‘小部分决定’，不再是有关是否，而仅是有关何时……④”。也就是说，手指按压这一微小的动作已不再是一种真正意义上的决断，而是一种类似于足球守门员扑球动作的条件反射行为，这种机械反应冲动与一种真正意义上的自由决断毫无关系。从实际情况来看，作为反应冲动的按压电钮的机械行为晚于与决断相伴的大脑准备电位的出现，这当然是可以理解的。因为真正的决断已经做出了。而手指按压动作则并不是决断，故李贝特实验不仅无法否认意志自由，而且与意志自由本来就没有直接的关系。所以可以说，“李贝特实验并不是自由—实验，而是一种反应时间—实验⑤”。

再次，科学研究活动本身便蕴含着意志自由。科学研究中存在着用论据来说服别人这样一种举动，即通过论辩来让对方信服自己的观点。例如，在有关

① Juergen Habermas：Freiheit und Determinismus，in：Hans – Peter – Krueger（Hg.）：Hirn als Subjekt? Berlin 2007，S. 103.

② Lutz Wingert：Gruende zaehlen. Ueber einige Schwierigkeiten des Bionaturalismus，in：Christian Geyer（Hg.）：Hirnforschung und Willensfreiheit，Frankfurt a. M. 2004，S. 197.

③ Juergen Habermas：Freiheit und Determinismus，in：Hans – Peter – Krueger（Hg.）：Hirn als Subjekt? Berlin 2007，S. 104.

④ Herbert Helmrich：Wir koennen auch anders：Kritik der Libet – Experimente，in：Christian Geyer（Hg.）：Hirnforschung und Willensfreiheit，Frankfurt a. M. 2004，S. 94.

⑤ Birgit Recki：Freiheit，Wien 2009，S. 46.

李贝特实验与意志自由的争论中，辛格就基于决定论的立场，呼吁学界“应当停止谈论自由[①]”。辛格的呼吁意味着他试图以其脑科学研究成果为基础，用理据来说服他人相信意志自由是根本就不存在的虚幻之物。但辛格的呼吁与论辩均明显蕴含着一个前提，即对方可以或有可能相信他的说法，同时也可以或有可能不相信他的说法；或者，对方本应相信他的说法，实际上却并没有相信他的说法。出现这种情况，恰恰说明对方一定是拥有意志自由的。如果没有意志自由，一切都是被决定了的，则对方就只能相信他的说法。就作为主体的辛格这方也是这样。如果没有意志自由，则辛格自己也就不会进行论辩并使用“应当”这一用法。“因为论辩——作为对论据的交流与权衡——本身就是一种出自自由的行动。[②]”而“应当这样做”这一表述，本身便包含着对方也有不这样做的可能性及自由。总之，“大脑研究者们对自己和对其交谈对象都是以自身洞见的自由为前提的[③]”。如果没有意志自由，一切都是被决定了的，则科学研究活动本身也根本就没有得到进行的可能。这表明否定意志自由者所坚持的决定论的立场，与他们所从事的科学研究的方法论之间的自我矛盾性。

最后，李贝特实验的主角李贝特本人也没有否认意志自由。即便是我们承认有意识的行为是被无意识的神经活动所启动的，但在准备电位的形成与有意识行为的实施之间还有一个几毫秒时间的空隙，人可以在此时运用自由意志来否决这一行动。换言之，“尽管准备电位已经形成，但有目的的小的行动却并非一定会得到执行。因而准备电位的出现并不是说明我们在意志上无法做出别的行为并且我们已被大脑自在的先前决断决定了的合宜的指示器[④]”。在李贝特看来，有意识的自由意志能够控制一个无意识的启动过程的实现，人的意志自由就体现在对行为实施的有意的“否决”上，这样，“无意识的准备电位的存在并不会使人失去自由[⑤]”，意志自由就是在对行为的放弃上呈现自身的。尽管罗特认为，李贝特有关意志自由就体现在否决某一行为的能力上的观点仅是一种理论上的可能，因为相应的否决在实验中并未发生，但日常现实生活中

---

① Vgl. Birgit Recki：Freiheit，Wien 2009，S. 48.

②③ Birgit Recki：Freiheit，Wien 2009，S. 47.

④⑤ Herbert Helmrich：Wir koennen auch anders：Kritik der Libet – Experimente，in：Christian Geyer (Hg.)：Hirnforschung und Willensfreiheit，Frankfurt a. M. 2004，S. 96.

这样的例子却是无处不在的。我们当然可以区分人的行为的不同类型：有的行为不可以被阻止，如呼吸，它完全遵循神经活动的程序，只要该程序运行，则我们虽可短暂停顿，却无法长期阻止。而更多的行为却会随着我们意图与动机的改变而受到有意的否决。看见明星出现，我本打算前去与其合影，但担心受到朋友奚落而阻止。但忽然又想到母亲是该明星的粉丝，一张我与明星的合影肯定会使母亲高兴，于是我又准备迎上前去与明星打招呼。后来马上又想到明星已经非常疲惫，如此打扰有些不忍，于是最后我还是阻止了合影行动。在极短暂的时间里，我们的行为在反复的犹豫中被不同的动机所否定，这恰恰证明我们的以否决为表现形式的意志自由的存在。另外，所谓二阶意愿理论也说明了这一点。尽管人有像酗酒、烟瘾、暴力倾向等可能是由基因决定的一阶意愿，但人们又有可能出于对自身和社会负责任的考量，而做出一个二阶意愿来阻止一阶意愿行为的发生，这个与一阶意愿相冲突的被有意做出的二阶意愿，就是意志自由的体现。

到了这里我们可以清楚地看到，一场有关人的行为控制的神经科学的实验，不仅引发了如此不同的解读和如此巨大的观念分歧，而且也成为人文社会科学与自然科学界乃至广大公众共同关注的交汇点，这在学术史上并不多见。当然，这种观念、立场上的分歧也绝非偶然，它是人类存在本身多样性与复杂性的一种折射或反映。一方面，人类毫无疑问是自然界的一部分，拥有着潜意识、内在冲动和基因设置。这就导致了自然科学将人的行为归溯为化学反应、神经表现、基因条件和生理活动的机制。另一方面，人又不完全从属于自然界的因果链条，不完全受制于自然规律的必然性，而是一种拥有自由意志的行为主体。这就导致了人文社会科学及日常心理学基于人的自由意志、基于人类所特有的感知和判断及决断能力，来对人的行为做出解释，认定这种行为在一定条件下取决于理性上可理解的动因，它并非是预先就被决定好了的。总而言之，针对复杂多样的人的行为，自然科学与人文社会科学都试图做出自己的解析。

2. 原因与理由

然而在自然科学界，有些人并不认可人文社会科学的研究成果，他们拥有一种偏见，认定只有经验科学能够证实的东西才是真实存在着的，也就是说，只有通过生物学、医学、心理学、化学与物理学把握得到的事物才是真正现实的。普林茨说："科学的出发点是：所有发生的事情均有其原因并且人们可以发现这些原因。[①]"按照这一逻辑，人的所有的行动，不论是合乎自然因果律的自然行为，还是人的思想观念及自主决断等精神活动，都应当基于大脑的物理化学反应机制来进行解释，所有人文社会科学问题最终均可还原为神经科学问题而得到处置。德国心理学与脑科学杂志《大脑与精神》（Gehirn & Geist）2004 年第 6 期所发表的十一位神经科学家的宣言，表达的就是这个意思。他们希望用神经科学的方法来解答意志自由的问题，从而使这一千百年来的哲学争论得以终结。但是，这些神经科学家们显然是过于乐观和自信了。应当说，像自主决断、道德选择和宗教信仰等精神状态，无疑具有高度复杂的特性，因而谁都难以肯定所有的精神活动均可还原为神经过程。诚然，神经生物学可以高度精确地描绘某些精神现象的神经联系，特别是像颜色体验、记忆功能和疼痛感觉等感受状态；但像意愿、信仰、主张、权衡过程等精神现象却无法客观化，无法还原为大脑物质元素中点对点式的对应物。我们今天所具备的神经科学知识与测量手段，提供不了这样的精神状态与神经网结之间的关联。尽管我们现在拥有了大脑扫描仪（即功能性核磁共振成像扫描仪），但现实生活中人们做出的一些决定却是很难借助于这一仪器来进行判断确定的。不同于肠胃只能这样消化、肺叶只能这样呼吸，我们的大脑却绝不是只能这样决断。我们可以权衡、犹豫、选择，更可以变更我们的决定。这些包括特别是道德心理在内的复杂的精神活动，并非是神经科学可以描绘分析，也并非是任何先进的仪器设备可以显示、测量和解读的。连普林茨自己也承认："生物学家可以解释大脑中的化学和物理因素是如何起作用的。但至今没有人知道，自我一体验是如何发生的，大脑究竟是如何产发出意思的。[②]"赫弗引述著名的神经科学家的说法："大脑是依照何种规则工作的，它是如何通过使直接的感知与早期的体

① Wolfgang Prinz：Der Mensch ist nicht frei. Ein Gespraech，in：Christian Geyer（Hg.）：Hirnforschung und Willensfreiheit，Frankfurt a. M. 2004，S. 22.

② Wolfgang Prinz：Der Mensch ist nicht frei. Ein Gespraech，in：Christian Geyer（Hg.）：Hirnforschung und Willensfreiheit，Frankfurt a. M. 2004，S. 26.

验相融合的方式描摹这个世界的，大脑是如何将其内在的活动感知为‘其’活动的，它是如何规划其未来的行为的，我们对所有这一切的认识还都没有开始。再者，人们如何借助当下的手段来研究这些，这一点根本还不清楚。就此而言，我们似乎仍然处在狩猎和采集的水平上。①”

有人会说，某些神经科学家试图将包括意愿、权衡、信仰、决断等在内的所有精神活动，均还原为神经过程（即所谓生物主义的还原论、强的决定论）的努力，在现有的科学知识与实验条件下固然无法成功，但这并不意味着，随着研究水平的提高和技术手段的改进，这一努力将来也不可能成功。然而，我们应当注意到，即便是在时代进步、科研条件改善的未来，强的决定论者仍然难以逾越如下理论障碍：

第一，精神活动依赖于生理学意义上的物质基础，但并不等同于这一物质基础。没有人否认所有的精神活动均要通过大脑的神经过程得以实现，意识离不开其物质条件，脱离不了与自然界的关联。但“某物离开某物就不可能发生，并不意味着两者是一回事②”。像自主决定、道德选择、宗教信仰等精神活动并非完全因果性地取决于大脑状态，而是有着独特的活动机制，它们可以自由地做出处置，不受自然界的确定与安排。这就是我们每个人主观上可以体验得到的“自我”的作用，而这个所谓的“自我”，就是对一切意识活动进行控制与协调的主管。一个人在其漫长的生涯中，无论从身体上还是从心智上都会经历无数的变化，但正是由于其“自我”的存在，他总是能够保持自身心理的同一性、个体的连续性以及自始至终同为一人（即整体的人）的现实感。这个能够有意识地决断的“自我”之存在，固然离不开大脑，但绝不等同于大脑，甚至在大脑中通过神经生理学的方法也找不到对应物。亚里士多德早就讲过，并非是心灵在发怒、在受压抑或在思考，也不是心灵在编织、在建造房屋，而是人借助于其心灵在做这些事情③。这表明亚里士多德早就清楚地将自我（人）与大脑（心灵）区分开来了，早就意识到了人的主观世界的维度，

① Vgl. Otfried Hoeffe：Lebenskunst und Moral，Muenchen 2007，S. 261.

② Lutz Wingert：Gruende zaehlen. Ueber einige Schwierigkeiten des Bionaturalismus，in：Christian Geyer（Hg.）：Hirnforschung und Willensfreiheit，Frankfurt a. M. 2004，S. 202.

③ Vgl. Thomas Buchheim：Wer kann，der kann auch anders，in：Christian Geyer（Hg.）：Hirnforschung und Willensfreiheit，Frankfurt a. M. 2004，S. 161.

意识到了“并非是‘大脑做决定’，而是个体、行为者，无论如何是作为整体的人。我们也不会讲，大脑现在在喝啤酒或在写一本书[①]”。而将所有精神活动均还原为神经过程的强的决定论，则恰恰是完全取消了人的这个“自我”的主观维度，只承认大脑的存在。在他们看来，不是人之“自我”在做决定，而是大脑在做决定，这样也就将“谁—问题”（问：谁在行动？答：我在散步，我在准备跳远）置换成了纯粹的“什么—问题”（问：发生了什么？答：我身体上出现了步行的动作，我这里出现了跳远的准备）。罗特就直截了当地说：“在我看来，‘不是我而是大脑做了决定’这句话是正确的。[②]”也就是说，自主决定并非来自于一个整体的人的自我，而是我的大脑中无意识的、并且同时是充分的因果因素做出了决定。这一观念马上就会给我们通常理解的人的图景，造成严重的后果。这一图景表明，人是由其自我意识支配的，他拥有自由意志并且对其自由的行动后果承担责任。但假如按照强的决定论的立场，决定不是来自于自我，而是来自于大脑，那么我们就不能惩罚罪犯本人，而只能追究其大脑的责任。这样立即就又会给人类社会现有的司法制度带来巨大的挑战，因为个体的人若是无自由，就没有犯罪能力及责任；而没有罪责，则就没有司法。穷凶极恶的杀手可以逃脱法律的制裁，因为他说自己并不是行为的决策者和启动者，其行为不是由自己自主的意愿，而是由大脑中神经活动过程启动的，而这一物理化学性的神经元活动又取决于外部物质世界的因果关系，故自己对行为后果无需承担任何责任。辛格就说：“谁都无法成为不同于他所是的东西。这一洞见可以导致一种对这些人更加人性化、更少歧视性的评价：这些人遇到这样倒霉的事，即他们带着一种器官长大，该器官的功能设计者不允许他们可以有合宜的行为。把带有问题的行为设置的人评价为是坏的或恶的，这只不过意味着是在评价这种构成了我们本质的器官之命运所决定的发展结果。[③]”于是，现有的奠定在人的自由行为与相应的责任担当之基础上的刑法体系，就失去了意义。所以强的决定论者，设想“建立另一种法律体系。比如说不是奠立于罪责与责任的原则，而是奠立于这样的原则，即当事人对其伤

---

① Andreas Klein：Willensfreiheit auf dem Pruefstand，Goettingen 2009，S. 334.

② Vgl. Andreas Klein：Willensfreiheit auf dem Pruefstand，Goettingen 2009，S. 333.

③ Vgl. Andreas Klein：Willensfreiheit auf dem Pruefstand，Goettingen 2009，S. 335.

害他人的行为必须赔偿，但无需归罪于当事人的自由和犯罪能力[①]”。也就是说，侵害者应当做出补偿，但无需道歉。任何通过批评、谴责和说服教育使肇事者产生反思反省、幡然悔过之心理，从而做出痛改前非之举动的努力均失去了意义，因为所有发生的一切均是自然界设定安排好了的，在客观世界的历史必然性面前，人难以逃脱无可奈何、无从下手、无能为力的命运。显然，强的决定论的这套谬说，不仅与既有的社会矫正理论与实践成果不符，而且也与人类社会在对历史的经验教训的反省和总结中逐步成熟，从而走向文明进步的发展趋势相悖。

第二，行为的原因不同于行为的理由。如前所述，人分为自然存在的层面与精神存在的层面。就自然存在而言，人是自然科学的研究对象。作为自然科学研究对象的人，从属于自然界的因果链条，这种因果必然性支配着人体中的生化反应、神经表现、基因配置与生理活动。人的生理活动难以逃脱因果必然规律的制约。我们身体中出现的任何生理现象，都有其相应的原因，这一原因一定会导致包括本现象在内的相应的结果。像呼吸、咳嗽、流汗、做梦、打喷嚏等生理活动均受控于自然因果必然性，我们可以暂时屏住呼吸，但无法长久。而作为精神存在的人，我们却又不完全受因果必然链条的制约。最明显的例子就是日常生活中我们的权衡、犹豫以及在两种行为选项上的决择。亚里士多德早就说过，人是理性的动物。人之所以能够因理性之故而超拔于自然界，就在于人是自身决断的作者。而这种开放性的决断，并非取决于因果先定的大脑活动。“决定是常常延展的过程，带有许多的反馈和权衡回路，这些反馈与回路以这种形式是根本无法精确地在时间上予以限定的。[②]”换言之，决断是“自发的，不受外在强权或内在强制的影响[③]”。尽管决断在大脑中拥有其活动的物质性条件，但其本身却并非是依因果关系从这些条件中导引出来的，其本身“并非是时空中为自然因果联系所支配的自然之物。因而其单位是一种先

---

① Wolfgang Prinz：Der Mensch ist nicht frei. Ein Gespraech，in：Christian Geyer（Hg.）：Hirnforschung und Willensfreiheit，Frankfurt a. M. 2004，S. 26.

② Andreas Klein：Willensfreiheit auf dem Pruefstand，Goettingen 2009，S. 344.

③ Vgl. Gerhard Schweppenhaeuser：Grundbegriffe der Ethik – zur Einfuehrung，Hamburg 2003，S. 63 – 64.

验性的，原则上为神经心理学所无法解释[①]”。自然科学无法提供经验性的解释，并不是我们否认自主的决断之客观存在的理由，况且日常生活中无处不在的思索、权衡、犹豫、抉择的场景，时时刻刻都在证明人类拥有意志上的自主性与开放性、未决性：我们可以控制自己的行为，改变预先的欲求，体验自身的自由。洛克为此做了一个精彩的总结：“我们拥有中断追逐这种或那种愿望的能力，就像每个人每天在自身所能验证的那样。在我看来，这里就存在着所有自由的源泉，这里就有……人们称为自由的意志的东西。[②]”

人们在权衡中可以这样决定，也可以那样选择，这表明人的意志自由、人的自主决断不受自然界因果必然性的支配，不取决于经验上可观察到的原因。那么人的自主决断又是基于什么而触发的呢？答案是：人的自主性的行为有别于物理现象之处，在于其意图性的结构；换言之，人在权衡与决断之时，起决定性作用的是不同的、互相竞争着的理由，所谓决定就意味着对不同理由的思考和选择，人的自主行为便是出于某种理由的行动，是对理由的权衡与认可的结果。瑞逵（Birgit Recki）指出：“一种行动作为某种目的的实现是复杂的慎思序列的结果，该慎思要回溯到理由的原则性和情景性的信服力。[③]”哈贝马斯也认为：“一般而言，我所理解的意志自由是意志的基于澄明了的理由的自我约束的方式。意志自由表征着一种存在方式，即行动着的人在理由的空间里存在的方式以及他们是如何为文化上所传承下来的并且是社会组织化了的理由所刺激的方式。[④]”这里，哈贝马斯清楚地揭示出了意志自由与理由的关系，即自由属于理由的王国，意志自由只存在于能够对理由进行思考、判定、权衡与抉择的人之中，“意志自由就在于在某种行动面前停顿并且思考，在这种情况下应当怎么做以及这样做或那样做的理由的能力[⑤]”。换言之，一种决断，只有在经过行为者的权衡，通过对理由的考量的前提下，才是自由的。“一种

---

① Christine Zunke：Kritik der Hirnforschung，Berlin 2008，S. 210.

② Vgl. Ansgar Beckermann：Neuronale Determiniertheit und Freiheit，in：Kristian Kochy/Dirk Stederoth（Hg.）：Willensfreiheit als interdisziplinaeres Problem，Freiburg/Muenchen 2006，S. 298.

③ Birgit Recki：Freiheit，Wien 2009，S. 45.

④ Juergen Habermas：Das Sprachspiel verantwortlicher Urheberschaft und das Problem der Willensfreiheit，in：Hans－Peter－Krueger（Hg.）：Hirn als Subjekt? Berlin 2007，S. 270.

⑤ Ansgar Beckermann：Neuronale Determiniertheit und Freiheit，in：Kristian Kochy/Dirk Stederoth（Hg.）：Willensfreiheit als interdisziplinaeres Problem，Freiburg/Muenchen 2006，S. 298.

决断是基于一种向理由开放的过程，便是自由的。[①]”

那么，理由是怎样不同于原因的呢？柏拉图举例做出了很好的说明。就苏格拉底为何不逃出监狱这一点而言，有两种可能的回答。第一种：因为他的胫腱、腿骨无法运动。这就是原因。第二种：因为他要遵循国家的法律。这就是理由。由此可见，原因反映了人的身体状况，是经验科学的研究内容。而理由则“并非是可观察到的依照自然规律变化的物理上的标志，……不受严格的因果解释的制约[②]”。理由不同于可回溯为神经活动的过程，“理据从本体论的角度来看并不是神经状态，而是理智性的论据[③]”。

原因只是对物理世界客观状态的反映与呈现，故并无对错之分，只有真假之别。而理由则关涉到人的行为的复杂的规范维度，正确的理由意味着应当的行为，错误的理由则造成行为的失当与有害。凯泽（Gerhard Kaiser）指出：“没有意愿就没有应当，没有根据理由的判断和行动——而不是仅仅根据原因——就没有正确和错误。[④]”

可见，原因无对错之分，理由却有对错之别。原因是自然性的，理由则是人际间社会性的，“行为理由……来自于个体的生活体验以及社会的相互作用和交往[⑤]”。原因从属于自然界的必然性，理由则起源于人际交往社会关联的运行规则和对文化历史经验累积的反思与醒悟。原因通过科学来解释与克服，理由则依靠启蒙、学习和教育得到改善。人既有自然性亦有社会性。作为自然界的一员，人与人之间在身体构造上并无本质性的差异；但作为社会中的存在，人由于个性、体验、教育、环境、生活史的不同而各显区别。也就是说，在原因的世界，我们因从属于自然的必然性而彼此相似；但在理由的世界，我

---

① Ansgar Beckermann：Neuronale Determiniertheit und Freiheit，in：Kristian Kochy/Dirk Stederoth（Hg.）：Willensfreiheit als interdisziplinaeres Problem，Freiburg/Muenchen 2006，S. 299.

② Juergen Habermas：Freiheit und Determinismus，in：Hans－Peter－Krueger（Hg.）：Hirn als Subjekt? Berlin 2007，S. 109.

③ Vgl. Otfried Hoeffe：Lebenskunst und Moral，Muenchen 2007，S. 261.

④ Gerhard Kaiser：Warum noch debattieren? Determinismus als Diskurskiller，in：Christian Geyer（Hg.）：Hirnforschung und Willensfreiheit，Frankfurt a. M. 2004，S. 266.

⑤ Zitiert bei Habermas，vgl. Gerhard Roth：Willensfreiheit und Schuldfaehigkeit aus Sicht der Hirnforschung，in：Gerhard Roth/Klaus－Juergen Gruen（Hg.）：Das Gehirn und seine Freiheit，Goettingen 2006，S. 19.

们则因意志自由而大不相同。

回到李贝特实验。我们知道，意志自由与理由相关，关涉到出于理由的行动。李贝特实验与意志自由相关的场景或许在于，询问受试者是否乐意参与这项实验并按指令进行动作，让受试者在对不同理由的权衡中做出肯定或否定的回答。此时，实验者要马上在受试者的权衡过程中对其神经生理活动进行观察，这才是涉及到出于理由的决断过程的研究，即意志自由的研究。而手指按压电钮的动作并不是涉及理由的活动。这也就是说，原本的李贝特实验与意志自由是否存在的问题没有关系，它不是一项真正意义上的意志自由的实验。

3. 认识论、方法论意义上的二元论

总而言之，包括意愿、权衡、信仰、决断在内的体现了人的意志自由的精神活动具有着复杂的特性，无法简单还原为神经过程，故神经过程决定论及生物主义的还原论，经不起实践的验证。同时，我们日常的生活体验，又清楚地证明了人的意志自由、人的自主决断之客观真实的存在，清楚地揭示了其不受自然界因果必然性的支配的特性。“谁要是对未来行为进行权衡，在康德看来便根本就不能不把自己想成是不自由的。[①]”这充分展示了人的存在的复杂性，或者让我们想到了康德二元论式的解释：人是两重性的存在：作为肉体性的自然存在，同所有其他事物一样，人当然服从于机械的自然因果必然性的统治；作为纯理智性生物的精神存在，人却是其行为的绝对主体，是受理性引导的自由的行为者。“当我们从事科学研究，则我们就不能相信逃脱了自然必然性的幽灵或神话。但当我们想把人理解和判断为个人，把其活动理解和判断为决断和行为之时，则我们就必须把自由作为前提条件。[②]”也就是说，当我们把人作为自然存在加以考察之时，我们体验不到自由，因为自然界受因果必然性的统治。自然世界所有发生的事物均处于一种因果必然性的链条之中。但当我们把人作为精神存在加以认知之时，则我们就必须承认自由的真实存在。有关意志自由之存在的认知，使我们感受到自己生活在两个世界之中，或者说人是两

---

① Ulrich Thiele：Willensfreiheit und Zeit. Eine Kantianische Kritik des neurophilosophischen Determinismus，in：Hermes A. Kick/Jochen Taupitz（Hg.）：Willensfreiheit und Abhaengigkeit，Berlin 2007，S. 39.

② Peter Fischer：Einfuehrung in die Ethik，Muenchen 2003，S. 46.

个世界的公民：一个是必然性统治的自然界，在这里人是不自由的；用康德的话说，自由在现象世界无法得到证明。另一个是自由支配的超越时空的精神世界，人作为精神存在是自由的，因为人的理性构成了一种能够自发开始行动的理念。在精神世界里，自由成为一种我们无法避免的意识内容，自由的存在使得我们可以与自己的自然性保持距离。在康德看来，两个世界的存在都不可否认，自然界的必然性可以得到人的验证，人的意志自由则可以得到人的假定，这样两者并行不悖、相安无事，仅有区别，而无冲突。“两种立场——自然法则的和自由法则的——在康德看来均是补充性的扩展物，两者均合乎人的本性。①”这就是康德所代表的必然世界与自由世界的二元论的立场。

如前所述，神经过程决定论及生物主义的还原论均试图超越这种二元论的立场，但他们的努力都难以成功。一些神经生物学家认定，人的行为一方面取决于认知上的权衡，另一方面更取决于某种情感机制，这些情感机制是由大脑皮层的神经元活动构成的。对于人的复杂的行动，认知上的权衡只是提出建议，但最终做出决定的则是所谓“情感体验记忆”：“有关我们期望、意愿和行动的决断中的最重要的主管，是情感体验记忆。……这种记忆在其发展中始于怀孕的前几周，最高阶段则是出生后的前几个月②”。罗特甚至说：“在愿望和意图的产生上，无意识地工作的情感体验记忆起开启和最后的作用。它开启了我们愿望和意图的产生，它在决定是否将我们希望的东西此时此地、这样而非那样地付诸实施上起最后的作用。这种最后决断的出现同我们对该决断的意识和拥有付诸行动的意志相较早了两秒钟。③”总之，“我们所做的一切，都是在过去了的体验的光影下发生的④”。因而我们的行为最终并非是受理性指导，“并非认知上的权衡对于一种行为改变是最终决定性的，而是‘行动者的一种

---

① Ulrich Thiele：Willensfreiheit und Zeit. Eine Kantianische Kritik des neurophilosophischen Determinismus，in：Hermes A. Kick/Jochen Taupitz（Hg.）：Willensfreiheit und Abhaengigkeit，Berlin 2007，S. 39.

② Gerhard Roth：Das Zusammenwirken bewusst und unbewusst arbeitender Hirngebiete bei der Steuerung von Willenshandlungen，in：Kristian Kochy/Dirk Stederoth（Hg.）：Willensfreiheit als interdisziplinaeres Problem，Freiburg/Muenchen 2006，S. 37 – 38.

③ Gerhard Roth：Willensfreiheit und Schuldfaehigkeit aus Sicht der Hirnforschung，in：Gerhard Roth/Klaus – Juergen Gruen（Hg.）：Das Gehirn und seine Freiheit，Goettingen 2006，S. 13.

④ Gerhard Roth：Willensfreiheit und Schuldfaehigkeit aus Sicht der Hirnforschung，in：Gerhard Roth/Klaus – Juergen Gruen（Hg.）：Das Gehirn und seine Freiheit，Goettingen 2006，S. 14.

最大可能的稳定的和自身无矛盾的情感状态的维持'（起决定作用）[①]"。这种轻理智抉择、重情感体验的立场，也得到当代德性论的支持。努斯鲍姆就认为："理智缺乏情感在价值上便是盲目的，对于理智而言缺乏人的重要地位和价值方面的意义，这种意义就在于内居于情感之中的判断里。[②]"然而，情感在价值判断上真的超越了理智吗？从对著名的电车难题的大脑实验研究中，得出的是完全相反的结论。当问到你是否同意扳动道岔，从而使一辆飞驰的有轨电车转而冲向另一轨道上的一人，以避免在不扳动道岔的情况下电车沿既定轨道径直冲向前面的五人之时，参加实验的志愿者大部分都同意扳动道岔，让一人承担死亡风险而使另五人得到挽救；在问及此道德两难之时，支持者的大脑反应微弱。实验表明从情感上看，大部分人认同用一命去救五命。然而，这一情感决断从伦理价值的角度来看完全是错误的。因为理智告诉我们，人命都是一次性的、无价的、不可逆的，个体的生命价值都具有终极性，在人命之间没有可比性。故这里不可能出现五条人命相加之价值大于一条人命的结论。这就决定了不能为了营救五人之命而让一命牺牲，这一理智的决断所体现的是对人的生命的绝对的无条件的最高尊重。这种理性的、并且已上升为许多国家法律规定的生命价值至上原则，是人们思考、权衡、包括对历史教训的深刻反省的产物，并且完全超越了从所谓人类原初的情感机制中产生的心理反应。这一著名的例证清楚地说明，"人在其感受、思想和行动中并不完全是由其生物本性、包括其大脑的活动过程所规定的，而是他的主观性和意向性（行动出于理由而非仅仅出于原因）以及他的社会性超越了人的生物本性。'人不仅仅是其本性和其大脑功能'[③]"。从这个意义上，应当说我们固然不可能主张所谓本体论上的二元论（即认为存在着一种独立于任何物质基础的精神世界），但却难以回避和取消认识论、方法论意义上的二元论。

---

① Zitiert bei Gerhard Roth，vgl. Yvonne Thorhauer：Ethische Implikationen der Hirnforschung，in：Gerhard Roth/Klaus – Juergen Gruen（Hg.）：Das Gehirn und seine Freiheit，Goettingen 2006，S. 68.

② Zitiert bei Martha Nussbaum，vgl. Yvonne Thorhauer：Ethische Implikationen der Hirnforschung，in：Gerhard Roth/Klaus – Juergen Gruen（Hg.）：Das Gehirn und seine Freiheit，Goettingen 2006，S. 75.

③ Vgl. Gerhard Roth：Willensfreiheit und Schuldfaehigkeit aus Sicht der Hirnforschung，in：Gerhard Roth/Klaus – Juergen Gruen（Hg.）：Das Gehirn und seine Freiheit，Goettingen 2006，S. 9.

第二节　意志自由的结构塑造与运行机理

以上我们阐释了李贝特实验只是有关身体反应时间，而非有关意志自由是否存在的实验，意志自由涉及人的行为规范的维度，因而并不是经验性的自然科学的研究对象。任何生物神经科学实验的结果，均不可能否定意志自由的存在。我们日常生活中无处不在的权衡、迟疑、犹豫、抉择等行为，时时刻刻都在为意志自由存在的真实性提供佐证。下面需要进一步深入考察的，是意志自由的结构塑造与运行机理。这里所涉及的有两个问题。第一，在认可宇宙是一个由因果必然性所统治的封闭体系的强的决定论中，没有意志自由、自我决断的地位。故意志自由与强的决定论之间的关系是相互差异、彼此对立的。但这是否意味着，意志自由就等同于任性与任意、为所欲为、不受任何社会因素的规约，因而与决定论在任何意义上均没有关联呢？如果答案是否定的，则我们就需要探讨，人的意志自由的塑造究竟取决于哪些因素？这就涉及到个体意志自由的本质性规定这样一个核心问题。第二，作为意志自由的外化与实现，人的行为自由更是受制于社会文化因素的影响与左右。这里需要研究的是，一个社会通过怎样的组织方式与制度结构，才能使人的行为自由得到最大程度的实现？这就关涉到人的自由在社会中的具体运行这样一个重大的实践问题。

1. 从意志自由到道德自由

所谓意志自由，按照莱布尼茨的说法，是指“能够乐意人们应当的东西”。这就是说，一方面，意志自由与某种应当相联系，与某种规范性的东西相系并以之为导向。另一方面，人在这种应当面前，可以无条件地、无外在强制地做出抉择，也就是说他可以乐意于这种应当，但也可能拒绝这种应当。在这样一种有关意志自由的界定中，“应当”这个概念十分关键。因为只有作为精神存在的人才懂得应当，而自然之物对于应当而言则完全是中立的。故布赫海姆（Thomas Buchheim）说：“正是凭借意志自由……人的思想才同时从自然中超拔出来。[1]”

基于意志自由这一概念的特性，高施克（Thomas Goschke）概括出意志自由的两项原则，第一：“另种选择的可能性原则”，第二：“主谋原则[2]”。

我们先看第一项，即“另种选择的可能性原则”。这就是说意志自由包含着如下的意涵，即在同样的前提条件下当事人可以拥有不同的选择机会，也就是说在某一节点上他既可以这样，也可以那样，在某一岔口前他既可走这条路也可走那条。“在同等的条件下也可以做出与人们事实上做出的完全不同的行动或决断。[3]”这就是意志自由的自发性、无条件性。按照休谟的说法，没有什么动机、希冀或品格能够影响决断；或者按照霍布斯的说法，人们可以在免于外在强制的情况下做他需要做的事情。意志自由的行为，与条件反射的举动完全不同。由灰尘的侵入造成的眯眼是我们所无法控制的，因为它取决于不可抗拒的原因。而故意的眯眼则是我们自主选择的结果，它取决于某种目的或意图，并且恰恰是由于某种意图我们也可以一直保持眯着眼的状态。

同样，意志自由中所含有的“另种选择的可能性原则”也意味着出于自由我们既可以行善，也可以做恶。道德行为主体建构性能力的存在表明，良知并不能绝对无条件地自动导致当事人对善的选择。人尽管应当选择善行，但他还是可以选择恶举，这并不是人的不幸，而恰恰是其自由所使然，是其自由的体现。这说明人并不是被包括善在内的任何德性所完全确定的。如果人已经被善行所彻底决定，则就意味着不存在意志自由。因而自由从逻辑上说先于善行，意志自由是人的所有德性的无条件的根基与基础，是一切道德原则的可能性的根据，是一切伦理道德之所以存在的前提，意志自由为一切道德—法律秩序奠立了基石。正如克万特所言，“我们的伦理实践是以一种与此实践相独立的形而上的自由为前提的[4]”。甚至可以说，人的这种意志自由不仅仅是人的

---

① Thomas Buchheim：Unser Verlangen nach Freiheit，in：Glanzlichter der Wissenschaft – Ein Almanach，Saarwellingen 2008，S. 13.

② Thomas Goschke：Der bedingte Wille，in：Gerhard Roth/Klaus – Juergen Gruen（Hg.）：Das Gehirn und seine Freiheit，Goettingen 2006，S. 111.

③ Thomas Goschke：Der bedingte Wille，in：Gerhard Roth/Klaus – Juergen Gruen（Hg.）：Das Gehirn und seine Freiheit，Goettingen 2006，S. 107.

④ Michael Quante：Einfuehrung in die Allgemeine Ethik，2. Auflage，Darmstadt 2006，S. 167.

特征，而且也是人之为人的基础与条件。“人们不可以相互预先规定对理性的运用。人的尊严在于，自己去思考，也在于犯他自己的错误。[①]”这样也就不难理解，康德为什么那样地强调道德与法律所涉范围的区别。在他看来，道德所统摄的是人的内心生活，关涉到人的动机。因而道德属于个人的私事，在这里不允许人们相互行使强制。道德必须以自由为基础和前提。“从法律上讲，即从国家的角度看，个体在道德还是不道德上是自由的，对其的严格要求仅在于守法。[②]”而法律所统摄的则是人的外在行为，与动机不同，人的行为可能触及或影响他人，故法律必须运用强制手段得到贯彻。也就是说，只有当自己的自由妨碍了他人的自由之时，强制才可以得到辩护，自由才触及到了其边界。“在这个意义上国家作为强制性暴力的机制化，绝不可以是道德的机构。[③]”强调道德以意志自由为前提这一点的意义还在于，自由构成了人对其行为承担责任的基础或必要条件。换言之，要某人承担责任，批评或谴责他，是以他拥有选择的自由为前提的，即他本有另一种做法的可能性，但他却这样地做了，所以他要承担相应的罪责，为此付出代价。正如一部德国刑罚的教科书所言：“罪责和责任的基础，是人的自由的和正确的在对与错之间进行决断的能力。只有当这种决断自由存在之时，对罪犯做出有罪的指控才有意义。[④]”由此可见，是否认可人的意志自由的存在，这不仅关涉到人类近代以来伦理道德体系能否建立，而且也会对一种作为自由且负责任的行为主体的人的图景，乃至整个现代刑法理念、法律体系、政治制度和教育思想的理解，产生重大的影响。

我们再看第二项，即“主谋原则”。该原则说的是“我作为有意识的、思考着的和活动着的存在，是我的意志的载体，是我行动的原动者[⑤]”。当事人

① Michael Becker, Johannes Schmidt, Reinhard Zintl: Politische Philosophie, Paderborn 2006, S. 140.

② Michael Becker, Johannes Schmidt, Reinhard Zintl: Politische Philosophie, Paderborn 2006, S. 135.

③ Michael Becker, Johannes Schmidt, Reinhard Zintl: Politische Philosophie, Paderborn 2006, S. 133.

④ Vgl. Gerhard Roth: Willensfreiheit und Schuldfaehigkeit aus Sicht der Hirnforschung, in: Gerhard Roth/Klaus – Juergen Gruen (Hg.): Das Gehirn und seine Freiheit, Goettingen 2006, S. 14.

⑤ Vgl. Gerhard Roth: Willensfreiheit und Schuldfaehigkeit aus Sicht der Hirnforschung, in: Gerhard Roth/Klaus – Juergen Gruen (Hg.): Das Gehirn und seine Freiheit, Goettingen 2006, S. 10.

是其意愿和行为的决定者或主谋这一点，表明当事人的意志自由摆脱了内在与外在双重强制。所谓内在强制，是指感性冲动、原始激情、任意的偏好，这些感性的因素是人的生物本性所决定的，故人无法从根本上独立于它们，但如果人完全受其控制就意味着人全然受自然因果决定论的支配而与其他生物无异了。人之所以为人，就在于人可以首先认可这些必然性的制约，在此基础上批判性地审视这些“本性”，与之保持距离，由自己来做出决断，让自身成为其意愿的源泉。康德称这种独立于感性世界确定的原因、摆脱了自然因果必然性制约的自由为消极自由。所谓外在强制，是指社会因素的作用、影响与制约。总之，行为主体只有摆脱了一切性质的异在制衡力量，“只有当有意愿的自我自己决定自己，才谈得上意志自由①”，这也正是叔本华所理解的意志自由，即“我们能够愿意我们愿意之事②”。康德将这种并非受控于内在的身体及心理因素或外在的社会因素的所谓“从自身开放一种状态的能力③”的自由，称为先验自由，即非强制条件下人的自主自愿的自由。

谈到这里，我们对能够概括意志自由这一概念的基本特征的两项原则有了初步的了解。这两项原则都体现了莱布尼茨有关意志自由的定义（即能够乐意人们应当的东西）中的“能够乐意”的意涵，不论是“另种选择的可能性原则”还是“主谋原则”都说明了这一点，即当事人能够自我决定。但这两项原则并没有呈示出当事人能够决定的内容或对象究竟是什么，也就是说，莱布尼茨定义中那个所谓“应当的东西”并没有体现出来。下面我们就探讨这个问题。

如前所述，意志自由的首要环节就是“能够乐意”，换言之，就是能够自我决定。意志自由的当事人是自主的、自由的、因而对自己行为承担责任的主体。这样也就决定了意志自由的载体的任何决断或行为，都不可能是任意的、偶发性的。假如行为主体的决断与行为呈现出的是纯粹偶然性的事件，该事件不具有意涵明确的内在联系，与当事人的信念、愿望、意图或个性特征也均毫

---

① Peter Prechtl: Freiheit, in: Peter Prechtl und Franz – Peter Burkard (Hg.): Metzler Philosophie Lexikon, 2. Aufl. Stuttgart 1999, S. 663.

② Vgl. Michael Quante: Einfuehrung in die Allgemeine Ethik, 2. Auflage, Darmstadt 2006, S. 169.

③ Zitiert bei Kant, vgl. Gerhard Schweppenhaeuser: Grundbegriffe der Ethik – zur Einfuehrung, Hamburg 2003, S. 70.

无关联，则就难以理解，“人们如何能够为纯粹偶然的行为负责任或者从何种意义上能够把人们看成是这一行为的主谋[①]”。这里需要指出的是，逻辑上讲只有在想象中、幻觉中、做梦中，才会出现任意性的、偶发性的和无条件的意志；但纯粹想象中、梦幻中的意志自由是没有意义的，谁也不会仅仅因为想象而感到幸福，因为想象还不是现实的存在，从中我们可以获得现实的益处。从这个意义上讲，意志自由只关涉到现实的意愿和行动，而不涉及仅仅是想象的意愿与行动。换言之，“说我想要某种东西，而又不总是意涵着致力于达到这种想要之物的行动，这便是没有意义的。在康德看来，从根本上讲行动就是达到意志所设定的目标的手段。借此意志自由就仅仅实现于行动之中，在此意志自由与行动自由的区分便不得不消失了[②]”。顺便要说的是，意志自由与行为自由的区分要归溯于洛克和休谟，而正是康德则将意志与行动之间的连续性展示了出来，说明“一种决断从一开始便是指向行动的[③]”，“为了把握什么是自由，人们必须关注到整个行为及其展现途径和活动空间，而不是只关注其开端[④]”。综上所述，意志自由绝不是纯粹任意与偶发的想象，真实的意志自由总是逻辑地内含着一种行动设置。而行动设置又总是与一种风险相关涉，只有在梦幻及想象中才没有风险，而自由却设置风险，甚至“自由只有在这种风险出现时才存在[⑤]”。反过来也可以这么说，由于意志自由因对行为的设置而使自身面临着风险，故它的运行便绝非是任意的、偶发的，而是受制于一种对理由的思索与考量的机制，正如哈贝马斯所言：“只有得到考量的意志才是自由的[⑥]”，“自由取决于反思和自我反思的能力[⑦]”。比尔里（Peter Bieri）也指出：“意志自由就在于，它以一种完全特定的方式而是有条件的，即通过我们

---

① Thomas Goschke：Der bedingte Wille，in：Gerhard Roth/Klaus – Juergen Gruen（Hg.）：Das Gehirn und seine Freiheit，Goettingen 2006，S. 114.

② Birgit Recki：Freiheit，Wien 2009，S. 71.

③ Birgit Recki：Freiheit，Wien 2009，S. 70.

④⑤ Thomas Buchheim：Unser Verlangen nach Freiheit，in：Glanzlichter der Wissenschaft – Ein Almanach，Saarwellingen 2008，S. 17.

⑥ Juergen Habermas：Freiheit und Determinismus，in：Hans – Peter – Krueger（Hg.）：Hirn als Subjekt? Berlin 2007，S. 104.

⑦ Juergen Habermas：Das Sprachspiel verantwortlicher Urheberschaft und das Problem der Willensfreiheit，in：Hans – Peter – Krueger（Hg.）：Hirn als Subjekt? Berlin 2007，S. 266.

的思考与判断。[①]”总之，意志自由的运行关涉到一种复杂的行为方式的系统，取决于对当事人的信念、愿望、目标、偏好、后果等多重因素的权衡机制，用图根哈特的话说，这就是所谓的“意志自由的结构”：“如果我们把意志自由理解为独立自主地决定某种事物的能力，则就说明这是一种有效做出的独立决定，即在对自身动机的自我判断中援引其中的有足够强大的论据支撑的动机，从而使这些动机被看成是良好的理由，这样来独立自主地为某事做出决断。这是一种基于审虑的探讨过程得以描述的决断的能力，我们把这种能力称为自由意志。它存在于一种‘权衡的活动空间’（Tugendhat）之中。……这种‘活动空间’是指我们基于理由能够来研判和判定什么对于我们和他人是好的[②]”。“悬置、权衡和理由，在图根哈特看来，……构成了‘意志自由的结构’。[③]”

那么，如何理解这种意志自由的结构，或者说意志自由的结构究竟是怎样构成的呢？如果我们参考康德自由思想的推演进路并稍做一点发挥，或许就可以为此提供一个富有启发性的解释。康德的自由思想，是以理性作为演绎的基础或发端的。在他看来，人有别于所有其他生物的根本特征在于他拥有理性能力，即这样的能力：自我思考、自我设置一种目标、遵循自身的意志。正是由于其对理性的运用，使得他能够在行动中不屈从于自然法则的因果关联，从而获得自由，康德称这种独立于感性世界确定的原因、摆脱了自然因果必然性制约的自由为消极自由。康德十分重视人对理性的运用：“对理性的拥有构成了人的特殊的尊严，对理性的拥有赋予了人以其人权，也正是这种能够依照其理性之拥有来行动的权利。这是唯一的人权——自由的人权。[④]”一方面，“谁也不可以剥夺他人的这种自由”，另一方面，“此人也不应当由于‘懒惰和怯懦’而固执于‘咎由自取的未成年’，而是应‘未有他人引导地’运用其理智[⑤]”；换言之，“运用理性的才能不仅给人创造了运用理性的权利，而且也赋予了人一种义务，即人不应当任其潜能处于闲置[⑥]”。康德进而指出，理性的运用不仅使人拥有摆脱自然法则的因果关联制约的消极自由，而且也拥有积极自由。

---

① Peter Bieri：Das Handwerk der Freiheit，Muenchen 2001，S. 80.

② Birgit Recki：Freiheit，Wien 2009，S. 72.

③ Birgit Recki：Freiheit，Wien 2009，S. 73.

④⑤⑥ Michael Becker，Johannes Schmidt，Reinhard Zintl：Politische Philosophie，Paderborn 2006，S. 131.

所谓积极自由，就是一种能够出于理性而自己为自己立法的能力。“对于康德而言有理性并不是指漂浮不定地在世间游逛，而是的的确确的自主性，也就是自己给自己立法。[①]”这种基于理性而自己设立法则的积极自由，就是康德的自由意志或意志自由。那么，意志自由是如何为自己立法的呢？这里有两个理据必须得到考量。第一，“由于所有的人在其由理性所给予的人的尊严方面都是平等的，所以就要求每个人在其自己的立法中把所有其他人也当作与自己一样来看待[②]”。换言之，每一理性存在都必须总是被看作为“目的自身”，即绝不允许只作为他人追循其目的的手段。“这对于理性的自我立法的可允许的内容便有了后果：这样就不可能出现某个人会理性地‘乐意’，会有一种普遍的法则，能够使他成为主子而别人成为奴隶或者应会有一种强者的普遍的权利。[③]”与此相联系的是，第二，意志自由所立的法，既要保障自己的自由，也要保障他人的自由。个体自由的前提条件是，禁止对他人同样的自由施加干扰、阻碍和影响，这样一种干扰不属于其行为自由，也就是说他人的自由是自己自由的边界。布赫海姆说：“自由与观察着的眼睛相关，且是一种眼睛，不仅是我的，也是他人的。[④]”只有他人的自由得到保障，自己的自由才有实现的可能。故皮波尔（Annemarie Pieper）指出：“意志本身是出于自由并且是为了自由之故而立一种法（绝对命令）。[⑤]”当这两项理据所提出的要求得到满足之时，则意志自由所立的法便能够对每一个人都有吸引力，因为它顾及到了所有的人的利益，所以能够成为对每个人都有约束力、在人际间具有普遍适用效力的法则。而人人都应遵循的行为规则便是道德规则，这样意志自由便转向了道德自由。这里我们可以看到康德自由思想推进的一条鲜明的脉络，即意志自由为自己立法就必须基于强大的理据支撑，而这理据之存在又必然促使意志自

---

① Michael Becker, Johannes Schmidt, Reinhard Zintl: Politische Philosophie, Paderborn 2006, S. 131.

② Michael Becker, Johannes Schmidt, Reinhard Zintl: Politische Philosophie, Paderborn 2006, S. 131 – 132.

③ Michael Becker, Johannes Schmidt, Reinhard Zintl: Politische Philosophie, Paderborn 2006, S. 132.

④ Thomas Buchheim: Unser Verlangen nach Freiheit, in: Glanzlichter der Wissenschaft – Ein Almanach, Saarwellingen 2008, S. 15.

⑤ Annemarie Pieper: Einfuehrung in die Ethik, 4. Auflage, Tuebingen 2000, S. 168 – 169.

由选择一种普世性的行为法则，也就是道德法则，说明意志自由在理性抉择中逻辑上必然会倒向一种规范层面正确的应当的选项，即道德的选项，这样自由意志自然便过渡到道德上理性的意志，也就是善良意志。对于康德而言，“问题首先并不在于所谓的自由意志，而更是在于‘善良意志’（康德）[①]”。也就是说在康德看来，意志自由与理性、道德法则和至善是紧密相连的，意志自由最深层的本质在于道德自由，“由理性引导的意志本身是善的，也就是说在道德上是善的。检验的程序在于相应的行为准则的普遍化[②]”。在康德看来，真正的自由意志应当是善良意志，“只有将自身的意志约束于他自己出于道德洞见所自己设立的规范之上的人，才是自主的[③]”。于是我们可以看到，康德自由思想所展现的，是一幅“自由意志基于对理据的权衡而做出对道德法则的抉择，从而由自由意志过渡到善良意志”的图景，这不仅是对意志自由的结构的一个最佳的阐释，而且也回答了莱布尼茨有关意志自由的定义（能够乐意人们应当的东西）中的那个所谓的“应当”究竟是什么的问题，该定义可以改成：“能够乐意道德法则”，也就是说自由的本质在于向善，“遵循对正确行为的认知的这样一种能力，对于自由而言是核心性的[④]”。这样，我们就可以看出意志自由所呈现出来的表面上似乎相互矛盾着的双重性质。一方面，按其本性，意志自由应是无限的、绝对的自由，它可以使行为者能够在多种选项中任意抉择出一种，这就体现了“另种选择的可能性原则”。另一方面，意志自由“为了自由之故而（要）用其他自由来约束自身，并与有条件之物相关涉[⑤]”。也就是说（——如果允许在这里以康德思路为基础做一点发挥性阐释的话），我们的意志自由在实际的运行中往往又不可能是完全任意的，意志自由的运作，往往取决于一个对自身意向、需求、利益、偏好、愿望、动机、能力、环境、目标、效果、后果等一系列复杂因素的综合的理性权衡机制。换言

---

① Erhard Oeser：Das Selbstbewusste Gehirn，Darmstadt 2006，S. 173.

② Bernhard Irrgang：Praktische Ethik aus hermeneutischer Sicht，Paderborn 1998，S. 65.

③ Juergen Habermas：Das Sprachspiel verantwortlicher Urheberschaft und das Problem der Willensfreiheit，in：Hans－Peter－Krueger（Hg.）：Hirn als Subjekt? Berlin 2007，S. 269.

④ Ansgar Beckermann：Neuronale Determiniertheit und Freiheit，in：Kristian Kochy/Dirk Stederoth（Hg.）：Willensfreiheit als interdisziplinaeres Problem，Freiburg/Muenchen 2006，S. 297.

⑤ Annemarie Pieper：Einfuehrung in die Ethik，4. Auflage，Tuebingen 2000，S. 169.

之，意志自由虽然拥有一种自发性的开始，但发起之后却并不是失控的，它要服从于能够得到辩护这样一种检验。“人在做，天在看”就是这种检验的反映。意志自由既是自发性的，亦是可控性的，“对需求的预期和自我控制的能力构成了或许人类特有的自主性形式的功能性基础[①]”。这种自我控制的对象，既包括与长远目标的实现不相吻合的情感冲动，也是指与社会的外在行为规范相冲突的行为意图。值得指出的是，连康德自己也逃脱不了对后果的顾及与牵连。康德虽属于严格的义务论的最大代表，但“他在具体的伦理论证中又不得不偶尔动用一下与目的相关的伦理考量[②]”。总之，意志自由一方面可以是任意的、自发的、开放的，但另一方面，它的实际运行却又受限于一种以对后果的理性考量为核心的条件框架，或如哈贝马斯所说的“行为选择的可能性的空间”：“在这个意义上他不是绝对自由地去这样做或那样做。在思索的过程中行为者并非是偶然地，也就是讲并非是毫无理由地达到一种理性激发的立场。洞见之出现，并非是任意的，其塑造是依据规则的[③]”。

这样就很容易理解自由意志为何马上就过渡到善良意志。人们把康德的道德哲学的主旨归纳为一个口号：“你能够，因为你应当”。这里“能够”意味着自由选择，“应当”体现着道德立场。这就是说，行为者虽然可以自由地抉择，但不应当任意地选择，鉴于对后果的理性考量当事人往往会做出道德的选项。从这个意义上讲，行为者的自由应该或一定是有限制的（即受限于对他人自由的考量），甚至可以说是被应当之物（道德）所决定的。“意志行为不是非决定性的，而是以某种特定方式决定性的。[④]”这样，通过自由意志向善良意志的过渡，意志自由与决定论便处于一种相容的关系，“决定论并不与意志行为对立，而是意志行为成为可能的条件[⑤]”。当然，这里所说的决定论，

---

① Thomas Goschke：Der bedingte Wille，in：Gerhard Roth/Klaus－Juergen Gruen（Hg.）：Das Gehirn und seine Freiheit，Goettingen 2006，S. 126.

② Dieter Birnbacher /Norbert Hoerster（Hg.）：Texte zur Ethik，8. Auflage，Muenchen 1991，S. 230.

③ Juergen Habermas：Freiheit und Determinismus，in：Hans－Peter－Krueger（Hg.）：Hirn als Subjekt? Berlin 2007，S. 105.

④ Thomas Goschke：Der bedingte Wille，in：Gerhard Roth/Klaus－Juergen Gruen（Hg.）：Das Gehirn und seine Freiheit，Goettingen 2006，S. 108.

⑤ Thomas Goschke：Der bedingte Wille，in：Gerhard Roth/Klaus－Juergen Gruen（Hg.）：Das Gehirn und seine Freiheit，Goettingen 2006，S. 127.

不是指所谓强的决定论，而是“自由取决于其与世界的关联”这一特殊意义上的决定论。这种决定论的状态是一种概念上的逻辑秩序与结构，而非现实的强制性的机制。

需要说明的是，这种特殊意义上的弱的决定论所呈示的只是一种很强的可能性，而并非是一种必然性，必然性所代表的就是所谓强的决定论。也就是说，意志自由意味着“能够乐意人们应当的东西”，这个“应当之物”从一定意义上决定了“人的能够乐意”，但毕竟这个开放性的“能够”也是实实在在地存在着的，“应当”可以决定“能够”，也可能决定不了“能够”，不能因为有了“应当”而就否定了“能够”。况且不论是“应当”概念还是“能够”概念，本身均蕴含着一种“非必然”的意味。历史上苏格拉底和柏拉图就坚持一种所谓伦理必然论的立场。根据这一立场，人们在其道德意愿中总是会选择他们认定为是道德上好的或最好的东西，故基于其理性的本性人们必然会乐意选择所认识到的好的东西，而避免恶的东西。这一伦理必然论的观点，早就受到了亚里士多德的驳斥。他以大量事实证明，人们明明知道会有不良的后果，但仍还会去做放荡之事。这说明人的“应当”（道德）只是一种可能，或者甚至可以说是一种很强的可能，但绝不是一种必然。因而“能够”（自由）是“应当”（道德）的逻辑前提，也是完整意义上的意志自由概念的基础。反之，如果在这里坚持一种必然性的立场，则意志自由便意味着“只能乐意人们应当的东西”。尽管“应当”（道德）得到了强化，但“能够”（自由）却被完全否定了。一旦自由被否定，则道德便立即失去了存在的基础。一旦人类自由从整体上被剥夺，则人们便马上就会被移离出道德世界，而与其他生物一样只是生活在因果必然性统治的物理世界之中了。尽管在物理世界里没有好坏之分和善恶之别，但从通过剥夺人的自由而把人类降低到与其他动物一样完全受制于自然界因果必然性的制约，从而彻底铲除了人的尊严的角度来看，这种对人的自由的否定便是一种最大的、最根本的原恶。从这个意义上讲，人能够为他做好事而高兴，但同时也为只能做好事而悲哀；人做恶事是不幸的，但如果人只能做好事，则更为不幸——说明他没有选择，没有选择的自由也就没有人的尊严和责任，而没有责任担当就没有好坏之分、善恶之别，从根本上说也就没有道德世界可言。这倒不是在鼓励人们避善做恶，而是说从善应当是人的自主选择的结果。从这个意义上讲，自由逻辑上先于或高于善或道德，自由是道德的基础及起点，或者说自由由于体现了对人的尊严的尊重而是最大的原善。这样我们就不难理解，为什么一般而言不能强迫人们去行善（特殊情况下，如出现挽救人命的需求，则可以迫使人们在无需付出生命代价的前提下提供帮助，但应经过民主程序立法规定），并非出于自由的行善，根本就不是一种善举，而不过是一种机械动作。总而言之，一种出自自由而做出的决断，可以基于理性的理由而被道德因素所决定，但这一点绝非是必然性的。如果自由必然被道德所决定，如果只有“应当”（道德）而没有“能够”（自由），则意志自由作为一个完整的概念也就彻底被解构掉了。

2. 作为意志自由的实现与外化的行为自由

接着，我们再来探讨一下作为意志自由的外化与实现的人的行为自由的话题。如前所述，谈到意志自由是不可能离开行动自由的，在意志与行动之间存在着连续性，也就是说意志自由总是逻辑地内含着一种行动设置。当然，这并不意味着两种自由已经完全融合为一体、之间毫无差别。从时间和逻辑顺序来看，意志自由总是先于行动自由。一般而言，意志自由是行为自由的基础，行为自由是意志自由的外化与实现。这就是说，行为自由是一种工具性的自由，指的是当事人能够在不同可能的手段与道路中间做出真实的选择，以达到原初意愿所设定的目标；或者说是将定下的自由决断付诸实施，用莱布尼茨的话说就是：“能够做他乐意做的事情[①]”。行为自由的结果，往往便是劳动产品。行为自由作为中介，使意志自由在劳动产品中得以物化，从而达到最终的实现，也就是原本先验性的自由在产品中得以呈现。这就像新款汽车的概念，必须通过自由的行为（劳动）而最终成为新款汽车的产品一样。同理，维护人的尊严的观念不能仅仅停留在思想家的头脑中，而必须经过作为行为自由的立法程序，物化为整个社会必须遵循的行为规范。就此而言，“自由只有在社会关系中才能实现，在此社会关系中对于每个人而言理性能够为自己立法：谁也不能仅仅作为外在目的的手段。但人们绝不可能在其大脑中发现这种自主性，人们

---

① Vgl. Michael Quante：Einfuehrung in die Allgemeine Ethik，2. Auflage，Darmstadt 2006，S. 168.

必须只有通过政治方式把它作为社会状态产生出来[①]”。

如果说由于意志自由不能停留在梦幻之中，必须蕴含着对行动的设置，因而并非完全是任意的，而是被应当之物所决定的，受限于一种行为选择的可能性空间，即一种以对后果的理性考量为核心的条件框架，那么作为意志自由的实现与外化，行为自由的受限性则就更为深重与明显。因为行为能否顺利实现，不仅受制于大致可以预期的行为选择的可能性空间，而且还取决于当事人之间因人而异的个体素质、行为能力，取决于社会规范的历史演进，取决于外在环境条件的瞬息万变。总之，行为自由的实现面临着由个体素质、社会规范和历史环境等构成的主客观条件框架的限制，因此皮波尔指出：“属于善的意愿的是道德，属于善的行为还需幸运[②]”。从某种意义上说，相对而言意志自由由于其逻辑构造而大体上具有普遍性、一般性、相对稳定性和抽象性的特征，而行为自由则因主客观条件的差异而呈现出差别性、变化性和具体性的特点。行为自由的实现程度，是当事人的个人自然禀赋、基因设置、教育背景、人生经历、反思能力、法律约束、历史环境等多重因素复杂的相互作用的结果。因而“行为自由是一个比较性的概念，对于孩童、病人、穷人或弱者而言，其遭遇到的限制就比成年人、健康人、富人或强者要多[③]”。

在这些对行为自由的限制性因素中，有些是行为主体本身所无法确定的，如自然禀赋、基因设置、历史环境等，当然这并不意味着人们就不可能调动自身的主观能动性，完全失去了对这些限制性因素的抗拒能力。例如，攻击、暴力、吸毒、嗜酒等行为特征，有其生物心理学上的基础，在一定程度上取决于当事人基因潜质的预先设定，但这并不是说当事人就没有能力与这些不良冲动进行抗争，就可以以受制于身心强迫状态的决定而作为免责的借口或理由。因为人的成长，不仅取决于基因设置，而且更依赖于社会环境的影响。正是在这种自然与社会多重因素的共同作用下，人才产生了自我意识以及作为超拔于动物界之重要标志的意志自由，凭借着意志自由人们便有能力对自身由基因确定的不良冲动做出遏制。正是在这个意义上，哈贝马斯指出：“新生儿的人体组

---

① Christine Zunke：Kritik der Hirnforschung，Berlin 2008，S. 211.

② Annemarie Pieper：Einfuehrung in die Ethik，4. Auflage，Tuebingen 2000，S. 170.

③ Otfried Hoeffe（Hg.）：Lexikon der Ethik，Muenchen 1992，4. neubearb. Aufl.，S. 71.

织，无论他是如何强烈地被其基因潜质所‘预先设定’，要发展成人的话必定是通过与在主体间所分享的文化规划的意义关联的‘接榫’。个体性的特征是一种本体论意义上早先的认知的社会化，这种认知的社会化也影响着行为以及动机之塑造的结构[①]”。厄瑟尔（Erhard Oeser）也认为，“自由意志既不是一种对于人而言事先给定的理所当然的能力，也不是一种纯粹的幻想。自由意志作为道德要求必须是在每位个体的人生历程中得到发展，并且随时与基因以及决定论的大脑机制作抗争[②]”。

在对人的行为自由的限制性因素中，除了行为主体本身无法确定的内容之外，还有些内容则是人为自设的，因而是可变更的。这里所指的就是社会文化因素。

在这些对人的行为自由起限制性作用的社会文化因素中，有些内容是完全正当的，因为它们具有使人的行为自由得以最终保障的正向价值。比如维护社会秩序的法律禁令，其宗旨在于保障每个人的自由，让大家明白：“我的自主性不能存在于阻碍或消灭其他人同样的自主性之中，也就是说对于我而言，所有消灭其他同等的行为都必须禁止[③]”。即他人的自由就是自己自由的边界。因而在康德看来，“自由在社会中如果没有禁令是不可想象的[④]”。这种禁令“强制保障所有权利主体的自由，这种强制如此地设置每个人的行为活动空间，即这种空间与所有其他人同样的行为活动空间是一致的[⑤]”。正是在这个意义上，“一种自由秩序同时也必须是一种强制秩序[⑥]”。密尔也认同行为自由有其限制，因为它会因触及到其他人而可能对后者的自由造成潜在的威胁。同康德一样，密尔也认为对某人行为自由限制的目的在于维护其他人的自由，而非是强迫他接受某种生活方式，否则也就剥夺了该者的行动自由了。但与康德

① Juergen Habermas：Das Sprachspiel verantwortlicher Urheberschaft und das Problem der Willensfreiheit，in：Hans – Peter – Krueger（Hg.）：Hirn als Subjekt? Berlin 2007，S. 267.

② Erhard Oeser：Das selbstbewusste Gehirn，Darmstadt 2006，S. 174.

③ Michael Becker，Johannes Schmidt，Reinhard Zintl：Politische Philosophie，Paderborn 2006，S. 142.

④ Vgl. Michael Becker，Johannes Schmidt，Reinhard Zintl：Politische Philosophie，Paderborn 2006，S. 132.

⑤⑥ Michael Becker，Johannes Schmidt，Reinhard Zintl：Politische Philosophie，Paderborn 2006，S. 133.

不同的是，在密尔看来，对某人行为自由的限制不仅在于维护其他人的自由，而且也在于保障他们的福利（安康与利益）[①]。在这里，他人的福利这一概念要比自由概念宽泛得多。这就意味着，密尔式的对人的行为自由的限制比康德式的要广一些。

问题在于，这种更为宽泛的源于社会文化因素的对行为自由的限制是否正当，如何确立一种限制的合宜的度？关于这一点，哈耶克在其自由理论中做了比较缜密精致的阐述。他认为，社会机制建构的根本目的从绝对意义上在于保障人的行为自由，即便是这种机制在相对意义上意味着对人的行为自由的一定程度的限制。一个自由的社会包含着两种秩序：一个是抽象的秩序，另一个为自发的秩序。所谓抽象的秩序，是指社会的规则设置，也可称为公正的游戏规则的框架。“游戏规则并不给定行动的目标，而只是对每个人追循其目标可以采取的方式进行调节。首要的是它们要确定，人们在追循其目标之时不可以做什么，也就是说游戏规则的核心是禁令，这种禁令对游戏的范围做出设定并给予保护。它们确定个体可支配的领域，在这领域里第三者不可以侵入（广义的财产），确定在与他人交往时支配这些财富的可能性（‘契约’、承诺），最后，它们调节在侵害他人领域时应会发生些什么（损害赔偿）。[②]”所谓自发的秩序，是指在规则设置的范围内运行的实际行为的秩序，或者说是禁令框架内的行为秩序。其特点在于自发性、自由性。每个人均基于其特殊的意图来订立自身的目标，并通过努力将其实现，在这当中，“一种自发的秩序比一种有意为之的秩序更能服务于我们的目标，如果我们拥有正确的游戏规则的话[③]”。也就是说，自发的秩序优于任何一种有计划的秩序，因为它能够在更高的程度上满足我们的需求。“自由的秩序比命令的秩序更有创造力、更进步、更和平。自由不只是一种价值，它也拥有一种价值。[④]”

就自由与公正的关系而言，哈耶克认为公正蕴含在抽象的秩序的设置当

---

① Vgl. Michael Becker, Johannes Schmidt, Reinhard Zintl: Politische Philosophie, Paderborn 2006, S. 142.

② Michael Becker, Johannes Schmidt, Reinhard Zintl: Politische Philosophie, Paderborn 2006, S. 148.

③④ Michael Becker, Johannes Schmidt, Reinhard Zintl: Politische Philosophie, Paderborn 2006, S. 149.

中，而不在于自发的秩序里个体行为的结果当中。也就是说，公正在于游戏规则，而不在于自由选择的结果。“谁要是尊重了适用的游戏规则，谁就行为公正。谁要是违背了规则，谁就是不公正地作为。[①]” 在公正的游戏规则框架下，自由竞争的行为必有胜败之别。就人们合理地追逐其利益的结果而言，公正概念就不适用了。最简单的便是体育竞赛的例子。足球赛中一比一的结果并不比六比零的结果更公正。胜者无需对败者的处境承担责任，也不亏欠于他；败者虽运气不佳、情绪低落，但也不会感到自己受到不公对待，因为不论是在抽象的秩序还是在自发的秩序当中，当事人的意志并没有受到强制。如果以公正名义借助政治的手段来修正自由竞争的结果，在哈耶克看来，这就会摧毁先定的游戏规则，其后果不仅是对自由，而且也是对公正的侵害。

当然，这并不意味着对于在合法的竞争中遭受惨败并且生活无着者，社会就应袖手旁观。恰恰相反，哈耶克主张国家对这些人应以政治的方式施予紧急的援助，且“必需的援助的多寡是合法的政治决断的对象，在一个繁荣的社会里无论如何它显然应远高于生活的生存底线[②]”。同时，哈耶克也不反对“使一种最低限度的对抗击风险的保障机制化[③]”。问题仅仅在于，在他看来，这种以政治的方式组织的援助与公正无关，其动机只是在于社会的一种团结：“重要的是，这绝不关涉到对被误认为的竞争过程中的不公正的一种矫正，而是关涉到一种集体责任的自身的领域[④]”。

如前所述，哈耶克所阐释的社会的两种秩序均与行为主体的目标相关：抽象的秩序服务于框定当事人在追循自身目标的行动中必须遵守的共同的游戏规则，而自发的秩序则直接服务于当事人追循其目标的活动本身的顺利展开。也就是说，在他看来，社会机制建构的根本目的，在于保障人的行为自由，而这种个体自由被哈耶克更多地理解为是能够设立并实现其目标。人们在追循自身各自目标的过程中，会发现能够形成一种共同的目标。“拥有共同目标的个体

①② Michael Becker，Johannes Schmidt，Reinhard Zintl：Politische Philosophie，Paderborn 2006，S. 152.

③ Michael Becker，Johannes Schmidt，Reinhard Zintl：Politische Philosophie，Paderborn 2006，S. 150.

④ Michael Becker，Johannes Schmidt，Reinhard Zintl：Politische Philosophie，Paderborn 2006，S. 152.

可以自愿地共同行动并且组成一个集体，在此集体中这些确定的目标可以规定为集体目标。这样一种集体会确立特权，拟定一种行动规划，为其成员指定相应的位置和任务。哈耶克称这样一种社会化的形式为组织。[①]”为了实现自身的目标，个体既可以自由地进入这一目标联盟，当然也可以自由地退出这一组织，因为组织之存在恰恰取决于人们为了自身目标的实现的自由结合。哈耶克认为，“在一种自由的社会里会有组织的存在，但社会从整体上看却不能以组织的方式建构[②]”。因为与组织不同，一个自由的社会并非是一种特殊的目标的联盟，其社会成员也并非拥有一种强烈的社会归属，其法律之设定取决于公民旨在自身福利得以保障的自主意志，其社会成员能够享有基本的人身和政治的自由权利；为了达到此目的，其政府形式必须表现为法治与分权，这样当个体基本权益受损之时，当事人可以向法院控告。总之，一个自由的社会必须保障每位成员均可以追循其自身的生活目标及生活意义，“其宪法必须从根本上尊重：首先只有个体才有目标并且这些目标会是多元的[③]”。

综上所述，我们可以把哈耶克的行为自由，概括为“在禁令下或在游戏规则下追循自身目标的自由”，亦即“在规则的范围里能够着手或者放弃自己所乐意的事情[④]”。站在政治共同体（如国家）的立场上看，哈耶克专注于反抗对个体任意的强制，他所强调的显然是消极自由，即通过普遍和抽象的禁令规则得以保障的防御异在的任意侵害的自由，也就是说，国家应尽最大可能减少对行为主体自由的干预，包括正面的援助与扶持活动。哈耶克明确反对体现着积极自由之意涵的个体积极发展的理念以及由社会来保障发展的物质条件的想法。他不主张积极自由的原因在于，第一，以个体积极发展的实现为目标的过多的社会干预会降低效率。“竞争秩序推进的活力取决于胜者的机会，也取决于败者的风险。消除败者的可能性，也就消除了活力。限制了这种可能性，也就限制了活力。[⑤]”第二，更重要的是，个体积极发展的理念以及相应的社

---

① Michael Becker，Johannes Schmidt，Reinhard Zintl：Politische Philosophie，Paderborn 2006，S. 147.

②③ Michael Becker，Johannes Schmidt，Reinhard Zintl：Politische Philosophie，Paderborn 2006，S. 148.

④⑤ Michael Becker，Johannes Schmidt，Reinhard Zintl：Politische Philosophie，Paderborn 2006，S. 150.

会保障本身蕴含着一种"何为成功生活"的价值预设，这对于人们自主地形成什么是好的、成功的生活的观念便构成了严重的挑战。在哈耶克看来，"尽管并不能绝对保证每个人以最佳的方式知道对他而言什么是好的，但谁也不能对其他人声称自己拥有这样的知识[①]"。密尔早就意识到这一点，他甚至主张每个人都拥有表达并非合宜的意见的权利，这样才能开启社会成员通过相互学习而形成正确判断与机会的可能性，从而防止独断的固执。"即便是对于错误的或者有争议的讨厌的见解的持有者而言，需要时自愿地纠正其立场也比其在外在的强制下或者盲目地服从某种教条地纠错要好。[②]"而在哈耶克看来，个体积极发展的理念显然意味着对行为主体的一种操纵与统治，使人们陷于一种危险，"即主体最终不再会有自我决定，而是一种秩序，在这里所有的人都完全被征用于对某一种特定的、被认可为是合宜的、并且是普遍得到贯彻的有关个体发展的观念的保护和推进当中[③]"。基于消极性自由的立场，哈耶克主张一种阻止任意强制的秩序，来保障每个人自主地决定追循哪种有关其发展的观念。"在哈耶克看来，人类自由的第一种威胁，是监护以及强制，而不是缺乏援助手段。[④]"从这个意义上说，哈耶克的消极自由的理念与密尔的自由观有着很大的距离，而更接近于康德对行动自由的理解。也就是说在哈耶克看来，社会机制存在的唯一目的，在于维护每一个人在追循其目标的自由活动的过程中所需要的基本秩序。除此以及表达团结的价值诉求之外，任何干预与强制均失去了合法性。对于行为自由而言，社会文化因素的限制应当是越少越好，人们完全有能力也有责任在社会机制的层面做出相应的调整与改善。

---

① Michael Becker, Johannes Schmidt, Reinhard Zintl: Politische Philosophie, Paderborn 2006, S. 147.

② Michael Becker, Johannes Schmidt, Reinhard Zintl: Politische Philosophie, Paderborn 2006, S. 140.

③ Michael Becker, Johannes Schmidt, Reinhard Zintl: Politische Philosophie, Paderborn 2006, S. 129 – 130.

④ Michael Becker, Johannes Schmidt, Reinhard Zintl: Politische Philosophie, Paderborn 2006, S. 147.

第三节　总结与余论

随着神经科学的发展以及相应的实验技术的精细化，意志自由的问题越来越受到国际自然科学与人文社会科学界的重视，认可意志自由的现实存在的哲学家与持质疑态度的神经科学家之间形成了严重的对立。本章以这场作为自然科学与人文社会科学的共同焦点的争论为背景，从对李贝特实验的解析出发，批驳了将包括自主决断等复杂的精神活动在内的人的所有行为均还原为大脑的物理化学反应机制的“神经过程决定论”及“生物主义的还原论”；基于“精神活动依赖于生理学意义上的物质基础，但并不等同于这一物质基础”以及“行为的原因不同于行为的理由”等鲜明理据，有力地论证了人的意志自由、人的自主决断之客观真实的存在，清楚地揭示了这种开放性的决断并非取决于因果先定的大脑活动，而是具有着不受自然界因果必然性支配的特征，从而得出了我们固然不可能主张所谓本体论上的二元论（即认为存在着一种独立于任何物质基础的精神世界），但却难以回避和取消认识论、方法论意义上的二元论的结论。基于“意志自由作为人类所特有的一种精神能力，本身并不是神经生物学的研究对象，而是哲学的一个中心课题”这样一种鲜明的观念立场，论者接着进一步考察了意志自由的结构塑造与运行机理。论者指出，按其本性而言意志自由应是无限的、绝对的自由，但在实际的运行中它往往又不可能是完全任意的，意志自由的运作往往取决于一个对自身意向、需求、利益、偏好、愿望、动机、能力、环境、目标等一系列复杂因素的综合的理性权衡机制，特别是受限于一种以对后果的理性考量为核心的条件框架。这就是说，行为者虽然可以自由地抉择，但不应当任意地选择，鉴于对后果的理性考量当事人往往会做出道德的选项。这样就很容易理解自由意志为何马上就过渡到善良意志。最后，论者探讨了作为意志自由的外化与实现的人的行为自由的话题。一般而言，意志自由是行为自由的基础，行为自由是意志自由的外化与实现。而行为自由的实现更是面临着由个体素质、行为能力、社会规范和历史环境等构成的主客观条件框架的限制，行为自由的实现程度是当事人的个人自然禀赋、基因设置、教育背景、人生经历、反思能力、法律约束、历史环境等多重因素复杂的相互作用的结果。论者的结论是，如何确立源于社会文化因素的对行为自由的限制的合宜的度，这是一个重大的社会伦理问题。社会机制存在的唯一目的，在于维护每一个人在追循其目标的自由活动的过程中所需要的基本秩序。除此以及表达团结的价值诉求之外，任何干预与强制均失去了合法性。对于行为自由而言，社会文化因素的限制应当是越少越好。

一场由神经生物学的实验所挑起的有关意志自由是否存在的论争，并没有也不会给那些认可意志自由的哲学家们的立场造成任何动摇与挑战，反而是激发了他们对意志自由的塑造、结构与运行样式的重新反思，深化了其对意志自由与行动自由的社会保障机制的探究，从而在新的起点上加强了对意志自由的坚定信念。

哲学家当然不可能漠视自然科学有关大脑结构与功能的越来越精细的研究成果，这些成果能够使作为意志自由的生成之物质基础的大脑的内在结构以及神经活动的控制、联系、反馈机制得到更加清晰的描画。但作为人类所特有的一种精神能力，意志自由本身并不是神经生物学的研究对象，而是哲学的一个中心课题。这种特殊的精神能力是人类在漫长的进化过程中，在社会调节、文化积累和教育传承等复杂的实践中逐步培养出来的。

意志自由构成了人对自身本性理解的一个基础性的概念，它是人之所以能够超拔于自然界而成为拥有精神性禀赋的文化存在的最根本的特征。如前所述，意志自由呈现出双重的性质：一方面，意志自由可以是任意的，但另一方面，它的实际运行却又是受条件背景所限的。于是，就有了自由意志过渡到善良意志的结果。然而，一种出自自由做出的决断，可以基于理性的理由而被道德因素所决定，但这一点绝非是必然性的。恰恰是由于人们有可能在作为意志自由的外化与实现的人的行为自由的活动中做出有悖于道德的实际举动，所以才会有维护社会秩序、保障每个人的自由的法律禁令。这些体现为法律禁令的、对侵害他者的行为自由起限制性作用的社会文化因素是人为设置的，其宗旨仅仅在于抵御侵害者的对其他个体任意的强制，维护所有的人的消极自由。

意志自由是一种现实之物，也是一种人类奋斗和争取的对象。它真实地存在于人的自主意识之中，化外于人的行为之上。但历史经验证明，意志自由的真正实现，取决于人们的努力与抗争，既要挣脱自身基因设置、情感冲动的羁绊，也要冲破社会所施加的外在的任意的强制。即便是在一种人际间人为造成的以绝对支配与绝对控制为特征的社会里，即所有美好的道德品质、人格、正直和良心等都被摧毁的所谓“道德休克”（如集中营里的求生）的严酷状态下，人们仍然会存有守护自身的自主意志、维护最后一点做人的尊严的可能性。即便是到了马上面临灭顶之灾的时刻，仍然还是有人不是像动物一样被动地体受最后的恐惧与折磨，而是讲出最后一句好话，捐出最后一点面包，最后一次显示出人性，给痛苦以一种意义，给生命以一种价值，让苦难、关爱与死亡一起完满了一个人作为一种整体的存在。这表明在那些视意志自由比自己的生命还要重要的人身上，这一精神自由的价值是不可剥夺、坚不可摧的。历史虽然已经翻开了新的一页，自由也业已成为当代人类社会的核心理念与生活意义，但有关对意志自由的反思与探索、守候与追求，毫无疑问仍然会持续地给未来的人类图景打下深刻而又永久的印记。

第十二章

人权论证的进路

如果说道德体现了人际文明相处基本的规范性要求的话，那么从某种意义上讲，人权便是这种规范性要求的核心与基石，因为它呈现或表达了不伤害这一道德规范的根本性的内容。所谓伤害，往往意味着对作为人的基本利益与需求的人权的侵犯，不论是生命权、自由权、人格权，还是财产权。人权受侵，体现了伤害行为的最高程度。就此而言，人权与道德具有着深刻的内在关联。自二十世纪下半叶以来，拥有着古希腊哲学思想的历史渊源、勃兴于皮科为代表的文艺复兴人文主义、经过启蒙运动的文化洗礼、在十八世纪大革命的时代风暴中获得法律固化形态的人权观念，作为人类进化史上一项最伟大的成就以及人类文明史上最珍贵的“思想遗传密码”，在当今的时代业已构成了全球公共理性无法拒绝的调节人际基本关系、维护人的根本利益的首要原则以及最低限度的规范性标尺，它规定了国内与国际法律和社会机制的根本性质以及社会政治秩序合法性的价值基准，体现了不同地域文化及伦理生活方式的共同需求，“借此人权达到了迄今为止历史上绝无仅有的东西：一种全球性、跨文化、跨民族的道德秩序[①]”。

第一节　人权的两个基本属性：道德权利与法律权利

人权是权利的一种。而权利则意味着针对某物的一种有效要求，“权利是所谓的权利载体，针对所谓权利应答者的可辩护的要求[②]”。人权是作为个体

---

① Stefan Gosepath：Der Sinn der Menschenrechte nach 1945，in：Gerhard Ernst / Stephan Sellmair (Hg.)：Universalle Menschenrechte und partikulare Moral，Stuttgart 2010，S. 18.

② Stefan Gosepath：Der Sinn der Menschenrechte nach 1945，in：Gerhard Ernst / Stephan Sellmair (Hg.)：Universalle Menschenrechte und partikulare Moral，Stuttgart 2010，S. 20.

的人在他人或某一主管面前，对于自己基本利益的有效要求与主张。这种要求是有效的，意味着他人或某一主管对于该要求具有认可或不得拒绝的义务。如果他人或某一主管作为权利的应答者拒绝了对这种要求的认可，则权利载体就可以以某种方式提出控告，从而使权利应答者承担受到制裁的后果。因而，人权概念蕴含着"权利载体拥有要求—权利应答者承担义务—应答者若失职则接受制裁"这样一种多重的内容；作为权利的一种的人权，便通过与义务和制裁的关联而避免了形同虚设的命运。这样看来，权利的载体的地位要远高于传统的仁慈或同情对象的地位。仁慈或同情的对象能否获得仁慈者、同情者的关照，取决于后者的自觉自愿，取决于其并非总是稳定的关爱的美德与移情的意志。而权利则把权利载体置于一种与权利应答者的应当行为的关联之中，后者受制于一种必须的义务。仁慈与同情的对象对于他人的援助只能期望，但无可指望，而权利载体的权利要求一旦得不到满足，就可以提出控告，使权利应答者遭到制裁并承担后果，这样权利的实现便获得了一种稳固的保障。

人权是一种道德权利，这是大部分人权学者的看法。所谓"道德权利是道德上得到论证的要求①"，"也就是说，权利的理由完全是一种道德上的②"。而道德的特点在于普遍适用性，它以全人类为应用对象。"道德以关涉到所有的人的相互关系为目的，不论其文化、社会或者其他区别。由于道德关涉到所有的人类作为义务与权利的载体，故它是'普遍的'道德。③"这样一来，人权作为"道德权利……要求有普遍适用性，也就是说，对于所有的人都有约束力④"。人权所具有的道德权利的性质，决定了其有效适用性独立于其事实上是否真的得到认可与遵循，因而人权的有效性是前法律、前国家和前政治的。作为道德权利的人权的普世性具有两层含义。一是指从道德上讲，所有的人均为人权的载体，因为每个人作为人对于自身基本利益均拥有同等的、个体

---

① Stefan Gosepath：Der Sinn der Menschenrechte nach 1945，in：Gerhard Ernst / Stephan Sellmair (Hg.)：Universalle Menschenrechte und partikulare Moral，Stuttgart 2010，S. 20.

② Stefan Gosepath：Universalitaet der Menschenrechte – Eine Erklaerungsansatz，in：Guenter Nooke / Georg Lohmann / Gerhard Wahlers (Hg.)：Gelten Menschenrechte Universal? Freiburg i. B. 2008，S. 198.

③ Arnd Pollmann：Gleiche Rechte fuer alle! Aber wer sind "Alle"? Menschenrechte，in：Johann S. Ach / Kurt Bayertz / Ludwig Siep (Hg.)：Grundkurs Ethik 2，Paderborn 2011，S. 158.

④ Stefan Gosepath：Der Sinn der Menschenrechte nach 1945，in：Gerhard Ernst / Stephan Sellmair (Hg.)：Universalle Menschenrechte und partikulare Moral，Stuttgart 2010，S. 20 – 21.

性的和绝对的要求。人成为人权载体的条件只有一个：他（她）是人，属于人类大家庭中的一员。“由于人权内容上关涉到对人类的跨文化的、特别基础性的层面的保护，故其道德适用性的要求是普世性的。[①]”二是指从道德上讲，所有的人都拥有尊重人权的义务，或者说都是人权要求的应答者。当然，尊重人权的义务是以行为主体的行为能力为前提的，故“儿童只有权利没有义务。相互性只存在于道德共同体的核心领域，在其边缘仅存在着权利，没有任何地方仅存在着义务[②]”。从历史上看，十七至十八世纪可以说是人权的道德内蕴与观念得到凸显的时代，或者说是“道德人权”的时代。

这里需要特别指出的是，如果我们承认人权是一种道德权利，则我们必然就会主张，从道德上讲，所有的人都是人权要求的应答者，因而当任何一个人受到侵害之时，所有的其他人均有道德义务来抵制这种恶行。但是在学界也有人并不认可人权的道德属性，而是强调人权必须拥有一种政治维度，人权一定与官方的行为相关。例如，博格（Thomas Pogge）讲过，对人权的损害必须是具有官方的色彩[③]。人权并非涉及到个体伦理，而仅仅是属于政治伦理的范畴；“当丈夫殴打妻子来欺压她，丈夫损害了妻子的一项道德权利。但人们或许不会说，丈夫损害了一种人权。他的行为缺乏一种政治的维度[④]”。波尔曼（Arnd Pollmann）也指出，恶行既可以由纯粹的私人犯下，也可能是由官方秩序的责任人造成，如警察、士兵、代表、政治官员、机关人员等。“在前一种情况下该行径是不道德的，必要时需要受到刑法的惩处，而只有在第二种情况下才涉及到人权侵犯，只要政治上的责任人在其义务履行中失职。[⑤]”为此，波尔曼得出了他自己的人权定义：“人权是针对官方秩序的就政治上应当实现、可控告的基本权利所主张的前国家性得以论证的要求[⑥]”。从“只有官方

---

① Stefan Gosepath：Der Sinn der Menschenrechte nach 1945，in：Gerhard Ernst / Stephan Sellmair（Hg.）：Universalle Menschenrechte und partikulare Moral，Stuttgart 2010，S. 21.

② Ernst Tugendhat：Vorlesungen ueber Ethik，Frankfurt a. M. 1993，S. 349.

③④ Vgl. Gerhard Ernst：Universalle Menschenrechte und moralische Vielfalt，in：Gerhard Ernst / Stephan Sellmair（Hg.）：Universalle Menschenrechte und partikulare Moral，Stuttgart 2010，S. 99.

⑤ Arnd Pollmann：Gleiche Rechte fuer alle！Aber wer sind “Alle”？Menschenrechte，in：Johann S. Ach / Kurt Bayertz / Ludwig Siep（Hg.）：Grundkurs Ethik 2，Paderborn 2011，S. 158.

⑥ Arnd Pollmann：Gleiche Rechte fuer alle！Aber wer sind “Alle”？Menschenrechte，in：Johann S. Ach / Kurt Bayertz / Ludwig Siep（Hg.）：Grundkurs Ethik 2，Paderborn 2011，S. 156.

的恶行才可能构成对人权的侵害”这一前提中，波尔曼得出也“只有官方才是人权的应答者”的结论：“尽管人权也要求有前国家性的有效性，但不同于道德权利，人权并不直接以所有单个的道德行为者为应答者，而首要的是以官方的法律秩序及其政治代表为应答者[①]”。

应当说，学术界一部分人否认人权的道德属性，坚守“只有官方的恶行才构成对人权的侵害，故唯有官方才是人权的应答者”这样一种主张，或许是源于他们对人权理念生发历史的重视。从历史传统的角度来看，人权概念在最初的意义上，的确是指作为个体的人防范自身自由遭到国家任意的暴力侵害的所谓防御权，这也就体现在反对国家的随意逮捕、要求有公正的诉讼的权利上。故人权从一开始，便是与国家的义务密切相关，人权义务的应答者首先是指国家。在这里，国家扮演着双重的角色：从可能性的角度看，国家会成为人权的最大威胁。从现实的角度看，国家也应是人权最重要的守护者，“国家从一开始起便被视为人权最重要的应答者，因为国家——至少是在现代社会——构成了拥有对公民生活有着持久性决定作用的暴力手段的主管[②]”。但是，人权的发展并没有停留在其开端阶段，随着人权作为道德权利这一理念的深化，“渐渐地人权……也作为普遍的保护权利得到理解[③]”。这就意味着，不仅来自国家官方性的对人身的侵害，而且来自私人领域的对人身的侵害（如家暴），也属于违背人权的恶行。这说明随着人权观念历史的发展，人权侵害者的范围也得到了日益宽泛的理解。之所以如此，原因在于人们观察视角的转换：谈到人权侵害，人们的着眼点不再是放在是谁造成了侵害，而是放在是否造成了侵害，作为受害者的当事人是否遭受了侵害。正如图根哈特所言：“道德问题，只要我们把它们作为权利问题来理解，就必须是从当事人的视角来决断。从当事人的视角来看，他的身体完整性是受到其他人的侵害，还是受到别的情况的侵害，这并无本质性的区别。[④]”如果我们承认，任何一位当事人的身心完整

① Arnd Pollmann：Gleiche Rechte fuer alle! Aber wer sind “Alle”? Menschenrechte，in：Johann S. Ach / Kurt Bayertz / Ludwig Siep（Hg.）：Grundkurs Ethik 2，Paderborn 2011，S. 158.

② Koo Van Der Wal：Menschenrechte，in：Jean – Pierre Wils / Christoph Huebenthal（Hg.）：Lexikon der Ethik，Paderborn 2006，S. 234.

③ Ernst Tugendhat：Vorlesungen ueber Ethik，Frankfurt a. M. 1993，S. 352.

④ Ernst Tugendhat：Vorlesungen ueber Ethik，Frankfurt a. M. 1993，S. 354.

性受到无端的侵害，便意味着其人权底线遭到触及与挑战，如果我们进而认定，这种对人权的侵害既可以来自国家官方机构，也可以来自私人领域，并且这种在来源上的区别并不重要，则从“国家官方机构是人权潜在的侵害者，因而也是人权义务的维护者、是人权要求的应答者”这一命题中，必然能够得出“所有的个体均是人权潜在的侵害者，因而也都是人权义务的维护者、是人权要求的应答者”的结论。“正因为此我们必须说，所有的其他人均拥有一起来行动的义务……。[①]”

人权也是一种法律权利，因为人权作为道德权利逻辑地内蕴着一种成为法律权利的必然诉求。如上所述，人权作为道德权利是普世性的，它适用于所有的人：所有的人，只要是人，便都是人权要求的载体。所有的人，只要是人，便也都是他人之人权要求的应答者。但这一点仅是从道德上讲的。人权作为道德权利是一种主观权利。所谓主观权利，就是让他人来尽义务的一种道德的能力，主观权利是每个人都可以针对所有其他的人来主张的一种正当要求。但是就其本质而言，主观权利是软弱的，“我们现在可以把一种普遍的主观权利的概念描述成是弱的，就在于该权利不可起诉追索[②]”。人权的主观权利性质，使得作为人权载体的我拥有了向他人提出尽义务的要求的能力，他人如果没有按照该要求来对待我，便是有欠于我，因为他们没有给予本属于我的东西。但是人权作为道德权利、作为主观权利的巨大弱点在于：权利载体“除了对道德秩序的呼吁之外却没有针对此项要求施加压力的手段。……这里没有会关照所有的人的义务得以履行、通过它我的权利可以起诉追索的主管[③]”。而历史教训表明，当人权要求仅仅是一种道德呼吁，从本质上讲它便形同虚设。“如果人权没有得到机制化，则这种纯粹道德的、亦即前国家的、前实证的人权是无济于事的。[④]”因而，人权作为一种道德权利与主观权利，逻辑地内蕴着确立一种主管的要求，通过该主管当事人可以起诉追索自己的权利。“这样便存在着建构一种法律主管的道德义务，作为所有的人统一的代表，这就是说，这

---

① Ernst Tugendhat：Vorlesungen ueber Ethik，Frankfurt a. M. 1993，S. 354.

② Ernst Tugendhat：Vorlesungen ueber Ethik，Frankfurt a. M. 1993，S. 348.

③ Ernst Tugendhat：Vorlesungen ueber Ethik，Frankfurt a. M. 1993，S. 349.

④ Stefan Gosepath：Der Sinn der Menschenrechte nach 1945，in：Gerhard Ernst / Stephan Sellmair（Hg.）：Universalle Menschenrechte und partikulare Moral，Stuttgart 2010，S. 21.

里就产生出了一种建构一个国家……的道德义务。[①]” 总之，人权从道德权利走向法律权利具有着内在的必然性，“一种强大的道德权利，蕴含着一种相应的法律权利[②]”。道德人权内蕴着一种实证化的趋向，“即将道德权利机制化为实证的或法律的权利，从而能够使损害人权的行为受到国家强制措施的制裁。……道德权利是饥饿的，只要它们未能得到成文规定和解读[③]”。作为道德权利的人权，转变成为一项法律权利之后，除了能够使人权通过成为一项在国家范围之内可诉讼的要求而借助国家制裁的暴力获得现实有效的保障之外，还可以在遇到就侵权事态是否真的发生这一点出现争议之时，对人权损害的有无、性质、程度和侵害主体以及人权义务的履行主体，做出清晰的判断和精准的确定。从历史上看，十八世纪就是人权的法律制度化的时代，或者说是“法律人权” 的时代。

然而，人权的法律化也有可能导致一种误解，即人权似乎就等同于国民权。因为法律权利仅适用于某一法律共同体，在大多数情况下这种共同体就是指国家。当人权取决于领土范围有限的政治共同体的设定之后，则这种法律人权便只是地域性的。这样，适用范围有限的法律人权，便与人权的普世性要求相悖。法律化的权利就不再是普世性的权利，而仅是民族国家性的特殊的权利。“当个体只是基于有效的法律才拥有权利，则根本就没有什么叫人权的东西，顶多只是国民权利。[④]” 当人权仅属于法律共同体里的成员，并且人权的核心诉求可以随政治共同体的民主决断而变更，则人权就变成了有限性的、特殊性的法律规定，而无法成为一种普世性的、绝对的价值要求，一种前法律的、前国家的、前政治的规范标准。更有甚者，在特殊的情况下，由于缺乏牢固的价值基准，一个国家的民主可以表现为简单多数决的暴政，乃至从中产生出违背人权的法律制度，从而导致国家成为像纳粹德国那样的对人权的最大威胁。解决道德人权的普世性与法律人权的有限性之间矛盾的途径，就在于国际社会应致力于塑造建构起一种在世界共同体范围内有效适用的、渗透着人权价

①② Ernst Tugendhat：Vorlesungen ueber Ethik，Frankfurt a. M. 1993，S. 350.

③ Stefan Gosepath：Der Sinn der Menschenrechte nach 1945，in：Gerhard Ernst / Stephan Sellmair (Hg.)：Universalle Menschenrechte und partikulare Moral，Stuttgart 2010，S. 22.

④ Stefan Gosepath：Der Sinn der Menschenrechte nach 1945，in：Gerhard Ernst / Stephan Sellmair (Hg.)：Universalle Menschenrechte und partikulare Moral，Stuttgart 2010，S. 22 – 23.

值诉求的法律秩序，它一方面能够使普世的道德人权赢得一种广泛的强有力的法律保障，另一方面还可以抵制某一或某些国家可能发生的对人权的官方制度性的侵害，从而使人权原则的贯彻实施受到一种严密的、全球整体覆盖的监控与维护。从历史上看，二十世纪开始形成了人权的国际法律化的时代，或者说是“国际人权”的时代。

第二节　人权的论证

前面我们通过对人权的道德属性与法律属性的阐释，粗略地勾画了人权的两个基本维度。我们知道，作为权利的一种，人权既应当是一种普世性的道德权利，也必须是一种有效的法律权利。如果说，权利意味着针对某物的一种有效要求，则我们也就可以说，人权是针对人的基本利益的有效要求，并且既是一种道德上的有效要求，也是一种法律上的有效要求。人权作为要求（或价值或规范）之所以是有效的，是因为它可以得到强有力的逻辑论证。换言之，人权的有效性来自于该要求（或价值或规范）自身的合理性，来自于其自身内在的逻辑必然性。人权的这种有效性，不取决于人权这种价值或原则是否被揭示，是否赢得普遍的主观认可，是否得到客观的贯彻与落实。因此，有些人（如 Joseph Raz）鉴于人权已经成为国际法律秩序中的一种现实存在，而仅仅从政治角度来理解它①，进而放弃对人权的道德基础进行辩护或论证的努力，这完全是错误的。因为这样一来，人权就变成了当代国际关系体系中的一种偶然产物，由于丧失了牢固的价值基础，它就会被视为一种可有可无的东西。正如菲舍尔（Johannes Fischer）所言：“作为原初的权利，人权的有效性不能归功于它们受到普遍认可这一事实。而是说，它们之所以受到认可，恰恰是因为这里关涉到的是有效的、由于得到论证的要求。②”

---

① Vgl. Rainer Forst：Die Rechtfertigung der Menschenrechte und das grundlegende Recht auf Rechtfertigung，in：in：Gerhard Ernst / Stephan Sellmair（Hg.）：Universalle Menschenrechte und partikulare Moral，Stuttgart 2010，S. 67.

② Johannes Fischer / Stefan Grunden / Esther Imhof / Jean – Daniel Strub：Grundkurs Ethik，Stuttgart 2007，S. 364.

当然，谈到人权的论证，我们又会发现，这里触及到了一个相当复杂的话题。前面讲过，人权作为道德权利与法律权利均构成了一种有效性的要求，该要求之所以有效，并非是因为人权得到大家的偶发认可或者已经是一种客观存在的事实，而是因为人权可以得到强有力的逻辑论证，人权的效力来自于人权要求自身的合理性。但这仅是一派笼统之言。细究起来我们会发现，对于作为道德人权的论证与作为法律人权的论证，在性质与力度上是大不相同的。大体上看，对于道德人权的论证可以是一种绝对主义性质的论证，是一种真正强有力的、具有自身内在合理性和逻辑自恰性的论证。而对于法律人权的论证，却似乎没有如此强的力度，而是适用一种相对主义的、因而是比较弱的论证模式。

粗略地说，绝对主义的论证模式只有一种形态，即“道德信念”之形态。所谓“道德信念”的论证模式的特点在于，人们是基于同一的理论洞见和道德理由，经论证而达到对某一价值的必然认可与接受。在这里，所有认知与行动主体的地位背景是相同的，本质需求是一样的，最高目标是统一的，终极结果是一致的；因而“道德信念”模式，真正实现了论证主体地位的严格对等性、论证逻辑的内在自恰性、推演结果的普遍适用性与绝对有效性。体现为“道德信念”的绝对主义论证模式的适用对象，是道德人权。因为道德人权是人的本质性需求的最高表达，对这一根本需要的维护是人们的正常生存的前提条件，因而构成了任何一个人出于理性的理由都不可能拒绝的一种价值诉求。如果说，人权有抽象人权与具体人权之分的话，那么道德人权就可以理解为是抽象的人权，或“概念人权”，它代表着人权的总观念、总立场与总原则，也可以说是阿伦特所谓的“拥有权利的权利”。道德人权作为抽象的人权或人权的总观念与总原则，其论证必须体现鲜明的价值立场，必须具有绝对主义的性质。正如施密特（Thomas M. Schmidt）所言：“人权的理性上的适用性只能归溯为理性本身。人权的普遍适用性只能根植于原则，该原则能够为所有的人得到论证，也就是说为所有的人仅仅是出于理性的洞见而作为理由来接受。换言之，对人权的道德维度的论证必须是绝对的和普遍化的。[①]”

---

① Thomas M. Schmidt：Diskursive Verpflichtungen und ethisch – religioese Ueberzeugungen – Zur moralischen und politischen Geltung der Menschenrechte，in：Guenter Nooke / Georg Lohmann / Gerhard Wahlers (Hg.)：Gelten Menschenrechte Universal? Freiburg i. B. 2008，S. 146.

相对主义的论证模式包含两种形态。第一种是所谓“重叠共识”之形态。与各方当事人是基于同一道德理由，而对某一价值产生认同的“道德信念”的论证模式不同，“重叠共识”则表现为各方当事人基于各自不同的理由（或按罗尔斯的说法，不同宗教的、实质性的伦理世界观），而对某一价值（或针对所有的人均拥有约束力的规范理念）产生认可与肯定。正如戈色帕特（Stefan Gosepath）所言：“就重叠共识而言，人们完全认同某一协定，但每一方都是可以出于不同的理由这么做。[①]”与道德信念不同，重叠共识不是基于一种理性理由自身的稳定强大的逻辑力量，而是反映了不同观念与立场在某一对象上的事实上的重合，这种重合因而是偶发的、脆弱的和不牢固的。从历史事实的角度来看，1948年的《世界人权宣言》，便不是出于订立者群体同一的道德信念，而是基于重叠的共识：有的人坚信人权是上帝的赐予，有的人秉持天赋人权的立场，也有人则主张人的尊严是人权的根基。作为起草《世界人权宣言》哲学委员会成员的马里天（Jacques Maritain）是这样说的：“是的，我们缔结了这些权利，但是在没有人问我们为什么的条件下（缔结的）。[②]”可见，《世界人权宣言》在诞生之时就是被重叠共识所支撑的，这种基于不同的出发点、文化背景和价值理由的论证方式，是一种权宜性的论证方式。对于道德人权而言，这种重叠共识的论证方式就并非是适宜的，它应当有一种基于道德信念的论证，只有这样的论证才能赋予作为总观念、总立场或总原则的人权以一种终极的道德权威性。相对主义的论证模式的第二种形态，是“立场妥协”。立场妥协呈示出当事人并非出自内心信念，而是鉴于实用的理由来接受某一事物。“就一种有关道德问题的妥协而言，便意味着，人本来并未把妥协的结果看成是道德上可接受的，但出于其他的、实用的理由又准备接受之。[③]”立场妥协体现出当事人的一种认可或接受态度，但该认可的动机并不是强大的道德理据，故出于立场妥协的对某一事物的支持，其力度是最脆弱的。《世界人权宣言》中的某些内容，如第24条有关带薪休假权利的规定，便纯粹是东西方代表的一种妥协的产物。另外，有关对集体人

---

① Stefan Gosepath：Der Sinn der Menschenrechte nach 1945，in：Gerhard Ernst / Stephan Sellmair（Hg.）：Universalle Menschenrechte und partikulare Moral，Stuttgart 2010，S. 26.

②③ Stefan Gosepath：Der Sinn der Menschenrechte nach 1945，in：Gerhard Ernst / Stephan Sellmair（Hg.）：Universalle Menschenrechte und partikulare Moral，Stuttgart 2010，S. 25.

权的认可，也是东西方相互博弈妥协的结果。

相对主义的论证模式，不论是“重叠共识”抑或是“立场妥协”的形态，均只是针对某一价值或规范，提供了一种弱势的理由或辩护。其论证的对象不是道德人权、抽象人权、概念人权或人权的总观念、总立场与总原则，而是法律人权、具体人权或形态人权。由于这里涉及到了普世性的抽象的人权理念转化为特殊性的具体的法律形态和可实际操作的内容界定，因而论证和辩护就必然带有相对主义或特殊主义的色彩。它要通过对不同价值基点与宗教世界观的过滤而提取出重叠的、共有的东西作为支撑理据，它要借由各异立场的妥协协调而打通一条道路，使具有执行效力的规定得以最终确立。因而相对主义的论证模式，必须是开放的、灵活的，它要体现对历史传统的尊重，对文化关联的敏感，对现实情态的顾及，对立法程序的服从，对事态的复杂性、多样性和阶段性特质的接纳与包容。

第三节　人权的绝对主义论证：“利益说”与“尊严说”

基于深刻的道德信念而做出的有关人权的绝对主义的论证，其结果必须具有普世性与绝对性的特征。而这一切又都取决于那个使人权得以证成的最终依据究竟是什么，换言之，这里所谓深刻的道德信念是有关什么的信念。《美国独立宣言》（1776 年）中称人权是上帝赋予的，《开罗伊斯兰世界人权宣言》（1992 年）和《阿拉伯人权宪章》（1994 年）则把真主视为人权的创始者；这种将人权归因于某个特定的造物主的论证方式，得不到相关宗教信仰圈之外民众的认同，故论证的结果难以产生普遍性与绝对性的影响。把人权的根基，确定为自然秩序的所谓天赋人权的做法，在人权意识的发展史上曾经占有支配性的地位，甚至从某种意义上说左右了《世界人权宣言》中有关人权的定义；但诉诸自然秩序的做法，也经不起人们的质疑：如果人权是天生的自然权利，那么当我们的人权受到侵害之时，可以向谁提出控告，可以向谁追索我们应有的权利呢？可见，人权如果要获得普遍性的辩护，就不能被看成是上帝或真主赋予的，也不能视为取决于自然秩序的安排，人权作为一种道德权利的确是赋予的，但这一赋予人权的主管不是他者，而是我们人类自己。“我们自己借助于将自己置身于普遍尊重的道德之下，而赋予了所有的人以从这种道德中得出的权利。[①]”“因而道德权利也是赋予的权利，而赋予该权利的那个主管，按照康德的说法，就是道德立法本身，换言之，就是我们自己，只要我们将自己置于该立法之下。[②]”

人权是我们自己赋予的，是我们自己凭借一种深刻的道德信念，而使人权获得终极的证成。那么，我们使人权赢得普遍性与绝对性的论证的最终依据究竟是什么呢？目前在学术界比较有影响的观点有两种。一种是将利益（需求）保护作为人权的论证依据的所谓“利益说”。另一种是将人的尊严视为人权的根基的所谓“尊严说”。

“利益说”是当代有关人权的哲学论证的主流性观点，“有关人权的大多数伦理上的论证关涉到人权应当保障的人的利益的重要性[③]”。像赫费、图根哈特、戈色帕特 、格维斯（Alan Gewirth）、格里芬（James Griffin）、尼克尔（James Nickel）、塔斯奥拉斯（John Tasioulas）等，均主张“人权基于对人类安康的基本利益，从中导引出有关保障和实现该利益的权利[④]”。戈色帕特指出：“人权是一种特殊的道德权利，它通过有效的机制所保护的应当是生命攸关的利益。[⑤]”图根哈特也认为：“义务来自于利益与需求，并且来自于从利益与需求中得来的权利：权利导自于需求。[⑥]”“对于人们拥有什么样的权利的问题，基础性的只能是需求（或利益）的概念。[⑦]”。赫费把人权理解为人们为保

---

① Ernst Tugendhat：Vorlesungen ueber Ethik，Frankfurt a. M. 1993，S. 345 – 346.

② Ernst Tugendhat：Vorlesungen ueber Ethik，Frankfurt a. M. 1993，S. 346.

③ Rainer Forst：Die Rechtfertigung der Menschenrechte und das grundlegende Recht auf Rechtfertigung，in：in：Gerhard Ernst / Stephan Sellmair（Hg.）：Universalle Menschenrechte und partikulare Moral，Stuttgart 2010，S. 65.

④ Rainer Forst：Die Rechtfertigung der Menschenrechte und das grundlegende Recht auf Rechtfertigung，in：in：Gerhard Ernst / Stephan Sellmair（Hg.）：Universalle Menschenrechte und partikulare Moral，Stuttgart 2010，S. 93.

⑤ Stefan Gosepath：Universalitaet der Menschenrechte – Eine Erklaerungsansatz，in：Guenter Nooke / Georg Lohmann / Gerhard Wahlers（Hg.）：Gelten Menschenrechte Universal? Freiburg i. B. 2008，S. 199.

⑥ Ernst Tugendhat：Vorlesungen ueber Ethik，Frankfurt a. M. 1993，S. 348 – 349.

⑦ Ernst Tugendhat：Vorlesungen ueber Ethik，Frankfurt a. M. 1993，S. 358.

障自身利益而相互交换利益的一种虚拟的契约："所有的人都有义务对基本性的人的利益相互地予以保障[①]"。在格维斯和格里芬等人看来，人的利益最重要的表现就是自由这一价值。格维斯从"任何人只要是人就必须行动"为出发点，指出行为自由是该行动者达到其目标的首要条件，"从这里导引出，谁也不可以妨碍这一自由，也就是说其他人有不妨碍这一自由的义务。而这就又可以表达为对自身自由的权利[②]"。格里芬也主张："自主和自由这样的价值对于我们作为行动着的个体的'正常运作'而言是根本性的，并且相应的权利可以从在这些价值的实现过程中所拥有的基本利益中推导出来。[③]"

把人权归因于对利益（需求）的保障的所谓"利益说"的主张者，之所以着眼于人的利益（需求），是因为他们特别强调人的图景中的脆弱性的那一面。人是一种具有身心完整性需求的复杂因素的统一体，一方面人是独立的、自主的、理性的、竞争的、个体性的、拥有着生物本性和独一无二个性特征的自然存在，另一方面也是有依赖性的、合作的、有限的、易受伤害的社会存在。建构人权原则的初衷，就在于对人的这种易受伤害性提供一种关照，对人的针对自身脆弱性提出保护的需求做出一种应答；人权"从内容上唯一重要的着眼点是人的现实的有限性，人是会死亡的、易受伤害的、有痛苦能力的生物[④]"，而人权规范的目的恰也就在于防范来自社会的对人的脆弱层面的无端损害，"人权所保护的是共同生活在一起着的脆弱的生命的某些需求，这些需求对于人的基本安康与完整性是无可放弃的[⑤]"。所以人权原则要禁止谋杀、杀人、暴力、刑供、折磨、侮辱、饥馑、压迫与剥削等恶行，要让那些逃难者、受害者、被辱者看到人类生活中仍然有一线希望，让他们相信苦难并不是

---

① Vgl. Arnd Pollmann：Gleiche Rechte fuer alle！Aber wer sind "Alle"？Menschenrechte，in：Johann S. Ach / Kurt Bayertz / Ludwig Siep（Hg.）：Grundkurs Ethik 2，Paderborn 2011，S. 162.

② Vgl. Johannes Fischer / Stefan Grunden / Esther Imhof / Jean – Daniel Strub：Grundkurs Ethik，Stuttgart 2007，S. 170.

③ Vgl. Rainer Forst：Die Rechtfertigung der Menschenrechte und das grundlegende Recht auf Rechtfertigung，in：in：Gerhard Ernst / Stephan Sellmair（Hg.）：Universalle Menschenrechte und partikulare Moral，Stuttgart 2010，S. 65.

④ Stefan Gosepath：Der Sinn der Menschenrechte nach 1945，in：Gerhard Ernst / Stephan Sellmair（Hg.）：Universalle Menschenrechte und partikulare Moral，Stuttgart 2010，S. 19.

⑤ Stefan Gosepath：Universalitaet der Menschenrechte – Eine Erklaerungsansatz，in：Guenter Nooke / Georg Lohmann / Gerhard Wahlers（Hg.）：Gelten Menschenrechte Universal？Freiburg i. B. 2008，S. 196.

其难逃的劫数和命运的终极安排。由于不同的人类群体在不同的时期和处境可能遭受到的伤害会各不相同，因而就不难理解，为什么在《世界人权宣言》中需要对一些特别易受伤害的群体做出特殊的保护规定，如第 25 条："（一）……在遭到失业、疾病、残废、守寡、衰老或在其他不能控制的情况下丧失谋生能力时，有权享受保障"；"（二）母亲和儿童有权享受特别照顾和协助"。

需要特别指出的是，出于对人的脆弱性、易受伤害性的考量，"利益说"提出了以对人的利益与需求的保护为价值依归的人权理念；但这里所讲的人的利益与需求，并不是指人的所有的利益与需求，而仅仅是指具有特别重大意义的最核心、最基本的利益和需求，是指能够过一种合乎人之概念的生活所需的最基本的条件，指人际间和平相处所需的最低限度的公正的标准性前提。"就内容而言，人权所保护的是人的易受伤害的特别基本的层面。通过人权，应当保护的是个体的人的基本的利益。[①]""当人们能够说一种道德要求是一项人权之时，人们便自动地强调了这一要求的特殊的重要性。[②]"换言之，基于人的根本利益与需求的人权概念，在内容上并不是无限的，它仅仅是指人作为人之存在所应拥有的最基本的权利，而并不包括所有的道德权利。人权所构建的厚实的保护大网并不能囊括人的所有的需求，如果是那样，则就反而会对人权概念本身造成损害，使人权成为一种遥不可及的虚构之物。总之，人权作为道德权利仅仅保护人的最核心的利益，仅仅体现出一种最低限度的道德诉求，它并非代表着一种道德理想，不回答世界的起源、生活的意义、好的人生条件、死者的永生等问题。"人权既不是一种世界观，亦不是一种解答的学说。它不阐释一种针对个体和共同体的完备的行为法典，而仅仅蕴含着合乎人的尊严的共同存在所需的法律上的最低标准。[③]"

---

① Stefan Gosepath：Der Sinn der Menschenrechte nach 1945，in：Gerhard Ernst / Stephan Sellmair（Hg.）：Universalle Menschenrechte und partikulare Moral，Stuttgart 2010，S. 19.

② Gerhard Ernst：Universalle Menschenrechte und moralische Vielfalt，in：Gerhard Ernst / Stephan Sellmair（Hg.）：Universalle Menschenrechte und partikulare Moral，Stuttgart 2010，S. 101.

③ Heiner Bielefeldt：Menschenrechtlicher Universalismus ohne eurozentrische Verkuerzung，in：Guenter Nooke / Georg Lohmann / Gerhard Wahlers（Hg.）：Gelten Menschenrechte Universal? Freiburg i. B. 2008，S. 119.

“尊严说”作为人权的绝对主义论证的一种方式，也得到了一些学者的坚守，如施贝曼、蒂德曼（Paul Tiedemann）、罗曼以及哈贝马斯。有人认为，把尊严视为人权的根基的观点，具有很长的历史，因而是一种常识性的见解。如霍恩（Christoph Horn）指出：“从历史上看个体拥有非获得的、不可转让的权利的理念，归溯于所有的人本质上都应具有一种独特的尊严的观念。[①]”瓦尔（Koo Van Der Wal）也认为：“按照一般的理解，人权的根源存在于人的尊严，是从尊严中……人权也才得以导出。[②]”但也有人认为，将尊严与人权联系在一起，并没有很长的历史，而是一种全新的做法。不论是在十八世纪古典的人权宣言，还是在十九世纪的人权法律体系之中，都找不到人的尊严的概念，也就是说，在这期间，人权完全是在并无与尊严的关联的情况下得到理解和论证的。只是到了二战结束之后，人权与人的尊严两个概念之间的必然联系，才进入到国际法以及许多国家的宪法里[③]。

当然，人的尊严之概念本身拥有悠久的历史。按照基督教与犹太教信仰，人是上帝形象的相似者，故具有着尊严。而依据西赛罗的看法，人鉴于其理性与反思能力，故拥有超拔于其他生物并体现本体论意义上人在宇宙中地位的人的尊严。与这种人类整体的尊严不同的是，在历史上得到重视的还有一种个体意义上的尊严，它是人基于各自的家族出身、社会地位、道德修养、专业贡献与特殊成就而获得并得到认可的。作为人权的根基的人的尊严，与上述所有的尊严概念都不同，这种所谓新的人的尊严，是基于其人之属性（包括有限性、脆弱性）而为每位人类个体所普遍和平等分享的。它有三大特点：第一，人的尊严取决于人所拥有的自我决定以及相应的自我承担责任的能力。“自身意志决定的能力……构成了为何人们将‘尊严’归为人，而不是归为动物的原因。[④]”“这些能力对于把自己理解为是能够承担义务的道德主体，是必要的前

---

① Christoph Horn：Einfuehrung in die politische Philosophie，Darmstadt 2009，S. 89.

② Koo Van Der Wal：Menschenrechte，in：Jean－Pierre Wils / Christoph Huebenthal（Hg.）：Lexikon der Ethik，Paderborn 2006，S. 233－234.

③ Vgl. Georg Lohmann：Die rechtsverbuergende Kraft der Menschenwuerde，in：Zeitschrift fuer Menschenrechte，1/2010，S. 55.

④ Koo Van Der Wal：Menschenrechte，in：Jean－Pierre Wils / Christoph Huebenthal（Hg.）：Lexikon der Ethik，Paderborn 2006，S. 233.

提条件。[①]”第二，人的尊严具有抽象性与普遍性，它为所有的人平等分享，不论其种族、肤色、宗教信念或世界观如何，不论是女人还是男人，好人还是坏人。“尊严并不取决于任何一种形式的成就。它无需受到争取。每个人拥有之仅仅基于他的人之存在。而它也不是只有通过品格的发展与展现才得以论证。[②]”平等性是新的尊严观的一大亮点，也是欧洲启蒙文化的一项伟大成就，“欧洲启蒙文化的道德可以理解为是一种对所有的人予以普遍而又平等尊重的道德[③]”。第三，人的尊严不仅是一种理念，它的存在必须获得物质条件的支撑。例如，人的尊严归因于人的自我决定和自我负责的能力，而这些能力的发挥与维持，则又取决于尊严载体必须拥有一定程度的生活保障，在极端贫困与行动受阻的条件下，没有任何人可以具备自由选择的空间。故人的尊严概念蕴含着一种要求，即每个人均应获得一种合乎人之尊的生活条件，包括基本生存所必需的物质前提以及最低程度的对社会、文化和政治生活的参与。

这样一种得以理解的人的尊严概念，被一些学者看成是人权的价值源泉，被视为人权得以论证的终极根据。施密特（Thomas M. Schmidt）认为：“对人权最安全和最可靠的论证是通过人的尊严的原则得到保障的。[④]”哈贝马斯近来也撰文，认可了人权与尊严之间的内在联系，通过将人权奠定在尊严的基础之上，他便在一定程度上纠正了过去他对人权作为法律人权的狭窄的理解，而是也强调人权拥有一种普遍性的道德内涵，即尊严。“人的尊严……是所有基本权利之内容所汲取的道德‘源泉’。[⑤]”在哈贝马斯看来，人权就是针对人的尊严受到侵害的一种防御。对人的尊严受到侵害的体验，具有一种发现的功能，正是该功能导致了对权利的论证以及新的基本权利的建构。“有关受到伤

---

① Vgl. Georg Lohmann：Die rechtsverbuergende Kraft der Menschenwuerde，in：Zeitschrift fuer Menschenrechte，1/2010，S. 51.

② Paul Tiedemann：Was ist Menschenwuerde？Darmstadt 2006，S. 21.

③ Georg Lohmann：Kulturelle Besonderung und Universalisierung der Menschenrechte，in：Gerhard Ernst / Stephan Sellmair（Hg.）：Universalle Menschenrechte und partikulare Moral，Stuttgart 2010，S. 40.

④ Thomas M. Schmidt：Diskursive Verpflichtungen und ethisch – religioese Ueberzeugungen – Zur moralischen und politischen Geltung der Menschenrechte，in：Guenter Nooke / Georg Lohmann / Gerhard Wahlers（Hg.）：Gelten Menschenrechte Universal？Freiburg i. B. 2008，S. 152.

⑤ Juergen Habermas：Das Konzept der Menschenwuerde und die realistische Utopie der Menschenrechte，in：Deutsche Zeitschrift fuer Philosophie，58（2010）3，S. 345.

害的人的尊严的体验具有一种发现的功能……。随着历史的挑战，有关人的尊严的各种意涵维度得到了表达，这些源自不同因由的人的尊严特殊的样态同样又能导致已得到保证的基本权利之规范性内容的进一步的充分利用，也导致新的基本权利的发现与建构。[①]”故法律人权并非是无本之木，“人的尊严同时也就构成了大门，通过此大门平等的—普遍主义的道德内容便被输入为法律[②]”。

那么，人的尊严究竟是如何使人权获得可靠证成的，或者说，人的尊严究竟是如何作为根基而使人权确立起来的呢？在这里人的尊严概念实际上包含着两层含义，一是当事人“拥有”尊严，这种尊严拥有感使他获得了一种威望。二是其他人必须把该当事人作为尊严的载体来“尊重”。“某人‘拥有人之尊严’这一说法同样意味着‘某人需作为人来尊重’。这便确立了一种约束性或义务[③]”。这里便导引出了一种“尊重他人”的规范性要求。这样一来，就当事人而言，他便赢得了一种双重意识：对自身尊严的意识和得到他人的对自己尊严的尊重的意识。这双重意识便赋予了当事人以一种力量，“这种力量可以被他理解为是‘自我授权’，这种力量被他贯彻于一种立法和要求权利的实践当中[④]”。也就是说，人的自尊以及渴望获得他人尊重这一双重尊严意识，能够使当事人从内心中腾发出一种强烈的力量，该力量提出了自己应享有道德人权的要求，并且这种道德人权应通过法律制度得到保障。在这一从尊严意识到人权要求的过渡中，尊严通过赋予当事人以力量而发挥了一项使人权得以必然出现的“担保”功能。“带着其人的尊严，某一个体的人担保他自己拥有权利。[⑤]”尊严担保着他直接作为人权的载体而得到认可，这样也就呈现了从尊严到人权之间内在驱动的逻辑关联。

尊严构成了人权的根基，构成了人权的逻辑前提，从这个意义上看，尊严比人权还要重要。在特定情况下人权可以受到限制，但尊严却是无限的，它体

---

① Juergen Habermas：Das Konzept der Menschenwuerde und die realistische Utopie der Menschenrechte，in：Deutsche Zeitschrift fuer Philosophie，58（2010）3，S. 346.

② Juergen Habermas：Das Konzept der Menschenwuerde und die realistische Utopie der Menschenrechte，in：Deutsche Zeitschrift fuer Philosophie，58（2010）3，S. 347.

③ Johannes Fischer / Stefan Grunden / Esther Imhof / Jean – Daniel Strub：Grundkurs Ethik，Stuttgart 2007，S. 364.

④⑤ Georg Lohmann：Die rechtsverbuergende Kraft der Menschenwuerde，in：Zeitschrift fuer Menschenrechte，1/2010，S. 56.

现着一种绝对的价值，这就意味着它不得因故与其他价值或利益进行比较或权衡，受到交换或牺牲。人的尊严的这种神圣性，拥有两个层面的含义。一是人的意志自由、精神上的自我决定的权利在任何情况下都不可侵犯。在特定境遇下（如紧急避险）国家可以剥夺一个罪犯的生命，但不得威逼他的意志自主，迫使他在精神上陷于屈服。“每个人的‘无限的尊严’就在于这样一种要求：所有其他人将这一自由意志的领域作为神圣不可侵犯的东西来尊重。①”二是人应被视为目的本身，“人之个体不得为了某种目的（如国家目的、对益处的权衡、社会理想）而完全工具化②”。通过人是目的的价值诉求，尊严使人获得了一种基本性的主体地位。把人作为自我目的来尊重和看待，意味着确确实实是“为了他的缘故来尊重他，即便是从他那里无法指望回报，即便他对于（我们）自身利益的实现完全没有益处③”。体现着人的尊严的人的自我目的性是绝对的、无条件的，这种自我目的的价值要求，甚至不取决于当事人是否也尊重他人的自我目的性。在视尊严为绝对价值这一点上，并不以人际间现实的对等尊重为前提条件。他人没有尊重我，没有把我视为自我目的，甚至还使我完全被工具化，这也无法构成我不把他作为自我目的的理由。“我受到他人的歧视，并不可以成为我同样不尊重或不再尊重他人的理由。这并不意味着，我不可以向对方主张我的对尊重的正当要求。一种认可上的对等性并没有资格成为人的尊重之道德的任务。④”

“尊严说”赋予尊严以一种绝对价值的地位，从而使人权在牢固的、可靠的、终极意义的基础上获得了绝对主义的论证。这种绝对设置的人的尊严概念具有普世性的特点，因而从中导引出的人权概念也具有普世性，它为所有的人所平等分享。这一普世性的人权理念，也为被作为一种人类大家庭而得到理解的崭新世界的和睦发展，奠立了深厚的价值基准。

---

① Juergen Habermas：Das Konzept der Menschenwuerde und die realistische Utopie der Menschenrechte, in：Deutsche Zeitschrift fuer Philosophie, 58（2010）3, S. 352.

② Nikolaus Knoepffler：Angewandte Ethik, Koeln 2010, S. 68.

③ Dieter Witschen：Der verletzliche Mensch – Schutz durch Achtung, in：Ethica, 19（2011）1, S. 31.

④ Dieter Witschen：Der verletzliche Mensch – Schutz durch Achtung, in：Ethica, 19（2011）1, S. 28.

第四节　人权的绝对主义论证的两个共同亮点：个体地位与历史体验

尽管“利益说”以利益作为人权论证的根据，“尊严说”将尊严作为人权得以证成的基础，但两者均属于人权的绝对主义的论证进路，因而也具有两个共同的基本特点。

第一，通过个体人权的强调而凸显了作为个体的人的地位。“这里关涉到的是人际间横向关系中个体的价值，而非人在与上帝或与下属的存在层级的纵向关系中的地位。[①]”不论是利益说还是尊严说，均坚持人权是个体权利，而非整体权利。即便是“宗教自由的权利也是一项个人的个体性权利，而不是一项保护宗教共同体的权利[②]”。个体人权观如此重视人的个体性，是因为人权理念成熟于文艺复兴和启蒙运动时期人类所经历的思想风暴与观念洗礼，这一漫长时期人类精神革命的最大特点，就在于个体的人从传统的、集体意识的束缚中的自我觉醒。“一种突破性的思想，对普遍的文明水准做出了新的确定，并且似乎成为了一种普遍的历史过程之更高水准的出发点。文艺复兴人文主义与深植于集体的前提决裂，这里关涉到的不是一种挑选出的民族，不是一种信教者的共同体，不是王公家族、神圣的传统，不是重要的共和国……。[③]”即便是到了近代时期，欧洲的统治者仍然总是强调其共同利益以及国家性的理念，总是把个体对私有权利的追求视为自私自利的、破坏秩序的、损害集体利益的恶劣行径。而“洛克的近代政治哲学，用自由主义—个体主义的市民和公民社会的理念，来抗击这种以集体为中心的、使统治合法化的安排，其武器是财产权以及其他自由权利，而又并不否认一种有序的但在能及范围上同样也

---

① Juergen Habermas：Das Konzept der Menschenwuerde und die realistische Utopie der Menschenrechte，in：Deutsche Zeitschrift fuer Philosophie，58（2010）3，S. 351.

② Georg Lohmann：Kulturelle Besonderung und Universalisierung der Menschenrechte，in：Gerhard Ernst / Stephan Sellmair（Hg.）：Universalle Menschenrechte und partikulare Moral，Stuttgart 2010，S. 45.

③ Udo Di Fabio：Menschenrechte in unterschiedlichen Kulturraeumen，in：Guenter Nooke / Georg Lohmann / Gerhard Wahlers（Hg.）：Gelten Menschenrechte Universal? Freiburg i. B. 2008，S. 69.

是有限的国家的必要性。假如西方人没有坚守这种理念性的、长期通过自然权利来论证的个体以及由个体所确定的团体对于政治统治之集体的优先地位，则西方人就不可能长期作为大家熟悉的西方人持续下去了，并且会远离近代以来的现代性，该现代性开始时并不起眼，但在任何时候都不可回逆[①]"。近代文明的一个突出特征就是个体性，就是人作为个体者超拔于群体（家族、民族、种族、宗教共同体）之地位的凸显，他首先应被看成是一位独立自主的行为主体，而非首先被视为一个群体中的成员。"借此人们便告别了对于强大的集体进行道德辩护的尝试，对于有关统治者集团、贵族家族、豪门的'自由'与特权的宣言进行道德辩护的尝试，对于国家或民族的天生特权之宣言进行道德辩护的尝试。人权的聚焦点并不在于宏大的规划，并不在于使个体看起来是渺小、低微、无足轻重的政治、社会或道德的目标。[②]"

这种自文艺复兴—启蒙运动以来崛起的个体的、大写的人的特点，在于他是其价值独一无二和不可取代、因而能够独立地运用理智来展现其自主的生活方式，并审慎地自我决定其命运的行为主体。"这一个体只是依照其自身意志将不确定之物规划为其确定，规划其向善的计划或向恶的计划，他可以保持独立也可以依其意志而缔结进入某一群体。[③]"这样一种自我决定的独立自主的自由理念，"指的便是自近代开始以来得到理解的一种个性发展的个体自由，这一自由构成了每个人作为生而有之的类属特征的思想与尊严：并且是优先于任何一种国家性、任何一种政治共同体[④]"。这样一种自我决定的自由理念，构成了人之所以为人的最根本的特征，因而也是所有伦理学演绎的出发点。"自由、个体的意志自由并不是许多价值中随便的价值，而是人之存在的实质。谁要是在这一根基性的层面把自由看成是许多价值中的一种，并且认为可以与物质性的平等期待、自然或社会性的和谐的需求相权衡，则便丧失了近代

① Udo Di Fabio：Menschenrechte in unterschiedlichen Kulturraeumen，in：Guenter Nooke / Georg Lohmann / Gerhard Wahlers（Hg.）：Gelten Menschenrechte Universal? Freiburg i. B. 2008，S. 78 – 79.

② Udo Di Fabio：Menschenrechte in unterschiedlichen Kulturraeumen，in：Guenter Nooke / Georg Lohmann / Gerhard Wahlers（Hg.）：Gelten Menschenrechte Universal? Freiburg i. B. 2008，S. 68.

③ Udo Di Fabio：Menschenrechte in unterschiedlichen Kulturraeumen，in：Guenter Nooke / Georg Lohmann / Gerhard Wahlers（Hg.）：Gelten Menschenrechte Universal? Freiburg i. B. 2008，S. 84.

④ Udo Di Fabio：Menschenrechte in unterschiedlichen Kulturraeumen，in：Guenter Nooke / Georg Lohmann / Gerhard Wahlers（Hg.）：Gelten Menschenrechte Universal? Freiburg i. B. 2008，S. 68.

文化人文主义的自我理解。[①]”

人的这种个体性的、拥有着自我决定权利的属性是普遍和平等的，也就是说它为每一位人类个体仅仅因其属于人类大家庭成员的缘故而无差别地共享。尽管每一位个体的人都是具体的、活生生的、独一无二的，但就其地位属性而言却又都应被视为抽象的、共同的和平等的。假如大家先在地就认可人与人之间具有地位属性上的差别，则王公贵族、宗教首领、权势集团就会利用一切可能以及地位和机会上的优势来主张自己的特权。故近代以来对人的认识合乎逻辑地发生了巨大改观：谈起人之时，我们所指的人的唯一属性便只是人类大家庭中的一员。我们不再也无需进一步追问他的其他差别性特征。这些其他特征对于我们识别这个人不起任何作用。这样我们的人的概念就高度单纯化了，它屏蔽掉了所有差别、地位、属性，“它的中心是每位个体的人，并且毫无任何附带的或附加的在性别、民族、种族或等级上的差异：从这一前提中导出了普遍性的思想[②]”。人的图景的巨变的结果，是人的这一概念呈现出了一种全新的高度抽象化的面貌，传统上的那种差异的、层级的、其具体属性和身份特征得以强调的人的形象已经一去不复返，而对一种抽象的、平等的、其普遍属性和独立个体之地位得以凸显的人的理解，则成为现代社会的一个常项和理所当然。“对人的图景进行绝对的抽象化：这是近代的一项典型的成就，一项近代打下烙印的人文主义、自然权利理念以及契约主义社会理念的成就。[③]”在这幅属性高度抽象化、需求完全普遍化和同质化、人格地位绝对同等的人类个体的图景中，渗透着一种普世性的、不偏不倚的对所有的人都平等尊重的道德认知。这一道德视点也为人权的普世性的理解奠定了价值基础，即人权作为道德权利为每个人所平等享有，不取决于其社会地位、禀赋能力与贡献成就：“人权是人作为人所拥有的权利，不取决于性别、年龄、健康状态、国籍、社会经济状态、肤色、宗

---

① Udo Di Fabio：Menschenrechte in unterschiedlichen Kulturraeumen，in：Guenter Nooke / Georg Lohmann / Gerhard Wahlers（Hg.）：Gelten Menschenrechte Universal? Freiburg i. B. 2008，S. 68.

② Udo Di Fabio：Menschenrechte in unterschiedlichen Kulturraeumen，in：Guenter Nooke / Georg Lohmann / Gerhard Wahlers（Hg.）：Gelten Menschenrechte Universal? Freiburg i. B. 2008，S. 69.

③ Udo Di Fabio：Menschenrechte in unterschiedlichen Kulturraeumen，in：Guenter Nooke / Georg Lohmann / Gerhard Wahlers（Hg.）：Gelten Menschenrechte Universal? Freiburg i. B. 2008，S. 63.

教或其他情况。换言之，人权概念就在于，我们对它只能做出普遍化的理解，否则就根本无法想象。基于这种普遍性，人权在今天似乎是……作为我们多元世界中的一种普世伦理的最终表达[①]”。

值得指出的是，这里所描述的凸显作为个体的人的地位的个体主义，并不等同于那种自我隔绝、唯利是图、极端自私的个人主义。因为个体的人的自我决定，是基于理智而审慎地做出的，“因为他的自我决定以跨主体间的理由为导向，故他的‘理由的世界’同时也取决于他人的认同和批评，就像他作为人要依靠他人的关照与顾及才能生存那样。因而对个体审思的自我决定的重视完全不拒绝道德上的考量，即不拒绝要有对他人的顾及和义务[②]”。1948 年《世界人权宣言》虽然是一种有关人的权利的宣示，但在第 1 条便已确定了人与人之间团结的责任：“他们赋有理性和良心，并应以兄弟关系的精神相对待”。而在第 29 条，通过对个体的社会义务的明确规定，《世界人权宣言》正确阐释了个体自由与社会合作之间的密切关系。

当然，个体的生存离不开社会，故个体应对社会承担义务，对他人应怀有博爱的精神，这只是对凸显个体地位的、作为近代文明之特征的健康的个体主义概念内涵的一种全面、完整和准确的表达。但这并不意味着，个体与整体构成的天平天然就要倒向整体一边。若是如此，则就又会回到整体压制个体的历史传统里去了，就翻转到健康的个体主义的反面上去了。个体人权之所以理直气壮地强调和凸显作为个体的人的地位，恰恰是因为集体、“国家以及地区性和国际性的国家共同体其本身并非是原初性的……。它们是为目的所确定的，是为了人而存在的，为了人的个性的自由展现的权利，它们受限于私人的自主性……[③]”。简言之，集体终究是为个体而存在的，其意志的表达必须是基于对个体人权的维护，因而“对公共之整体性的保护不可以以牺牲成员的整体

---

① Roberto Andorno：Warum braucht eine globale Bioethik die Menschenrechte? In：Nikola Biller - Andorno / Peter Schaber / Annette Schulz - Baldes（Hg.）：Gibt es eine universale Bioethik? Paderborn 2008，S. 60.

② Georg Lohmann：Kulturelle Besonderung und Universalisierung der Menschenrechte，in：Gerhard Ernst / Stephan Sellmair（Hg.）：Universalle Menschenrechte und partikulare Moral，Stuttgart 2010，S. 40.

③ Udo Di Fabio：Menschenrechte in unterschiedlichen Kulturraeumen，in：Guenter Nooke / Georg Lohmann / Gerhard Wahlers（Hg.）：Gelten Menschenrechte Universal? Freiburg i. B. 2008，S. 76.

性为代价[1]”。

第二，不论是“利益说”还是“尊严说”，均体现了人权作为一种道德规范最终都根植于人类的一种受压迫的负面体验，是对这种体验的特殊的现代性的回答，是对不法侵害的一种抗拒性的反应。《世界人权宣言》是有关人权的第一部世界性的法律契约，其理论根据部分来自于自然权利的学说。但如前已述，自然权利说无法为人权的论证提供坚实的基石，故在当今“利益说”与“尊严说”，便构成了更有说服力和竞争力的人权论证的学说。以利益为根基来论证人权的“利益说”和以尊严为依据来证成人权的“尊严说”，都属于有关人权的绝对主义的论证进路，都是对道德人权的辩护方式，都体现了人权诉求的道德性，表明了人权代表着一种最基本的道德。这里需要特别指出的是，道德要求与认知并非如数学知识那样完全根植于严格的逻辑演绎，导源于依据公式和规则的必然推论，而往往也是来自于人们社会生活中受压迫、受侵害的负面体验。“道德要求常常是起源于对暴力及暴力之运用的具体体验的特殊的反应，尤其是起源于对压迫、无助性、恐惧的具体体验的反应。[2]”“而由于许多这些体验在历史上所有的社会和所有的时期反复出现，这样就会产生出完全相似的反应和可类比的要求。基于这样一种共同的体验人们在地球的每个地方均创设出一种道德。这一道德会因社会和时代而有所差异，但基于相似的体验在所有的时代可能都会有一种截面，一种所谓独特道德中共同的、‘最低限度’的道德，该道德在人权中发现其晚近的表达。[3]”就“利益说”而言，人权意识来自于人的核心利益受损的体验，从这种体验中激发出保护自身基本利益的迫切要求。就“尊严说”而言，人权意识来自于人的尊严受到侵害的感受，从这种感受中腾生出捍卫自身人格尊严的强烈愿望。总之，正是出于对个体所遭受的谋杀、压迫、歧视、侮辱之体验的应答，正是为了过上人性的、和

---

① Rainer Forst：Die Rechtfertigung der Menschenrechte und das grundlegende Recht auf Rechtfertigung, in：in：Gerhard Ernst / Stephan Sellmair（Hg.）：Universalle Menschenrechte und partikulare Moral, Stuttgart 2010, S. 85.

② Stefan Gosepath：Der Sinn der Menschenrechte nach 1945, in：Gerhard Ernst / Stephan Sellmair（Hg.）：Universalle Menschenrechte und partikulare Moral, Stuttgart 2010, S. 19.

③ Stefan Gosepath：Der Sinn der Menschenrechte nach 1945, in：Gerhard Ernst / Stephan Sellmair（Hg.）：Universalle Menschenrechte und partikulare Moral, Stuttgart 2010, S. 19 – 20.

平的、值得人过的一种生活，为了防范人道灾难的重现，人们彼此之间才建构起人权的行为规范和道德原则，并且通过法律化而使之获得强制性、稳定性、可控告性和可援助性。正是鉴于国家法律双重失灵的体验——一方面国家法律成为恶法，国家暴力表现为对人权的最大侵害者（如纳粹），另一方面在国际领域，缺乏有效的人权保护的跨国的法律规定——人们这才又在国家之间逐步建构起国际人权宪章，从而使人权上升为具有全球性约束力的道德共识与法律契约。

人权作为道德权利的契约性建构是虚拟性的，是一种意识与认知的塑造。人权一旦获得建构便自动赢取自明性，“也就是说它们一旦出现便直截明了，……我们不再可以想象能够没有这项原则也行[①]”。人权原则一旦获得建构，人们就会基于其自明性而将它视为某种原初之物、先在之物来尊重，于是人权便赢得前法律的、前国家的、前政治的、不可丧失、不可放弃、不可转让、人所固有等特征与属性。说人权不可放弃，是因为人权包含着自我决定的自由权利。放弃人权，意味着放弃自我决定；而能够放弃本身就代表着一种自我决定，因而从逻辑上讲自我决定的自由的人权是无法放弃的。直到十八世纪的欧洲，仍然有启蒙思想家认为人可以依据契约将自己及其后代置身于绝对的统治之下，把自己不可逆地卖身为奴。“对此康德反驳道，一种契约，‘通过之一方为了另一方的好处而放弃其全部的自由，从而也就中止了作为一个人而存在，结果也不再有遵守该项契约的义务，……这一点是自相矛盾的，也就是说这会是无效的和作废的’（康德语）。[②]”说人权是前政治的，意味着人权意识来自于对人道灾难的反省，因而是一种体验的产物，一种获得性的、集体的并且是固化了的道德感悟、认知与洞见。这里所讲的人权是指道德人权、抽象人权、概念人权或人权的总观念、总立场与总原则，而非法律人权、具体人权或形态人权；简言之，是指阿伦特所说的“拥有权利的权利[③]”。这种道德人

① Nikolaus Knoepffler：Angewandte Ethik，Koeln 2010，S. 73.

② Vgl. Heiner Bielefeldt：Menschenrechtlicher Universalismus ohne eurozentrische Verkuerzung，in：Guenter Nooke / Georg Lohmann / Gerhard Wahlers（Hg.）：Gelten Menschenrechte Universal? Freiburg i. B. 2008，S. 108.

③ Vgl. Arnd Pollmann：Gleiche Rechte fuer alle! Aber wer sind “Alle”? Menschenrechte，in：Johann S. Ach / Kurt Bayertz / Ludwig Siep（Hg.）：Grundkurs Ethik 2，Paderborn 2011，S. 158.

权是前政治的，即并不取决于议会中民主的多数决的原则，不取决于集体性的自我决定的政治程序，不适用于商谈伦理的基本原理。“如果人权的有效性真的取决于商谈，那就糟糕了。[①]”有关通过民主程序而做出侵害人权的决断这一点，纳粹帝国的历史就提供了极为深刻的教训。所以在刚刚诞生的联邦德国，恰恰是“鉴于纳粹时期的教训，宪法的制定者做出相当大的努力，来防御国家对基本权利的不法侵害，并且既是通过内容—法律上的，也是通过程序—法律上的预防措施。首先宪法制定者们通过《基本法》第 79 条第三款的保障，避免了宪法对基本权利之核心的改变。除外，《基本法》第 79 条第一款杜绝了，由使宪法得以改变的多数决（基本法第 79 条第二款）确定的法律可以与基本权利相冲突[②]”。从这里可以看出，道德人权并非与民主程序处于一种平等的起源性，恰恰相反，人权原则高于民主程序，民主不得与人权相抵触，人权构成了民主的外在的道德规范，是民主立法及司法的外在的批判性和限制性的标准，是民主正确运作的先决性条件，只有当集体意志与意见的塑造过程不会对人权造成损害之时，民主商谈的程序才是合法的。

第五节 人权的相对主义论证

与人权的绝对主义论证将道德人权、抽象人权、概念人权或拥有权利的权利作为自己的对象不同，人权的相对主义论证的对象是法律人权、具体人权、形态人权。这就是说，人权必须历经一个从一种抽象的理念或原则，转变成为国家的一项具体的法律规定的过程，才能消除道德人权自身所包含着的强烈的实现要求与软弱的保障能力之间的张力，使人类真正切身享受到人权之建构带来的益处。而在这一人权道德的法律化过程中，对当事国的历史文化传统、社会现实的特殊性等复杂因素的考量，都要参与到对具体的法律人权内容的雕琢

---

① Sibylle Toennies：“Universalitaet der Menschenrechte” Eine Kommentar，in：Guenter Nooke / Georg Lohmann / Gerhard Wahlers（Hg.）：Gelten Menschenrechte Universal? Freiburg i. B. 2008，S. 260.

② Werner Heun / Martin Honecker：Menschenrechte，Grundrechte，in：Georges Enderle...（Hg.）：Lexikon der Wirtschaftsethik，Freiburg im Breisgau 1993，S. 694.

与塑造，并最终经民主的立法程序而使具体的人权规定得到确立。于是对法律人权的辩护，便呈现出相对主义的色彩，“法律与政治无法看成是道德律令的‘一对一式的’转译，而是服从于其自身某种建构与辩护原则方面的要求[①]”。正是基于人权的这种相对主义的论证，一种高度抽象的人权理念便在繁复的转化和变形过程中，呈现出法律化的、文化特殊性的、传统预制性的具体样态。这样就体现出人权是一种高度复杂的、多维度的权利：作为道德权利它是普世性的、前国家的，作为法律权利它又是与国家和文化相关涉的。作为道德权利它是前政治的，无需民主程序的核准，作为法律权利它却无法回避与民主的关联，“即人权的内容及范围的具体化的确定最终必须是一种持续的在文化性上开放的商议过程的结果[②]”。在人权的绝对主义论证和相对主义论证之间，存在着一种难以阻断的联系，因为普世性的人权原则只有也必须运用于具体特殊的现实情境，才能获得真正的实现。当然，这里需要把一种与人权的普世性相契合的特殊化，同一种与人权的普世性相对立的特殊化严格区分开来，尽管“实际上国际认可的人权对无论是文化上还是宗教上特色变形的多样化留有了足够的余地[③]”。但也恰恰是由于这一点，使人们有更强烈的理由对那种借人权的相对主义的论证，而偷偷掏空人权概念的普遍性本真内蕴的做法，保持高度的警惕。

人权的相对主义论证，除了服务于对法律人权的塑造之外，还要关涉到对具体人权之间发生冲突时的处置与调节。尽管自1993年维也纳世界人权大会以来，不仅认可人权的普世性，而且也认可所有的人权的不可分割性与同等重要性这一点，已经逐渐获得了国际共识的地位，但这并不意味着，具体人权要求之间可能发生的冲突因而也就自动得以消解。“对于每个人而言，有许多同

---

① Georg Lohmann：Kulturelle Besonderung und Universalisierung der Menschenrechte，in：Gerhard Ernst / Stephan Sellmair（Hg.）：Universalle Menschenrechte und partikulare Moral，Stuttgart 2010，S. 43.

② Arnd Pollmann：Gleiche Rechte fuer alle！Aber wer sind “Alle”？Menschenrechte，in：Johann S. Ach / Kurt Bayertz / Ludwig Siep（Hg.）：Grundkurs Ethik 2，Paderborn 2011，S. 166.

③ Roberto Andorno：Warum braucht eine globale Bioethik die Menschenrechte？In：Nikola Biller – Andorno / Peter Schaber / Annette Schulz – Baldes（Hg.）：Gibt es eine universale Bioethik？Paderborn 2008，S. 63.

等的优先选项来支撑他的生活，这并非就意味着，所有的选项是同等优先的。[①]”这同样也适用于人们对以具体的人权形态为存在与表现形式的人权的观察。“基本权利并非是无限得到保证的，因为它们的运用肯定会导致与其他基本权利或公民的别的权利发生正常的冲突。[②]”最明显的例证是，在权利载体的层面上，尽管每个人均拥有生命权，但在劫持事件中，“被劫持者对生命的防卫权利导致了，在最后的救命射击之时劫持者对生命的防卫权利无法再受到保障[③]”。在紧急防御的特定情况下，肇事者的生命权肯定要受到限制，甚至于被解除。在权利类型的层面上，具体权利之间冲突的例证更是不胜枚举。西方国家有关情色品究竟是人的自由表达权利的一种体现，还是对人的尊严的损害的争议，至今仍都没有答案。《世界人权宣言》第3条规定：“人人有权享有生命、自由和人身安全”，从而将自由权与安全权置于同等重要的地位。但在一个社会里，最高级别的安全与最大程度的个体自由是不可能同时得到实现的，这样对自由权与安全权的具体法律确定和价值排序，就取决于每个国家民众的意志以及立法机制的自主决断，这种决断自然具有相对主义的辩护的色彩。这种相对主义的合理性根植于，“这里并非只有一种唯一正确的权重。一个重自由轻安全的社会同一个重安全轻自由的社会一样好。这里存在着一种同等好的选项的活动空间，所以只能要求有一种理性上非确定的决断。这样一种决断取决于做什么对于社会成员是正确的，就像个体决断取决于对于一位个体而言做什么是正确的那样[④]”。道德上同等的恰适性可以导致人们权重的差异性，这是相对主义的人权论证之所以能够存在的一个支点。

人权的相对主义辩护，还体现在对积极性人权之具体法规化的塑造上。人权分消极性与积极性权利。所谓消极性权利，是指公民针对国家、组织或他人的暴力侵害的防御权利。人权应答者的义务在于不干预、不阻碍、不伤害人权

---

① Gerhard Ernst：Universalle Menschenrechte und moralische Vielfalt，in：Gerhard Ernst / Stephan Sellmair（Hg.）：Universalle Menschenrechte und partikulare Moral，Stuttgart 2010，S. 110.

② Werner Heun / Martin Honecker：Menschenrechte，Grundrechte，in：Georges Enderle ...（Hg.）：Lexikon der Wirtschaftsethik，Freiburg im Breisgau 1993，S. 694.

③ Nikolaus Knoepffler：Angewandte Ethik，Koeln 2010，S. 101.

④ Gerhard Ernst：Universalle Menschenrechte und moralische Vielfalt，in：Gerhard Ernst / Stephan Sellmair（Hg.）：Universalle Menschenrechte und partikulare Moral，Stuttgart 2010，S. 111.

载体的这项权利，不对其实施侮辱、刑供或杀害。由于这里仅仅关涉到对一些行为的明确坚定的禁令，故将消极性权利转化为国家具体的法律规定的立法过程的难度，应当说是比较小的。所谓积极性权利，则是指公民的生活保障、健康、教育、工作、住房以及政治参与等方面的权利。该类权利不只是要求权利应答者消极性地恪守不干预的禁令，而是需要其有积极性的作为。积极性的义务是一种更高的要求，因为其具体的贯彻实现有赖于所在国家或地区客观的、历史的、文化的和物质的现实条件。“对就业、教育、住房和健康的环境之社会基本权利的保障，总是依赖于一个国家的实力。要求有物质保障的积极性的参与权利，比起只是要求国家不去做出某种侵害的消极性的自由权利（防御权）更难落实①”。因而，有些人继承传统的自由主义的立场，只认可消极性的权利，拒斥经济社会权利，坚持“任何一种服务于再分配的税收均是偷窃”的观点，反对以公民的积极性的社会权利的要求来限制消极性的财产权。伊格纳季耶夫（Michael Ignatieff）就主张，身体的完整性及个体自由的权利是人权的最低限度的核心，它所抵御的是最严重的恶行。罗尔斯也认为，人权应局限在狭小的范围内，像平等的宗教自由或平等的政治参与权都不属于人权②。柯恩（Joshua Cohen）则强调，人权是指政治社会中的一种基本的、普遍的、个体的成员资格的权利，“而成员资格的规范概念的中心特征在于，个体的利益需得到一个政治社会的基本机制的顾及：作为成员来看待便意味着，其自身的利益得到合宜的尊重……③”。但作为成员资格的权利的人权，并不必然意味着完全的政治平等，故科恩并不认可人们对“严格的政治平等意义上的民主”的人权。而另一派，则坚持主张消极性人权与积极性人权之间内在的密切关系，认定从前者过渡到后者具有道德上的必然性，反对以积极性权利在落实上的困难为理由来否定该权利的存在价值，而是把积极性权利作为消极性权利最

---

① Werner Heun / Martin Honecker：Menschenrechte，Grundrechte，in：Georges Enderle...（Hg.）：Lexikon der Wirtschaftsethik，Freiburg im Breisgau 1993，S. 698.

② Vgl. Rainer Forst：Die Rechtfertigung der Menschenrechte und das grundlegende Recht auf Rechtfertigung，in：in：Gerhard Ernst / Stephan Sellmair（Hg.）：Universalle Menschenrechte und partikulare Moral，Stuttgart 2010，S. 80.

③ Vgl. Rainer Forst：Die Rechtfertigung der Menschenrechte und das grundlegende Recht auf Rechtfertigung，in：in：Gerhard Ernst / Stephan Sellmair（Hg.）：Universalle Menschenrechte und partikulare Moral，Stuttgart 2010，S. 82.

终得以真正实现的不可或缺的条件。正如哈贝马斯所言："排斥、困乏和歧视的体验教导大家，古典的基本权利只有当社会和文化权利加入之时才能使所有的公民获得'平等的价值'（罗尔斯）。[①]"这些理论上的争论，自然会对各个国家有关积极性人权的法律塑造的结果以及权利保障的强度带来深刻的影响，从而使这类人权的论证与辩护或借助重叠共识或借助立场妥协的途径，而呈现出相对主义的、多元化和复杂性的特点。

人权的相对主义的论证，还要服务于特定具体人权内容的拓展与深化以及新的人权内容的建构。人权意识的产生，在很大程度上根植于人们对历史上出现的各种暴行、罪恶、灾难和苦难的体验及其应答。随着时代的发展，这种体验又会产生出新的表现形式，从而促使人们对何为人的基本需求做出研判与评价，并且基于伤害性的新的维度而在建构新的人权上达成共识，从而深化对人权内容的认知，推进人权目录的延展。马歇尔（Thomas H. Marshall）沿着"自由权、政治参与权和社会保障权"的前后顺序，勾画了人权内容的历史进展。这些分阶段出现的人权思想中最低限度的核心内容，大体上反映了不同时期人类的基本利益和需求得以表现和受到重视的状态，体现了人类为人权而抗争所经历的复杂的历史性的学习过程。"有关哪些作为人权来认可，哪些不是的历史—政治决断，总也是反映了一种在历史中获得的对作为有依赖性的社会存在和有得到认可之需求的个体的人的易受伤害性的不同层面的认知。[②]"人权清单是永远向着未来开放的；人权子目的扩展，取决于作为当事人的我们基于对某种利益的特殊重要性以及对某种需求受到伤害的特殊严重性的理解，所进行的动态的民主的商谈进程。例如当今全世界有九亿多人缺乏清洁的饮用水，二十五亿人没有厕所，这种现象构成了对当事人基本需求的严重损害，造成了受难者的巨大痛苦。故在德国、西班牙的倡议下，联合国大会于 2010 年 7 月正式将获得清洁饮用水和卫生设备的权利，确定为人权。当然，这种有关人权内容得以深化和人权子目得以扩展的民主商谈，深受历史传统、社会环

① Juergen Habermas：Das Konzept der Menschenwuerde und die realistische Utopie der Menschenrechte，in：Deutsche Zeitschrift fuer Philosophie，58（2010）3，S. 346.

② Stefan Gosepath：Der Sinn der Menschenrechte nach 1945，in：Gerhard Ernst / Stephan Sellmair（Hg.）：Universalle Menschenrechte und partikulare Moral，Stuttgart 2010，S. 19.

境、经济水平、政治发展等复杂因素的强烈制约，其结果具有不可担保性、不可预知性和不确定性以及可能出现的因时因地的多样复杂的呈现方式，故其论证与辩护具有相对主义的色彩。

第六节　总结与余论

本章探究了对人权的论证问题，并且是从道德人权和法律人权这两个层面展开的。论者指出，对于道德人权的论证是一种绝对主义性质的论证。所谓绝对主义性质的论证，是人们基于同一深刻的道德信念而做出的论证，它体现着人们是基于同一的理论洞见和道德理由经论证而达到对某一价值的必然认可与接受。在这里，所有认知与行动主体的地位背景是相同的，本质需求是一样的，最高目标是统一的，终极结果是一致的。因而绝对主义的论证模式，真正实现了论证主体地位的严格对等性、论证逻辑的内在自恰性、推演结果的普遍适用性与绝对有效性。而对于法律人权，则适用一种相对主义的论证模式。由于这里涉及到了普世性的抽象的人权理念转化为特殊性的具体的法律形态和可实际操作的内容界定，因而论证和辩护就必然带有相对主义或特殊主义的色彩。它要通过对不同价值基点与宗教世界观的过滤而提取出重叠的、共有的东西作为支撑理据，它要借由各异立场的妥协协调而打通一条道路，使具有执行效力的规定得以最终确立。因而相对主义的论证模式必须是开放的、灵活的，它要体现对历史传统的尊重，对文化关联的敏感，对现实情态的顾及，对立法程序的服从，对事态的复杂性、多样性和阶段性特质的接纳与包容。

人权理念进入人类的思想视野和话语体系，并非是人的规范世界里的一种妥帖的、恰适的预谋与安排，而是人类所经历的一场场严峻的、人为造成的存亡之危机的产物。人权起源于人的受到迫害的体验，起源于对人道灾难提供的深刻教训的反省，表达的是一种抗争强暴、谋求解放的语言，展示的是建构一种人际间可以人道相待的生活世界的良好夙愿。由于切合了人类最基本、最本质的需求，人权思想自塑造发明之后便逐渐地并且是坚韧地赢得了巨大的感召力、吸引力和竞争力，成为唯一得到全球人类共同体道德认可和法律固化的价值理念。因而尽管人权的产生具有历史、环境和地域的偶然性，但其持存却受制于社会发展内在的逻辑必然，它已经成为人类文明进化过程中被决定了的东西，并赢得人类史上最珍贵的思想遗传密码之地位的尊荣，这是人权能够从道德层面获得绝对主义论证的原因之所在。当然，人权理念并不会结束于当今的历史。与“己所不欲，勿施于人”的金律不同，它不是一段简短的人生哲理箴言，而是一种建构性的、向新的解释开放的活的体系。“人权依赖于该权利之载体的解释，即最终在于我们大家所有的人。①”人权的发展折射着人类永无止境的复杂的自我探索、自我体验、自我学习的过程，其内含的扩展构成了整个人类永未完结的共同的自我决定的任务。依靠对人权的相对主义的辩护模式，人权在成为一种具体的固化的法律规定之后，其道德触角仍然会一直朝向人类基本需求的更为广阔的层面继续延伸，从而为人权内容新的塑造拓展可能性的空间。从这个意义上哈贝马斯的说法完全正确，即人权既是现实的，又是一种乌托邦。

---

① Arnd Pollmann：Gleiche Rechte fuer alle！Aber wer sind “Alle”？Menschenrechte，in：Johann S. Ach / Kurt Bayertz / Ludwig Siep（Hg.）：Grundkurs Ethik 2，Paderborn 2011，S. 166.

第十三章
民主中的道德表达

从本质上说，诸多行为主体之自由、自主抉择的集合，就是民主。故民主代表着集体的自由意志。

在当今世界，民主作为一种理念与制度正以前所未有的规模和速度，有力而深刻地形塑着人类政治和社会生活的基本面貌与样态。但在民主是否是一个具有正面意义的道德范畴的问题上，国际学术界长期以来一直就被一种观念分歧所支配，从而导致了不同的作者在编辑伦理学辞典或手册时做法上的差异。二十世纪九十年代德国出版的伦理学专业辞典或经济伦理学科辞典均肯定了民主在伦理学中不可或缺的地位，而2006年推出的伦理学百科辞典及伦理学手册中却都找不到民主这一概念。这似乎也就印证了福尔拉特（Ernst Vollrath）的那句斩钉截铁的断言："民主不是道德范畴[①]"。而这样一种情形，如果是涉及到同样构成了当今社会政治制度安排和行为规则设计的核心观念的自由、人权、正义之时，是绝对不可能发生的。

民主的这样一种境遇，同其早期在古希腊时代盛行的粗糙的形态相关：雅典的成年男性市民（妇女、奴隶被排除在外）经常聚集在一起，通过冗长的会议为公共职位的分配及重要决断的制定进行商议和表决。此时的民主，表现为一种简单的多数决的方式，很容易就会导致偶然形成的多数意志的暴政。正因为此，历史上的几位哲学大家都对他们所理解的民主持拒斥的态度：柏拉图以不相信民众的教养与品格的稳定性为由，呼唤哲学王作为国家的掌舵人。亚里士多德则警告，民主决断更多是受制于论辩术的影响，而非依赖于专业知识，从而难逃滑向败坏的、堕落的暴政的命运。对于康德而言，规范的国家形式是共和国，民主必然导入专制主义。由此可见，在摆脱了纯粹偶然与任意因素的规范民主产生之前，民主这一概念长期以来得不到正面评价并被排斥在道

① Ernst Vollrath：Der reflexionsmoralische Fehlschluss，in：Kurt Bayertz（Hg.）：Politik und Ethik，Stuttgart 1996，S. 91.

德范畴之外，这完全是正常不过的。从亚里士多德时代一直到十九世纪初占支配地位的观念里，最合宜的国体形式并非是民主，而是一种君主政体、贵族政体与民主元素的混合状态。也就是说，罗马共和国理念的意义更高于希腊民主的价值。因为共和国的概念既吸收了民众的普遍参与的思想，也保持了严格的原则导向和对规则的恪守。这里执政官代表君主制的原则，元老院体现贵族政体的要素，公民大会则呈示着民主的要求。

直到十八世纪末至十九世纪初，在最早的宪政国家建立的时代，民主作为一种社会与政治力量的表达，其正面意义借助于自由与平等的价值诉求的伸张才逐渐显露了出来。随着规范民主的成熟与发展，民主不论是作为国家形式还是社会生活方式，其相对于其他竞争者的优越性与合法性，在当今已经赢得几乎是一种全球共识的地位。丘吉尔曾经说，自由民主是所有坏的国家形式中最好的。这句话似乎可以这样来理解：民主固然属于坏的国家形式，但在这众多坏的形式之外，并无所谓好的国家形式作为参照对应物。民主的参照物不是一个比它更好的东西，而是专制。如果把民主与专制对应起来，人们马上就可以领会到民主中的道德含义的表达。如果道德与善恶分野相关，则我们就可以坚定地断言：民主是善的，专制是恶的。

民主，顾名思义是指“人民”（希腊语：demos）“统治”（kratein）。用林肯的话说就是民有、民治、民享。作为一种国家形式，也是一种社会生活方式，民主在近现代社会的竞争力源于其价值规范性基础；换言之，民主展现出一种价值观、一种道德观，而其核心则是由自由和平等这两大要素构成的。民主的自由意涵，体现在民主对每个人绝不屈从于他人的任意对待这样一种需求的尊重上。自由意味着按照自身的意志而非他人的意志决断和行事并承担相应的责任。这也就决定了任何一种外在统治的合法性，均来源于当事人对这种统治的授权与认同；换言之，统治者与被统治者实际上形成了一种重叠的关系，这也就造成了这种统治必须是以当事人的利益为出发点。民主的平等意涵，体现在民主给予每位公民在法律面前以同等的对待，享受平等的法律保护和同样平等的法律制裁。法律平等的实质取决于公民的人权平等，而法律的功能又在于以机制化的形式使公民的权利赢得平等的保障。总之，自由与平等构成了民主的价值规范性基础，“一个国家只有在它实现了平等与自由的政治理想之意义上，才值得享有民主的称号①”。

当然，民主拥有自由和平等的价值规范性基础这一点，只是民主的道德表达的最笼统的说法。随着历史时代的变迁，民主已经发展出不同的样态与模式，从而造成了民主在道德表达内容上的各自特点与相互差异。基于不同的着眼点，民主被区分为直接民主、代议制民主、合作理论民主、认识论民主、科学理论民主等，而影响最大的类型划分则是所谓自由主义民主、共和主义民主和审议民主这三种形式。如果说自由主义民主所突显的道德价值是个体的自由权利，共和主义民主所强调的是共同体的团结，则就可以说审议民主所主张的是在维护个体自由选择权利的前提下，努力以法律的形式来实现团结的价值诉求。

第一节　以个体自由权利为价值导向的自由主义民主

自由主义民主模式的全部出发点，不是作为均质的统一体的人民，而是独立自由自主的个体。所谓独立，是指独立于国家以及其他任何共同体。所谓自由，首先是指一种消极性的自由，“一种与共同体区隔开来的自由②”。自由主义民主模式的最大代表是洛克。洛克反对霍布斯将国家统治者视为独立于所有契约义务，是一种不可分割的主权的持有者的契约论观念，而是认定国家的全部作用与任务，就在于尊重个体的作为自在目的的价值以及追逐个人幸福的自由，在于保障个体与生俱来的自由权利（作为生命权、自由权和财产权的人权，其中对财产的绝对必要性的信念构成了洛克全部政治理论的出发点），在于维护个体基于自身利益需求所做出的自主选择。个体有别于和区隔于国家及其他共同体，前者是核心、本位、目的，后者不过是实现前者目的的手段，是保护和捍卫个体权益的工具。自由主义民主赋予了个体权利以一种至高无上的地位，这种个体权利

① Ulrich Steinvorth：Normative Grundlagen der Demokratie，in：Kurt Bayertz（Hg.）：Politik und Ethik，Stuttgart 1996，S. 141.

② Henning Ottmann：Liberale，republikanische，deliberative Demokratie，in：Synthesis Philosophia，42（2/2006），S. 318.

在宪政与法治的前提下免受多数决的侵害，免受民主的侵害，免受国家的侵害，甚至也免受民主国家的侵害。这样也就在自由主义民主与亚里士多德、康德所唾弃的暴政民主之间划清了一条不可逾越的界线，从而呈现出自由主义民主捍卫个体自由权利的道德与价值属性。哈贝马斯对自由主义民主的本质做了一个经典性的总结："按照自由主义的理解，公民的地位取决于其所拥有的相对于国家和其他公民的主观权利的标准。作为主观权利的载体，公民只要是在法律所划定的界限范围内追逐自己的私利，就享有国家的保护，这也包括享有不受国家超出法律介入先决条件之外的干预的保护。主观权利是消极权利，该权利保护着一种选择活动的空间，在此范围内法人免遭外在的强制。①"

在自由主义看来，民主是通过选举和投票中的民意表达得到实现的。选民意志的伸张具有与市场中顾客的选择行为相同的结构，民意在选举的结果中得到充分而又真实的体现。因而国家是以市场社会为基础的弱势国家。

从选举的角度来说，直接选举最能鲜明和充分地体现民意。但直接选举中大量非理性的意志与决断没有得到过滤的机会。因此自由主义民主模式主张所谓代议制的间接民主。代议制民主是目前占主导地位的民主形式，被选出的民意代表在议会中对重大的社会问题进行专业的审议，做出有法律约束效力的判定。其优点在于，一方面议员的选出体现了民意，另一方面议员们又有足够的能力与时间来形成有质量的决断。

这些有质量的决断涉及两方面的内容。一方面是社会群体之间的重大利益的协调与妥协。民意代表之所以得到选出，是因为他们肩负着表达相应的意志、体现相应的利益诉求的使命。社会中不同利益能否得到满足，取决于民意代表在议会中能否实现不同意志的洽和相适及不同利益的均衡妥协。有质量的决断所涉及的另一方面的内容更为重要，那就是立法。自由主义的民主不仅强调个体的自由权利，而且也重视将对个体权利的保护上升为具有稳固形式的法律规定，因而自由主义的民主国家必定也是法治国家、宪政国家。渗透着人权精神的宪法及法律不仅保护个体免受议会中可能出现的有误的多数决的侵害，而且也严格限制政府权力对个体权利的可能的冲击。

---

① Juergen Habermas：Die Einbeziehung des Anderen，Frankfurt a. M. 1996，S. 279.

应当说，由洛克开创的自由主义民主模式在历史的发展演变中已经逐渐具备了成熟的形态，并且对西方民主政治制度基本类型的塑造产生了重大的影响。其最重要的标志物是：建构以对个体基本权利的保障为价值基准的法治国家，实施代议制民主及多数决并顾及保护少数人的利益，推行市场经济，落实社会保障政策并实现透明的政治治理、权力分治及相互制衡。

从伦理道德的视角来看，自由主义民主对个体自由权利价值诉求的捍卫具有一种奠基性的意义。因为道德行为选择是以行为主体自己的自主意志的表达与选择为前提的。从这个意义上看，自由先于道德，自由本身构成了道德价值存在的本体论的根基。

诚然，强调对个体自由权利的维护可以说构成了整个道德致思的出发点，但这并不意味着仅仅停留在这一点上就已经足够了。把个体自身与国家及其他共同体区隔开来以彰显个体的自由权利，并不必然意味着个体与他人及共同体没有任何联系。自由主义民主模式的缺点，或许在于无法有效激发与他人的团结意识。而善待他人、维护社会公义却是道德的不可或缺的层面。有人因此抱怨，自由主义在摧毁个体与共同体的传统纽带之后，并没有提供新的维系纽带。自由主义民主模式的这一弱点，自然使得颇能突显共同体团结意识的所谓共和主义民主模式成为一种难以漠视的现象。

第二节　以共同体的团结意识为价值导向的共和主义民主

与自由主义把民主理解为是私人利益之间的妥协的立场不同，共和主义把民主的目标看成是要实现政治共同体共同的意志。共和主义民主模式的最大代表是卢梭。卢梭是一位容易被误解的人，这根源于他自己立场的含混不清和分歧矛盾。一方面他迷恋于古希腊的直接民主，另一方面又更倾向于将君主制、贵族政体和民主制的要素集于一体的古罗马共和主义的治理模式。一方面他是一位共和主义者，另一方面他也拥有着个体主义社会契约论的精神气质，其所论证的政治共同体的目的在于保障成员的自由。一方面他强调个体的德性，另一方面在回答国家如何使利益分歧的社会获得整合的问题时，他又承认不能指望德性，也不认为德性通过教育可以强化，而是要靠法律的形塑，他所重视的是宪法原则。

作为共和主义者，与强调国家的唯一目的在于维护个体的生命、自由和财产的洛克的自由主义不同，卢梭的着眼点和价值基准是公意（volonté générale）。所谓公意，并非是指个体或特殊利益的总和，而是整体的利益与意志，是共同的善。每个人都有各自的利益与意志，每种意志都追求各自的目标。为了避免意志的差异所导致的目标的混乱，就需要通过商议和表决的方式滤泄出共同的目标，这就是从多数决中产生的公意。“公意对于国家所有成员而言构成了对与错的准绳”，“公意总是对的，人民的声音即上帝的声音①”。在一种理想的民主中，公意还要沉淀固化为法律的形式，“法律是公意的有益的声音，它将人与人之间自然的平等在法中重构了起来②”。从这个意义上讲，“公意是政府的基本规则”，“对公意的运用即主权③”。

与在自由主义民主模式中国家是一种类似于市场社会的利益协调机制的情形不同，共和主义民主模式中的国家的功能要强大得多。由于公意构成了社会契约的本真性基础，国家不仅是一个达到某一目标的政治共同体，而且还是一种道德共同体。公益不仅体现为法律，而且也代表了一种共同的价值取向，一种共同利益的意识，一种团结友爱的伦理精神。

这种共同的伦理精神应为所有的公民平等分享。在卢梭的观念中，公民无论是在道德上还是在财产上都应是均质的，因此政府官员的理想化的选拔模式是抓阄，抓阄使每个人都有平等的机会参与政府管理。公民分享共同的伦理精神的一大好处在于，个体道德质量的提高构成了对宪法秩序的一种补充。“道德对于集体的巨大意义就在于，它不仅像实在法那样确定了外在的行为，而且从个体的内部塑造了其态度。道德打下的印记更为深刻因而从（立法者的）公共秩序的视角来看更加可靠。道德所起的作用是：公民在其非政治的生活中习惯于非自私自利地行动，于是其后来的必要的守法就变得更为容易”④。

---

①② Wilhelm Blum, Michael Rupp, Manfred Gawlina: Politische Philosophen, Muenchen 1995, S. 166.

③ Wilhelm Blum, Michael Rupp, Manfred Gawlina: Politische Philosophen, Muenchen 1995, S. 162.

④ Michael Becker, Johannes Schmidt, Reinhard Zintl: Politische Philosophie, Paderborn 2006, S. 287.

对共同体精神的强调，对公民道德意识的期待，自然会导致卢梭共和主义民主模式对公民的政治参与权利和政治参与活动的重视。与自由主义主张代议制民主不同，共和主义坚持直接的民主参与。在卢梭看来，人民主权是一种不可分割、不容分裂的权利，而代议制则意味着人民的主权被分割到被选举出的民意代表的层面上了。代议制极大地降低了民众对共同体的归属感和关联感，严重地削弱了公民之间的社会联系，也剥夺了人们的选择自由。民众只有在选举议员时才是自由的，而在非选举时期其自由丧失殆尽从而导致了自我矮化。因此，共和主义的民主模式必然表现为公民积极直接的、广泛和整体性的参与活动。在共和主义看来，“国家存在的理由首要地并不在于对平等的主观权利的保护，而在于对一种广泛的意见与意志之塑造过程的保障，在此过程中自由与平等的公民就哪些目标和规范属于所有的人的共同利益这一点达成协议。这样一来对共和主义的国家公民的要求就多于仅仅以自身利益为导向①”。基于一种对公意的认同和强烈的归属感，公民致力于将国家事务视为自己的事情，其对共同体的参与活动并不类似于市场中的选择行为，而是一种以共同意志的塑造和维护共同利益的协议的达成为目标的对公共讨论和公开商议的积极认真的投入。民主就体现在这样一种公民能动的集体性的自我决定的政治实践。与自由主义强调个体消极性的主观权利不同，共和主义主张积极性的参与权利，也就是说自由并非是为了让个体与共同体相区隔，而是要让个体参与共同体：“按照共和主义的理解，公民的地位并非取决于像私人那样的公民所享有的这种消极性权利的模式。国民权利，首要的是指政治参与和交往权利，更是一种积极性权利。这种权利所保障的并非是免于外在强制的自由，而是对一种共同实践的参与，通过这一共同实践的运用公民能够使自己成为他们所愿意成为的一种自由与平等者的共同体中在政治上负责任的主体②”。

由此可见，共和主义的优点非常明显：“共和主义民主鲜明地包含着自由主义民主所缺乏的东西：团结③”。共和主义主张不能像自由主义那样仅仅停留在

---

① Juergen Habermas: Die Einbeziehung des Anderen, Frankfurt a. M. 1996, S. 280.

② Juergen Habermas: Die Einbeziehung des Anderen, Frankfurt a. M. 1996, S. 279.

③ Henning Ottmann: Liberale, republikanische, deliberative Demokratie, in: Synthesis Philosophia, 42 (2/2006), S. 318.

对个体权利的坚守上，而是应有团结意识、善待他人、共同理想、社会正义。但共和主义的这种优点却是以其自身的过于理想化的特征为代价的。一个国家要想成为一种卢梭式的道德共同体，是需以一系列的先决条件为前提的：比较小的疆土（这样民众才有可能直接参与国家事务的管理）、具有同等数量的财产和相同的民族渊源、文化背景以及均质的以共同体福祉为导向的德性的国民（这样民众才不会因奢侈物的占有而堕落品质，并且因意识形态的相同性而在商谈中达到伦理上的自我理解）、强烈的爱国主义精神。这些因素的存在对于像卢梭的出生地日内瓦或像意大利海上孤城威尼斯这样的小城镇来说或许还可以想象，但对于大多数复杂而又多元的社会体而言却是完全不现实的。所以共和主义民主模式的这种过于浓烈和厚重的道德要求，自然就受到了人们的质疑与批评。特别是作为卢梭式共和主义核心概念的“公意”能否真的存在，连卢梭自己也充满疑虑。人们会说，在一个宏大的多元化的现代民主社会，集体行为绝非是像交响乐团或足球队里的成员那样的合作活动，而不过是一种个体意向与行为的纯统计学意义上的总和。公意不过是幻想，充其量是多数人的意向。在现代民主中，民众很难拥有足够的理性来表达和阐发一种纯粹意义上的集体意志。

过于理想化，还不是卢梭式共和主义民主模式最严重的问题。在卢梭的思想中还存在着一种明显的极权主义的倾向，体现了一种意识形态的强制。在个体与国家、自由与公意之间的关系问题上，卢梭的天平是明显倒向后者的：每位个体都应放弃自私的目标追求，通过改造而以道德的存在取代身体的存在，从而成为心向国家的新人。而自由则在于对公意的遵从。“谁要是拒绝听从公意，则就要……迫使他全盘接受之。这也就是说，人们必须制约他的自由。①”这就不难理解法国大革命中的暴政与卢梭思想的联系，“人们可以也必须将卢梭描绘为极权国家的先导②”。由此可见，共和主义民主模式作为一种精神努力是不成功的，作为一种整体性的客观存在是不现实的，它所倡导的团结的价值诉求只有在另一种民主模式中才有实现的可能，这就是所谓审议民主出现的逻辑必然性。

---

① Zitiert bei Jean - Jacques Rousseau, vgl. Wilhelm Blum, Michael Rupp, Manfred Gawlina: Politische Philosophen, Muenchen 1995, S. 162.

② Wilhelm Blum, Michael Rupp, Manfred Gawlina: Politische Philosophen, Muenchen 1995, S. 162.

第三节　以借助法律来融合自由和团结两要素为价值导向的审议民主

综上所述，自由主义民主模式的价值导向是个体的自由权利，其弱点在于难以提振共同体的团结意识。而共同体的团结意识恰恰是共和主义民主模式的价值取向，但共和主义民主不仅缺乏使自己的价值目标得以实现的有效途径，而且还易于倒向对个体权利的否定与压制这样一种极端，从而也就走向民主的反面立场上去了。审议民主模式的任务，就在于汲取和融合前两种模式各自的优点，在坚持个体自由权利原则的基础上来实现社会共同体团结的理想。

1. 何为审议民主

审议民主（deliberative democracy /deliberative Demokratie）中的“deliberative”一词，既有“审虑”，亦有“商议”之义。审议民主之概念 1980 年在美国学者贝西特（Joseph M. Bessette）那里得到使用，通过罗尔斯、哈贝马斯而获得盛行。其本质特征在于把民主同公共商讨联系在一起。其实，将民主与商谈联系在一起这一点并不新奇，其历史同民主概念本身一样长久。古希腊人发现了民主，恰恰是因为他们把政治理解为是一种在民众集会中针对利益与正义问题的相互交谈从而共同行动的形式。当然当代（特别是哈贝马斯的）审议民主并非是古希腊商讨民主的简单复兴，而是将自由主义与共和主义价值取向及基本原则融为一体，既坚持个体人权又主张人民主权，既强调多元的利益协调也重视共同的善的所谓第三种民主模式。在哈贝马斯看来，共和主义的失误在于太强的道德规范性的色彩，把公民仅仅视为是一种以统一目标为导向的、为整体而献身的集体性的行为者；自由主义的失误在于太弱的道德规范性的色彩，把公民仅仅理解为是一种盲目的、依市场规则行事的、以逐利为导向的原子式的行为者；而哈贝马斯的审议民主则将公民看成是一种商议与决断的程序民主的参与者或在自由论证过程中实现的交往理性的践行者。“这一民主的程序建立起一种在谈判、自我理解商谈和公正性商谈之间的内在关联，并且使这样一种假设得到论证，即在这些条件下可以得出理性的、公正的结果。[①]”“商谈理论使民主程序与规范标记之间的联系强于自由主义模式，但弱于共和主义模式。它包容了两方面的要素并且以一种新的方式使它们整合在一起。同共和主义一样，它将政治的意见和意志的塑造过程置于中心地带，但又并没有把法治国家的宪法看成是某种第二位的东西，而是把法治国家的基本权利和原则理解为是对如何能够使民主程序的不易满足的交往前提机制化这一问题的坚定回答。商谈理论并不使商谈政治的实践依赖于一种具有集体行为能力的公民，而是依赖于相应程序的机制化。[②]”

2. 审议民主与法律

审议民主把民主看成是一种体现在商谈程序中的实践活动。它不仅重视这一审议的具体过程，而且更重视这一审议的最终结果（因为审议过程不是目的），正是这一结果，才有可能达到审议民主自身的价值目标，即在坚持个体自由权利原则的基础上来实现社会共同体团结的理想。而这商议过程的终极结果，就是作为具有多元利益诉求的人们对政治的目标与价值所达成的协议的法律。审议民主“这一民主概念有别于卢梭的民主概念，在于重新与立法联系在一起，也就是说并不限定在政府形式上[③]”。就此而言，“在哈贝马斯那里遇到的国家已被化归为法律共同体。在此也再次呈现出，这种民主模式离共和主义有多远。尽管也谈到伦理—政治和道德的商谈，但哈贝马斯式的国家所倒向的更是康德的法治国家而非是一种共和主义的德性国家。所有的商谈都要汇入为法律[④]”。

为什么在审议民主模式这里，社会团结的道德要求一定要以法律的形态来实现呢？这恰恰就是因为审议民主在致力于弘扬团结的道德意识之时，秉持的前提是对个体自由权利原则的恪守，而捍卫个体自由权利的价值诉求对于伦理学而言具有奠基性的意义。

自由选择这一价值诉求的反面就是强制。“恶行与犯罪不在于别的，恰恰

---

① Juergen Habermas：Die Einbeziehung des Anderen，Frankfurt a. M. 1996，S. 285 –286.

② Juergen Habermas：Die Einbeziehung des Anderen，Frankfurt a. M. 1996，S. 287.

③ Michael Becker，Johannes Schmidt，Reinhard Zintl：Politische Philosophie，Paderborn 2006，S. 289.

④ Henning Ottmann：Liberale，republikanische，deliberative Demokratie，in：Synthesis Philosophia，42（2/2006），S. 320.

在于对这种根本性的针对人的身心的强制、暴力或欺骗的使用。[①]" 即便是像团结这样的善行的要求，也不能强制，"假如某个人被迫从事一种道德要求的行为，则尽管借此受益者的福祉得到增进，但被迫者的意志却受到阻碍。而受益者的福祉是无法抵偿被迫者的伤害的[②]"。"一种民主的程序，如果真的是民主的话，必须总是排除掉对强制的使用或威胁。[③]" 康德虽然非常期待德性法则的价值，但也明确否定以强制执行的方式；在他看来，试图强制地达到某种道德目的，恰恰走向了伦理道德的反面："但可悲的立法者，他想强制推行一种以伦理目的为指归的宪法！因为这样一来他不仅恰恰会造成伦理目的的反面，而且也会葬送其政治目的并且使之成为没谱儿的东西[④]"。

这当然并不意味着一个社会不应存在任何强制，不应对自由做出任何限制，而只是说自由本身是无需论证的，对自由的限制才是需要论证的。换言之，任何必要、合理的强制也是需要得到论证的。而在现代社会，能够得到论证与辩护的合理强制就是法律。

为什么法律是合理的，能够得到论证和辩护呢？因为人的自由选择的价值诉求会受到外在各种强制的无端损害，在此情况下国家就需要设置法律，以便运用其强制性力量来阻止这些有害的外在强制。法律作为一种"禁止损害他人意志之律令这样的可强制的义务"，可以有效"保障每个人按照自身意志运用其能力的自由，只要他也让别人拥有同样的自由[⑤]"。一句话，法律以强制的方式来保障人的自由选择的权利，以强制的方式来阻止对当事人施加的无理的外在强制。"法律……是对这样一种强制的不可疏忽的无条件禁止的集中体

---

① Ulrich Steinvorth：Normative Grundlagen der Demokratie，in：Kurt Bayertz（Hg.）：Politik und Ethik，Stuttgart 1996，S. 143.

② Ulrich Steinvorth：Normative Grundlagen der Demokratie，in：Kurt Bayertz（Hg.）：Politik und Ethik，Stuttgart 1996，S. 147.

③ Ulrich Steinvorth：Normative Grundlagen der Demokratie，in：Kurt Bayertz（Hg.）：Politik und Ethik，Stuttgart 1996，S. 146.

④ Zitiert bei I. Kant，vgl. Ingeborg Maus：Zum Verhaeltnis von Recht und Moral，in：Kurt Bayertz（Hg.）：Politik und Ethik，Stuttgart 1996，S. 218.

⑤ Ulrich Steinvorth：Normative Grundlagen der Demokratie，in：Kurt Bayertz（Hg.）：Politik und Ethik，Stuttgart 1996，S. 147.

现，或者对于每个人的自由的捍卫、对人所拥有的其自身及其能力的保障。[①]”而法律的这一保护的功能，由于合乎所有当事人的利益而逻辑上能够赢得社会民众的普遍认同。

总之，合理的强制体现为法律。法律的主旨是禁止强制他人自由，禁止对他人的施害。一般而言，法律都是以禁令形态呈现的，很少有鼓励性的内容。原因在于像团结这样的鼓励性内容并非能够得到广泛的认同从而获得普遍的约束力。就此而言，团结属于作为非强制性义务的道德规范，其区别于作为强制性义务的法律规范这一点，构成了近代自由主义观念立场的一大特色。“增进福利的义务和规范，不论是增进个体还是全体的福利，在近代哲学看来，特别是按照休谟、康德和叔本华的清晰表述，必须与守法的义务和规范严格区分开来。只有后者才是不可疏忽和无条件的，而前者则是值得称赞的和相对基于行为者的良心与能力。按照这种道德理解只有法律义务才是强制性的，而其他的义务，‘德性义务’，则是以内心认同为前提。[②]”法律义务的监督者是拥有强制力的国家，换言之，国家的任务是执法或监督法律规范的践行，这种任务无法延伸到推行像团结、仁爱（紧急施援除外）这样的道德规范，因为团结这样的道德规范属于非强制性义务，故“如果谁都不可以强迫人们履行这些义务，则国家也不允许。也就是说某种超出执法范围之外的对某种福利的增进，从合法性上讲并非是国家的任务。即执法是唯一合法的国家任务[③]”。“如果推进一种在执法之外的福利这一点也属于国家的目标，则国家便直接或间接地强制了每个公民。[④]”但是话又说回来了，如果团结这种道德规范得不到国家的推动，则就会像没有强制性的保障自由就失去了任何存在意义那样，成为可有可无的东西。

---

① Ulrich Steinvorth：Normative Grundlagen der Demokratie，in：Kurt Bayertz（Hg.）：Politik und Ethik，Stuttgart 1996，S. 143.

② Ulrich Steinvorth：Normative Grundlagen der Demokratie，in：Kurt Bayertz（Hg.）：Politik und Ethik，Stuttgart 1996，S. 144 – 145.

③ Ulrich Steinvorth：Normative Grundlagen der Demokratie，in：Kurt Bayertz（Hg.）：Politik und Ethik，Stuttgart 1996，S. 145.

④ Ulrich Steinvorth：Normative Grundlagen der Demokratie，in：Kurt Bayertz（Hg.）：Politik und Ethik，Stuttgart 1996，S. 144.

3. 团结与法律

那么，如何能够在不违背自由原则的前提下，使团结成为真正有效力的东西？由于唯有法律才具有国家强制推行的巨大力量，故团结的道德价值要想得到真正的实现，就必须沉淀在法律之中。换言之，团结这一道德规范必须上升为具有强制推行力的法律规范而获得国家的护佑。一句话，团结要想得到实现，就不能依靠提高社会的道德预期，而是要靠提高法律的道德质量。

现在问题的关键就在于团结能否凝聚成为一种法律要求，从一个并非大家都能认同的东西转变成为人们能够普遍认同的价值。而所有这一切又都取决于立法程序的状态。审议民主与自由主义民主的差异之一在于，后者基于代议制的基本精神将立法权完全交给了被选出的民意代表，民主就体现在原初性的选举上，这种民主是消极性的，它只是赋予了立法机构和政府权力的合法性，却难以阻止被选出的民意代表及行政管理演变成为一种技术官僚的威权主义统治，从而呈现哈贝马斯所说的晚期资本主义的合法性危机，也就是自由主义民主的合法性危机。而审议民主则试图克服自由主义民主模式中的消极性及其可能的异化性，把民主同立法程序直接对接了起来：审议民主所要求的是，法律获得合法性的前提在于作为民意代表的议员以及社会广大公众都能参与的商议。“就此而言‘民主’与立法，与理性理由的交流过程密切相系。[①]”“立法工作在相当程度上应凝聚在以理解为目标的主体间的商议中。[②]”当立法程序与一个广阔的民意表达和交流的平台衔接在一起的时候，团结这一道德要求，或者至少是含有团结因子的某些价值诉求，便会赢得上升为法律规范的极大的可能性。

由此可见，审议民主是一种以立法为目标、以广大公众参与的商议为途径的程序民主。它把立法程序看成是每个人都平等参与的旨在法律规范之塑造的这样一种实践过程，法律效力的规范性基础取决于广博的社会交往共同体的意志表达。而人民主权就体现在这种公共的商谈之中，体现在公共的意见和意志的形成过程之中，体现在这种商谈对于法律的塑造之中。“民主的意见与意志的塑造过程的程序和交往前提的功能在于，为一个与法律相系的政治和管理的

---

① Michael Becker, Johannes Schmidt, Reinhard Zintl: Politische Philosophie, Paderborn 2006, S. 259.

② Michael Becker, Johannes Schmidt, Reinhard Zintl: Politische Philosophie, Paderborn 2006, S. 289.

决断的商谈性理性化，提供最重要的闸门。①" 由于民众的广泛参与，审议民主表现为一种极端的民主，一种在场的直接民主，它使公民的参与权的需求通过介于私人领域与国家层面之间的公民社会中奠定在自由、平等和理性之基础上的公开商谈活动，而赢得了最高程度的满足。

作为自由主义民主与共和主义民主的融合与统一，审议民主试图同时实现前两种民主模式的双重的道德诉求。一方面，审议民主是通过全民参与的广泛的立法程序得以贯彻实施的，每个人都可以以平等的身份、理性包容的态度及多元的立场参与的、在广博的公共商议过程中实现的这一立法程序本身，就体现了自由主义所重视的对所有公民自由选择权利的尊重。而积极的、直接的政治参与权利恰恰也正是共和主义所倡导的。另一方面，作为建构共识的立法程序之目标的法律规范的最终设置，又使得为共和主义所强调的团结的价值在法律的形态中得到沉淀和固化，把一种原本的道德呼吁凝聚为一种具有强制约束力的法律要求，成为一种有效的社会整合性力量。

4. 审议民主模式内部的差异：罗尔斯与哈贝马斯

值得指出的是，在审议民主模式内部，对于立法程序的理解这一问题在罗尔斯与哈贝马斯之间也存在着区别。罗尔斯把以立法为目标的公共审议，限定在像法庭、议会这样现存的机构范围之内，同时还特别强调在公共审议中对公共理性的运用。所谓公共理性，是指公共领域中处理解决政治问题时的一种公共标准，其本质就在于作为重叠共识的正义概念，这就包括自由平等及公民的共同分享等基本原则。作为重叠的共识，公共理性关乎到宪法、社会基本结构和公共福利等重大问题。值得注意的是，公共理性是大家都能够分享的立场与观念。当然，这并不意味着私人的非共识性的观点就不可以公开表达。原因就在于，社会公众是基于各自不同的学说和出于各种不同的视角，来分享公共理性和对宪法所规定的秩序予以支持的，而当遇到像基因技术、堕胎或安乐死这样的在宪法上缺乏明确解答的问题之时，人们自然就会要求依据自己所主张的学说予以回应。与此同时，即便是援引公共理性，民众在这些具体而又困难的

---

① Juergen Habermas：Die Einbeziehung des Anderen，Frankfurt a. M. 1996，S. 290.

问题上，也会做出完全不同的解释、运用和权重①。

与罗尔斯不同，哈贝马斯把以立法为目标的公共审议并未限定在像议会党团、代表机构这样机制化的商议形式范围之内，而是认定它应该同时也实现于一种更为广博开放的、“非正式的政治公共领域的网络之中②”。“商谈理论所指望的是有关理解过程的更高程度的主体间性。③”哈贝马斯对于公共理性和非公共理性予以了同等的重视。“在政治现实中审议民主的辩论既承载着公共理性，亦承载着非公共理性。它们共同创造了一种能动的过程，这一过程把公民超过选举时间的限制而带进一种持续的自我获得信息与自我审思之中。在这里起作用的有四项因素：利益、观念、估量和价值。④”哈贝马斯将审议民主置于一个更为宏大的交往过程的场景之中，这对于把社会共同体的团结的道德诉求整合进法律的努力，无疑具有非常关键性的意义。现代民主选举制度在彰显尊重民众自主意志这一正面价值的同时，也暴露了其诸如对时空上遥远的同类的冷暖缺乏敏感、对长远的自然或社会威胁反应迟钝、难以具备一种长期性整体性的解决问题的能力、公众观念易于为不法宣传煽动所操纵等顽疾。而当审议民主体现为一个广阔的公共领域中民众的理性运用、观念交锋和意志塑造的交往过程的话，则这一立法程序就可以转化成为一种宏大的传感机制：由于各种观念从不同角落里涌现，其中的闪光点就有机会得到感知、识别和呼应，其影响力就有可能赢得施展。当立法被置于一种扩大了的民意基础之上的时候，人们就不仅有更多的机会对既往法律的合理性做出追溯性的监控和反馈，而且还可以以更高的道德标准和要求为未来的法律做出前瞻性的谋划和安排，从而使原本不太现实的道德方案成为富有竞争力的社会共识。总之，审议民主的舞台基础越是博大，道德的敏感度就越容易在法律的塑造过程中赢得强化，而法律的道德质量也就越容易在这一民主的立法程序中获得保障和提升。

当然，立法是一种共识的形塑过程。在共识问题上，哈贝马斯与罗尔斯之间也存在着不同的看法。哈贝马斯将真正的共识，理解为商谈参与者坚信和秉

---

① Michael Becker, Johannes Schmidt, Reinhard Zintl: Politische Philosophie, Paderborn 2006, S. 302.

② Juergen Habermas: Die Einbeziehung des Anderen, Frankfurt a. M. 1996, S. 292.

③ Juergen Habermas: Die Einbeziehung des Anderen, Frankfurt a. M. 1996, S. 288.

④ Otfried Hoeffe: Ist die Demokratie zukunftsfaehig? Muenchen 2009, S. 296.

持的基于相同理由所达成的认知或洞见，故无法应用多数决规则和妥协的要求。而罗尔斯的共识则是一种重叠的共识，“所有各方都认同一种作为建议的规范性内容，而同时又是坚守自己的立场，并且是基于各自道德的、伦理的或宗教信念的判断来确定这种内容的可接受性的[①]”。罗尔斯的重叠共识具体而言是指正义概念：“当政治自由主义谈到整全学说的一种重叠共识之时，是指所有这些学说，不论是否是宗教的，都支持一种政治上的正义概念，这一概念使得一种合乎宪法的民主社会得以保障[②]”。由此可见，罗尔斯的共识理论似乎更少理想化的色彩而更具现实性。在涉及一些特定价值冲突的复杂的道德问题上，是不可能指望每位当事人基于相同信念的真心认同的。公共领域的商谈过程既可能导致大家的意见一致，也可能出现众人各持己见、分歧最终也不可消弭的结局。于是起决定作用的最后因素，就不可能是什么更有竞争力的论据，而是多数决。在现代民主生活中，共识来自于多数决是一种常态。“民主无法逃脱多数决，在决断中很少有广泛的共识。[③]”“民主共识实际上绝非是一种真正的共识，因为在所有的情况下这种共识都实现于绝对多数。[④]”多数决作为一种使社会受益的决策工具，构成了共同体行为能力得以施展的前提条件。它虽绝非是使共同体中每个人的意志得以呈现的手段，但其应用却至少是“意味着对一种普遍的共识之理想的靠近[⑤]”。

多数决规则一旦在某种场合得到运用，便意味着此时一种全体认同的理想化的共识已成为不可能。对于被多数决否定了的少数派而言，便陷入到一种两难，这就是沃尔海姆（Richard Wollheim）所谓“民主的悖论”：“假如有相互不容的政治观念 A 和非 A，人们必须按多数决规则进行选择。这样属于少数派的每个人就都陷于一种两难境地：因为他一方面必须认同多数人的意志，另一

① Boris Raehme：Konsens，in：Marcus Duewell/Christoph Huebenthall/Micha H. Werner（Hg.）：Handbuch Ethik，Stuttgart 2006，S. 421.

② Zitiert bei John Rawls，vgl. Michael Becker，Johannes Schmidt，Reinhard Zintl：Politische Philosophie，Paderborn 2006，S. 300.

③ Andreas Niederberger：Freiheit und Recht，zur philosophischen Bedeutung der Demokratie，in：Philosophisches Jahrbuch，118. Jahrgang/ I（2011），S. 34 –35.

④ Werner Becker：Die Ueberlegenheit der Demokratie，in：Kurt Bayertz（Hg.）：Politik und Ethik，Stuttgart 1996，S. 52.

⑤ Christoph Horn：Einfuehrung in die politische Philosophie，Darmstadt 2009，S. 78.

方面又要坚守其自身的信念。这样他就既要认同 A 又要认同非 A[①]”。但是，如果我们从行为与精神两个层面来分析的话，这个矛盾还是可以得到破解的。从行为规则的角度看，少数人必须服从多数人的意见。这就意味着谁都得守法。几乎任何一项立法都是在多数决规则的运用下实现的。法律是多数人的意志而不是每个人的意志。法律一经形成便对不认同该法律的少数人形成了一种强制。这种强制是合理的，其正当性来源于立法程序中对多数人自主意志的尊重。接受法律的制约，意味着人的行为自由是有限的，在行动上必须服从法律中体现的禁害或团结的价值诉求。但就精神意志的层面而言，少数人仍可以坚守自己的信念，甚至争取让自己的意见成为多数人的共识。换言之，谁都可以在内心里永远拒斥和否定任何一部法律，其精神自由、意志自主是无限的。罗尔斯指出，像美国联邦最高法院这样“基于宪法做出的商议和决断并非一定是一致的。处于少数派的那些法官们针对多数人的判定而主张一种‘偏离的’观点，且其论证也是周详的。有时这些少数派的包含着对宪法权利问题的另类解答的表决，甚至可能引发一种社会观念的变迁。……在政治问题上无法获得共识，并不意味着争论的时间不够长，而是也可以在于，人们可以按照理性方式秉持不同的见解[②]”。行为上服从法律的约束，但同时精神上却也坚守自己的意志，这就从另一个层面实现了个体自由与社会团结的关联与统一。

第四节　总结与余论

本章探讨了民主是否是一个道德范畴这一当今国际伦理学界的一个争论性话题。论者指出，作为一种国家形式，也是一种社会生活方式，民主在近现代社会的竞争力源于其价值规范性基础，换言之，现代法治国家的民主制度与理念具有强烈的道德意蕴。就此而言，民主是一个道德范畴。按照目前颇为盛行的民主类型的三分法，论者进一步提出，如果说自由主义民主所突显的道德价

---

① Christoph Horn：Einfuehrung in die politische Philosophie，Darmstadt 2009，S. 77.

② Michael Becker，Johannes Schmidt，Reinhard Zintl：Politische Philosophie，Paderborn 2006，S. 302－303.

值是个体的自由权利，共和主义民主所强调的是共同体的团结，则就可以说，审议民主所主张的是在维护个体自由选择权利的前提下，努力以法律的形式来实现团结的价值诉求。

总之，民主是一个道德范畴。以前不曾被认可为道德概念的历史并不意味着它现在和将来也没有这种机会，正如“妥协”这个概念的类似境遇一样。

审议民主，在今天看来是民主中的道德内涵得以表达的最理想的模式。因为它融合了自由主义民主与共和主义民主模式的精髓，同时也呈现出了自身的特色。审议民主模式中所表现出的道德意蕴具有三项特点：

第一，基础性。审议民主模式是在法治与民主的结合的架构下运作的，因而它就能够充分呈现出自由主义民主所倡导的对每位公民最基本的自由权利的尊重与保障这一价值诉求。

第二，法律性。审议民主体现在作为立法程序的公民广泛参与的商议过程之中，商议本身不是目的，而是最终要结出法律之果，而法律则承载着共和主义民主所推展的包括社会团结在内的道德要求。

第三，程序性。公民参与立法程序的过程本身，也是其政治参与权利和自主意志表达的实现的过程。商谈的民主程序本身就是对公民自由选择权利予以高度尊重的体现。

当然，审议民主中的道德表达更多是体现为一种自由意志间的综合与协调，而不是传统意义上的单质的共同意识。过去的人民主权已经消融在一种机制化的程序之中，这样“就不可能说‘我们’。……这就不再可能有一种与自己的共同体的认同性[①]”。固化在法律中的团结的道德究竟有怎样的厚度和韧性，完全取决于多数决的结果。道德真理的概念更多是被道德共识的概念所取代。民主不能为“更高水平的道德”的出现提供担保，但人类也不能因此而以“道德的要求”作为论据来取代民主从而走向专制，正像法国大革命时期雅各宾派的恐怖专政是以道德为理由那样。民主既有鲜明的正面的道德价值，也有无法摆脱的不确定性。这或许恰恰正是民主给人类所规定的某种宿命。

---

① Henning Ottmann: Liberale, republikanische, deliberative Demokratie, in: Synthesis Philosophia, 42 (2/2006), S. 320.

第十四章
从正义到国际正义

正义（公正）问题属于两千多年以来实践哲学中的一个核心问题，也是当代政治哲学、政治伦理学规范性讨论中的一个重大话题。正义本身是一个内涵丰富、论证复杂、应用广泛的哲学伦理学概念。概而论之，有人把正义定义为以“得所应得”为导向的道德应对（如柏拉图），也有人把正义大体上阐释为平等分配的基本原则（如罗尔斯）。正义也可以从行为品质和秩序规范这两个层面得到审视。按照一种主观性、个体性的理解，正义是一种作用于人与人之间关系的行为选择和道德的生活态度。按照一种客观性、机制性的政治社会的理解，正义属于人类共同生活中用于建构一种恰适得当的社会秩序的基本规范和原则。

第一节　“正义”辨析

1. 罗尔斯的程序正义与实质正义

尽管正义作为调节人们共同生活的一种基本着眼点，是一个历史悠久的哲学范畴，但使正义在哲学、伦理学中的价值得到空前的凸显并引发前所未有热烈讨论的，则是罗尔斯的宏篇巨著《正义论》。同把正义理解为个人品质德性的柏拉图不同，罗尔斯视正义为国家政治结构层面上的一种制度安排：“对于我们而言正义的第一对象是社会的基本结构，更准确地说，最重要的社会机构如何分配基本权利与义务以及社会协作的成果①”。在他看来，正义概念要服务于对现代民主福利国家的辩护。罗尔斯所代表的当代正义观的特点在于，将

① John Rawls：Eine Theorie der Gerechtigkeit，Frankfurt a. M. 1993，S. 23.

正义看成是社会机制的首要德性："正义是社会机构的第一德性，就像真理是思想体系中的第一德性那样[①]"。罗尔斯认为，理论再漂亮或再简约，如果不真，则就难逃受到驳斥或得到改变的命运。同理，法律或机制，无论再有效或再优越，如果不公正，则也必须受到修正或干脆被放弃。

罗尔斯的正义论是在同功利主义的抗争中诞生起来的。在功利主义看来，正义就在于最大多数人益处、福利或功效的最大化。正义的标准并非是以个体，也并非是以所有的人，而是以大多数为价值依归。于是，为了达到最大多数人的最大福祉的目的，某位个体或少数人做出牺牲也是合理的。而罗尔斯则认定这种牺牲在伦理上是得不到辩护的，它恰恰违反了公正的原则。在罗尔斯看来，正义并非是与功利在大多数身上是否最大化相关，而是与个体的主观权利相关，与作为主观权利诉求的集中体现的个体对基本益品的拥有状态相关。属于基本益品的有：基本的自由、机会、能力与责任，收入以及自尊的社会基础。一种正义的社会应公正地分配这些基本益品。

罗尔斯是以程序正义为基点，来构建其著名的实质正义两项原则的。在他看来，正义首先必须是程序上的，程序的正义性体现在寻求和建构涉及社会生活共同秩序的基本规则的当事人，必须是在一种不偏不倚的立场上从事这一活动的。为此，罗尔斯在思想实验中虚构了一种所谓原初状态，所有拥有理性的自由个体在原初状态下处于无知之幕的背后，在不知自己现实的社会处境的前提下对社会秩序的基本规则做出选择。这种无知之幕体现了公正性，它使每位当事人必然会在一种不偏不倚的立场上进行抉择，即他的考量必然涵盖到所有社会成员的利益，从而获得所有当事者的认同。从这个意义上讲，罗尔斯把正义理解为公平，依此，"并非相互施加统治的自由的个体，参加到一种共同的活动并且相互在对这一活动予以解释和对收益与负担的各自分配的规则上达成一致并予以认可[②]"。总之，无知之幕的存在决定了理性个体选择的不偏不倚，即体现了程序的公正性。"对一种社会秩序基本规则的共识只有在下述条件下才能达成，即这些规则不偏不倚地顾及到所有个体的私人利益和目标，换言之，这些规则是立足于正义的原则。在罗尔斯看来这些原则的作用就在于，对

---

① John Rawls: Eine Theorie der Gerechtigkeit, Frankfurt a. M. 1993, S. 19.

② John Rawls: Gerechtigkeit als Fairness, Freiburg/Muenchen 1977, S. 57.

社会成员的基本权利与义务以及对社会合作的成果及负担得以公正分配的标准予以确定。[①]”

从这种不偏不倚的程序正义中，罗尔斯再推出实质正义的两项原则。这两项原则从本质上看都体现为平等的价值诉求。罗尔斯的作为公平的正义实际上是一种平等主义。

第一项原则调节政治宪法的形态，它的实质就在于为每一位个体规定了严格平等的基本权利，并要求为个体的发展提供最大程度的活动空间。正如哈斯忒特（Heiner Hastedt）所言，“第一项原则涉及到对基本自由的人权保障，正如其在自由主义政治理论中所规定的那样。这里包括像言论、集会自由这样的政治自由；良心和思想自由，个人财产权利；免于任意监禁的自由，防止刑讯逼供[②]”。罗尔斯赋予第一项正义原则所体现的权利平等以极高的意义，认定任何一位个体之平等的基本自由，都不允许因更高的普遍福利或更大的经济效率而受到损害和限制，这便与功利主义的正义观严格划清了界线。

第二项原则调节最重要的社会与经济机制的形态。该原则规定社会与经济的不平等，只有在最少受惠者获得最大可能益处的前提下才是允许的。从表面上看它在为不平等做辩护，也就是允许分配上的不公平。在罗尔斯看来，只要社会分工存在，就应认可分配差异。如果不允许分配差异，如果永远按严格的平均分配的原则行事，则所有的人，尤其是社会劣势地位者就有可能因可分配的益品的枯竭而陷入更坏的境地。可见，罗尔斯虽然认可分配差异，但前提是社会劣势地位者从中获得最大的好处。于是，一个罗尔斯表面上承认的分配差异的原则，实质上所体现的仍然是一种追求平等的心理（弱势者要向强势者靠齐），具有着明显的平等主义的倾向。正因为此，有人认为差异原则不必理解为是正义原则，而是平等原则。米勒（David Miller）就说：“差异原则可以基于‘人道’的理由，即基于更好地满足每个人需求的理由得到论证，而非是基于正义或公平的理由。[③]” 如果说，第一项原则所体现的实为权利平等，

① Michael Becker/ Johannes Schmidt/ Reinhard Zintl：Politische Philosophie，Paderborn 2006，S. 233.

② Vgl. Gerhard Schweppenhaeuser：Grundbegriffe der Ethik zur Einfuehrung，Hamburg 2003，S. 140.

③ Vgl. Andreas Wildt：Gleichheit，Gerechtigkeit und Optimierung fuer jeden，in：Kurt Bayertz (Hg.)：Politik und Ethik，Stuttgart 1996，S. 256.

则就可以说第二项原则实为分配平等（益品与机会的分配）。只是权利平等（平等自由的原则）优于分配平等（差异原则和机会平等原则），而机会平等原则又优先于差异原则，三者处于所谓词典式次序排列。

2. 平等主义的正义观

如上所述，罗尔斯正义论中的两项基本原则简单而言可归结为权利平等与分配平等。这说明在罗尔斯这里，正义与平等之间存在着一种十分密切的关联。由此，人们常常把罗尔斯同德沃金（Ronald Dworkin）、阿马蒂亚·森（Amartya Sen）、柯恩（G. A. Cohen）、内格尔、阿内逊（R. J. Arneson）等一起均归结为所谓的平等主义者或平等派。

平等主义的特征有两个：第一，平等被视为一种自在的道德价值。它是道德上的自我目的，"平等拥有'一种内在的价值'，'本身是好的'[①]"。平等无须论证，而不平等则需要论证。在同等的情况下每个人都应得到同等对待，反过来讲，任何一种不平等的对待都是不公正的。第二，在正义与平等之间存在着一种概念性的密切关联。对于二十世纪的许多哲学家而言，社会正义往往被理解为分配正义。而分配正义又等同于追求平等。似乎社会正义的目标就在于消除不平等，而正义就在于"平等"的建立："如果人们应平等对待，则就应当在资源或福利或福利的机会，或能力或其他什么事物上达到平等。将分配正义等同于平等分配[②]"。总而言之，"平等是正义的集中体现[③]"。"平等是社会正义的最高规范[④]"。平等是正义的试金石，构成了正义是否实现的尺度。

如上所述，在平等主义者看来，平等本身具有内在价值，正义从本质上讲就可以理解为是平等。那么，具体而言，平等与正义之间内在的概念式的联系究竟是怎样建立起来并得到论证的呢？平等主义者认定，平等本身具有道德价值，故无需论证。不平等才需要说明和论证。什么情况下不平等是允许的呢？

---

① Franziska Martinsen：Verteilung ueber Grenzen? Gerechtigkeit und Kosmopolitismus，Frankfurt a. M. 1993，S. 103.

②③ Franziska Martinsen：Verteilung ueber Grenzen? Gerechtigkeit und Kosmopolitismus，Frankfurt a. M. 1993，S. 102.

④ Andreas Wildt：Gleichheit，Gerechtigkeit und Optimierung fuer jeden，in：Kurt Bayertz（Hg.）：Politik und Ethik，Stuttgart 1996，S. 249.

个人自负其责的行为后果导致的不平等对待或不平等分配，是可以理解、甚至是可以得到辩护的。除此之外，一切其他非个人主观因素，如基因组合、自然禀赋、性别差异、肤色不同、家庭出身、父母地位、家族遗产、教育程度等自然和社会基本配置上的差异所造成的不平等对待或不平等分配，则都是不公正的，是需要受到消除或至少是需要弱化的。因为上述自然因素或社会因素对于当事人而言都意味着一种偶然性，不是其自主决定的结果，故也并非其之所应得。而所谓正义就在于通过一种对最重要的社会机制的恰适的改造，来对这种由偶然的自然及社会因素造成的不平等的后果进行干预："故正义的目标就在于避免、消除且至少是抵偿造成人与人之间不平等的不该承受的弱点……①"。因而"平等主义的'对不该承受的厄运的补偿'构成平等主义正义概念的中心②"。内格尔也说："那些拥有高收入、基本教育、遗产、良好关系、家庭纽带或者拥有一种显贵职业的人，使得那些没有同等依靠的其他社会成员变成了其奴仆，或者在许多文化圈里还会受到这些社会成员恭敬的对待。人们几乎难以忽视在消除这一固化了的状态时所遭遇到的困难，但这并不是不去憎恶这一状态的理由。③"

总之，平等主义者均把正义理解为平等，理解为对不平等的消除或缩小。平等派之间的差异，仅仅在于应当得到平等分配的对象究竟是什么。罗尔斯专注于人与人之间社会益品的平等分配，在识别劣势地位者时，衡量的标准仅仅在于其收入与财产状态的好坏。然而其他平等主义者则认为，只考虑物质财富上的平等是有局限性的。"那些从收入与财产的角度来衡量，其社会地位并不坏的人，从比如花费巨大的医病等其他因素的角度来看，则有可能比那些拥有较少收入和财产的人处于更不利的地位。④"故阿马蒂亚·森批评罗尔斯只关注物质财富平等分配的做法。他认为，一个人是否在社会中处于劣势地位，不仅取决于当事人所拥有的可支配的财富，而且也取决于其身体状态及社会环境。阿马蒂亚·森并不强调人们应在物质财富上实现平等，而是主张人应在其

---

①② Franziska Martinsen: Verteilung ueber Grenzen? Gerechtigkeit und Kosmopolitismus, Frankfurt a. M. 1993, S. 104.

③ Thomas Nagel: Egalitarismus, in: ders.: Gleichheit und Pateilichkeit, Paderborn 1994, S. 93.

④ Nadia Mazouz: Gerechtigkeit, in: Marcus Duewell, Christoph Huebenthal und Micha H. Werner (Hg.): Handbuch Ethik, 2. Auflage, Stuttgart 2006, S. 374.

有意义的活动能力（如践行自身规划的能力）上实现平等。与罗尔斯将平等与分配结果关联在一起不同，G. A. 柯恩、内格尔理解的平等体现在分配的起始条件上，即他们强调的是每个人获得福利或好处的机会的平等。而德沃金则更重视资源上的平等。

3. 自由主义和非平等主义对平等主义正义观的批评

然而，平等主义的正义观受到了分别来自自由主义的诺齐克和非平等主义阵营的猛烈抨击。诺齐克站在古典契约论的立场上，基于一种最小限度的国家的概念，认定国家的功能在于保障公民的一些基本权利和私有财产，保护个体不受暴力、盗窃、欺骗的侵犯并维护已签订的契约的执行。在诺齐克看来，财富分配是否公正，取决于获取方式。"谁要是合乎公正获取的基本原则获得一项财产，便有权占有之。……谁要是合乎公正转让的基本原则从某个有权拥有者手里获得一项财产，便有权占有之。……所有以正当方式从正当关系中产生出的东西，本身都是正当的。[1]"总之，正义（公正）体现在对自然财富的原始占有所应遵循的正义规则以及对财富的公正的交换，而所有对别人应有财富再分配的措施，所有导致一种平均结果的财产税的措施，都是对人的针对自己财富进行决断这一基本权利的严重侵犯，因而是不公正的。

非平等主义阵营（如 Harry Frankfurt，Avishai Margalit，瓦尔策）对平等派的两个指标性的观点都做出了反驳。第一，平等并无无限的、初始的价值，"平等并不具备道德意义[2]"。第二，就平等与正义之间的关系而言，尽管平等在正义观念中起着一个重要的作用，但决不应将正义与平等等同起来，也不应给予之以一种优先的地位。平等只是正义中的一种属性，而非其全部，"平等并非是正义的唯一的内容[3]"。

为什么非平等派并不认同平等本身具有内在价值、并非是正义诉求的集中

---

① Robert Nozick：Anarchie，Staat，Utopia，Muenchen 1976，S. 144.

② Harry Frankfurt：Gleichheit und Achtung，in：Deutsche Zeitschrift fuer Philosophie，47（1999）1，S. 4f.

③ Franziska Martinsen：Verteilung ueber Grenzen? Gerechtigkeit und Kosmopolitismus，Frankfurt a. M. 1993，S. 102.

体现呢？因为在他们看来，“平等首先是一种人与人之间关系的形式上的特征[①]”，这种形式上的特征只体现为一种量的规定性，而非是一种质的规定性。从量的意义上，平等本身只是一种“相较性、相比性”的标准，它不重视每个人的质的状况，而仅看重当事人与其他人相比怎样。“分配正义，按照平等派的理解，本质上包含着……比较性的因素。也就是说，对人的生活前景的评价是基于观察他人的生活状态，亦即以比较的方式来进行的。[②]”于是，平等既可以通过向上，也可以通过向下齐平而达成。这样，按照平等派的立场，一种所有的人均一无所有的状态，也会比少数人的拥有大于其他人的状态要好或要正义一些。但是，一无所有的平等就如同极端专制统治内人人在受压迫上均毫无差异一样，是没有任何价值的。法兰克福（Harry Frankfurt）说得好：“罪恶并不在于低值生活偶然地处于一种与他人的不平等的状态。许多人过上一种劣质生活的罪恶，并不在于其他人过着一种更好的生活。罪恶就在于明明白白的事实，即坏的生活是坏的。[③]”

法兰克福在这里触及到了非平等派的一个重要理念，即正义的实质并不在于平等所体现出来的一种量的规定性，而是在于一种非比较性的质的规定性。这一质的规定性从内涵上看呈现出一种绝对的标准或尺度，如人的尊严、人的自由等。“这种绝对标准以人的生活层面为导向，这种层面对于一种自我决定的、自立的生活而言是建构性的。[④]”也就是说，正义是一项绝对的要求与标准，它标志着当事人拥有足够量的资源过上一种自主的、合乎人的尊严（包括能够维持社会联系、发展个人兴趣）的生活。正义作为一项绝对的标准，并不要求通过强制性再分配的方法来消除绝对的贫富差异，而是要求让所有的人都能够拥有一种最基本的做人的权利。正义并不要求等量，而是要求最基本需求得以保障意义上的客观自在的足量。“足量这一概念……似乎导致了这样

---

①② Franziska Martinsen：Verteilung ueber Grenzen? Gerechtigkeit und Kosmopolitismus，Frankfurt a. M. 1993，S. 117.

③ Harry Frankfurt：Gleichheit und Achtung，in：Deutsche Zeitschrift fuer Philosophie，47（1999）1，S. 4f.

④ Franziska Martinsen：Verteilung ueber Grenzen? Gerechtigkeit und Kosmopolitismus，Frankfurt a. M. 1993，S. 139.

一种设定，即足量标准在一种正义理论之中可以取代平等标准。[①]”

因此，正义作为一项绝对标准并不是比较性的，许多人过着一种不好的生活这样一种恶，并不是因为其他人过着一种更好的生活，而是因为不好的生活本身不好。“对人的尊严的侵害根本就是无法与他人的情况相比较的，而它本身就是恶的。由于每个人的尊严都归因于其作为人之存在，并且是每位个体作为个体而拥有的，所以无需与他人相比较。[②]”“人的生活前景应基于他能否过上一种合乎人的尊严的生活来判断，而不是基于他是否过着一种同他人一样的生活。[③]”

正义作为一项客观自在的绝对标准，本身不仅没有程度差异，不可在人与人之间做比较，而且其覆盖范围是普遍性的、全包性的，它是一项普世性的标准，适应于地球上所有的人类存在，不论其种族、性别、国家、文化、宗教的区别如何，也不论其能力、贡献、素质的高下。从人人享有做人的价值与权利、人人拥有做人的不容侵害的尊严及其所需的物质生活条件的角度来说，人是平等的，需作为同等的具有个体认同性与完整性的道德主体来看待（所谓道德平等）；“我们共同的基础是一种特定的伦理或道德，并且是由康德（1724～1804）点到的同等尊重的普遍和平等的道德。与之相适应，每个人从一种不偏不倚的基点来看都应认可为是平等和自主的个体。人们拥有一种受到平等重视和平等尊重之对待的道德权利。……每个人的本质性的利益须得到平等的重视与平等的顾及[④]”。但平等只是正义这项绝对标准之普遍覆盖性和全包性的一个副产品，它本身并不是论证的根据，不是一种自在的目标性的价值诉求，而是要依附于一种质的规定性，“其自身要借助于普遍的、绝对的人的尊严的价值得到论证[⑤]”。平等派的错误，在于将正义的普遍性与全包性这种

---

① Franziska Martinsen：Verteilung ueber Grenzen? Gerechtigkeit und Kosmopolitismus，Frankfurt a. M. 1993，S. 171.

② Franziska Martinsen：Verteilung ueber Grenzen? Gerechtigkeit und Kosmopolitismus，Frankfurt a. M. 1993，S. 127.

③ Franziska Martinsen：Verteilung ueber Grenzen? Gerechtigkeit und Kosmopolitismus，Frankfurt a. M. 1993，S. 117－118.

④ Stefan Gosepath：Grundzuege einer Theorie gleicher sozialer Gerechtigkeit，in：Franz Josef Wetz（Hg.）：Kolleg Praktische Philosophie，Bd. 4，Stuttgart 2008，S. 153.

⑤ Franziska Martinsen：Verteilung ueber Grenzen? Gerechtigkeit und Kosmopolitismus，Frankfurt a. M. 1993，S. 128.

属性与平等价值混淆了起来："在所谓平等的根基性这里涉及到普遍性与平等之间的混淆。任何一位当事人都不应排除在外，并非是下述同样一种要求，即当事人应视为平等。这里所涉及到的是，他们全部都应包含在顾及的范围之内。一种要求的普遍性的结果是包涵性，而并非一定是平等分配[①]"。平等派恰恰是从人应享有的道德平等对待中，推出了需求、地位和分配上严格的完全平等，并且是不惜以牺牲人的自由选择、消除人的特殊性与个体性为代价。其实，人的自然差异与社会差异所导致的角色区别是难以避免的，正义的社会只能保障每个人过上一种合乎人的尊严、其基本权益得以维护的生活，但无法维持一种在分配上绝对平等的状态。强制性的平等化必然会导致某种形式的不平等，从而侵犯了文明社会的核心价值。霍恩指出："我们既不盼望所有的儿童离开其父母在国营教养院里成长，也不鉴于一种生物技术的可能的进步而认定对人在特征上进行一种平等的基因设定是可期许的。对于我们而言，在中心领域不平等似乎比平等更有吸引力。[②]"

4. 作为一种形式上的价值取向的正义：免除任意、得所应得、不偏不倚

非平等派对平等主义将正义混同于平等的批评无疑是正确、恰适和有力的。但把正义理解为是一种具有质的规定性的绝对标准，却也会导致将正义与权利、尊严不加严格界定乃至混为一谈这样的问题。其实，鉴于平等是一种量的规定性而反对将正义等同于平等，并不必然会得出正义一定应与一种质的规定性相联系，因而体现为一种所谓的"足量"之绝对性标准这样的结论。正义作为一个重要的伦理概念，有其独特的意涵和所指。其本质在于，它不等同于平等，而更多地是体现着一种形式上的价值诉求与取向：免除任意、得所应得、不偏不倚。"正义的标准之所以变成了中心的伦理标准，是因为这一标准并不是从内容上而是从形式上得到理解的，并且它是唯一可以严格地、毫无例

① Franziska Martinsen: Verteilung ueber Grenzen? Gerechtigkeit und Kosmopolitismus, Frankfurt a. M. 1993, S. 122.

② Christoph Horn: Einfuehrung in die politische Philosophie, Darmstadt 2009, S. 98.

外地得到普遍化的标准。[1]" 施贝曼指出："正义是对一种人际关系中的基础性的对称的认可，并且是在涉及到短缺物品的分配的地方。这种对称并非在于所有的人的简单的平等，而是在于，不对称是需要得到论证的。[2]" 也就是说，不偏不倚是无需论证的，而论证的负担是在有偏有倚的行为这边。为什么要有偏向，为什么要有照顾或歧视，行为者必须做出合理的解释。在施贝曼看来，"正义并不是指，每个人都必须获得或贡献同等之物。而是说，用以分配负担与补偿的尺度无论如何呈现，都不能从一开始便以有利于某些人或某些人的群体的方式来设计，在应用该尺度之时，不得操纵或有利于或不利于某些人。……正义总是指：不偏不倚[3]"。

免除任意、得所应得、不偏不倚这样一种形式意义上的正义观，是符合人们的道德直觉和心理期待的。也是与古希腊亚里士多德正义观的原则立场相一致的。从某种意义上甚至可以这样讲，研究正义这一伦理范畴，还不如回到亚里士多德的思想上去，这样才有可能使我们获得一种更加准确和全面的理解。在亚氏那里，正义分为普遍的正义与特殊的正义。普遍的正义，意指所有德性与伦理行为的总体。特殊的正义，则意指一种特定的正义德性，其目的在于维持一种法律所要求的尺度。

也有人将亚氏的正义观分成三类，并认为这种分法直到今天仍然适用。

第一，合法正义。正义被理解为是合法或合乎规则，这是正义最一般意义上的用法。

第二，补偿正义。补偿正义适用于横向的人际交往关系。它被划分为两个层面。一方面是指人际间平等自愿的契约合作关系，如等值的物（商）品交换，故亦被称为交换正义。另一方面是指非自愿的关系，如对损失的等值的弥补与偿还，包括对违法违规行为的合宜的惩处，故亦被称为矫正正义。补偿正义作为一项原则对于所有的人都是同等适用的，在此个体的能力状态、地位差别均不起任何作用，故亦被称为是一种算术正义（按个头分配，绝对同等）。

---

① Gerhard Schweppenhaeuser：Grundbegriffe der Ethik zur Einfuehrung，Hamburg 2003，S. 133 – 134.

② Vgl. Gerhard Schweppenhaeuser：Grundbegriffe der Ethik zur Einfuehrung，Hamburg 2003，S. 132.

③ Vgl. Gerhard Schweppenhaeuser：Grundbegriffe der Ethik zur Einfuehrung，Hamburg 2003，S. 132 – 133.

第三，分配正义。分配正义适用于竖向的社会与个体的关系，呈示着社会按照某种特定规则向其成员分配任务、机会和公共财富。分配正义的标准是：同等者给予同等对待，不同者不同对待[①]。具体来说，在分配时，被分配者的需求、能力（贡献）、质量、成就等因素起着一种关键性的作用。比如，分配笛子时，需考虑的是当事人的吹笛能力而非其财富或品性。政治职位的分配则取决于当事者的素质。同理，今天我们会说，吸烟者、摩托车骑手、危险运动从事者应交更多的医疗保险。家庭负担沉重者不应与单身汉交纳相同数量的税。工资酬劳，应反映劳动者的贡献大小，等等。由于在这里，正义并非是依照人头来平均衡量，而是依照不同的需求、贡献、质量或能力大小的尺度，故亦被称为“比率正义”。值得指出的是，在亚氏看来分配正义仅仅是正义理念的一个层面，并不像罗尔斯所理解的那样是整个正义观的核心。分配正义是在近现代才成为政治哲学及伦理思想里的中心概念的。

由此可见，亚里士多德对正义的理解让人感到似乎更合乎正义概念的本义，因而即便是在今天仍然具有很强的现实意义。我们在后面将要阐述的国际正义的内容架构，基本上也是依照亚氏对正义的解释理路，或者说是围绕着亚氏正义概念的几个要素作为致思点来展开的。

除了亚氏正义理论值得我们重新重视之外，瓦尔策的“正义的领域”的学说在这里也值得做一介绍。瓦尔策在普遍的道德与特殊意义的分配正义之间做出了区分。普遍的道德是一种最低限度的人权道德，由自由人权和生命人权作为基本内容。这两种人权均优先于特殊的在分配上的要求，因而处于严格意义上的分配正义领域之外。“两种人权的普遍性论证了针对每个人的道德行为，即基于其人之存在；两种人权却无法陈述针对具体的分配问题的有内容的东西。[②]”

在瓦尔策看来，分配问题不同于普遍的道德问题。分配正义涉及到具体的益品，益品不仅是指有形的物质财富，而且也包括工作、权力、政治职位、认可、归属性、闲暇、教育和爱等。“每种人类社会都可以理解为是分配社会，

---

① Aristoteles：Nikomachische Ethik，1131a 23 – 25.

② Franziska Martinsen：Verteilung ueber Grenzen? Gerechtigkeit und Kosmopolitismus，Frankfurt a. M. 1993，S. 164.

该社会是依据其自身的、源于特殊的文化、社会和传统关联之规则行事的。[①]”因而不存在一种所谓唯一正确的、可以适用于任何社会的分配规则。社会的复杂性和领域的多重性，决定了分配规则的特殊性与具体性。关于分配原则，瓦尔策有如下几种说法：首先，基本的（形式的）正义原则：体现为“领域自主”，即“一位公民在某一领域的地位或者就某一益品而言不得由于其在另一领域的地位或者就另一益品而言而受到损害[②]”。其次，无条件的分配原则：作为绝对的分配原则涉及到对基本益品之享有的保障。再次，有条件的分配原则：指基本益品的保障之外的剩余领域里所适用的分配正义，体现为具体多样的分配原则，如自由交换、需求、贡献、能力、质量原则等。在剩余领域里呈现出一种复杂多样的分配结构，分配正义就体现在应“针对不同人群、基于不同理由、依照不同程序来分配不同的益品[③]”。也就是说，对于分配正义原则应允许有更多的开放性和差异性。

第二节　国际正义

1. 罗尔斯：国内正义与国际正义

同所有的道德范畴一样，正义作为伦理学中的一个核心概念，其适用范围是无限的，也就是说正义的有效性是普世性的，从理论上讲，这种有效性的适用范围可以从作为国家的某一具体的政治共同体延伸扩展到全球国际领域。这种普适价值观点的核心在于将个体作为道德考量的焦点，而整个世界被视为一个宏大的道德共同体。这就是所谓世界主义的立场，我们后面将做详述。

但是，也有人反对将正义看成是一个其有效适用范围可以超出国家界限并

---

① Franziska Martinsen: Verteilung ueber Grenzen? Gerechtigkeit und Kosmopolitismus, Frankfurt a. M. 1993, S. 165.

② Zitiert bei Michael Walzer , vgl. Franziska Martinsen: Verteilung ueber Grenzen? Gerechtigkeit und Kosmopolitismus, Frankfurt a. M. 1993, S. 166.

③ Zitiert bei Michael Walzer , vgl. Franziska Martinsen: Verteilung ueber Grenzen? Gerechtigkeit und Kosmopolitismus, Frankfurt a. M. 1993, S. 168.

延伸到国际领域的一个范畴。例如共同体主义就否定正义概念的普遍适用，认为这种观点仅立足于抽象的个体，而全然不顾每位个体的社会关联，也没有考虑到国家、文化的特殊性。而政治现实主义（如内格尔），则根本否认跨国领域里道德原则的有效适用性。在它看来，只有国家才构成一个在道德上有意义的统一体，道德原则只适用于国家内部。由于国界构成了一种规范秩序得以存在的前提条件，故正义只是在一种政治—法律共同体的范围里才有可能得到机制化，国家界限确定了正义原则的适用范围。而在国际领域，国家以自利为价值导向，以实力为话语权的后盾，且主权不可侵犯。在不可能建构起一种有关正义的跨国性的机制化的落实与监督系统的情况下，国际正义缺乏生存的土壤。当然，这并不意味着在跨国领域就完全没有道德的维度，而只是说在国际范围内只可能存在着一种人性道德的底线标准，它可以激发国际人道援助活动，但不能够触动全球性的制度结构朝向正义的目标的改变。

就此而言，在国际正义的问题上，罗尔斯秉持了一种与政治现实主义相类似的立场。他区分了国内正义与国际正义。在一个国家的范围内适用的是两个正义原则，这两项正义原则的实施又取决于政治机制的建构，而这种机制的建构又是与该国家特殊的文化与历史状态密切相关的。而在国际方面，国际正义并不关涉到财富分配上的平等，故不适用差异原则。国家的贫困是由于该国结构的机制性的缺陷造成的，而并不是因为富国通过暴力或不平等的商业条件抢占了该国的自然资源。因而国际正义致力于每个国家基本结构上的平等。富国在帮助穷国基本制度和政治秩序的建构上负有义务，但这种义务只是一种弱的帮助的义务。也就是说，国际正义仅体现为一种底线性的人道援助，而并不意味着分配层面上的重大改变。国内适用的正义原则不能直接延展到国际的范围，不同的秩序形态与机制结构导致不同的道德原则的运用。

在国际范围内，罗尔斯有关富国对穷国负有一种底线性的人道援助的义务，也就是一种弱的帮助的义务的观点，自然又引出了所谓两种义务的话题，即完全义务与不完全义务之间的区别。完全义务，亦被称为严格义务、强制义务、消极义务，指的是叔本华最高道德原则中两项原理里的第一项：伤害禁令。它所表达的是法律上强制执行的正义和法律规则的内容，具有划定行为界限的作用。完全义务是对消极权利的一种应答："因为只要义务是我们对于他人应完成的任务，则这些他人便针对我们享有权利。而只有消极权利就像与之相应的严格义务那样被视为法律上具有强制力的东西，…… 由于这样一种基于权利上的义务的关系，康德也称严格义务为法律义务[①]”。不完全义务，亦被称为可赞赏的义务、积极义务，指的是叔本华最高道德原则中两项原理里的第二项：援助律令。它所表达的是善意、仁爱或仁慈规则的内容，具有确定目标的作用。不完全义务虽然能使人们联想到积极权利，但“积极权利只是被视为道德上的要求。……康德称值得赞赏的义务为德性义务，因为相对于这种德性义务的是不具有司法强制性的权利，而只是一种‘自由的自我强制’[②]”。可见，康德认为，德性义务并没有具有强制性诉求的特定权利与之相对应。这种义务来自于个体的道德责任感。“在康德看来我们被呼唤相互行善，知道我们都是有限的和可伤害的生物。但在履行这种德性义务之时，就帮助谁、帮助什么这一点而言我们是自由的。[③]”叔本华也认为对援助律令的遵循是值得赞赏和可嘉的，但对其不遵循也不应受到惩罚。这也就说明了不完全义务之所以不完全：因为在对此义务的表述之时，人们弄不清楚一些关键性的要素：谁、何时、针对谁必须做什么和做多少？因而这种义务难以具有强制性。有关完全与不完全义务的区分直到十九世纪中叶仍然盛行于近代道德哲学理论界，之后才在功利主义的影响下逐渐失去了意义，因为功利主义衡量一种行为的价值尺度是看该行为能否带来幸福总量的增进，功利主义致力于为社会确立一种积极性的目标。

如上所述，义务有以伤害禁令为本质特征的完全义务和以援助律令为本质特征的不完全义务之分，从而造成了人们对两种义务的不同态度。比如极端自由主义者就基本上只承认完全义务：“首要的义务仅仅在于（消极性的）不作为之义务：按照自由派的理解原则上讲我们只有义务不去伤害他人……[④]”。极端自由主义者否认对于处在困境中的人施予援助的所谓不完全的义务：“一种自由派的道德理论不仅仅是主张，对援助的放弃在法律上是允许的，因而不

①② Ulrich Steinvorth：Globalisierung – Arm und Reich，in：Franz Josef Wetz（Hg.）：Kolleg Praktische Philosophie，Bd. 4，Stuttgart 2008，S. 176.

③ Barbara Bleisch / Peter Schaber（Hg.）：Weltarmut und Ethik，Paderborn 2007，Einleitung，S. 20.

④ Stephan Schlothfeldt：Individuelle oder Gemeinsame Verpflichtung? Paderborn 2009，S. 33.

应受到惩罚，而且也否认一种对处于困境者援助的道德义务的存在[1]”。“基于这一立场，积极性的义务只是从属性的，即是在我们损害了我们的首要性义务之时，也就是伤害了他人之时。在此情况下我们便有义务对由我们造成的损害进行补偿。[2]”

然而，极端自由主义的这种否认不完全义务的态度也受到了各方人士的批评。极端自由主义者无非是只履行完全义务，而拒绝履行不完全义务。如果把履行完全义务等同于不主动作恶，把不履行不完全义务在某种情况下等同于听任恶行的话，则我们固然可以说不主动作恶是对的，但显然不能说听任恶行也是对的。极端自由主义者的不主动作恶当然是对的，但听任恶行的态度在道德上就有问题了：听任恶行也是一种恶，充其量只能说听任恶行的态度仅次于主动作恶的态度。然而在某种特定的情况下，听任恶行甚至可以被视为等同于主动作恶。例如小孩落水，有被淹死的危险，作为旁观者的当事人不作为从而任凭孩子淹死与主动淹死孩子从结果上看没有本质性的区别。“依此我们必须把应给予的但又没有去施行的援助理解为是一种特殊形式的伤害：尽管我对于孩子的淹死不负责任，但我们也可以将拒绝援助理解为是认同孩子的死亡，因此不能理解为只是不作为，而是对他的死亡的积极的支持，因而是一种对孩子的不被杀死的消极权利的侵害。[3]”由于在特定情况下不履行不完全义务等同于听任恶行，而听任恶行在某些条件下其结果又无异于主动作恶，而主动作恶又是违背完全义务的，故在某种特定前提下不完全义务（援助律令）可以上升为具有强制执行力的完全义务（伤害禁令），即不帮助就等同于伤害，而援助（这里是指紧急救援）便上升为一种必须履行的强制性义务。当然，在这里并不是说要完全抹煞不完全义务与完全义务、援助（紧急救援）与不伤害之间的区别。某些不完全义务上升为完全义务必须满足两个前提：第一，需受援者由于灾难、疾病、饥荒而处于重大生死关头，拒绝施援无异于加速其死亡。换言之，听任死亡与促成死亡在结果上是一样的。第二，援助者无需付出巨大代价。也就是说，“通过承担援助义务产生的代价（某些自由或财产上的限制）

---

①② Stephan Schlothfeldt：Individuelle oder Gemeinsame Verpflichtung? Paderborn 2009，S. 33.

③ Ulrich Steinvorth：Globalisierung – Arm und Reich，in：Franz Josef Wetz（Hg.）：Kolleg Praktische Philosophie，Bd. 4，Stuttgart 2008，S. 178.

比起抗击威胁生命这样的罪恶所带来的好处，要低得多①”。罗尔斯也说，“一种对于他人非常好的行为，如果就行为者而言代价和风险都不是很大的话，便是一种自然义务②”。例如孩子落水，救起他就能保住其性命，代价仅仅在于弄脏援救者的衣裤。按照一些国家的现行刑法，在无需付出重大代价的前提下的拒绝援救无异于主动加害，故当事人必须承担相应的道德和法律责任。

如上所述，在需受援者处在生死关头且施救行为并不会让援救者承受巨大代价的情况下，某些不完全义务（体现为紧急救援的援助律令）可以上升为具有强制执行力的完全义务（伤害禁令）。但这仅适用于一个以国家为范围的法律共同体的内部，在国际范围内这种援助的法律化、强制化便失去了着力点。于是，像仁爱、行善、援助这样的不完全义务，在跨国的层面就只能停留在脆弱的、不完全的状态，其能否得到履行和履行到何种程度均取决于当事人的意愿及努力强度。所以就出现了辛格有关对地球上的贫困受难者，我们每一位个体均拥有一种援助义务的强烈呼吁：有能力帮助的每一位个体都应当援助，都必须援助。辛格的出发点是功利主义。功利主义认定一种行为只要是增进了世界上的幸福、减少了不幸，便是善好的。反之，“……谁尽管拥有财富但却不足够地行善，不捐献一种价值用以挽救十条人命，对于功利主义而言这种人在道德上的罪恶与杀害十条人命者是一样的③”。在辛格看来，每个人都拥有一种对世界上的受难者援助的强烈的道德义务，这种义务基于两种前提：一是“由食品匮乏、无家可归、缺医少药造成的痛苦与死亡是一种恶”。二是“如果我们有力量来阻止这种恶，又无须牺牲掉在道德上等值的重要的东西，则从道德上看，我们应当这样做④”。例证便是仅仅付出弄脏衣服的代价，却能营救落水儿童的性命。辛格甚至提出，个体应捐出其一大部分的金钱与财富，只要这种捐献给我和家人造成的损失不要超过我们通过捐献所要阻止的

① Stephan Schlothfeldt：Individuelle oder Gemeinsame Verpflichtung? Paderborn 2009，S. 34.

② Zitiert bei John Rawls，vgl. Ulrich Steinvorth：Globalisierung – Arm und Reich，in：Franz Josef Wetz（Hg.）：Kolleg Praktische Philosophie，Bd. 4，Stuttgart 2008，S. 178.

③ Ulrich Steinvorth：Globalisierung – Arm und Reich，in：Franz Josef Wetz（Hg.）：Kolleg Praktische Philosophie，Bd. 4，Stuttgart 2008，S. 177.

④ Peter Singer：Hunger，Wohlstand und Moral，in：Barbara Bleisch / Peter Schaber（Hg.）：Weltarmut und Ethik，Paderborn 2007，S. 39.

恶，在这样一种前提下的捐献便是一种道德义务。在功利主义增进最大幸福思想的主导下，辛格认为个体以阻止最严重的恶为目的的捐献的道德义务并不取决于受援者造成贫困的原因，也不取决于援助者与援助对象之间的远近关系（辛格诉诸道德判断时一般依据的是“不偏不倚”、“普遍性”和“平等”原则），我们作为个体的每个人只要履行自己对全世界受难者的道德义务就是了，因为这样才能推进整体福利的增长。

显然，辛格有关国际层面人道援助义务的呼吁是强烈的，但这种对个体直接的人道援助义务的呼吁的效果却是有限的。通常的道德直觉告诉我们，人道的考量并非与人际间关系的远近完全无关，比起世界上其他个体我们对自己的近亲或友人同胞当然会感受到更强的援助的义务。人道的考量也并非与需受援者陷入困境的原因完全无关，比起自作自受的受难者我们对那些因自然或社会的不可抗拒的原因造成的受难者会寄予更多的同情，从而也会激发更多的作为。人道的考量会触发每位个体通过直接援助的行动，来履行自己对世界上所有贫困者的一种全球性的道德义务；但是仅仅依靠个体直接的援助来解决全球性贫困问题，这无疑是一种不着边际的奢望。社会经验告诉我们，全球性贫困问题的解决不可能取决于个体自发性、偶发性的援助，而是要靠整体机制性的改善；换言之，并不取决于个体的人道，而是取决于机制上的正义。在这里，人道义务往往是与个体的自愿行为相关，而正义要求则更多是体现在机制化的制度结构之中。正义从落实者来看有别于人道：“人道义务可以首先看成是一种普遍的、人际间的伦理的事情……，而正义原则上却具有一种机制性的焦点。这就是说，正义总是诉诸于一种规范性和因此有约束力的秩序意义上的主管[①]”。“基于人道义务做出的行为的特征是点状的事务。…… 因而人道事务并不触及或只是很有限地触及国内或跨国的机制性结构的政治和法律基本秩序。……人道行为完全可以弥补秩序的缺失，它们填补空缺……并且在紧急情况下提供援助。但它们不会对国内或跨国秩序的原则性的结构化做出贡献。[②]”“与此相反，正义之义务目标在于一种对事物和关系状态进行原则性的调节。它关涉到持续的、不断的解决……。[③]” 总之，正义以机制为其价值诉求的实

①②③ Franziska Martinsen：Verteilung ueber Grenzen? Gerechtigkeit und Kosmopolitismus，Frankfurt a. M. 1993，S. 191.

现和落实对象，“正义之义务立足于政治和法律基本结构本身[1]”。

2. 世界主义的价值立场

如上所述，全球性的贫困问题不能靠全球性的人道援助的呼吁，而是要取决于全球性政治经济秩序和结构的正义化，换言之，不能指望全球人道，而是要诉诸全球正义。自二十世纪九十年代以来，全球正义（国际正义）构成了政治哲学中最流行的话语之一。其中，大部分理论家虽然认可人们拥有超越国界的普世性的道德权利要求，但基于政治现实，却也并不认同将一种依赖于机制性的社会结构的具体的正义原则，简单地扩展到国际范围中去。尽管如此，博格和拜茨（Charles Beitz）均批评了现实主义漠视国际层面的经济、技术、文化、法律日益交织的事实，不满于罗尔斯忽视国内秩序和因素与国际秩序和因素之间的交互作用，不遗余力地推进着有关国际层面的分配正义问题的热烈讨论。他们把全球的每一位个体均视为道德顾及的焦点，将整个世界看成是一种正义原则得以普遍适用的宏大的道德共同体，从而体现了所谓“世界主义”的价值立场。

世界主义（Cosmopolitism/Kosmopolitismus）不论是从名称还是从内容来看均起源于古希腊的斯多葛派，在该派这里最早出现了 Kosmopolit（世界公民）一词。世界主义概念是从近代才获得深入讨论的。按照霍布斯的观点，道德基本原则的有效性仅适用于一个政治共同体内部，因为正义概念与合乎法律性的观念是密切相关的。在国界之外，便是由自然状态所统治。在康德看来，要想将国界之外的自然状态转变成为文明状态，也就是法治状态，就必须建构起一种和平的国家联盟，并使之最终成为一个世界主义—共和主义的法律共同体，其中所有的人均服膺于一种自己订立的法律。除了康德的世界主义—共和主义联盟的思想之外，从十七世纪逐渐盛行的自然权利（即普遍人权）的观念，也为世界主义的当代理念奠立了基石。第二次世界大战之后，有关一种正义的世界秩序的研究开始零星出现。随着经济、政治的全球化的转变进程，一种超越国界的正义概念成为二十世纪最后三十年热烈讨论的对象，从而为当代世界

---

① Franziska Martinsen: Verteilung ueber Grenzen? Gerechtigkeit und Kosmopolitismus, Frankfurt a. M. 1993, S. 192.

主义理念的丰富与成熟提供了充足的养料。

根据克莱格尔德（Pauline Kleigeld）的研究[①]，从思想史的角度来看，世界主义大体上说表现为如下几种类型：第一，道德（伦理）世界主义，代表人物是德国诗人维兰德（Christoph Martin Wieland，1733～1813）。他把整个宇宙看成是一个国家，在此国家中所有的人类均是这唯一大家庭中的国民，这个国家消除了文化与政治上的偏见，从而能够在普遍的自然法则的统摄下推进整体的完满，同时每位个体也能够以自身独特的方式致力于自己的幸福。这是一种伦理道德意义上的世界国家的理念，并无机制性的结构与政治组织方式作为基础。“然而这样一种先是道德理论上得以理解的世界主义的理念至少是指向着一种对政治义务的伦理要求。消除世界上道德的以及社会的弊端是一种政治事务，它超越了边界，这一事务最终不只是靠个体（即行为者间），而是靠机制来实现的。因此一种‘纯粹’道德的和一种政治的世界主义之间的划界是不恰当的，因为在这种世界主义的阐释中道德完完全全为政治义务预先确定了指南。[②]”第二，国际从正义到国际正义联邦世界主义，代表人物是撰写了《论永久和平》（1795）的康德。康德并不诉诸个体及其对他人的伦理态度，而是致力于一种可能的、由和平的国家自主缔结的国家联盟的理念。在此联盟之上不再有更高的机构，国际法庭是联邦主义的一种体现。第三，法律世界主义，代表人物是费希特。法律世界主义有关世界公民法的理念与人权观念具有密切的联系。世界公民法不同于国际法，后者仅涉及国家间的相互作用，而不顾及到国家与个体之间的关系。法律世界主义试图建构一种世界范围的实证的法律结构，来克服单个国家主权的局限，“世界主义法的核心在于，国家与作为他国的国民个体，可以建立起一种直接的相互关系[③]”。第四，文化世界主义，代表人物是德国自然探索家福斯特尔（Georg Forster）。文化世界主义并不认为人类是一个伦理共同体，而是强调人们在文化上的差异性以及作为整体的

---

① Vgl. Franziska Martinsen：Verteilung ueber Grenzen? Gerechtigkeit und Kosmopolitismus，Frankfurt a. M. 1993，S. 200.

② Franziska Martinsen：Verteilung ueber Grenzen? Gerechtigkeit und Kosmopolitismus，Frankfurt a. M. 1993，S. 200－201.

③ Franziska Martinsen：Verteilung ueber Grenzen? Gerechtigkeit und Kosmopolitismus，Frankfurt a. M. 1993，S. 204.

人类的多元性，而文化差异本身具有内在的价值。“所有人类文化都有同等的价值，因为所有的人都拥有同等的本质性的自然禀赋：理性、情感、想象力，这些要素也是在与外在环境的依赖性中发展起来的。[①]”第五，十八世纪的市场世界主义。它致力于在经济层面建构起一种超越国界的全球性的自由市场，目的在于推进全球富裕的实现和国际和平的保障。第六，浪漫主义的世界主义，代表人物为施勒格尔（Friedrich Schlegel）。作为当今反全球化运动的价值先导，早在十八世纪末叶浪漫主义的世界主义便抗击着理性主义以及理性权利和原则的统治，要求克服资本主义工具理性的专制，返回到中世纪的所谓黄金时代，建构起一种合乎人性理念的心灵共同体，该世界主义体现为一种浪漫主义的乌托邦。

3. 道德—正义理念世界主义

二十世纪末与二十一世纪初出现的当代世界主义类型，被称为道德—正义理念世界主义。代表人物是博格、拜茨和柯亨。它从一种以正义为核心的普遍道德为出发点，对于人类而言该道德是“基于其‘共同的人性’——其平等的尊严和平等的价值，而适用于所有人类[②]”。道德—正义理念世界主义道德考量的核心是个体，这样一种对个体的考量是全包性的，即所有的人，不论族群、性别、地域归属如何，不论其处于世界上的哪个角落，其尊严、需求和利益都应得到尊重与顾及。博格指出：“任何一个人都拥有最终的道德重要性的地位”，“每一位人类个体都拥有一种作为道德考量的终极单位的全球性地位[③]”。在道德—正义理念世界主义的视野里，人们通常意识中原本处于中心位置的民族、阶级、主义、宗教、国家等都退居到边缘上去了。“并非是人的群体或把人联合在一起的组织形式（如一个国家或另外的文化或政治联盟），

---

① Vgl. Franziska Martinsen：Verteilung ueber Grenzen? Gerechtigkeit und Kosmopolitismus，Frankfurt a. M. 1993，S. 204.

② Zitiert bei G. A. Cohen，vgl. Franziska Martinsen：Verteilung ueber Grenzen? Gerechtigkeit und Kosmopolitismus，Frankfurt a. M. 1993，S. 211.

③ Zitiert bei Thomas Pogge，vgl. Franziska Martinsen：Verteilung ueber Grenzen? Gerechtigkeit und Kosmopolitismus，Frankfurt a. M. 1993，S. 195.

而是个体的人处于道德利益的中心。[①]”“个体对于政治机构拥有道德理论上的优先性。[②]”强调个体主义原则当然不是道德—正义理念世界主义的独创，因为“所有的世界主义类型都包含着个体主义的维度，这一维度赋予了个体主义以优先性的道德地位。……并非国家、民族或其他人类共同体应得到终极的道德关切，而是个体[③]”。基于个体对于共同体的优先地位，一般而言，世界主义坚信国家范围之外的人际间存在着直接的道德关系，同时也期望于建构起一种国际间有约束力的法律秩序，它能够使国家权力与个体权利和谐地整合在一起。

使道德—正义理念世界主义有别于历史上道德（伦理）世界主义传统的，是它对于个体权利（人权）的强调。在道德—正义理念世界主义看来，世界上的每一位个体都是人类道德共同体中的一员，道德原则是普世性的，道德原则的普世性在这里是指人权的普世性。“这一道德的世界主义的中心理念意味着，世界上的每个人都要理解为一普遍的道德共同体的一部分，因此应理解为独立于其国家、民族、文化、宗教、社会归属的普遍道德权利（和义务）的载体。[④]”“所有的人都属于人类道德共同体这一看法，具有下述意涵：所有的人都处于一种（相互的）道德联系之中，借此人们对于所有他人……至少是抽象意义上的，拥有相互的道德权利和义务。[⑤]”道德—正义理念世界主义同时指出，道德人权不仅独立于国家机构而存在，且国家机构只有在尊重道德人权的前提下才是合法的，它必须建构法律人权来服务于已经存在着的道德人权的实现。然而提出权利清单是一回事，在国际层面谁来承担履行这些权利的义务又是另一回事。人权分消极性权利和积极性权利。就消极性权利而言，问题

---

① Franziska Martinsen：Verteilung ueber Grenzen? Gerechtigkeit und Kosmopolitismus，Frankfurt a. M. 1993，S. 211.

② Franziska Martinsen：Verteilung ueber Grenzen? Gerechtigkeit und Kosmopolitismus，Frankfurt a. M. 1993，S. 187.

③ Franziska Martinsen：Verteilung ueber Grenzen? Gerechtigkeit und Kosmopolitismus，Frankfurt a. M. 1993，S. 197.

④ Franziska Martinsen：Verteilung ueber Grenzen? Gerechtigkeit und Kosmopolitismus，Frankfurt a. M. 1993，S. 195 – 196.

⑤ Franziska Martinsen：Verteilung ueber Grenzen? Gerechtigkeit und Kosmopolitismus，Frankfurt a. M. 1993，S. 218.

并不复杂，每个人、每个组织、每个国家都拥有履行不伤害他人消极性权利的消极性义务：“每个人都有义务，满足每个人不受伤害的权利①”。然而，就积极性权利而言，情况就复杂得多。尽管谁都知道极端贫困是对人的经济、社会权利的一种严重侵犯，因而穷人拥有得到援助的权利，像亨利·舒（Henry Shue）、德沃金也认为，富裕者有义务帮助贫困者抗击贫困灾难，从而满足其积极性的权利；但在国际层面这种与积极性权利相对应的积极性义务是否应得到履行这一问题上，支持的声音似乎很小。其实，至少是到目前为止，人类还是生活在两种形式的世界之中：一种是理想性的世界共同体，另一种是现实性的地方共同体。我们面前的世界，是由一种人类道德共同体之理念和一种因政治、社会及文化的差异性所分割的现实交织在一起的。正是人类道德理念的整体性使得我们不可能否认对全球人类的普遍义务感，正是我们所在的生活世界（历史、文化、社会）的独特性又使得我们不可能不对自己的同胞与近邻拥有一种更加强烈的关联意识。而“严格的世界主义代表着一种纯粹的普遍主义的立场，该立场完全不考虑特殊的层面。这就意味着，对同胞的义务相对于对所有的人的义务要么是被置于至少是同等的地位，要么……甚至于被放在后面。但这样一种变体与一种普遍分享的直觉相冲突，即我们对我们的近邻……的义务感完全会强于对外人的义务感②”。

因而，比较能够令人接受的是一种弱化的道德--正义理念世界主义。它一方面坚守个体主义这一核心原则，认定民族、文化和国家归属仅具有次级的、派生性的意义；另一方面又不完全漠视个体独特的历史、政治及社会关联，相信可以将整体性的世界与地域性的世界、理想性的共同体与现实性的共同体有机地调和在一起：“一种特定的（缓和的）世界主义的形式完全可以批判性地审视国家主权的概念，而又不全然放弃。③”这就导致了博格对积极性权利与积极性义务的比较务实的理解。作为道德—正义理念世界主义的当代代表，博格当然并不否认人的相对于消极性权利的消极性义务以及相对于积极性权利的

---

① Barbara Bleisch / Peter Schaber（Hg.）：Weltarmut und Ethik，Paderborn 2007，Einleitung，S. 23.

② Franziska Martinsen：Verteilung ueber Grenzen? Gerechtigkeit und Kosmopolitismus，Frankfurt a. M. 1993，S. 225.

③ Franziska Martinsen：Verteilung ueber Grenzen? Gerechtigkeit und Kosmopolitismus，Frankfurt a. M. 1993，S. 239.

积极性义务。但也承认在国际层面，直接呼吁人们跨国界地履行“为消除贫困而援助”这一积极性的义务必然会遭到许多人的否定。博格指出，“但这里所否定的并非是一种特定类型的权利，而是一种特定类型的义务：积极性义务。谁要是否认，其他国家里非常贫困的人拥有一种奠定在人权基础上的对经济援助的要求，则一般也会否认其奠定在人权基础上的对在免遭种族屠杀、蓄奴、刑讯逼供、暴政或宗教迫害方面寻求帮助与保护的要求。但这一观点的代表既不否认这样的人权也不否认一种特定类型的人权。他们所要否定的更多是奠定在人权基础上得以论证的积极性的义务以及任何一种有关人权是相应的普遍积极性义务的根源的理解①”。博格为了使自己的世界主义的观点赢得广泛的认同，提出了一种有关人权的窄化的理解，即人权引发的仅仅是消极性的义务。但同时他也并不否认奠立在人权基础上得以论证的积极性的义务，只是他并不诉诸于这种积极性的义务。

4. 道德—正义理念世界主义的正义观

如上所述，道德—正义理念世界主义将普遍道德从根本上说理解为普世人权，而世界主义的普世人权观又直接影响到了世界主义的正义观。道德—正义理念世界主义的正义观分为两个层面：一个是所谓基座领域，适用于绝对的正义标准。另一个是所谓剩余领域，适用于多样的正义标准②。故道德—正义理念世界主义的正义观，被称为复合的正义观。“这恰恰正是一种包含了带有不同分配原则的各种各样的正义领域的复合理解的正义概念的强项，即它能够满足多样化的现实的多样性的需求。③”这让我们想到瓦尔策有关应根据“社会领域”来确定社会财富的分配的原则。比如在政治领域应应用严格的平等作为标准。而在家庭则以需求为指归，在经济领域，以贡献作为准则④。

---

① Thomas Pogge: Anerkannt und doch verletzt durch internationales Recht: Die Menschenrechte der Armen, in: Barbara Bleisch / Peter Schaber (Hg.): Weltarmut und Ethik, Paderborn 2007, S. 99.

② Vgl. Franziska Martinsen: Verteilung ueber Grenzen? Gerechtigkeit und Kosmopolitismus, Frankfurt a. M. 1993, S. 140.

③ Franziska Martinsen: Verteilung ueber Grenzen? Gerechtigkeit und Kosmopolitismus, Frankfurt a. M. 1993, S. 305.

④ Vgl. Michael Walzer: Sphaeren der Gerechtigkeit: Eine Plaedoyer fuer Pluralitaet und Gleichheit, Frankfurt a. M. 1992.

我们先看基座领域：绝对的正义标准。尽管博格的人权观在国际层面的运用无法做到完全彻底（即只承认积极性权利，而无法指望积极性义务），但人权概念对于道德—正义理念世界主义正义观的塑造却起着一种非同小可的决定性作用，因为人权构成了在基座领域适用的绝对正义标准得以论证的价值基础。所谓基座领域，涉及到作为个体的人过一种合乎人之尊严的生活的基本层面或基本要素。“合乎人的尊严的生活的特征首先在于每个人基于其人之存在而在食物、住房、安全、医疗上的基本供给、个体的人际联系、社会归属、个体性和自主性的获取上……得到保障。①”可见，基座领域其实就是人权适用的领域，是人的最基本的需求必须得以满足的领域。在基座领域适用绝对正义标准，所谓正义标准的“绝对性”就体现在，首先，从内容上看这一正义标准并不是一种关系性的标准，亦即并不在于根据与他人的关系得到认定，而是对一种有尊严的人的生活这一内在价值的体现。绝对的正义标准触及到每位个体的基本需求的满足，因而其本身即是一种具有实质性内容的标准。其次，从形式上看，这一正义标准必须绝对得以保障，没有讨价还价的余地。“这些绝对标准虽然可能因地区和文化的差异而有所不同，但在其本质性的普遍有效方面却是不可含糊的。②”“基座领域蕴含着的标准是不可讨价还价的（除非是与文化相涉的具体化）。它们是全球正义的终极性的底线要求③”，是一种最低限度的正义标准。在道德—正义理念世界主义看来，合乎人的尊严的生活构成了一种全球正义的理论起点。再次，从涵盖范围来看，这一正义标准没有任何例外地适用于世界上所有的人，不论其种族、性别、国家、宗教或文化的归属。“在这种全包性意义上世界上所有的人都有获得过合乎人的尊严的生活的基本组成要素。④”

应当指出，道德—正义理念世界主义有关基座领域适用绝对正义标准的观点，一方面给人以一种强烈的启示，另一方面也给人以一种明显的暗示。所谓

①② Franziska Martinsen: Verteilung ueber Grenzen? Gerechtigkeit und Kosmopolitismus, Frankfurt a. M. 1993, S. 287.

③ Franziska Martinsen: Verteilung ueber Grenzen? Gerechtigkeit und Kosmopolitismus, Frankfurt a. M. 1993, S. 286.

④ Franziska Martinsen: Verteilung ueber Grenzen? Gerechtigkeit und Kosmopolitismus, Frankfurt a. M. 1993, S. 299.

启示就在于，正义并不必然导致平等分配。正义并不必然意味着平等主义所主张的平等。因为正义的绝对性来自于人权的普世性，人权表达了对所有的人的一种普遍的尊重，体现了人格尊严平等的需求，提出了应向每一个人提供合乎人之尊严的生活底线条件的要求，但这种平等只是普遍性、全包性意义上的，而不是社会财富的平等分配的意义上的。所谓绝对正义标准的“绝对”在这里是“最低限度”意义上的，而不是“平均”意义上的。虽然“人权表达了对所有的人的一种普遍的尊重，但人权并不预定有关分配正义的内容性原则。平等的尊重以及平等的道德尊严还说明不了应按照何种具体的正义原则来分配[①]”。所谓暗示就在于，道德—正义理念世界主义的正义观的第一个层面涉及到所谓的基座领域，在这一领域适用的是绝对的正义标准。这一层面的内容表述是清晰的，论证逻辑是严密有力的。但总是让人无法摆脱一种不适之感，即在这一层面严格说来占主导地位的核心话题与其说是正义，倒不如说是权利（人权）。道德—正义理念世界主义有关绝对正义标准的论说，似乎暗示着它有将正义话题与权利话题混为一谈之嫌。尽管权利（人权）具有普遍适用、人人应得的特点，从“应得”角度来看“人权”与“正义”是相通的，但从概念界定的层面来看，所谓“绝对正义标准”所涉及到的所有的内容似乎更应化归到有关权利（人权）的探讨，而并非是严格的正义概念的研究对象，因为正义从本质上讲，仅仅表征着一种形式上的伦理标准。

只是在基座领域之外的所谓剩余领域，道德—正义理念世界主义的正义观才体现出正义这一概念的本真含义。按照道德—正义理念世界主义，在剩余领域起主导作用的是所谓多样的正义标准。多样的正义标准适用于不同领域中的不同人群。在剩余领域适用的所谓多样的正义标准大体上分为两大类，一是分配正义，即依据当事人的需求、贡献（多劳多得）、质量（能者多得）、成就（贡献与质量均可归为成就）等因素来分配社会益品。另一个是补偿正义，体现为平等交换原则和肇事者原则，后者是指当事人必须对由自己造成的过失承担补偿的责任。

在国际层面，道德—正义理念世界主义的多样的正义标准中得到最多讨论

---

① Franziska Martinsen: Verteilung ueber Grenzen? Gerechtigkeit und Kosmopolitismus, Frankfurt a. M. 1993, S. 285.

的是补偿正义问题，更准确地讲，当代国际正义的主要话题是补偿正义所蕴含的肇事者对自己的过失必须弥补的原则。这里又分为历史与现实两个维度。

先看历史维度。西方发达国家由于率先进入了工业化历史阶段而早于发展中国家实现了空前的经济繁荣，这种巨大的经济进步是以消耗地球上大量的自然资源为前提的。而“像自然、土地、空气和水、矿产以及其他自然资源构成了物质条件。按照前现代性的、恰恰也是洛克所认可的自然权利的立场，这些自然资源绝非是私人财产，而是整个人类的共同财富，既包括当代人，也包括未来人类①”。“在大多数人看来，基本上说所有的自然财富都是人类的共同财产。只有在可以给他人留下同等的量的前提下才能占有这种自然财产，正像洛克所言。诺齐克认可这一条件：‘谁也不可以在沙漠中霸占唯一的水眼并漫天要价’（诺齐克语）。②”如此看来，西方发达国家由于历史机遇在占有自然资源方面获得了比例失当的巨大优势，这同时无形中也损害了发展中国家民众的权益。“在占有自然资源上的不平等便是一种罪过。③”于是，全球正义便体现在发达国家对贫困国家应有的经济补偿上，前者必须采取切实措施，来弥补后者因永远丧失了自己对应有的自然资源的享有机会而遭受的损失。

再看现实维度。在博格看来，当今全球经济结构和机制性秩序是严重不公正的，它们使富国获得巨大益处而对于穷国民众却意味着一种持续的人权侵害，虽然这种人权侵害并非是历史上最严重的，这种人权侵害也并非是当事人故意造成的，但这种侵害却是人类历史上最大规模的，而且当事人对这种侵害的后果一直都在听之任之。“毫无限制的国际原材料特权可以作为例证。它有益于富裕国家，为我们从国外保障了广泛、廉价和可靠的原料供应；而我们可以从一国当政者那里获得这些原料，而无需考虑该国民众对此交易是否赞同或从中受益。毫无限制的国际原材料及贷款特权也极有益于穷国中的叛乱者和暴君，他们保障了所需的钱财，以便——即便是违背了大多数人民的意志——继

---

① Ulrich Steinvorth: Normative Grundlagen der Demokratie, in: Kurt Bayertz (Hg.): Politik und Ethik, Stuttgart 1996, S. 151.

② Ulrich Steinvorth: Globalisierung – Arm und Reich, in: Franz Josef Wetz (Hg.): Kolleg Praktische Philosophie, Bd. 4, Stuttgart 2008, S. 189.

③ Ulrich Steinvorth: Normative Grundlagen der Demokratie, in: Kurt Bayertz (Hg.): Politik und Ethik, Stuttgart 1996, S. 151.

续统治。反之，对于这个世界的穷人而言，这些特权是一种纯粹的灾祸，通过贷款和原材料协定他们受到的是盘剥，对于此协定他们毫无影响，协定带给他们的只是债务负担和原料损失。①”。在博格看来富国应对穷国予以援助，因为富国从造成和保持穷国持续的贫困的结构与机制中获益，故对于穷国民众的处境负有责任，富国的援助并不意味着一种善意，而是基于一种正义；并不是对一种积极义务的呼吁，而是对一种补偿正义义务的履行。“人权寄予了我们一种消极性义务，即不要为一种机制性秩序的贯彻做出贡献，这种秩序预先可知地造成了一种本可避免的人权损害，而又不通过有利于其受害者的保护及改革的努力使这种损害得到弥补。与不食言、不毁约、不未加补偿地征用他人财产这样的消极性义务相类似，这种消极性的机制性义务可以促成积极性义务：对自身造成的损害做出补偿的义务。②”

与辛格诉诸个体捐献的做法不同，在博格看来，这种矫正性正义的执行者并不是个体，矫正正义是以机制性的结构、秩序为践行的载体，故博格亦被归为所谓机制化的正义、机制性世界主义的代表人物。博格：“我认为，今天世界上存在着的绝大多数严重的人权侵害都可以归因于机制性的因素——归因于许多发展中国家国内机制性的结构，对此该国的政治与经济精英要负首要的责任；也归因于全球机制性的结构，对此富裕国家的政府和国民要负首要的责任。③”。鉴于国内秩序与国际秩序的相互影响，特别是国内正义常常由于国际秩序的不公正而失效，博格特别强调正义应实现于一种具有强制执行力的国际机制性秩序之中。“好的规则比好的行为更容易保持稳定。④”这倒不是说在全球正义问题上，个体没有任何义务，而是说个体的责任是间接性的，个体不应参与维护不公正的机制性秩序的活动，而是应致力于结构性、机制性的改善。总之，国际间贫困问题的主要责任者并不是个体，国际正义的践行者和实现者

---

① Thomas Pogge：Anerkannt und doch verletzt durch internationales Recht：Die Menschenrechte der Armen，in：Barbara Bleisch / Peter Schaber（Hg.）：Weltarmut und Ethik，Paderborn 2007，S. 130.

② Thomas Pogge：Anerkannt und doch verletzt durch internationales Recht：Die Menschenrechte der Armen，in：Barbara Bleisch / Peter Schaber（Hg.）：Weltarmut und Ethik，Paderborn 2007，S. 131.

③ Thomas Pogge：Anerkannt und doch verletzt durch internationales Recht：Die Menschenrechte der Armen，in：Barbara Bleisch / Peter Schaber（Hg.）：Weltarmut und Ethik，Paderborn 2007，S. 100.

④ Thomas Pogge：Anerkannt und doch verletzt durch internationales Recht：Die Menschenrechte der Armen，in：Barbara Bleisch / Peter Schaber（Hg.）：Weltarmut und Ethik，Paderborn 2007，S. 132.

主要是国际机制性秩序与结构的掌控者，包括对之有影响力的富裕的国家、国际组织、跨国企业和非政府组织。不是通过个体偶发的、随意的捐助，而是靠富国通过国际组织向穷国的资金技术支持和债务减免，靠国际经济秩序中不公正的规则的变更，现阶段以矫正正义为核心内容的当代国际正义的目标才有望实现。“只要支配国际贸易、信贷、投资、原料消耗或智力财产的规则上有小小的改变，就会对世界范围的威胁生命的贫困的产生造成巨大的影响。①”

第三节　总结与余论

本章探究了正义（公正）这一当代政治哲学、政治伦理学规范性讨论中的一个重大话题。正义是一个与人的道德直觉最为接近的范畴之一，正义原则比仁爱、慈善更易于为人们所广泛分享。正义是有意涵的，从本质上说它表征着一种形式上的价值诉求与取向：免除任意、得所应得、不偏不倚。因而正义并不等同于平等，平等只是正义中的一种属性，准确地讲是正义这一绝对标准所蕴含的普遍覆盖性和全包性之要求的一个副产品。但同时，正义也并不等同于权利（人权），虽然从“普遍应得”的角度来看“人权”与“正义”是相通的，但毕竟正义与人权作为两个独立的伦理范畴，各有自身特殊的内容所指和确定的、不容相互混淆的统摄与涵盖领域。正义是有类型之别的，亚里士多德提出的所谓合法正义、补偿正义和分配正义三分法直到今天仍未失去现实意义。当代国际正义的主导性话题，是有关补偿正义中所蕴含的肇事者对自己造成的过失必须弥补的原则的讨论，而这种矫正正义的实现主要不是依靠个体的自发、偶发、随意性的捐助行为，而是应诉诸于一种具有强制执行力、且其效果能够保持稳定持久的国际机制性秩序的改善与更变。

---

① Thomas Pogge：Anerkannt und doch verletzt durch internationales Recht：Die Menschenrechte der Armen，in：Barbara Bleisch / Peter Schaber（Hg.）：Weltarmut und Ethik，Paderborn 2007，S. 132.

第十五章
新人文主义启示录

在当今西方世界，有几种政治和文化思潮颇为引人注目，它们的理论旨趣、观念意含、发展脉络与演绎轨迹也并非难以把握驾驭。其中一种是，以弘扬基督教传统并且致力于恢复其为社会的主导文化为特征的保守的基督教原教旨主义，另一种则是，以对任何宗教与文化现象的是非曲直均持淡化和放任态度为特征的所谓后现代的思想流派。同时作为两者的对立面，出现了一种被称为新人文主义（Der neue Humanismus）的学术思潮，它一方面高擎启蒙理性、世俗开放的大旗，以抗击任何形式的宗教原教旨主义的非理性冲动，另一方面坚守人文、人性、人权的观念底线，以反对后现代理论的价值随意。

众所周知，人文主义是一个悠久的历史现象。古罗马时期，像文学、哲学这样能够滋养人的品行、提升人的教养的学问被称为人文科学。文艺复兴时期，倡导对古典人文科学的系统研究者被称为人文主义者。据考证，德语的“人文主义”（Humanismus）这一概念来自于德国教育改革家尼特哈默（Friedrich Immanuel Niethammer）。他是在1804年的一篇有关仁爱教育和人文教育的论战文章中首先提及这一概念的。他认为初中生要学习博爱主义，应向他们传输记忆性的知识。而高中生的任务则在于体现人文主义教育之特征的精神品性的培育，从而使其情感得以升华，使其道德与审美能力得以强化。人文主义教育是一种自我目的，它所追求的是一种更高的生活方式①。然而，humanitas（人性）这一概念早在公元前一世纪就被古罗马学者西塞罗（Cicero）使用上了。他坚信虽然罗马人在教育上要感谢希腊人，但前者在风俗、德性、国家建制、军务等方面要比后者优越。从人类精神品性的价值独特性出发，他给人的精神能力赋予了最高的重要性。人的精神能力使人有别于动物，即人性（humanitas）有别于动物性（animalitas）。人性不仅意指良好的鉴赏力、优雅的举止，而且也蕴蓄艺术、文学和

① Vgl. Franz Josef Wetz：Wie ist Selbstachtung noch moeglich? in：Helmut Fink（Hrsg.）：Der neue Humanismus，Aschaffenburg 2010，S. 194.

科学上更高的教养，这种教养使粗俗的生活得以整顿与充实，使每一位个体都成为温顺、善意的存在，他所追求的是真善美，能够对弱者施援、对败者宽待。“从那时起，人际同情与关怀就被视为真正的人性的象征。[①]”

由此可见，“人文主义”一词，一方面是指一种旨在使人摆脱动物性的教育理念，另一方面是指一种以人性为价值支点的观念系统或哲学流派。这一流派的特征是：第一，在其理论与实践中并非是从虚构的神灵或福音为出发点，而是以作为其世界的能动的塑造者的人为出发点。第二，致力于一种对个体的自我决断权利的坚定追求，让所有的人（无论何种性别、出身、能力等）的自由的个性得以展现。“本着自由与平等权利必须是普世性的价值建构这一信念，人文主义的绝对命令要求：‘必须推翻那些使人成为被侮辱、被奴役、被遗忘和被蔑视的东西的一切关系’。[②]”

而这样一种价值导向的人文主义思潮，早在十四至十六世纪的欧洲就已经出现了。人们称之为文艺复兴—人文主义（Renaissance - Humanismus）。文艺复兴—人文主义开始于意大利的彼特拉克（Francesco Petrarca）、薄伽丘（Giovanni Boccaccia）。他们通过研读古典著作发掘以人为本的思想，从而推进现实改造和社会变革。到了十八至十九世纪出现了所谓新人文主义（Neuhumanismus），以赫尔德、席勒、歌德、洪堡为代表。他们倡导对个体进行全面的精神与道德教育从而达致最高程度的完满性与自由。二十世纪初又出现了以耶格尔（Werner Jaeger）为核心人物的所谓第三种人文主义（Dritter Humanismus），他要求在学校重振古希腊经典对于当代精神生活、对于维护持续有效的人性理念的现实意义，以抗击“美国式的文化堕落”。这三种人文主义虽然名称不同，但在根本特征上并无很大差异，故在本文中均被归为传统人文主义，有别于作为本文主题的所谓新人文主义（Der neue Humanismus）。

为了突显传统人文主义与新人文主义之间的分歧，我们姑且将传统人文主义的特征总结如下[③]：第一，传统人文主义特别强调人类超越于所有其他生物

---

① Franz Josef Wetz：Wie ist Selbstachtung noch moeglich? in：Helmut Fink（Hrsg.）：Der neue Humanismus，Aschaffenburg 2010，S. 194.

② Michael Schmidt - Salomon：Manifest des evolutionaeren Humanismus，Aschaffenburg 2006，S. 14.

③ Vgl. Franz Josef Wetz：Wie ist Selbstachtung noch moeglich? in：Helmut Fink（Hrsg.）：Der neue Humanismus，Aschaffenburg 2010，S. 196 - 197.

的价值与尊贵，这样一种卓越的尊严，奠基于人的精神品性以及自主决断的能力。正是这种臻于完满的道德与精神能力，成就了人类特有的丰富的文化景观。然而，新人文主义却完全否认人类与动物之间存在着一条不可逾越的界线以及由此而来的人类所独享的形而上的“尊严”，认定人类超拔于万物之上的独特性的说法不过是物种主义的诡辩。第二，传统人文主义认定人类拥有精神性和理性与感性和激情双重特征。感性和激情冲动导致了人的行为的粗俗、野蛮、残忍和暴虐。本着对高度的文化艺术修养与道德品质之间密切联系的坚定信念，传统人文主义倡导，从文学典籍及书信的阅读和艺术作品的鉴赏中汲取人性的道德教育的营养，培育仁爱的高贵品性与友善的细腻情感，最终使人的野性得到应有的抑制和约束。道德教育的最佳途径是古典文化的熏陶。这就不难理解传统人文主义是一种文化运动，它致力于对古希腊、古罗马思想遗产的重新发现与占有，冀望从中发掘新的启示来导引当时人们的生活。然而新人文主义指出：“一个巨大的错误就是相信，野蛮的猛兽可以借由博学的书籍得到驯服。对此历史上的例证是大量的。众所周知，在许多学科领域具备知识与能力的高度教养的人可以变成残忍的刽子手。[①]”第三，尽管文艺复兴终结了中世纪、引发了工业革命、奠基了现代化运动，为欧洲面朝一个开放的、人道的社会的发展开启了方向，但文艺复兴时期的人文主义毕竟是在留有强烈的宗教印记的土壤中兴盛的，因此期待传统人文主义能够割断与基督教的一切联系，无疑是一种奢望。这就不难理解，传统人文主义阵营中有不少人致力于宗教信仰与古罗马教育、基督教真理及生活方式与古典生活艺术及智慧之间的调和，如意大利的彼特拉克、荷兰的伊拉斯谟（Erasmus von Rotterdam）以及德国的赫尔德。而新人文主义则善于以最锐利的理性的批判性的目光来检视一切历史传说与宗教教义，从而为维护自身理论的清透性与彻底性奠定基础。

然而，上述这些还不足以凸显新旧人文主义的界线。应当说，新人文主义的最大特点，在于与自然科学的联姻和整合。传统的人文主义漠视自然科学：“直到不久前人文主义还都是人文和社会科学的知识领域。‘人文主义者’主要是指哲学家、教育学家、心理学家、文学和社会科学家。自然科学的论据在

---

① Franz Josef Wetz：Wie ist Selbstachtung noch moeglich? in：Helmut Fink（Hrsg.）：Der neue Humanismus，Aschaffenburg 2010，S. 198.

传统的人文主义论争中几乎不起作用。即便是它们在人文主义论辩中出现，则大多也被视为有威胁的、有反人文主义倾向的反面类型，‘真正的人文主义者’与之是审慎地划清界限的。[①]”。这样一来，在传统人文主义与自然科学之间自然就形成了一条无可逾越的鸿沟。而新人文主义则认定，从这样一种人文主义与自然科学间的隔绝排斥状态中，是无法产生一幅精准真确的人的图景的。因为精神与肉体、文化与自然原本是交织在一起的；而关于它们的知识映像，也就自然不应是相互分离的碎片的组合。恰恰相反，“从观念上讲新人文主义的出发点是一种‘知识的统一体’[②]”。于是，自然科学对于人文主义就不能看作是一种威胁，而是“一种无可放弃的助剂”。新人文主义致力于建构一种将人文社会科学与自然科学整合在一起的全新观念系统，自觉吸纳进化生物学、脑科学、遗传学等自然科学的最新成果，用自然科学的知识和方法论证和说明人文主义，例如从神经学的角度探讨人类精神文化成就的动因，以博弈论的模型重构伦理学的定律，从而使所有的社会科学和自然科学的成果，都构成人文主义得以论证和辩护的基础与前提。这里特别需要指出的是，有关新人文主义的提法很早就出现了，但人们是在完全不同的意义和语境上使用这一概念的。作为本文中心议题的“新人文主义”，则是特指试图弥合人文主义与自然科学之间鸿沟的人文主义，它既被称为新人文主义（Der neue Humanismus），亦被称为进化人文主义（Evolutionaerer Humanismus），也被称为世俗人文主义（Saekularer Humanismus）。之所以被称为新人文主义，是因为美国学者布罗克曼（John Brockman）2003 年主编出版了一部文集：The New Humanists：Science at the Edge（台湾联经出版社出的中文版译成：“新人文主义：从科学的角度观看”；德国 Ullstein 出版社出的德文版译成：“新人文主义者——改变我们世界图景的科学家”），他称一群生物科学家、认知科学家、计算机科学家、天文学家和哲学家为新人文主义者，他们虽然来自于不同的学科，却要填平人文与科学之间的裂隙，建构一幅不受传统哲学影响的完整的人类图景。之所以被称为进化人文主义，是因为二十世纪六十年代，这一概念曾被英国学者赫胥黎（Julian Huxley）提出过，当时他主张调节人文主义与自然科学的关系，确

①② Michael Schmidt – Salomon：Ethik fuer nackte Affen，in：Helmut Fink （Hrsg. ）：Der neue Humanismus，Aschaffenburg 2010，S. 26.

立一种全新的观念系统。之所以被称为世俗人文主义，是因为该人文主义的论证基础来源于中立的普世性的自然科学，不受任何宗教因素的影响，故与拥有浓郁西方宗教文化背景的文艺复兴—人文主义或传统人文主义划清了界限。

第一节　新人文主义的人的图景

如上所述，使新人文主义得以识别的一个最大表征，在于它与自然科学的结盟，在于它致力于吸纳自然科学的成果来丰富自身的知识系统。换言之，新人文主义是人文主义与自然主义的综合体。

自然主义（Nāturlismus）在这里具有几重含义：第一，“‘自然主义’展示着一种基本设定，即世界上的事情完完全全是可以解释清楚的，不存在超自然和超感知的力量，也没有什么‘奇迹’与‘启示’发生，……这种基本设定具有一种重要的后果：世界完完全全是可以研究的[①]”。第二，对于自然主义而言，世界上存在着的都是自然的事物，均为自然法则所支配。“自然主义认定，所有存在的东西均毫无例外存在于自然的基础之上。这其中也就意味着：即便是所谓人类的较高的‘认知能力’也必然服从于自然的因果性，亦即无法摆脱之。[②]”第三，在自然主义看来，“自然研究的成果适于对我们的世界图景和我们的人类图景打上根本性的印记[③]”。换言之，一幅人类的图景，如果仅是由人文社会科学的成果提供支撑，而缺乏自然科学的论证，则该图景就不是完整的，甚至很可能是扭曲的。

由此看来，作为人文主义与自然主义之结合体的新人文主义，是以一幅全新的、不同于传统人文主义的世界图景和人类图景为出发点的。如果说传统的人文主义的人的图景中，还保存有对一种实体性、宗教性和道德性的意义中心

---

① Helmut Fink：Einleitung. Auf dem Weg zu einem neuen Humanismus? in：Helmut Fink（Hrsg.）：Der neue Humanismus，Aschaffenburg 2010，S. 10.

② Michael Schmidt－Salomon：Ethik fuer nackte Affen，in：Helmut Fink（Hrsg.）：Der neue Humanismus，Aschaffenburg 2010，S. 27.

③ Helmut Fink：Einleitung. Auf dem Weg zu einem neuen Humanismus? in：Helmut Fink（Hrsg.）：Der neue Humanismus，Aschaffenburg 2010，S. 10.

的信仰，且人类占据着一种以善为终极目的的创生过程中的顶峰的特殊位置，因而拥有一种超拔于自然界所有生物的崇高的尊严的话，如果说传统的人文主义坚信人是一种理性的存在，故借助于对古代典籍和文学艺术的精研谙熟就能够赢得高贵教养从而摆脱动物性并跃升至人性的层面，由此熔铸和锤炼那样一种蒸发掉所有的自利因素以及低级趣味的、以尊重他人和博爱万物为特征的优秀品格的话，那么新人文主义就肯定会令人失望和沮丧，因为它所能提供的那幅人的图景，远不如传统人文主义的人的图景那样光鲜明亮：人栖居于一个空无意义的宇宙之中，该宇宙表现为一种毫无方向的自然历史的沉默的旋流，该旋流由匿名的自然力（包括基因、神经元、材料）所统治。人是宇宙中匆忙的过客，是生物进化的偶然的产物，是众多生物中的一种，并非拥有作为其本质特征的天生的尊严。作为纯粹偶然出现的狭鼻类哺乳动物，人是自己关注自己，而宇宙则对之毫无兴趣。人的有意识的自我是由神经机制产生和操控的，其原初的生命冲动体现为自保与繁殖。作为动物界的一员，人不可能隔绝与自然存在的密切关联，他不应因刮掉了体毛、戴上了数字手表而过于洋洋自得[①]。

概而观之，新人文主义所提供的人的图景是一种奠基于自然科学的人类图景，它纠正了传统人文主义图景中漠视人类的生物学存在基础的错误。新人文主义的人的图景的要旨就在于表明：人必须被看成是一种自然存在，是生物界中的一员，故而服从于生物学的规律。正如物理世界服从于物理学的法则那样，人类“不可能逾越自然规律[②]”。据此，新人文主义反对身与心、物质与精神二元论的说法。自我意识不过是大脑的一种神经活动的过程。理性也并非高于情感，恰恰相反，“我们的感觉与激情对于认知决断所起的作用比以前所了解的要大得多。研究表明，在大脑的情感中枢里出现紊乱的人，是无法做出理性决策的。……对于我们以及对于所有其他生物均具有建构性的能够区分舒服的刺激和不舒服的刺激的能力，是任何决断，甚至是任何意义断定的基

① Vgl. Michael Schmidt－Salomon：Ethik fuer nackte Affen，in：Helmut Fink（Hrsg.）：Der neue Humanismus，Aschaffenburg 2010，S. 28.

② Michael Schmidt－Salomon：Manifest des evolutionaeren Humanismus，Aschaffenburg 2006，S. 15.

础[1]”。情感不仅主宰了理性决断，而且甚至也支配了人们的道德行为：人类与规范打交道的方式取决于其生物程序上的配置与倾向。人“是依据其遗传下来的设置来对规范性的选择做出权重的。人类社会生物学所有的结果都表明，我们的道德反应在大脑的情感中心拥有一种物质基础[2]”。总而言之，在新人文主义看来，“人的社会行为、对世界的开放性、人在学习上的需求、其心理特质、伦理冲动、直觉反应以及创造性的禀赋最终都取决于其生物因素[3]”。“即便是所谓的‘最高的精神活动’也不能游离于生物有机体的构造和活动方式。[4]”应当说，新人文主义提供的人的图景并不美妙，但表面上看起来似乎更为客观、科学和完整，这或许是光靠人文社会科学的资源的支撑与填充所达不到的。因为人类的精神有赖于其自身无法创造的前提，即人的生物本性方面的东西。恰恰是人的生物本性方面的内容为人的完整的图景奠基。当然，这并不意味着我们就可以认可新人文主义试图用人的物质性来抹煞和取代人的精神性，用自然科学来顶替人文科学的明显倾向。

1. 人的生物本性的基本原则——自利

正是基于这样一幅看起来客观科学和完整的人的图景，新人文主义开始了其有关人类行为模式的研究旅程。它坚信，人不仅在生物构造上与动物界密不可分，而且在行为模式上也不会例外，这就是说，人与动物均服从于其生物本性的基本原则——自利。“‘生命’可以定义为一种基于‘自利原则’的自我组织的过程。所有今天生存在这蓝色星球上的有机体之所以能够存在，都归功于其祖先争夺资源和遗传上的繁殖成果的过程中自利性的追求优势的奋斗。[5]”作为根植于人心的自然禀赋的“增进自身的快乐、减少自身的痛苦”之原则，是自利的同义语。趋利避害这种自利行为模式不仅适用于人类社会，而且也控

---

① Michael Schmidt - Salomon：Manifest des evolutionaeren Humanismus，Aschaffenburg 2006，S. 16.

② Bernulf Kanitscheider：Irdische Freunden，in：Helmut Fink（Hrsg.）：Der neue Humanismus，Aschaffenburg 2010，S. 73.

③ Helmut Fink：Einleitung. Auf dem Weg zu einem neuen Humanismus? in：Helmut Fink（Hrsg.）：Der neue Humanismus，Aschaffenburg 2010，S. 13.

④ Michael Schmidt - Salomon：Manifest des evolutionaeren Humanismus，Aschaffenburg 2006，S. 15.

⑤ Michael Schmidt - Salomon：Manifest des evolutionaeren Humanismus，Aschaffenburg 2006，S. 17.

制了整个动物世界。“我们的决断最后是奠基于与确定阴险的鼩鼱之行为同样的、简单的构造模式[1]”。尽管人际间快乐概念的含义远比在动物世界复杂，但“无论我们做出何种决定，从脑生理学的角度来看即便是在我们这里问题的关键归根结蒂也只是在于肉体上的幸福与痛苦，而不是在于形而上的善与恶[2]”。

在新人文主义这里，自利的几种表现形式呈示着该概念在含义上的广普性。自利的第一种表现形式是：以牺牲他者为代价的无所顾忌的自私举动，这种行为模式支配了人类以外的整个动物世界。自利的第二种表现形式是利他主义，即放弃自己的益处以利于近亲好友，所谓血浓于水。助人为乐会影响行为者的大脑，强化免疫系统并增进某些荷尔蒙，如被称为“爱情荷尔蒙”的催产素。故利他行为的背后隐藏着自利的基因。而聪明的自利主义者往往表现为利他主义者：“因为我们自利的最大满足存在于其延展到他人之中[3]”。自利的第三种表现形式是与一般的、非近亲同类的战略性合作。对平等的同类自然适用公平的逻辑：你如何待我，我便如何待你。基于这样一种谋略性的权衡，人们会选择与他人合作行事，这样从长远来看会比不顾及他人的做法赢得更多更大的益处。反之，不善合作的短视者，很快便被孤立，从而陷入比善于合作的同类更坏的境地。这种合作行为的选择优势，得到了许多博弈论模型的证实。自利的第四种表现形式是同情。同情既可以是指与他人的同欢乐，也可以是指对他人苦难的感同身受。与他人的同欢乐能够使我们增进自身的幸福，对他人苦难的感同身受则会引发我们的痛苦。故“克服之便属于我们自利的兴趣。为了能够做到这一点，一方面我们可以将他人之痛苦予以驱散（阻断信息传播）。另一方面我们可以通过做些什么（如捐献或援助行为）来使这种痛苦得以减轻[4]”。“我们经常通过捐助行为和援助措施来减轻这种同情的痛苦感受，而这些捐助行为和援助措施的背后同时蕴藏着自利的行为，这里所关涉的归根

① Michael Schmidt－Salomon：Ethik fuer nackte Affen，in：Helmut Fink（Hrsg.）：Der neue Humanismus，Aschaffenburg 2010，S. 31－32.

② Michael Schmidt－Salomon：Ethik fuer nackte Affen，in：Helmut Fink（Hrsg.）：Der neue Humanismus，Aschaffenburg 2010，S. 32.

③ Michael Schmidt－Salomon：Manifest des evolutionaeren Humanismus，Aschaffenburg 2006，S. 158.

④ Michael Schmidt－Salomon：Manifest des evolutionaeren Humanismus，Aschaffenburg 2006，S. 20.

结蒂是面对他人痛苦时对自身不舒适感的一种克服。[①]”

如上所述，人类行为受控于自利，“自利过去是现在也是‘人类历史实际的发动机’[②]”。社会的万千景象，历史的起承转合，生命的世代交替，无不承载着对自利这一铁律的反复见证。“谁要是能够正确地评价作为任何一种哪怕是利他主义行为的基础的自利这一生物学原则的意义，他就会明白，历史并非是由纯美艺术的理念所确定，而是由无可辩驳的自利性的、首先是经济上的利益所决定的。显而易见这一认知我们首先要归功于马克思主义的社会哲学，它揭示了文化上层建筑对经济基础的依赖性。[③]”这样一种有关自利的重要地位的认知，使我们从所有试图将人高贵化为一种无私的、仁爱的生物的幻想中惊醒过来，使我们对传统人文主义致力于用人文教育来驯服所谓兽性的人的尝试保持应有的警觉。作为人类生物本性基本原则的自利是无可改变的。“由于作为生命基本原则的自利构成了所有人类感受与决断的源泉，故试图将自利作为在道德上具有恶名的进化之残余物来摒弃掉，便是一项毫无意义的妄举。我们倒是应当聪明待之，将其作为生命的决定性的推动力建构进我们的伦理观念中，因为它构成了使社会进化成为可能的唯一的东西。与人类自利兴趣不相容的理念，在社会中是决不可能贯彻下去的，不论其论证能显得多么的好或多么的‘真诚’。[④]”当然，自利在人类社会与动物界会表现出不同的样态，特别是人类能够对自利进行一种文化的或意识形态的重塑。比如，只有人才会秉持着对彼岸世界的信仰而自愿牺牲当下的性命。猴子不可能为一种民主的理念奋斗抗争，更不用说放弃眼前的香蕉，以换取彼岸世界更高的报偿。再如，生命毫无疑问是利益的基础。但人类能够意识到可能会有利益高于生命这样一种特殊状态，当免除病痛成为当事人的最高利益，且这种利益必须用生命的终结才能换取的时候，人们会以死做出这种特殊的自利选择。

---

① Franz Josef Wetz：Wie ist Selbstachtung noch moeglich? in：Helmut Fink（Hrsg.）：Der neue Humanismus，Aschaffenburg 2010，S. 200.

② Michael Schmidt－Salomon：Manifest des evolutionaeren Humanismus，Aschaffenburg 2006，S. 92.

③ Michael Schmidt－Salomon：Manifest des evolutionaeren Humanismus，Aschaffenburg 2006，S. 106.

④ Michael Schmidt－Salomon：Manifest des evolutionaeren Humanismus，Aschaffenburg 2006，S. 18.

2. 伦理性社会游戏规则的建构

应当指出的是，认可自利这一生命的基本原则对于人类行为的决定性作用，当然并不意味着人们就应听任自然规律的摆布，在伦理道德的建构上毫无作为。如果是这样，我们马上就会滑进肆无忌惮的极端自利主义的泥潭之中，同动物界的行事规则毫无二致，就像社会达尔文主义所奉行的那样：适者生存、残酷竞争、强者拥权，从而从根本上背离了人文主义的基本信念与方位。实际上，认可人的动物性，只不过是达到对人的现实的自我观念的重要步骤（我们的出发点不再是不同的种族、宗教与文化，而是同一的人类生物本性），坦承自利原则的客观存在，只不过是人们建构伦理性的社会游戏规则的基本前提。我们一方面肯定人的自利的本性，另一方面也能够通过游戏规则的塑造"使自利服务于人性[①]"，从而实现使人达致人性化的伦理目标。"一种人道的、待人友善的社会完全是可能的。在人类自利的基础上甚至人权也可以得到论证，人权绝非是从一种形而上的天空上掉下来的，而是根植于人的基本利益。这一点早在康德就认识到了。在新人文主义者那里康德并不享有特殊的尊荣。康德的观点是，立国的问题即便是对于由魔鬼组成的民众也是可以解决的，只要他们拥有理智。在这里康德将魔鬼理解为一种极端自利的生物。[②]" 值得注意的是，新人文主义者有别于自然权利者，后者是从自然秩序中提炼出伦理规则，而前者则试图避免这种所谓的自然主义的谬误，它致力于对事物的自然主义的观察视角的肯定，但决不将自然的行为方式不加反思地提升为伦理性的游戏规则。它强调，不能从自然中创生价值，伦理性的游戏规则不是在自然中简单发现（vorfinden）的，而是我们自己发明（erfinden）建构的。如上所述，认可自利这一基本原则是构建伦理性游戏规则的出发点，而之所以需要塑造伦理性游戏规则，或者说游戏规则本身的任务，就在于对由自利所引发的人际间必然出现的利益冲突进行调节，使所有当事人能够将这一调节结果看成是最大程度的公平的体现，从而阻止某些人的幸福建立在他人的悲剧之上。而能够在

---

① Michael Schmidt - Salomon：Manifest des evolutionaeren Humanismus，Aschaffenburg 2006，S. 105.

② Franz Josef Wetz：Wie ist Selbstachtung noch moeglich? in：Helmut Fink（Hrsg.）：Der neue Humanismus，Aschaffenburg 2010，S. 200.

这一游戏规则框架下享受公平待遇的人，自然也就是幸福的人。“正义与个人的幸福感并非相互排斥。它们反倒构成了一个必然的整体。[①]” 当然，无论显得如何公平正义，这一伦理性游戏规则也不能逃避理性的公开审视以及必要时的适时适地的修正，因为它自己并不是目的本身，游戏规则的存在服务于一个最高的终极目的，即“保障个体的自利以及由个体们所创造的机制控制在更为人道的轨道上[②]”，以便“为人类生活状态的人性化做出贡献（当然非人类生物的利益也必须以一种合宜的方式得到顾及）[③]”。

于是，在这一伦理性游戏规则的庇护保障下，所有的人类成员均享有某些基本的权利，“基本权利（特别是人权）构成了一种现代的开放社会的基础[④]”。人之所以享有人权，不能从多元的文化和宗教理据中去寻找，而是应归功于人类的自利这一共同的生命基本原则，正是自利的需求论证了权利保障的必要。让所有的人均享有做人的权利，均作为人来对待，这是新人文主义所要建构的人性化社会最重要的价值起点。

在伦理性游戏规则的庇护保障下，所有的社会成员均享有按照自身有关“何为好的生活”的理念来充分展现自己生命规划的自由，而无惧不论怎样的以某种道德或美学尺度来均衡社会面貌之做法的威胁。当然自由发展是以社会的一种最低限度的共识——人道为前提的。新人文主义要求：“公平地对待你的近亲及远邻！你不可能喜欢所有的人。但你应当尊重每一个人——即便是你不喜欢的——拥有权利，来实现其个人的有关‘在此岸世界的好的生活（和死亡）’的观念，只要他并非因此与他人权利平等的利益相冲突。[⑤]”“一个自由的人必须能够容忍其他的人不以他所认定的正确性来行动和生活，必须戒除只要不合意就叫警察的习惯。[⑥]” 换言之，新人文主义倡导多元，只要“这种多样性是在一种人道的框架中运行[⑦]”。这与新人文主义的宽容观也是吻合的，在它看来，宽容并

① Michael Schmidt - Salomon：Manifest des evolutionaeren Humanismus，Aschaffenburg 2006，S. 28.

② Michael Schmidt - Salomon：Manifest des evolutionaeren Humanismus，Aschaffenburg 2006，S. 114.

③ Michael Schmidt - Salomon：Manifest des evolutionaeren Humanismus，Aschaffenburg 2006，S. 35.

④ Michael Schmidt - Salomon：Manifest des evolutionaeren Humanismus，Aschaffenburg 2006，S. 70.

⑤ Michael Schmidt - Salomon：Manifest des evolutionaeren Humanismus，Aschaffenburg 2006，S. 156.

⑥ Zitiert bei Ludwig von Mises，vgl. Gerhard Engel：Der Liberalismus ist ein Humanismus，in：Aufklaerung und Kritik，1/2010，S. 12.

⑦ Michael Schmidt - Salomon：Manifest des evolutionaeren Humanismus，Aschaffenburg 2006，S. 143.

不是一种自在价值，理由明显不过：“谁要是真的在启蒙的意义下为了真理和人道而有所作为，他就不可能也不允许宽容明显的非人道——即便是该非人道能够立足于一种百年古老的‘神圣的’传统，也不允许[①]”。

在伦理性游戏规则的庇护保障下，每个人都享有作为人应当享有的自尊。所谓“尊重呈示着一种态度，向某种具备价值的事物鞠躬[②]”。无论是传统的还是新的人文主义，均将自尊视为一种基本的价值。但两者论证自尊的理由完全不同。传统人文主义认定自尊基于人类独特的尊严与绝对的价值，这种尊严依赖于人的独特性，如上帝的摹本、理性能力、意志自由或道德选择。但新人文主义根本否认可以以这些特性作为论证人的自尊的理据。新人文主义是人文主义与自然主义的结合体，它重视自然科学研究成果对于我们勾画人类图景的基础性意义。而自然科学从表面上看可以说是开创了人类的自我矮化的过程。在尼采看来，现代自然科学对人的知识具有侮辱性的涵义，剥去了人类神圣的外衣，让人意识到自身在变化与流逝的宇宙洪流中的渺小与偶然性，使人难以自尊，而是自我贬低[③]。新人文主义当然并不否认自然科学的人的图景。但从这一图景中，它只是看到了人的非神圣化，而并没有看到人的自我矮化，甚至还能够另辟蹊径地得出了使人的自尊得到挽救的结论：人之存在，从宇宙的视角来看，可以说是毫无意义与重要性。但从内在的视角来看，却并非没有价值。虽然说人的存在本身确实毫无意义，但对于存在者自己而言却是有意义的。“或许说人本身‘不是什么’，但对于他自己而言他的存在却‘是什么’，这个‘是什么’是不乐意作为纯粹某‘物’来看待和对待的。作为‘是什么’而存在就意味着，对自己当真，同时也愿意被别人当真。自尊就是这个意思。它是一种自我关系。在这种自我关系中，我们……将一种价值赋予给我们。……依此就意味着，自己尊重自己。[④]”这样一种我们自己赋予自己的自

---

① Michael Schmidt－Salomon：Manifest des evolutionaeren Humanismus，Aschaffenburg 2006，S. 81.

② Franz Josef Wetz：Wie ist Selbstachtung noch moeglich? in：Helmut Fink（Hrsg.）：Der neue Humanismus，Aschaffenburg 2010，S. 203.

③ Vgl. Franz Josef Wetz：Wie ist Selbstachtung noch moeglich? in：Helmut Fink（Hrsg.）：Der neue Humanismus，Aschaffenburg 2010，S. 202.

④ Franz Josef Wetz：Wie ist Selbstachtung noch moeglich? in：Helmut Fink（Hrsg.）：Der neue Humanismus，Aschaffenburg 2010，S. 203.

尊，并非来源于所谓上帝的摹本、理性能力、意志自由或道德选择之理据，而是“来自于从进化论和社会生物学上得到解释的人类自保的努力[①]”。由于我们生来便致力于自保，这样我们自然而然就会认可自己存在的价值，从而产生一种对自己生命的尊重的意志。“对自己所具有的生命拥有一种兴趣，这是自然而然的，这种兴趣的文化就是自尊。[②]”“自尊原初起始于有意识的生命的自保的兴趣。[③]”然而，这样一种源自自保的自尊仅仅是人类自然出现的兴趣的一种延伸或变体，并不具备规范性的意义，也不是一种神圣的义务。它要从一种纯粹的存在的价值变成伦理上的价值，就需要有一个转化的过程。这种转化只有通过我们自己，即“我们将对自尊的兴趣转变成为一种对自尊的要求[④]”。这就需要我们通过一种理性的对话程序，使对自尊的要求借由社会认可、社会尊重而体现出来。而社会认可、社会尊重又是通过人人享有的自由、政治及经济社会权利，得到认可和切实保障而实现的。这就是说，自尊或对自尊的兴趣归根到底依赖于社会认可的强化。自尊作为一种规范性的伦理价值，最终只有在人权保障中成为社会尊重而获得切实的存在。当然，除了社会机制性的认可之外，私人领域的认可，如爱情、友谊、鼓励与赞扬等，对于自尊意识的维护也构成了不可或缺的辅助力量。恰恰是依赖于上述这些要素，即生存下去的兴趣及社会和私人认可等相互尊重的不同形式，“我们即便是作为一个无中心的宇宙中无能为力的灰点也乐意认可我们的存在是有价值的，并且也能够保持着自尊[⑤]”。

在伦理性游戏规则的庇护保障下，人们对理性与激情的关系能够拥有一种全新的认知。基于神经生物学提供的理据，新人文主义承袭了罗素有关理性与激情间关系的看法，并且也像他那样拒绝将精神的所谓理想性的优先性引入伦理学，而是认为在伦理学中只有感性（激情）与理性的位置，这种伦理学的

---

①② Franz Josef Wetz：Wie ist Selbstachtung noch moeglich? in：Helmut Fink（Hrsg.）：Der neue Humanismus，Aschaffenburg 2010，S. 204.

③ Franz Josef Wetz：Wie ist Selbstachtung noch moeglich? in：Helmut Fink（Hrsg.）：Der neue Humanismus，Aschaffenburg 2010，S. 205.

④ Franz Josef Wetz：Wie ist Selbstachtung noch moeglich? in：Helmut Fink（Hrsg.）：Der neue Humanismus，Aschaffenburg 2010，S. 206.

⑤ Franz Josef Wetz：Wie ist Selbstachtung noch moeglich? in：Helmut Fink（Hrsg.）：Der neue Humanismus，Aschaffenburg 2010，S. 212.

出发点是“人拥有希冀。感性观念为行为订立目标，理性的任务则是探寻达到目标的最佳途径。故善与恶的根源便存在于大脑中情感的或许种系发生学上就已规划好了的情感中枢里，而从进化生物学上看较为晚近的理性则是一种奠立在情感基础上的调控机制，它服务于目标之观念的优化①”。于是，“理性在伦理学中的任务就不能简单的是对激情做出限制、压抑并且将人设置为尽可能摆脱感性的思想性存在，而是理性拥有这样的任务，即为实现期望之观念厘清一种没有冲突的路径。这里当然也包括限制，特别是当失控的对快乐的追求导致对自我的损害之时，或者当出现了这样的社会氛围，即行动者不得不顾及到会发生消极性的效果的时候②”。在伦理学中，理性与感性激情必不可少，只是后者占据着主导的地位，前者只是服务于后者的工具。这表明，理性的“相互性、顾及他人”的原则必须得到坚守，但它并非是一种先验的预设高悬于人们的感性欲求之上，“而是合作与慎待他人恰恰存在于每位个体的启蒙了的自我利益之中③”。

在伦理性游戏规则的庇护保障下，不仅人类的利益，而且动物的福利也能够基于有力的伦理论据得到更加完善的维护。在新人文主义看来，人类与其他动物在同属于自然进化的偶然的、无目的的产物这一点上没有差异。从遗传物质的角度讲，只有约百分之一点二的内容使我们与黑猩猩区别开来。并非人的生物属性，而是其认知能力奠基了人类的优越性：只有人类才拥有对未来需求状态的预知能力，他们不仅生活在当下，而且也能意识到过去并期待于未来，即便是在今天丰衣足食的状态下也能够预感和顾及明天可能出现的匮乏。而这种人所特有的预期未来的能力，又能够进一步激发人类的其他潜能：好奇、喜爱实验、对未知的恐惧和追求安宁。但新人文主义坚信人类与其他动物的差异并非是原则意义上的，而只是程度意义上的。因而它坚拒以人的独特能力为依据，来建构人的“尊严”以及由此而来的神圣的价值。新人文主义伦理学的出发点，是处于冲突状态之中的当事者的利益，而这种利益的载体当然就不仅仅限于人类。于是按照公正原则，动物的利益，特别是具有中枢神经系统的动物的利益，也应当得到新人文主义伦理学的顾及。因而，对于拥有复杂大脑结

---

①②③ Bernulf Kanitscheider：Irdische Freuden，in：Helmut Fink（Hrsg.）：Der neue Humanismus，Aschaffenburg 2010，S. 70.

构并且有着相应的高度发达的意识能力的动物而言，侵害性的实验活动原则上应当受到绝对的禁止，“只有在为了新的药品的实验肯定无其他可能性之时，才允许[①]”。

第二节　新人文主义的享乐观和宗教观

如前所述，新人文主义是一种融自然主义与人文主义为一体的崭新的世界观；在这样一种世界观的统摄下，传统的宇宙图景、社会图景和人的图景都会呈现出深刻的改变；人的行为、生活态度、文化现象、思想观念也会赢得程度不同的新解。其中，新人文主义的享乐观和宗教观颇具特色，是最值得本章探究的两个亮点。

1. 新人文主义的享乐观

按照新人文主义的世界图景，宇宙为盲目的物理力量与遗传性的复制现象所充斥，没有计划、没有目标、没有善恶。人类也不是什么由上帝主导的创生过程的顶峰，而是宇宙无目的的自然演化过程中的一种暂时的附带现象，在宇宙这一大尺度下根本就无足轻重。谁要是在这一背景下仍然试图寻觅世界整体的意义，到头来必将是一无所获。于是，人生的意义就不能在人世之外去寻求，生命的价值则完全取决于我们自己的态度。“恰恰是对我们的存在的这种深刻的形而上的无意义性的接受，为一种个体性的意义促成开辟了空间。在一种‘本身’毫无意义的宇宙中，人类享受着从其自身生活中自己创造生命的意义的特权。[②]”感受生命的意义，可以从生活的点点滴滴中开始：“被逗乐的儿童有神的眼睛，路上偶遇的陌生人的微笑，早晨新鲜出炉的面包的香味，晚上激烈辩论的引人入胜，一支巴赫的赋格曲的优雅，一幅毕加索绘画的精美，被爱的人的温暖[③]”。这些无疑能使生活在冰冷的茫茫宇宙里的人们，体味到

---

① Michael Schmidt－Salomon：Manifest des evolutionaeren Humanismus，Aschaffenburg 2006，S. 124.

② Michael Schmidt－Salomon：Manifest des evolutionaeren Humanismus，Aschaffenburg 2006，S. 24.

③ Michael Schmidt－Salomon：Manifest des evolutionaeren Humanismus，Aschaffenburg 2006，S. 26.

活着的价值与乐趣。新人文主义并不追逐一种形而上的宇宙整体的神秘深刻的存在意义，而是基于人的趋乐避苦的生物本性，认定人生的全部价值之所在并非玄奥高古，而是简单清晰，即就在于对现世快乐的追求与享有，对此岸幸福的抱持与感受。关键是，享乐主义在新人文主义这里进而被提升建构为一种基本的伦理原则，就像德谟克利特（Demokritos）所言："对于人最好的是，尽可能多的快乐，尽可能少的忧伤①"。可见新人文主义奉行的是一种自然主义的伦理观。

问题在于，这种自然主义的伦理观如何得到论证。谁都不否认趋乐避苦作为人的自然本性是一种心理学意义上的事实存在。在西塞罗看来，"每位生物体只要一出世，便追求快乐，为快乐高兴就像为最高的善高兴那样，避免痛苦，就像避免最大的苦楚那样并且全力抗拒之。……故他认定有关为何要追求快乐、避免痛苦这样一种哲学辩论是多余的。他相信这就像火是热的、雪是白的和蜂蜜是甜的那样是一清二楚的②"。但是，承认趋乐避苦属于人的本性是一回事，而从这一本性出发"合乎自然地"推出快乐与幸福是最高的善，痛苦与不幸是最大的恶的伦理判断却是另一回事。尽管早在古希腊哲学家伊壁鸠鲁就做出了这样一种推论，并将快乐视为最高的价值，尽管我们难以设想这样一种推论会遭到人们的反对，然而毕竟快乐与痛苦的主观感受状态属于描述性领域，而扬善避恶所体现的普遍适用的伦理要求则属于规范性领域。新人文主义既要坚持从人的趋乐避苦的本性中引出快乐、幸福为伦理善，又要避免跨越存在与应当之间这一逻辑鸿沟的困难，这样它就陷入了一种难以逃脱的两难处境。新人文主义的应对方式是：不得不采取一种权宜的战略，即放弃基于存在事实来对道德公理进行论证，而是基于存在事实来对道德公理做出辩护。换言之，我们或许无法从趋乐避苦的人的本性中，合乎逻辑地推出快乐是最高的善的伦理原则，但我们还是可以从心理观察的意义上，断定人们基于自身的本性自然会认同快乐为善的伦理原则，尽管这种断定不是一种最终的论证。"从逻

---

① Vgl. Bernulf Kanitscheider：Irdische Freunden，in：Helmut Fink（Hrsg.）：Der neue Humanismus，Aschaffenburg 2010，S. 55.

② Vgl. Bernulf Kanitscheider：Irdische Freunden，in：Helmut Fink（Hrsg.）：Der neue Humanismus，Aschaffenburg 2010，S. 61.

辑上看，问题并不在于一种论证——因为基于存在/应当间的鸿沟论证是不可能的，而是在于一种对基本公理的经验上的支撑。即便是不可能从事实性中导引出基本公理，但还是可以对这种有关快乐的设定做出一种理性的辩护……。于是经验性地植基于一种心理学的事实这一点，便推动人们恰恰是对这种特殊的基本公理做出选择。①”

新人文主义的享乐伦理观所倡导的绝非是一种败坏的、自私自利的享受贪欲，该伦理观体现的是一种启蒙了的幸福伦理学，它致力于为积极成功的生活塑造提供建议。它提醒人们：每个人生都是有限短暂的；凡人性化的道德都不会要求个体奉献生命，而是鼓励他享受生活："恰恰是个体生命的可终结性使得生命如此极端的珍贵！不要听信任何人胡说什么幸福是件丢脸的事！恰恰相反，通过你享有你今天拥有的自由，你便尊敬了过去为了这些自由而战献出了其生命的人！②"。

新人文主义将伊壁鸠鲁看成是其享乐观的先行者。伊壁鸠鲁哲学的核心是伦理学。其伦理学的要旨是教导人们如何生活以求得幸福。其学说的主要目的是让人既赢得肉体的感官快乐，又达致心灵的内在平静。为此，伊壁鸠鲁区分了自然需求、必要需求和多余需求。在他看来，人们应当追求合乎自然需求并且易于获得的东西，自然需求的特点是摆脱了对心灵宁静的干扰，这包括特别好吃的食品、特别漂亮的住房、亮丽的服装、性需求等。在自然需求中又包含所谓必要需求，指食品、衣服、住所。必要需求的满足不仅构成了达到肉体惬意和赢得内心宁静的前提条件，而且其得不到满足则必然导致痛苦。性需求固然属于自然需求，但并非是必要需求，因为性需求之得不到满足并非必然导致肉体痛苦。多余需求则带来对心灵宁静的干扰，如追求名誉、权力、荣耀和财富等③。

此外，基于一种唯物主义的本体论，伊壁鸠鲁认定人类精神是自然的一种产物，灵魂必然具有一种肉体性的功能。精神是在需求的强制下缓慢地产生出

---

① Bernulf Kanitscheider：Irdische Freunden，in：Helmut Fink（Hrsg.）：Der neue Humanismus，Aschaffenburg 2010，S. 58.

② Michael Schmidt – Salomon：Manifest des evolutionaeren Humanismus，Aschaffenburg 2006，S. 158.

③ Vgl. Theodor Ebert：Epikur – ein Religionskritiker und Freigeist in der griechischen Antike，in：Helmut Fink（Hrsg.）：Der neue Humanismus，Aschaffenburg 2010，S. 50 – 52.

来的，因果过程只发生在物质层面，在此物质被理解为是动力，否则便无法解释为何食品、饮料等能够引发合宜的心灵状态。因此，在伊壁鸠鲁这里任何形式的身心二元论都不可能有市场。伊壁鸠鲁进而指出，没有必要在肉体快乐与精神快乐之间做出清晰的区分，也没有必要认定精神满足、艺术追求就绝对高于物质享受。这一观点，在新人文主义看来，也得到了当今神经生物学提供的理据的支持：因为当一位数学家发现了一项绝妙的证明方式之时，其快感是由与在他满足了一种基本享受时同样的大脑奖励系统所产生的。“从自然主义的立场来看，体验的强度、持久、感觉状态的丰富是重要的，至于这种快乐的状态是通过一夜情，或成功的数学证明，或一段乐曲创作而产生，则是次要的。[①]”在伊壁鸠鲁的这种观念的影响下，新人文主义者甚至更多地是强调肉体与享乐，而较少是以精神和理性为导向。他们相信，对情欲的满足、节庆狂欢促成了生命的丰富与深化，运动、冒险、游戏与音乐为享乐价值的实现提供了各种机会。

如前所述，“对于伊壁鸠鲁而言，肉体之无痛苦和心灵的宁静构成了人类幸福的核心[②]”。而达到心灵宁静最重要的障碍之一，是对神灵和死亡的双重恐惧。伊壁鸠鲁应当不是一位无神论者。但他致力于否定将神灵视为人类恐惧的理由的观念。在他看来，我们之所以无需恐惧神灵，是因为神灵并不影响尘世间的人类[③]。神灵是一种幸福欢欣的存在，干涉尘世的事情、关注人间的非正义与残酷的行径，是与其幸福不相容的。但“事实上一种有关上帝或神灵对人间世界的积极的兴趣的观念，是任何宗教本来的基础[④]”。伊壁鸠鲁把神灵变成了不干涉世事的存在，这样他实际上也就在古希腊扮演了一位最激烈的宗教批判者的角色。基于上帝既不干预人事，也不给予人类任何指南的理念，伊壁鸠鲁第一次提出了法律与正义完全是奠基于人间契约的观点。法律并非上

---

① Bernulf Kanitscheider：Irdische Freunden，in：Helmut Fink（Hrsg.）：Der neue Humanismus，Aschaffenburg 2010，S. 69.

② Theodor Ebert：Epikur – ein Religionskritiker und Freigeist in der griechischen Antike，in：Helmut Fink（Hrsg.）：Der neue Humanismus，Aschaffenburg 2010，S. 49.

③ Vgl. Theodor Ebert：Epikur – ein Religionskritiker und Freigeist in der griechischen Antike，in：Helmut Fink（Hrsg.）：Der neue Humanismus，Aschaffenburg 2010，S. 43.

④ Theodor Ebert：Epikur – ein Religionskritiker und Freigeist in der griechischen Antike，in：Helmut Fink（Hrsg.）：Der neue Humanismus，Aschaffenburg 2010，S. 44.

帝的意志，而是人创造的，是“一种为了利益而设定的旨在避免相互伤害的协议[①]”。正是这一革命性的思想，为十七世纪霍布斯的国家学说所吸纳并构成了其社会契约论的基础。

阻碍心灵宁静的另一要素是对死亡的恐惧。人生不幸的一个重要根源，就是害怕死后因生前的失误而遭受残酷的报应。而在作为原子唯物主义者的伊壁鸠鲁看来，所有存在之物均是肉体性的，心灵亦然，它是由特别精细的原子构成，身体死后它便完全消解。故人死后其心灵是不复存在的。生命意义只有在感知中得到体验，而“死亡对于我们而言没有意义。因为消解了的东西是没有感觉的。没有感觉的东西则对于我们而言是没有意义的[②]”。由于死后一切皆为空无，心灵的不朽根本不可能，故在在伊壁鸠鲁看来，我们对于死亡无需任何恐惧。

值得指出的是，新人文主义的享乐伦理观深受伊壁鸠鲁哲学思想的启发，它不仅是一种合乎人性需求、呈展人道价值的道德理念，而且更重要的是，它还深藏着个体主义的政治意涵，这种个体主义则必然导致自由主义的价值诉求。新人文主义倡导一种将快乐视为最高的善的伦理原则，而快乐以感知能力为前提。“只有个体才能具备感知，才有痛苦的能力。[③]”集体不可能拥有一致的感知。从这个意义上讲，在伦理上集体与个体相比，只能处于一种次级的地位。然而，在政治的操弄下，集体作为一种与个体相独立的力量往往并不安于退居二线，而是要通过各种手段达到对个体的控制，从而使得集体性的秩序的思想、国家性的家长主义成为个体感官快乐的对立面。“所有的社会性集体结构均拥有一种自发的内在倾向，即以个体公民为代价，将其势力、影响和行为空间扩大化。从权力心理学上讲这是可以理解的，因为如果在许多事物上能够控制住人民的话，统治就能够给统治者带来更多的享受、成就感和自我意

① Vgl. Theodor Ebert：Epikur – ein Religionskritiker und Freigeist in der griechischen Antike，in：Helmut Fink（Hrsg.）：Der neue Humanismus，Aschaffenburg 2010，S. 47.

② Vgl. Theodor Ebert：Epikur – ein Religionskritiker und Freigeist in der griechischen Antike，in：Helmut Fink（Hrsg.）：Der neue Humanismus，Aschaffenburg 2010，S. 48.

③ Bernulf Kanitscheider：Irdische Freunden，in：Helmut Fink（Hrsg.）：Der neue Humanismus，Aschaffenburg 2010，S. 64.

识。[1]”对个体快乐感的限制与控制必然导致个体本能的反抗，这可以说是自由主义思想产生的一个根源。因此，从享乐伦理观到个体主义再到政治自由主义，体现了一种必然的逻辑进展。在政治自由主义看来，每个人天然拥有一种绝对的管理自身事务的权利。“对自由的剥夺必须借由一种可证实的对社会其他成员的伤害才能得到辩护。这也就决定了，不会出现一种无牺牲者的犯罪行为。这就包括像毒品消费、卖淫、情色品消费等活动，以及私人环境中的非常态的性活动都应受到保护。[2]”由此可见，享乐主义伦理观包含着政治自由的价值意蕴。伊壁鸠鲁最重要的思想遗产，不仅在于他视快乐为最高价值，且也在于他通过对个体主义的强调而最终成为自由主义的理论先驱。

2. 新人文主义的宗教观

众所周知，新人文主义有别于传统人文主义之处，在于前者能够和善于用批判性的眼光来审视传统的宗教教义，从而维护自身理论的彻底性，同时也彰显自身与宗教原教旨主义相较，在方法论上的优越性。宗教原教旨主义体现着一种威权的思想结构，其方法论是独断性的：要么是诉诸彼岸世界的论据而呈现论证过程的随意性，要么是将宗教教义断定为毋庸置疑的真理、视任何怀疑为罪恶、必要时甚至借助威权或暴力来强化受众的信仰。而新人文主义所运用的则是科学思维、启蒙理性的方法，其特征在于：论证优先而非权力优先；任何理论，无论怎样被认定为正确或错误，都不应逃脱理性的并且是免除了恐惧压力的批判性的审视；能够经受检验者，才可获得为人们接受的资格，否则就要得到修正，甚至遭受淘汰，这样人类的失误才不可能重复。正如舒尔茨（Gerhard Schurz）所言：“启蒙理性的巨大方法论上的特色……在于其通过批判性的审视所形成的内在的自我纠错性。正如波普尔所述，在批判性的科学中被杀死的不是不受欢迎的人，而只不过是伪劣的理论。故而启蒙—理性的信仰系统从原则上讲拥有无限的学习能力。在原教旨主义的信仰体系中所注重的首

① Bernulf Kanitscheider：Irdische Freunden，in：Helmut Fink（Hrsg.）：Der neue Humanismus，Aschaffenburg 2010，S. 71.

② Bernulf Kanitscheider：Irdische Freunden，in：Helmut Fink（Hrsg.）：Der neue Humanismus，Aschaffenburg 2010，S. 72.

先是信仰的强度，而在启蒙—理性的体系中所注重的是对信仰的正确的论证，因为在启蒙的理性中主体间性并非在于威权的强制，而是在于更好的论据的‘无强制性的强制’。[①]”由此可见，从方法论的角度讲新人文主义完全不同于有神论的宗教世界观。从新人文主义立场出发，完全可以得出有了科学、哲学和艺术，就无需宗教信仰的存在的结论。

如果我们回顾并反思历史上曾经出现过的宗教政治化的现象，则新人文主义的反宗教的基本倾向就更容易得到理解了。德国纳粹是政治宗教的典型表现，按照纳粹的意识形态，希特勒被视为上帝的使者，大屠杀可以给德国乃至整个世界带来拯救。在清算反人类反人性的纳粹帝国的历史中，人们自然会对在启蒙运动之后仍然会出现极权主义而迷惑不解，因为启蒙理性抗争的对象恰恰是非理性的威权的强制。经过一番研究，人们发现极权主义的兴起与启蒙的不彻底相关。完整的启蒙理性虽然涵盖科学实证的方法、技术工具的运用，但也更包括人道的、公平正义的基本价值和反抗权威的批判性思维的优先性。极权主义的兴起，是因为当时的社会只实现了启蒙理性的前一半内容，从而使国家变成了用完备技术武装起来的高效的杀人机器。由此可见，现代化不能仅仅是科学技术的现代化，而应首先必须实现人文精神的现代化。问题在于，在纳粹时代，人们为什么会背离启蒙理性所蕴含的批判性的科学态度，放弃自主的选择而倒向对纳粹政治宗教的狂热的迷信崇拜呢？弗洛姆（Erich Fromm）有关现代性的双重自由的理论，为此做出了富有启发性的解答。所谓双重自由是指免除压迫的自由和自我决定其生活的自由。前者属于一种被动自由，后者则属于一种主动自由。前者的出现为后者的实现奠立了基础，但前者的产生未必导致后者的跟进，在某些条件下，人们出于对突然获得的自由的不适与恐惧，甚至会主动放弃自由的权利而向威权体制寻求避难所。所以，按照弗洛姆的观点，政治宗教化的纳粹主义导源于人们在启蒙运动以后基于对自由的恐惧的一场逃避运动：“当代的人在从前一个体性社会的桎梏中解脱出来之后，……还并没有获得被理解为是其个体性自我的积极实现的自由。这就是说，他还没有学会令其理智的、情感的和感性的可能性充分得以表达。自由虽成就了他的独

---

① Gerhard Schurz：Das Janusgesicht der Religion，in：Helmut Fink（Hrsg.）：Der neue Humanismus，Aschaffenburg 2010，S. 116.

立性和理性，但自由也使他被隔绝了起来、因而也使他变得恐惧与无助。……于是他就被置于两种选择面前：要么逃避其自由的重压而重新陷于依赖与屈服，要么是朝向其以自身的独特性与个体性为根基的积极性的自由的完全实现阔步前进[①]”。这样也就很好地解释了为什么启蒙运动为人们开启了自由的大门之后，大家反倒可能重新倒向极权主义统治并狂热信奉政治宗教的原因。

以上我们阐释了新人文主义宗教观的一个侧面，即从方法论上看，新人文主义是反宗教原教旨主义的。但这并不意味着新人文主义是完全反宗教的，其实，新人文主义宗教观还有另一层面，即它从自然主义出发，并不否认当今时代宗教存在的合理性，也不否认宗教对社会生活的积极作用。在它看来，笃信宗教的现象完全可以借由心理学、生物科学以及社会科学提供的理据得到令人信服的解释。

首先，从儿童心理学的角度来看，有信仰是儿童的天性。五岁以下的儿童往往视所有的人均为无所不知者。他们基于目的论的立场考虑问题：因为有云，所以下雨，因为下雨，所以花开。他们认定死人也有灵魂，故信奉身心二元论。而有关“无所不知”、“目的论”、“二元论”的观念，不仅体现了早期儿童认知状态的基本特质，而且更构成了许多有神论信仰体系的理论预设。所以儿童从直觉上便是有神论者。“笃信宗教无需费力去习得，正相反：笃信宗教恰恰自然而然地来自于人的认知的基本态势中，而原本的理智上的努力则在于，作为理性主义者从信仰中摆脱出来。[②]”

其次，从人类精神的更深层的特质来看，一种被称为“认知的绝对命令”的东西促使人们必然倾向于信奉宗教。认知的绝对命令属于人类精神的独特性之一，它迫使人们持续地思索存在的规律、事物的根据、现象的原因，对万事万物的图景做出一种内容一致、清晰明白的建构。他们不甘于对眼前生命意义的体认，而是要追逐整全的意义与目的，这是超然于所有意义之上的所谓超感性的意义。任何解释上的漏洞、任何非理性的死角、任何因果的不确定性、任

① Vgl. Michael Schmidt - Salomon: Manifest des evolutionaeren Humanismus, Aschaffenburg 2006, S. 88.

② Eckart Voland: Eine Naturgeschichte Gottes? in: Helmut Fink (Hrsg.): Der neue Humanismus, Aschaffenburg 2010, S. 78.

何发生事件的偶然性都是不可容忍的，“因为不理解会引发恐惧。为了避免这一点，理由与原因可以无中生有。大脑是一架永动的故事编造机。它不仅可以从无中看到规律，而且还可以发明故事，这些故事使这些规律多多少少看起来是可信的[①]”。由此可见，只要人们无法摆脱认知的绝对命令，则也就难以隔绝对宗教的依赖。凡是自然界难以得到科学合理解释的地方，就有宗教的市场；人们只有听信宗教的讲解，才能彻底满足寻求确定性（克服偶然性）并获得依托感的愿望。只要投身于宗教的虚幻，才有可能使恐惧、压力与痛苦得到有效抑制，从而最终有助于维护自保的生物需求的实现。

再次，从社会学、伦理学和生物学的视角来看，宗教在提高社会的认同感和建构社会的凝聚力以及强化同舟共济等积极性的道德意识方面，提供了独特的思想资源。从总体趋势上说启蒙和现代化运动为人类社会开创了伟大的民主时代，使人们能够享有一种前所未有的个体自由与价值多元选择。然而，反现代性的人们则抱怨现代民主社会只能提供如享有自由、避免暴力等消极性的价值以及民主、宽容等程序性的元价值，而像团结、互助、关护家庭与后代、勤奋工作等积极性的实质性价值则难以获得生成的条件，其结果必然是社会认同感与凝聚力的严重丧失。这种批评肯定是过头了的。因为一个现代民主社会，往往是靠一部以人权为价值基准的宪法将全体社会成员统合在一起并获得认同感的，而公民社会的组织以及志愿者的服务活动也为这个社会创生团结意识提供了不竭的源泉。当然这并不能否认宗教组织在强化社会合作方面的独特的积极作用。共同的宗教礼拜仪式，能够激发成员对一种生命共同体的强烈的社会认同感，能够形成成员的一种同舟共济的团结意识并且是靠内心的体认得以维持和强化，能够产生一种信仰集体内部本身所拥有的稳定持久的约束力与凝聚力。“个体性与自私性会因集体性之故而受到压制。这样集体的仪式便导致社会合作与和谐，导致力量的聚集并使合作的益处得以实现。[②]”连哈贝马斯也承认宗教仪式的独特作用：“当今天一种宗教共同体的成员完成了其礼拜仪式

---

① Eckart Voland：Eine Naturgeschichte Gottes? in：Helmut Fink （Hrsg.）：Der neue Humanismus，Aschaffenburg 2010，S. 78.

② Eckart Voland：Eine Naturgeschichte Gottes? in：Helmut Fink （Hrsg.）：Der neue Humanismus，Aschaffenburg 2010，S. 80.

行为，他们也就确定了团结的一种除此之外难以达到的源泉[①]”。“无论如何礼拜仪式已成为社会团结的一种源泉，而平等地尊重每个人的启蒙化的道德对这一团结却提供不了现实能动的同等物。[②]”总而言之，宗教能够依赖其礼拜仪式而增进社会团结，并赋予其成员一种重叠的生命意义，即便是从生物学的角度来看，宗教的价值也是不可否认的，那就是借由成员们致力于共同的目标而使生命共同体得到强化。

最后，从社会心理学的角度讲，在当代社会，宗教的最重要的作用应当是抚慰心灵。托匹池（Ernst Topitsch）把人的需求与行为区分为三个层面：认知层面回答康德的“我们能够知道什么”的问题，社会—规范层面回答康德的“我们应当做什么”的问题，情感层面回答康德的“我们可以期待什么”的问题。“认知维度关涉到人们在一个充满危机的现实中对解释与认知导向上的需求的满足。规范维度关涉到通过法律与伦理对社会行为构造的调节，情感维度关涉到心灵—情感的满足与保障。[③]”简单地说三个层面分别涉及知识、道德和信仰。尽管宗教自认为在三个层面上都可以有所作为，但科学擅长知的问题、伦理擅长德的问题、宗教擅长信的问题，则是一个不争的事实。然而这就又引发了一个严重的问题，即科学理性不是万能的。这一结论与人们对整全的科学知识可以解释一切现象并解决一切问题的信念是背道而驰的，而这种信念构成了启蒙运动的理性观念的出发点。尽管如此，我们必须承认，科学理性能够解析客观世界的逻辑结构，能够论证社会生活的规范系统，但无法为充满期待的人类心灵提供安慰。“启蒙理性的巨大弱点当然是其普遍化的安慰剂效用的缺失[④]”，而该效用对于人类进化则发挥着一种重要的功能。科学理性的这一弱点在宗教那里得到了克服，因为显然后者具有多重的安慰剂效用。科学理性与宗教世界观的区别在于，前者追求真理价值，而后者则追求信仰状态。但

① Juergen Habermas：Ein neues Interesse der Philosophie an der Religion? Interviewt von Eduardo Mendieta，in：Deutsche Zeitschrift fuer Philosophie，58（2010）1，S. 11.

② Juergen Habermas：Ein neues Interesse der Philosophie an der Religion? Interviewt von Eduardo Mendieta，in：Deutsche Zeitschrift fuer Philosophie，58（2010）1，S. 8.

③ Gerhard Schurz：Das Janusgesicht der Religion，in：Helmut Fink（Hrsg.）：Der neue Humanismus，Aschaffenburg 2010，S. 102.

④ Gerhard Schurz：Das Janusgesicht der Religion，in：Helmut Fink（Hrsg.）：Der neue Humanismus，Aschaffenburg 2010，S. 118.

真理价值并不必然带来心灵慰藉，而信仰状态则能够使人们赢得幸福。信仰状态与真理价值之间没有必然联系，也就是说，信仰状态可以独立于其真理价值而对人们产生实践效用，“尽管信仰的内容，就其真理上的机会而言，是一种幻觉，但信仰对于个体的效用却是现实的[①]”。舒尔茨指出：“比如说当我相信，一个钟头之内一位恋人要来看我，则这一信念会使我在以后几个钟头里愉快幸福，这与此人是否真的来没有关系。我称这种效用为我们信仰系统中普遍化了的安慰剂效用。[②]”总之，只要人们拥有对未来的期待，只要人们渴望心灵抚慰，则宗教就会有市场。宗教善于建构一种对于来世的幻想，这一来世的观念永远不可证实，也永远不可证伪。这样也就使宗教成为无法被否定的东西。通过对来世的幻想与信仰，人们可以克服对死亡的恐惧，因为期盼死后灵魂还可以复活；人们还可以承受命运的打击，因为尘世的不公可以指望上帝在来世予以正义的补偿；人们的情感能够得到强化，其心灵能够获得慰藉与支撑，因为人们在来世可以赢得上帝提供的整全的终极的生命意义。正如积极的幻觉对于生理与心理疾病患者已彰显出巨大的益处那样，充分利用通过幻觉所产生的安慰效用的心理需求，已深深地根植于人们的心灵结构，在某种特定条件下这种需求甚至可以把正常人变成宗教狂，为了信仰他们完全能够决绝地牺牲自己的性命，直奔天堂以享受永恒的幸福。

综上所述，人类个体与社会的需求是多层次性的，科学理性在满足人们需要方面并非是全能的，这就为宗教的存在提供了理由。新人文主义并不认定在科技昌盛与宗教式微之间具有着必然的关联，而是清醒地意识到致力于对宗教的启蒙性的转化才是有益有效的奋斗方向，换言之，要建构启蒙化的、世俗化的宗教以取代宗教原教旨主义。所谓启蒙化、“世俗化的宗教提供了宗教信仰系统及其安慰剂效用，但祛除了宗教的政治性力量，对原教旨主义的政治危险构成了一种障碍[③]”。与逃避或反抗现代世界的原教旨主义宗教意识不同，启

① Gerhard Schurz：Das Janusgesicht der Religion，in：Helmut Fink（Hrsg.）：Der neue Humanismus，Aschaffenburg 2010，S. 99.

② Gerhard Schurz：Das Janusgesicht der Religion，in：Helmut Fink（Hrsg.）：Der neue Humanismus，Aschaffenburg 2010，S. 97 – 98.

③ Gerhard Schurz：Das Janusgesicht der Religion，in：Helmut Fink（Hrsg.）：Der neue Humanismus，Aschaffenburg 2010，S. 119.

蒙化、世俗化的宗教是“一种得到反思的信仰，它同其他宗教处于一种关系之中，它尊重已机制化了的科学的并非是可靠的知识并且接受人权[①]”。依照新人文主义，在宗教对于许多人都将是一种持续性的需求的前提条件下，改造宗教使之成为启蒙化、世俗化的信仰系统并且令其与已有的世俗化的信仰系统处于一种妥协、平衡的关系，是当代公民社会最理性的一个行为选项。而且这种宗教形式在西方社会已经逐渐成为了一种现实，只是它还不是一个稳定的平衡物，其中充满了内在的张力，故需要不断的政治上的养护。为了遏制宗教中蕴含着的危险性的潜能，强化教育与科学并以理性认知的成果以及心理治疗、艺术修炼等方式激发心灵抚慰的效果，从而增进世俗性的信仰系统，或许也是一种值得努力进行的尝试。

第三节　总结与余论

本章探讨了当代伦理学思潮中的一个新的流派——新人文主义。新人文主义致力于建构一种将人文社会科学与自然科学整合在一起的全新观念系统，自觉吸纳进化生物学、脑科学、遗传学等自然科学的最新成果，用自然科学的知识和方法论证和说明人文主义，从而使所有的社会科学和自然科学的成果，都构成人文主义得以论证和辩护的基础与前提。新人文主义是一种融自然主义与人文主义为一体的崭新的世界观，在这样一种世界观的统摄下传统的宇宙图景、社会图景和人的图景都会呈现出深刻的改变，人的行为、生活态度、文化现象、思想观念也会赢得程度不同的新解。其中，新人文主义的人性观、享乐观和宗教观颇具特色，成为本章探究的几个主要亮点。

我们借用施密特—萨罗姆（Michael Schmidt - Salomon）下的一个定义，就可以给上述的新人文主义思潮做一个总结：新人文主义“标志着一种从多样的科学、哲学和艺术源泉中汲取养分的、后国家的、世俗化和批判—理性的（即既反教条主义的又反相对主义的）世界观，它将自然主义的认识论的视角与全

---

① Juergen Habermas：Ein neues Interesse der Philosophie an der Religion? Interviewt von Eduardo Mendieta，in：Deutsche Zeitschrift fuer Philosophie，58（2010）1，S. 5.

面改善人类生活状态的伦理—政治任务（实现机会均等和自由、贯彻人权、消除直接的结构性的和文化的暴力等）结合在一起[①]”。严格说来，新人文主义为伦理学的价值谱系并没有增添太多的新鲜东西，它不过是用自然科学与社会科学的知识打造了一个崭新的框架，使启蒙运动之后开创的法治国家与开放社会所践行的最低程度的道德共识得到了安顿并在新的基座上获得了证成，这就包括如下的价值选择与制度设计：基本人权的原则、法治社会的建构、民主的运行规则、社会保障的体系、对弱势群体的保护、对后代及环境的责任等。

新人文主义的理论建构的一个亮点，在于其对人性的理解与处置方式。这一点，如果放在由传统人文主义、新人文主义和社会达尔文主义分别作为基点所组成的坐标架上加以考察，就看得更加清楚了。在坐标架的上方是传统人文主义。传统人文主义的一个宏大理想，就是要通过文学阅读和艺术鉴赏来滋养和提升人的道德品性；人性在于对动物性的超拔，并且凭借高度的精神道德水准而得到标识与界定。如果动物性被比作为铁轨，则人性便类似于从铁轨上腾升的火箭，受到期待的是它能够不断超越高度的极限。在坐标架下方的是社会达尔文主义。其本质特征在于将社会行为完全生物化，从而根本抹煞了人性与动物性的区别。如果动物性被比作是铁轨，则人性便好比紧扣在铁轨上的车轮。在坐标架的中部就是新人文主义。新人文主义承认人性对动物性的超拔，但这种超拔的幅度是有限度的，它不能逾越支配生物界的自然规律，也就是说它不可能全然违背自利这一生命的基本原则，这样我们也就没有必要对将所谓兽性的人通过人文教育转变成为无私的高尚的生物的尝试存有幻想。对于新人文主义而言，人性超立于动物性，却是建立在对自利的认可的基础之上的，只不过是它把人性视为自利的服务对象，并且要构造伦理规则对自利进行调适。有别于动物性的人性被视为一个内涵丰富的概念：人被看成是一种自我目的的存在，因而拥有自我价值与自我尊严，人应自由自主地展现其生活规划的内含，并理直气壮地伸张其基本权利且自觉履行对他人权益平等尊重的义务。由于新人文主义不脱离自利这一生物原则来理解人性，故在它那里如果动物性被比作是铁轨，则人性便如同悬浮在轨道之上但离轨道并不遥远的磁悬浮列车的车厢。这样一幅人性的图景尽管看上去似乎

① Michael Schmidt - Salomon：Manifest des evolutionaeren Humanismus，Aschaffenburg 2006，S. 169 - 170.

并不完美，但由于根基牢固、底色坚韧所以更加真实，而立于这一图景基础之上的人际外在的行为规范也就更加可靠和行之有效。

新人文主义理论建构的另一亮点，是其在世俗化社会的时代对于宗教的态度。就伦理观而言，与传统人文主义不同，新人文主义并不重视个人德性的养育，而是积极致力于伦理性的游戏规则框架的确立与维护；在人权、人道的价值基准上，认可社会文化的多元化，任何人都有生存、言论、信仰的权利；在这样的社会里，主流可以主流，非主流可以非主流，对主流需要尊重，对非主流应当宽容。鉴于宗教在世界范围所表现出的一种持续的生命力，新人文主义不会轻视其存在的价值，而是严肃地将其作为“精神的一种当代形态”（借用哈贝马斯之语）来认可。“只要宗教对科学与自由并不构成威胁，则我们就应当尊重和宽容。因为我们不信仰的自由与他人信仰的自由是密不可分地联系在一起的。[①]”哈贝马斯近来表述的宗教观同样具有启发性。在他看来应当将国家的世俗化与社会的世俗化加以区分。在国家的层面当然应维护宗教中立，“国家权力的世俗化的确要求一部世界观中立的宪法以及在其框架下订立的针对相互竞争的世界观及宗教共同体的集体范围内有约束力的决议的不偏不倚性[②]”。立法、执法、司法应运用世俗语言表述，并且是基于普遍的可接受的理由得到辩护的。与多元化的事实、科学的公开权威、我们宪法基本原则的平等主义并不相容的原教旨主义，不可能让世俗的公民学到些什么东西。但是在社会的层面，“只要宗教传统和组织在社会中保持着生命力，则在一个自由的、政教分离的宪法框架下就不可能出现宗教共同体对民主政治的影响完全剔除的情况[③]”。在社会层面，信教的公民一方面享有宗教生活的权利，就像不信教者享有不过宗教生活的权利那样；另一方面，同不信教者一样作为民主的共同立法者，他们可以带着宗教立场的背景参与公共领域的公开的民主讨论，自由自主地发表自己的意见来影响对共同的社会生活规划的制定。而“自由的国家不可以在政治公开性中，也就是在民主过程的根基上，就对其信教公民

---

① Zitiert bei Michael Shermer, vgl. Armin Pfahl – Traughber: Ist der Atheismus auch eine Religion? in: Helmut Fink (Hrsg.): Der neue Humanismus, Aschaffenburg 2010, S. 189.

②③ Juergen Habermas: Ein neues Interesse der Philosophie an der Religion? Interviewt von Eduardo Mendieta, in: Deutsche Zeitschrift fuer Philosophie, 58 (2010) 1, S. 15.

的表达进行审查[1]”。

当然，也应当看到，新人文主义的一个重大缺陷在于对于动物世界和人类社会之间的界线并未做出足够清晰的区分，这就表现在它对于人类以史为鉴、总结经验、汲取教训并将经验教训作为精神财富传承给后代成为其新的起跑点的能力，没有予以应有的重视。新人文主义致力于匡正人文与科学脱节的弊端，强调人类无法逾越自然规律的界限，试图克服将道德不恰当地提升为一种与自利无关的崇高要求的做法，这完全是可以理解的。但不能因此就将自然界与人类社会全然混为一谈，不能因此就可以抬高生物必然性，贬低人类的文化成就，漠视社会的文明进步。人作为生物，的确受制于生物遗传必然性的制约，“故他的人之存在并非完全是一种新质，而是其起源和其续存的表征[2]”，但作为一种精神存在，则并非是前辈完全的复制。动物界的每一代均遵循周而复始的同一生长规律，而人类社会的承前启后却深刻着文明积累的印记，见证着道德意识的进步。新人文主义在区别动物行为与人类行为之时，正确地指出人因其预估和思虑未来的能力而优越于动物，动物与人类虽均受制于自利自保的本性，但人类社会的文明之处在于能够建构制度框架来调节人际间的利益冲突，使自利冲动服务于人性的展现。然而除此之外人类还拥有一种能力，即将历史的经验教训转化为自己的精神武装，并累积在自己及后代的新的起跑线上，从而推动着文明达到一个又一个新的高度。关于这一点，新人文主义似乎并没有足够的意识。自然的进化是随机变异和环境条件强制进行的自然选择的结果，但社会的进步却渗透着人类自觉的努力，受控于人的能动作用，正如启蒙与现代化并非是一件自然而然的进程，而是人类流血奋斗的结果那样。动物完全受制于自然规律的必然性，而人除了受到自然规律的制约之外还能够享有意志自由，从而创建文明的生活状态。这其中人类的经验教训的积累发挥着巨大的作用。历史的烛火可以照亮未来的路途，历史的经验教训使人类清醒而又聪明，它凝结成为我们的文化基因和精神血液，推动着人类社会摆脱幼稚状态而跨入持续成熟的进程。

---

① Juergen Habermas：Ein neues Interesse der Philosophie an der Religion? Interviewt von Eduardo Mendieta，in：Deutsche Zeitschrift fuer Philosophie，58（2010）1，S. 15.

② Josef H. Reichholf：Der Mensch zwischen Natur und Kultur，in：Helmut Fink（Hrsg.）：Der neue Humanismus，Aschaffenburg 2010，S. 125.

第十六章
一种超越责任原则的风险伦理

近现代以来，人类对自然界的干预行为所导致的事态之严重，或许超出了以前思想家们最大的想象空间。全新的现实挑战呼唤全新的理论应对。然而伦理学作为人际交往的行为准则的学问，其内涵拥有着自身内在的稳定性与恒长性，并不可能追随着事态的进展而每每发生理论更新。历经两千多年的演进，伦理学已经很难生发出什么新鲜的东西。要说“新”者，仅仅表现在鉴于新的现实情境，伦理学中某些特定的理论、学派或原则的重要性在现今某个特定的时期阶段得到了异乎寻常的凸显，例如德性伦理的“复兴”与责任原则的提出。“新”者，还表现在人们基于现实的需要，把伦理学中某些特定的原则或范畴勾连组合了起来，打包形成了一个整体用以共同迎应时代难题的挑战，例如生命伦理中的四项原则。本文所要阐述的风险伦理，大体上就属于“伦理创新”的这第二种模式。

第一节　风险时代的责任原则

如前所述，原本意义上的“伦理创新”十分困难，但这并不妨碍科学技术的日新月异以及造成的社会后果的不断更新的样态。科学在当今拥有着与过去全然不同的特点。古希腊和中世纪时期，科学理论与实践应用之间存在着严格的界线，前者与后者的距离也十分遥远，科学知识是纯粹出于追求真理的缘故得到探究的。而近代以来，自然科学却被赋予了一种通过对自然的支配来有益于社会、造福于人类的使命。在培根看来，知识是达到幸福的手段。事实也证明了这一点，科学知识在人类对抗愚昧、贫困、病痛的斗争中确实做出了极大的贡献。但自从科学知识作为技术得到运用之时起，或者说当科学被技术化运用之后，科学的产物就无法保证总是造福于人类，无法保证不会成为使人类不幸的手段。“因为科学技术工业化的能力以及我们文明的摧毁性的潜能之增长速度，超过了其伦理学，并且制造出了许多我们几乎无法主控的问题。比如自然的生活环境与气候的摧毁，土地的沙漠化，食品与土壤的毒化，动植物物种的消失以及其他类似的事情。[①]” 近两百年来科学技术的迅猛发展，呈现出对人类社会的强烈的控制力和对未来世界的渗透性的因果影响。所谓对人类的控制力，最集中地体现在随着基因技术和神经科学的演进，人的身心自身成了科学探索和技术掌控的对象，从而有可能对人的自然本性的持存形成巨大的挑战。所谓对未来世界的因果影响，表现在我们正在为后代留下一个过度使用的环境和过度改变的世界，有关当代人类行为后果的科学信息的不确定性，使得未来人类被置于一种损害强度难以预估的风险之中。科技发展给当代人类本身以及未来的世代造成的巨大威胁，一举冲破了启蒙运动以来乐观主义的迷思，即未来人类的处境由于科技进步会好于现时代的人们。当代赋有预见力的思想家们，早就颠覆了科技无所不能的神话：对异化现象的反思，对目的合理性（工具理性）统治所导致的新的奴役关系和非理性的警觉，对生活世界的殖民化的深刻忧虑，对启蒙的辩证法的全面阐释，成为贯穿着最近两个世纪以来人类思想探究史的一条清晰的线索。人们的最终结论充满着悲观主义的气息：当代的人类在科技研发上不能为所欲为，如果不能实现一种对自身力量的自愿的约束，则就无法阻止自己的行为变成对未来世代的巨大的不可逆的祸害，后者不要说是延续其父辈的自由与繁荣，即便是在这个地球上的正常生存都难以为继。而这种悲观主义声调在当代的最突出者，首推以约纳斯为代表的责任原则之学说。

在西方伦理学史上，“责任”这个概念对于人们来说并不陌生。近代伦理学的最大代表康德也是讲责任的。他的责任概念与自由具有一种相关性。在康德看来，由于行为主体是一种自主的理性存在，这样便使得他自己同时就拥有了一种道德责任，令其行为以普遍可接受的法则为导向。康德对责任的理解，表明他似乎已把握到了责任与自由之间所固有的密切的逻辑关联，而且只有理解到责任与自由或者自由与责任的这种内在的联系，才能一方面清晰地揭示自

---

① Franz Josef Wetz: Hans Jonas zur Einfuehrung, Hamburg 1994, S. 109.

由的本质，另一方面准确地阐明责任的来源。自近代以来，自由曾经被理解为是一种解放，一种对不公正的依附的摆脱。但与此同时，自由并不意味着也摆脱了责任，相反地，责任提升了自由概念的伦理意义，说明自由不仅拥有自我的维度，而且也还有社会的维度；换言之，自由不仅仅是指行为主体纯粹自身的自由，而且也意含着行为主体所担负的以其自由来服务于他人及社会的任务。“这样自由就包含着一种‘关护性’的特点，因为人们表示了一种乐意，创造性地与任务、托付、义务……打交道，并且是顾及到他人的生活。责任破除了个体主义的、专注于自身需求的自由，把自由约束于一种社会结构中，约束于共同的任务与目标上。于是责任就显示出一种广谱的‘关护性’的特征。……因而一种正确理解的责任概念总是也包含着关护和团结的义务。[①]”

1. 约纳斯前瞻性的责任原则

然而，这样一种有关责任与自由内在关系的一般理解，还无法体现以约纳斯为代表的责任伦理学说的特殊意义，无法解释和说明为什么最近四十余年来，责任这一概念不仅突然成为当代伦理学学术讨论中的一个基本的规范性的词汇，而且甚至也已成为人们日常生活中瞬间流行起来的普通话语。而要理解约纳斯责任原则的独特意义，我们就不能从康德有关自主与责任内在关联的阐述为出发点，而是应以韦伯对责任伦理与信念伦理的区分为基础和前提条件。而韦伯恰恰又是以康德为批评对象的。第一次世界大战以后，韦伯针对当时的政治家只讲权利运用不考虑行为后果的现象，呼吁社会倡导一种超越康德信念伦理的责任伦理。康德虽然也讲责任，但这种责任更多地是关切到对普遍法则的遵守，而不是直接关切到对行为后果的顾及。康德信念伦理的特点是指望或依赖于良心的纯洁，不大考虑所认定的道德正确的行为对周围的人与事产生的后果。而韦伯所强调的责任伦理，则恰恰是凸显了道德行为对于具体情境的后果在伦理判断中的重要性，韦伯所讲的责任，正是有关道德行为之后果的责任。沿着韦伯的这一思路，约纳斯推出了他自己的责任原则，其特征在于，约纳斯讲的责任，不仅仅是有关道德行为之后果的泛泛的责任，而是特别关涉到

---

① A. Holderegger: Verantwortung, in: Jean – Pierre Wils/Christoph Huebenthal (Hg.): Lexikon der Ethik, Paderborn 2006, S. 401.

对人类行为造成的未来后果的责任，因而这是一种前瞻性的责任。约纳斯的责任观，是对当代科技发展导致的风险社会基本特征的一种回应，在这样一种社会里人类行为的预期后果具有着前所未有的威胁性与挑战性。约纳斯把所有的由现代科技引导的行为，都放在责任原则的聚光灯下加以审视："但在技术的标符下伦理学所关涉得到的是这样的行为……，这种行为拥有一种前所未有的对未来的因果性的景深，它伴随着一种预知，这种预知同样地、像过往那样不完善地超越了所有过去的东西……。所有这一切把责任推到了伦理学的中心①"。

约纳斯反复强调，他所提出的责任原则体现了一种新型的伦理学。这种伦理学之"新"，可以通过一个词组得以概括，即前瞻性的责任。这里又包含有两层涵义。第一，这种伦理学是前瞻性的，换言之是远距离的。以往的伦理学都属于近距离的伦理学，其视角均限定在当代以及在世的人类，关切到现实当下人们的善的或公正的生活，在道德考量中未来人类和自然环境都不起任何本质性的作用："以前没有一种伦理学曾考虑过人类生存的全球性条件及长远的未来，更不用说物种的生存了②"。基于技术文明时代人类行为对子孙后代及大自然的深远影响，约纳斯倡导一种所谓远距离的伦理学，其视线投射到辽远的未来世界人类生存的基本条件："受到科学的空前力量和经济的持续能量推动的彻底解放了的普罗米修斯，呼唤一种新的伦理学，该伦理学借助于对普罗米修斯之力量的自愿的束缚而阻止人类成为祸害。现代技术的承诺已经转变成了威胁，或者前者与后者密不可分地联系在一起，这些构成了着眼主题……。为了人类幸福而对自然的征服，已经基于其成就的过度——这成就现在也延及到了人的本身——而导致了最大的挑战，这种挑战是从人类存在自身的作为中生发而来的③"。鉴于此，约纳斯提出了其责任原则的绝对命令作为反制的战略措施：每个人都应当"这样地行为，以便你的行为效果与地球上真实的人类生命的永久持存相适应④"。或者反过来讲，"这样地行为，以便使你的行为不会对这些生命的未来可能性造成破坏"⑤。第二，这种伦理学的核心是责任

① Hans Jonas：Das Prinzip Verantwortung，Frankfurt a. M. 1984，S. 8f.

② Hans Jonas：Das Prinzip Verantwortung，Frankfurt a. M. 1984，S. 28.

③ Hans Jonas：Das Prinzip Verantwortung，Frankfurt a. M. 1984，S. 7.

④⑤ Hans Jonas：Das Prinzip Verantwortung，Frankfurt a. M. 1984，S. 36.

原则。“责任”这个范畴在二十世纪以前的伦理学史上并没有显赫的地位。与其涵义最为接近者并在以往伦理学中发挥着极为重要作用的道德词汇是“义务”。义务这个范畴的特点，在于其意涵关涉到或指向一种固定确立的任务或功能领域，义务主体承担着一种内容与边界均清晰可辨的具有强烈约束力的任务。而这种主体明确、任务清晰的义务概念，却并不能应对功能高度分化的当代社会现实的挑战。科技时代的特点，在于行为主体的整体性与行为后果的长远性及不确定性，因而在这里人们无法运用传统的义务概念，来追究某人作为肇事者的行为主体，来确定其具体的过失之事实。正因为此，约纳斯用责任取代了义务，责任一方面蕴含着义务的原始基本涵义，另一方面又表达了科技时代所特有的义务主体不甚清晰、义务内容并不确定的那样一种整体性的、远距离的义务概念。换言之，约纳斯的责任，是在一种功能高度分化、行为后果高度不确定的社会现实的背景下，现代的人类为未来的世代及作为其生存基础的整个大自然所应承担的整体性和长远性的责任；不同于传统的义务概念，其责任主体无法精确地归溯为某一个具体的责任人，其责任内容也不是现实当下就容易予以准确追究的。一句话，约纳斯的责任，是与对事后过失的问责和查办完全不同的、作为未来人类之虚拟委托人所承担的那样一种前瞻性的责任类型。

2. 前瞻性责任与“父母关护子女”之模式

前瞻性的责任原则，既体现了约纳斯伦理学的特点，也暴露了其弱点。这要从两个层面来分析。首先，约纳斯的前瞻性的责任是奠立于“父母关护子女”这一模式之基础上的。约纳斯认为，所有原始的责任图景都是以母子关系的形式体现出来的，原始的责任场景是父母的关爱，“原始的责任对象是孩子[①]”。一般而言，父母关照其子女，是不问后者对其有何用处或能为其做些什么的。故约纳斯称这种父母对其子女的关护性责任为“非对等的关系[②]”，即承担责任意味着对一位他者尽责而不要求回报。但这种纯洁的父母关护式的责任模式具有着太强的近爱的色彩，其关爱的投射视野仅限于血缘与情感上的

---

① Hans Jonas：Das Prinzip Verantwortung，Frankfurt a. M. 1984，S. 234.

② Hans Jonas：Das Prinzip Verantwortung，Frankfurt a. M. 1984，S. 177.

近亲的范围。“父母式的关护对于道德行为并不是合宜的范式。父母关爱其孩子大多是出于自发性的移情作用和偏好，因为他们在孩子身上生发起感同身受，即将其苦乐视为自己的苦乐。父母式的投入合乎自发的利他主义。[①]”但是，奠立于血亲之上的这种父母式的近爱，并不适于为一种前瞻性的、远距离的、整体性的责任伦理的论证提供基础。因为从对子女的特殊的近爱中，推导不出对未来世代的普遍责任。这里存在着一个无法逾越的逻辑鸿沟，就像我们可以出于情感的自发性怜爱自己的子女和其他近亲，但不可能通过简单的移情作用对所有遇到的陌生人都予以同等的关护与顾及那样。其次，约纳斯的前瞻性的责任，体现为一种对当代人类整体的道德呼吁，即“要求人家行动，同时却并未做出任何一种细化或有限化[②]”。这样一种未经细化或具体化的责任倡导，最终难免陷于成为空疏无力的道德说教的境地。按照许多西方国家的法律规定，见死应救是一项严格的积极性的义务，但在具体实践中也并非是所有的人都应承担同等的责任，而是应经受一种责任归咎的细化与具体落实。这里的基本原则是：离需救者最近的唯一者更有义务；离需救者最近的群体更有义务；具备相关救援能力者（如医生）更有义务；需救者的亲戚朋友更有义务。反之，约纳斯的责任原则却是一种对由每个人组成的人类整体泛泛的道德呼吁，但“当毫无分别地要求所有的人之时，没有人会感到应负责任[③]”，而是谁都希望他人来承担这种责任。因而从整体上来看，约纳斯的责任原则在具体实施上缺乏一种强有力的驱动效能。

第二节　风险伦理如何超越责任原则

如上所述，在一个由科技发展所造成的对未来世代的人类生存具有巨大威

① Gertrud Nunner – Winkler：Verantwortlichkeit fuer andere：Das Problem der “positiven” Pflichten，in：Georg Lind/Gundula Pollitt – Gerlach（Hg.）：Moral in unmoralischer Zeit，Asanger 1989，S. 43.

② Gertrud Nunner – Winkler：Verantwortlichkeit fuer andere：Das Problem der “positiven” Pflichten，in：Georg Lind/Gundula Pollitt – Gerlach（Hg.）：Moral in unmoralischer Zeit，Asanger 1989，S. 49 – 50.

③ Gertrud Nunner – Winkler：Verantwortlichkeit fuer andere：Das Problem der “positiven” Pflichten，in：Georg Lind/Gundula Pollitt – Gerlach（Hg.）：Moral in unmoralischer Zeit，Asanger 1989，S. 47.

胁的风险社会里，约纳斯适时地提出了他的前瞻性的责任原则，这对于提高人们为后代承担一种长远的、整体性的责任意识，有着划时代的积极意义。然而就责任原则本身的实质而言，责任这个概念的原体仍然是传统的义务概念，而在这里义务的集中体现就是父母对子女的关护。故约纳斯责任原则的本质，就在于将父母对子女的关爱的义务扩展推广到整个人类后代。但这样一种理论从逻辑论证来看还是比较简陋粗糙的，从实际效力的角度来讲也难免落入柔软空泛的境地。所以，应对风险社会对人类的挑战，仅仅依凭责任原则还是远远不够的，而正在兴起的一种所谓风险伦理，便是颇有实力的竞争者。

按照风险伦理，风险只是与人的决策行为相关，自然灾难出现的可能不叫做风险。而人的决策行为的风险意味着决断的可能的负面后果的不确定性，换言之，一种决策行为可能的不良后果处于不确定的状态，就叫做行为风险。这种不确定性有两层涵义：一是行为主体知道负面后果的内容，但不清楚可能发生的几率。二是行为主体根本就不知道不良后果的性质到底怎样。总而言之，行为风险就在于决策行为有可能造成一种有害的后果。

对于风险伦理而言，这种决断行为所造成的可能的有害后果，不排除直接涉及到当代人自身，但更主要的是波及到后代人类。故风险伦理首先必须解决如何正确看待当代人与后代人之间的关系问题。这也是风险伦理能否超越约纳斯责任原则的关键之所在。

1. 风险伦理与当代人对未来人的平等公正关系

当代人与后代人之间究竟是一种怎样的关系呢？按照纳斯的责任原则，这是一种父母对子女式的仁爱的关系。但是如前所述，父母对子女基于血缘的关爱，是无法简单地类推到当代人对作为陌生人的未来世代的关系上的。因而在风险伦理的倡导者看来，当代人与后代人之间，并非是一种父母对子女式的仁爱的关系，而是一种陌生人与陌生人之间正常的平等关系，维系这一关系的道德原则不是仁爱，而是不伤害与公正。同样作为陌生人，在今天活着的人类与未来将要出现的人类之间并无本质的区别。故我们如何对待现世的陌生人，决定了我们如何对待未来的陌生人，这表明我们行为逻辑的连贯一致性。也就是说，当我们把未来人作为我们的平等者来看待的时候，则我们便以对待现世的平等伙伴的公正的立场与态度，来处理与未来的平等伙伴的关系。因而“有关我们是否对未来生活的个体有义务并且这是哪样的义务的问题，无法脱离于有关对现在生活的人是否有义务和有哪样的义务的问题①”。这样的思路基于标准的同一性：“我们寻求一种统一的基本原理，这样我们的行为在不同的生活领域可以汇聚成一种融贯的整体②”。

于是，我们很容易就可以看清责任原则所凸显的父母对子女的仁爱关系，与风险伦理所强调的当代人对未来人平等公正关系之间的差别。按照责任原则，一方面我们应当基于父母对子女的关爱而为后代人尽责奉献、做出牺牲，甚至可以超出合理的程度。另一方面我们也应当像父母对待子女那样，替后代人做出涉及到其未来福祉的决断，因而责任原则蕴含着一种家长主义的趋向。按照风险伦理，一方面我们当代人与后代人是平等公正的伙伴关系，故我们维护后代权益的逻辑与我们捍卫自身权益的逻辑是相同的，我们在使用资源之时固然不能使后人未来对资源的使用在量与质上受到影响，但这并不意味着要求我们今天的生活无着者为了未来的世代而放弃自己的基本需求。所谓可持续发展原则，正是这种公正的价值精神的体现，即应通过使资源的耗用速度不得高于资源的再生速度的方式，让发展既满足当代人的需求，又不对后代人满足其自身需求的能力构成危害，也就是说在当代人与未来人的利益之间保持一种恰适的平衡。另一方面，我们不能像父母为子女做决定那样替后代做主。因为“在父母对其子女的责任以及当代人对未来人的责任之间存在着一种决定性的区别。父母必须为其子女做出积极性的决定，只要该决定在其子女的能力成熟之前一定要做出。而我们今天的人则不可以为我们的后代做决定，因为后者原则上应看成是完全的、有能力的和平等的交往伙伴。我们不能代替他们来确定我们以某种方式预知的利益③”。“这就意味着，关涉到个体生活的决断不能由第三者做出，即便是可预期的后果对于当事者个体是有利的。④”

---

①② Hans - Peter Weikard：Liberale Eigentumstheorie und intergenerationelle Gerechtigkeit，in：Dieter Birnbacher/Gerd Brudermueler（Hg.）：Zukunftsverantwortung und Generationsolidaritaet，Wuerzburg 2001，S. 35.

③ Gertrud Nunner - Winkler：Verantwortlichkeit fuer andere：Das Problem der “positiven” Pflichten，in：Georg Lind/Gundula Pollitt - Gerlach（Hg.）：Moral in unmoralischer Zeit，Asanger 1989，S. 64.

④ Julian Nida - Ruemelin/Benjamin Rath/Johann Schulenburg：Risikoethik，Berlin 2012，S. 34.

2. 风险伦理的底线要求：不伤害和公正对待

风险伦理理解的当代人与后代人之间平等公正的关系，决定了我们当代人对于作为陌生人的未来世代所奉行的首要的行为规范，不可能是像父母对待其子女那样的仁爱与关护，而是作为最低限度行为准则的不伤害和公平对待。如前所述，按照逻辑连贯一致的要求，我们如何对待未来的陌生人，取决于我们如何对待现世的陌生人。而我们如何对待陌生的他人，取决于我们对行为规范的道德论证。人类道德发展史上具有里程碑意义的事件，在于自启蒙运动以来，道德不再是像传统中的那样基于对客观的宇宙秩序的认知或对宗教的信仰得到证成的，而是基于人们对理性的理由的服膺得到辩护的。而这种理性的理由所具有的普遍性的特征，便又传导到相关的得到论证的道德规范之上。这就导致了这些道德规范在人际间赢得最为广泛的认可与接受。就道德规范的普世性特征如何得到验证这一点而言，不同的伦理学家拥有各自不同的方法。这些方法都具备虚拟性的色彩。康德与罗尔斯都从某一个体的虚拟性的反思为出发点，来验证道德规范的普遍适用性。康德让个体虚拟性地考量他是否能够乐意其行为的准则成为普遍的法则。罗尔斯则虚构了一个原始状态，其中每位个体在无知之幕的条件下假设性地从当事人自己的立场出发来考虑他是否认同某一道德规则。与康德和罗尔斯都不同，哈贝马斯将单个人虚拟性的自我审思扩展成为一个当事人群体的虚拟性的商谈，在这种商谈中每位参与者在同等发言权利的条件下为某一规则的得到认可而达成共识。所有这些有关道德规范的普遍有效性的验证方法都有一个共同的特征，即通过这些方法所能达到的大体上都只是一些内容上比较稀薄的最低限度的道德规范，例如严格的消极义务——不伤害以及公正待人。“在所有这些方法中，可以得到普遍辩护的只有一种‘最低限度的道德’，其内容可以说合乎所有参与者得到阐明的自我利益。[①]”“所有理性的人都希望，他们自己以及他们的近亲都不会受到伤害，因而他们希

① Gertrud Nunner – Winkler：Verantwortlichkeit fuer andere：Das Problem der “positiven” Pflichten, in：Georg Lind/Gundula Pollitt – Gerlach（Hg.）：Moral in unmoralischer Zeit, Asanger 1989, S. 38 – 39.

望，避免伤害的消极义务对于所有的人都是有约束力的[①]”，作为在道德上有力度的规则，不伤害的绝对的约束性可以成为所有的理性人的共识，因而也可以成为每个人都能普遍遵守的行为规范。相反地，需要当事人做出奉献的积极性的义务，在一个多元化的社会里，不论是从个体还是社会整体的角度来看，都是不可预期的。如果我们对在世的陌生人首先能够履行的是不伤害的消极义务，那么对于尚未出世的未来的陌生人，我们大家每个人首先都能够做到的，也只能是不去损害其应有的身心完整性的基本权益，并且公平公正地对待他们。这就如同我们无法要求大家都到山上去捡拾垃圾，但一种消极性的不丢弃垃圾的义务，却能够得到每个人普遍履行那样。因而，在对待后代人的问题上，我们不能依照父母关爱子女的模式来呼吁每个人承担一种无限的责任，这样的呼吁由于缺乏落实的可能与基础，马上便会成为一种空洞的口号，最后甚至会导致当事人有可能完全不作为的结果。相反地，我们应当用一种“有关对后代的有着不可逆的侵害结果的行为的禁令”，来取代约纳斯对未来人的那种父母关怀子女式的责任要求，这种消极性的不伤害的义务，不仅在理论上能够得到强有力的逻辑论证，而且在实践中也是每位行为主体无需花费任何代价就可以普遍履行的，它体现了整个社会中最有约束效力的底线的行为准则。

风险伦理所理解的当代人与后代人之间平等公正的关系，还决定了当代人给后代人应当留下的，并非是同等的福利水平，而是同等的选择机会。如果是依照父母关护其子女式的责任原则，则当代人就必须而且也应很乐意为后代人打造一种与自己同样的好的生活，让后代尽情享受我们为他们精心准备的物质富裕。但风险伦理并没有把当代人与后代人看成是父母与子女的关系，而仅仅是视为平等公正的伙伴关系。这就决定了我们必须把后代作为拥有自主选择权利的并为其选择承担相应责任的行为主体来对待。于是并不清楚未来人真正想要什么的我们，就不能替他们来做决定，“相反地我们的义务是，给他们留有一种尽可能大的决断行为空间，而方法是不做出包含着对未来地球居民具有不

① Gertrud Nunner－Winkler：Verantwortlichkeit fuer andere：Das Problem der “positiven” Pflichten，in：Georg Lind/Gundula Pollitt－Gerlach（Hg.）：Moral in unmoralischer Zeit，Asanger 1989，S. 39.

可逆的确定结果的决断。我们的义务是放弃一切无可复元的对自然的干预[①]”。换言之，我们不能为未来人的福利水平负责，“一种为每个人保障同等的福利水平的社会，免除了个体自己的责任，同时也限制了其自由[②]”。故我们只能是为后代与我们一样的发展机会负责，为其与我们一样的自我决定的空间负责：“代际正义并不意味着同等的福利，而是意味着作为不同世代之出发点的同样好的选择的可能性[③]”。基于为未来世代留下一种同等的发展机会和选择的可能性的理念，我们就必须对一切限制后代行为空间的科技发明保持应有的警觉并做出必要的监控。例如施贝曼就认为，今天的人类对核能的利用在道德上是无可接受的，“因为对废料的储存，会在一个无可预料长的时间里，迫使未来世代必须从整个社会的角度拥有对处置这一极端危险的源头的知识以及相应的技术或社会性的保护措施[④]”。这样就在某种意义上大大限制了我们的后代行为选择的空间。另外，同等的发展机会和选择的可能性的理念，也包含着不能剥夺后代的人的本性的开放性，不得阻止其成为“完整的人”的意蕴。所谓“人的本性的开放性”或“完整的人”的概念，是指应把人尊为一种能够自主地决定和展现自己的存在，用尼采的话讲，人是“未确定的动物[⑤]”。人的这种自主性与未确定性甚至被许多人看成是人之尊严的一种体现。而通过基因与纳米技术对人的 DNA 分子结构或蛋白质分子结构的侵入与改造，虽是抱着造福于人的目的，但有可能因遗传物质的改变而严重压缩未来人类作为完整的人的存在，限制其本性完全开放的机会，这对于后代来说显然是不公正的。“如果我们——无论是基于何种形而上学或神学的基础——认可针对可持续的人类的持存负有义务，则我们就不仅要致力于对生活条件的维护，而且还要以对完整的人的脆弱性和有限性的这种存在的肯定，来抗击所有技术上的优

---

① Gertrud Nunner－Winkler：Verantwortlichkeit fuer andere：Das Problem der “positiven” Pflichten，in：Georg Lind/Gundula Pollitt－Gerlach（Hg.）：Moral in unmoralischer Zeit，Asanger 1989，S. 44.

②③ Hans－Peter Weikard：Liberale Eigentumstheorie und intergenerationelle Gerechtigkeit，in：Dieter Birnbacher/Gerd Brudermueler（Hg.）：Zukunftsverantwortung und Generationsolidaritaet，Wuerzburg 2001，S. 41.

④ Vgl. Gertrud Nunner－Winkler：Verantwortlichkeit fuer andere：Das Problem der “positiven” Pflichten，in：Georg Lind/Gundula Pollitt－Gerlach（Hg.）：Moral in unmoralischer Zeit，Asanger 1989，S. 45.

⑤ Vgl. Andreas Woyke：Intergenerative Gerechtigkeit und Verantwortung im Blick auf nanotechnologische Anwendungen und Visionen，in：Ethica，Wissenschaft und Verantwortung，18－（2010）－2，S. 120.

化的努力。[1]”

综上所述，风险伦理不像责任原则那样把当代人与后代人看成是父母对子女式的关护关系，而是陌生人与陌生人之间的平等公正的关系。这就决定了在风险伦理看来，我们当代人对待后代人秉持的基本原则，最首要的并不是仁爱，而是不伤害与公平对待；决定了我们给予未来世代所留下的不应是同等的福利与富裕水平，而是同等的发展机会和行为选择的可能性。风险伦理的这种致思理路与观念论说，不仅在理论上是论证严密和逻辑自恰的，而且在实践上也是承接底气和行之有效的，不会像责任原则那样陷于空泛乏力的窘境。正是在这个意义上，我们可以说，就如何对待未来人类这一问题而言，风险伦理所倡导的当代人与后代人之间平等公正的关系以及不伤害与公平对待的价值诉求和行为律令，是对责任原则体现的父母对子女的关护关系以及有关仁爱的泛泛的道德呼吁的一种超越。

第三节　风险伦理的三大准则及其价值意蕴

风险伦理，是在现代科学技术高度发展的背景下，当代人针对自身决策行为给予未来人造成的可能的负面后果的一种伦理应对。风险伦理视未来世代为我们当代人的平等的伙伴，因而不伤害与公正便构成了当代人调节与未来人之间关系的首要的道德基点。风险伦理大体上以三大行为准则为核心内容，即“行为结果预期值最大化准则”、“避免最大的恶之准则”、“审慎原则”。纵观这三大准则，我们可以发现，风险伦理并不是什么标新立异的伦理现象，而是以前早就被提出过的不同道德原则的重新组合，它们不仅适用于对待未来世代，而且——由于未来人与当代人被视为同等的伙伴关系——也同样适用于对待当代人类。

第一，“行为结果预期值最大化准则”，亦被称为贝叶斯准则（Bayes criterion，英国数学家贝叶斯 Thomas Bayes，1702 – 1763）。“贝叶斯决断准则要求，

---

① Andreas Woyke：Intergenerative Gerechtigkeit und Verantwortung im Blick auf nanotechnologische Anwendungen und Visionen，in：Ethica，Wissenschaft und Verantwortung，18 – （2010） – 2，S. 123.

选择具有最大有用性预期值的行为。[①]”该准则要求行为主体在决策之时运用一种程序，将所有的行为选项按价值高低顺序排列起来，所谓价值最大的行为选项是“能使主体益处的预期值最大化的行为[②]”。贝叶斯准则兴起于十八世纪下半叶，与古典功利主义和古典国民经济学有着密切的联系，都是以“有用性”为价值导向。一种说法是，强调行为结果最大优化的功利主义是贝叶斯准则的一个变形。

以“最大化你行为结果的预期值”为绝对命令的贝叶斯准则，非常符合人们追求益处最大化的正常的社会心理。按照这一准则的要求，有风险但收益大的行为是值得的，至于风险的好处与坏处在不同个体之间的分配似乎未受考虑，决策者与被决策者之间的差别也未受关注。这就暴露了贝叶斯准则及其伦理学上的同伴——功利主义立场的一个缺陷，即它们可能与义务论所主张的个体权益的神圣不可侵犯性原则相冲突。二十世纪七十年代福特汽车公司向市场投放了一种小型汽车 Pinto，但其油箱的设置不够安全，在事故时容易发生爆炸。为了避免这样的风险，公司本应对汽车进行改装。但峰层依据费用—收益的分析得出的结论是，企业处理有可能出现的一千人的死亡事例的所需费用，比对汽车的重新改装要便宜[③]。这样一种符合贝叶斯准则精神的、纯粹以收益最大化为价值基准的风险分析，当然是社会公众无法接受的，因为人命损失无法用经济益处相比较与权衡，更不可能通过后者得到抵偿。

因而风险伦理中“行为结果预期值最大化准则”的应用，必须受制于义务论坚持的个体权利原则的约束。也就是说，义务论对人之个体基本权利的重视，为整体利益最大化的价值追求划定了界限。“风险只能在下列界限内得到处置妥当，即要确定，这种处置妥当不会以对权利及其他义务论的标准的损害为代价。[④]”接着，风险伦理又通过所谓权利强度图的勾画，对各类权利的重要性做了排序，从而为人们在风险评估时对候选行为的具体确定提供价值引导。最内的第一圈由个体自主、人的尊严、生命权和身心完整性的权利构成。

---

① Julian Nida－Ruemelin/Benjamin Rath/Johann Schulenburg：Risikoethik，Berlin 2012，S. 74.

② Julian Nida－Ruemelin/Benjamin Rath/Johann Schulenburg：Risikoethik，Berlin 2012，S. 76.

③ Vgl. Julian Nida－Ruemelin/Benjamin Rath/Johann Schulenburg：Risikoethik，Berlin 2012，S. 150－151.

④ Julian Nida－Ruemelin/Benjamin Rath/Johann Schulenburg：Risikoethik，Berlin 2012，S. 159.

第二圈由良心自由、宗教自由、生命规划自由构成。这两圈里的个体权利标识着风险处置活动的一条不可逾越的界限，说明这些处于内圈的权利具有绝对性，不得因集体性目标的需求而受到任何相对化。这就决定了每个人都应视为平等自由的主体以及自在的目的本身，而不是实现集体益处的手段，他不得在违背其意愿的情况下被置于风险之中，其生命权也不能因挽救众多他人生命的缘故而受到牺牲。“民主的法治国家保障个体的权利和自由——也就是说其规范是以义务论而非以后果论为基础建构的，对这些规范的理解是无条件的，而不是有条件的。……对这些基本的个体权利的维护是一种上位性的国家目标，它不得受到对其他目标，如经济繁荣等的考量的影响。[①]”“现代民主支持个体的权利，即便是当该权利与普遍的利益相冲突之时也是如此。[②]”往外的第三圈为公民权、参与权和社会权。与此相接邻的是第四圈的财产权。相比之下，这种外围的三、四圈权利并不是绝对的，而是可以与集体的利益和目标相比较权衡的，必要时也是可以做出一定的让步与牺牲的，这当然并不意味着这些权利本身就不重要。“这些个体权利的贯彻要求在合法的风险实践的结构中可以受到限制，但又不会因此而使其基本的有效性受损。[③]”总而言之，风险伦理中“行为结果预期值最大化准则”的应用不是无条件的，而是要受制于义务论坚持的个体权利原则的约束。“一种融贯的风险实践必须考量两种因素：一方面是后果论的优化规模，另一方面是义务论的限制。[④]”换言之，“一种集体合理性的结构性的概念要求，将集体性的优化与对个体权利的维护这两个即便是在民主性的决策程序中时常也是相互冲突着的合法的政治秩序的因素，置于一种理性的关系之中[⑤]”。这里，也就体现了现代社会中承载着不同的规范性取向的经济与法律之间的相互作用：经济以后果论为导向，在对风险的考量中重视收益大小的理性算计。而法律则以义务论原则为根基，认可个体拥有权利，这些权利在大部分情况下可以与社会利益相权衡，但有关人的生命及尊严这样的核心权利却不是权衡的对象。因而经济上的收益算计必须遵守法律上的

---

① Julian Nida – Ruemelin/Benjamin Rath/Johann Schulenburg：Risikoethik，Berlin 2012，S. 143.

② Julian Nida – Ruemelin/Benjamin Rath/Johann Schulenburg：Risikoethik，Berlin 2012，S. 239.

③ Julian Nida – Ruemelin/Benjamin Rath/Johann Schulenburg：Risikoethik，Berlin 2012，S. 225.

④ Julian Nida – Ruemelin/Benjamin Rath/Johann Schulenburg：Risikoethik，Berlin 2012，S. 175.

⑤ Julian Nida – Ruemelin/Benjamin Rath/Johann Schulenburg：Risikoethik，Berlin 2012，S. 220.

对人权保障的规范性要求，后果论的利益优化的努力不得逾越义务论划定的价值界限。

第二，“避免最大的恶之准则”，即“极大化最小准则”（Maximin criterion）。“极大化最小准则”是美国统计学家瓦尔德（Abraham Wald）1950年在有关决策论的讨论中提出的，按照该准则，应择取这样的行为选项，“其最坏的可能的后果要比其他可选择的选项的最坏可能的后果要好[1]”，或者，“其可能的最坏后果所具有的损害是最小的[2]”。所谓极大化最小，可以解读为极大化危害性最小的行为选项，一言以蔽之，避免最大的恶果的发生。在一个风险社会里，我们的选择行为结果的益处与危害均处于不确定的状态，“避免最大的恶之准则”所强调的是行为后果的危害性的这一面，即要对可能发生的灾祸保持高度的警觉，以可能出现最坏的后果为着眼点和出发点，而在这里行为可能带来的益处以及恶果出现的实际几率等因素并不重要，该准则仅仅致力于排除行为选项中所有不可接受的最坏的后果，防止灾难的发生。谈到“避免最大的恶之准则”，我们不能不提及约纳斯的贡献。他对人类科技进步的前景持悲观主义的态度。面对着一个高度的风险社会，他所倡导的是一种“有关恐惧的启迪学”，即在损害的风险与收益的机会之间的权衡中，应更加重视前者，在疑虑犹豫的情况下应为了避免风险而放弃重大的技术进步。“对未来世代的责任因而是一种……避免损害、减少长远的风险和预防未来灾难的义务。[3]”“避免最大的恶之准则”甚至被约纳斯视为技术时代伦理学的核心标准：“这样地行为，即不损害人类的持存，避免人们可能想得到的最大可能的恶，不要试图以此恶同其他益处相权衡[4]”。

“避免最大的恶之准则”，把一种所谓“消极伦理学”的概念，推入到当代伦理学学术研讨的视野之内。“消极伦理学”的倡导者奥特曼（Henning Ottmann）认为，伦理学是关于人类行为规则的学问，故伦理学按其本义而言一

---

① Julian Nida – Ruemelin/Benjamin Rath/Johann Schulenburg：Risikoethik，Berlin 2012，S. 95.

② Julian Nida – Ruemelin/Benjamin Rath/Johann Schulenburg：Risikoethik，Berlin 2012，S. 52.

③ Dieter Birnbacher/Christian Schicha：Vorsorge statt Nachhaltigkeit – ethische Grundlagen der Zukunftsverantwortung，in：Dieter Birnbacher/Gerd Brudermueler（Hg.）：Zukunftsverantwortung und Generationsolidaritaet，Wuerzburg 2001，S. 19.

④ Vgl. Julian Nida – Ruemelin/Benjamin Rath/Johann Schulenburg：Risikoethik，Berlin 2012，S. 97.

定是积极伦理学，它说明的是应当做什么。至于不做什么，只是伦理学附带考量的对象。“而附带地对不做的兴趣，在我看来，在当今已经是不够了。我们今天所需要的，是一种消极伦理学。[①]”消极伦理学的特点在于，首先强调的是不做（放弃），而做则是次要的。消极伦理学并不追求一种需要达到的积极的目标，而是仅仅关注需要避免或阻止之物。“在特定的情况下宁可什么都不做，也比做点什么可能的坏事要好，这种伦理上的建议，被实践哲学称为消极伦理学。[②]”被一些人誉为道德哲学中“哥白尼式的转向[③]”的消极伦理学的出现，与现代人类行为能力的持续辩证发展的进程相关。一方面现代人类行为主体的行为能力越来越强，另一方面因其行为后果的某些负面性质日益明显，故该行为主体的行为限度也就越来越大。人类因而必须反省，以前为了生存我们固然需要增强自己的行为能力，但在生存需求得以保障之后，我们就有条件来审视人类活动的副作用，对那些可能造成灾祸、但又不触及也不会影响现实人类生存的行为选项，保持高度的警觉与慎重的态度，于是放弃、不做，便成为时代的新要求。

“避免最大的恶之准则”，凸显了作为消极伦理学之核心诉求的“放弃之美德”的地位与重要性。消极伦理学是一种放弃之伦理，“避免最大的恶之准则”要求人们把“不做”作为最重要的行为选项。行动是人类的一种能力，它具有一种表现的意义，在行动中行为者的观念、意图、愿望和目标都得到了体现。行动包括做与不做（放弃）。不做是指阻止或中断一种指向某一可达到的目标的行为。不论是做还是不做，都应经受道德标准的检视。而消极伦理学的特点，在于把辩护的压力放在“做”上，即“不做”就没有压力，而“做”则需要有论证。理由在于，“不做的风险比做的风险更容易估量[④]”。依此，奥

---

① Henning Ottmann（Hg.）：Negative Ethik，Berlin 2005，S. 13.

② Ludwig Hasler：Die Tugend des Unterlassens，in：Michael Haller/Helmut Holzhey（Hg.）：Medien – Ethik. Beschreibungen，Analysen，Konzepte fuer den deutschsprachigen Journalismus，Opladen 1992，S. 213.

③ Vgl. Dirk Lueddecke：Wer nur den lieben Gott laesst walten，in：Henning Ottmann（Hg.）：Negative Ethik，Berlin 2005，S. 33.

④ Ludwig Hasler：Die Tugend des Unterlassens，in：Michael Haller/Helmut Holzhey（Hg.）：Medien – Ethik. Beschreibungen，Analysen，Konzepte fuer den deutschsprachigen Journalismus，Opladen 1992，S. 213.

特曼提出了有关放弃（不做）的五条绝对命令：A. 对于已经做好了的且人们自身无法做得更好的事情，人们就应放弃。换言之，谁要是改变现状，就应做出论证，因为行动总是伴随风险。B. 对于别人能够比我们做得更好的事情，就要放弃。C. 对于可以从自身变成其应是之状态的事情，就应放弃。D. 对于导致的坏结果超过好结果的事情，要放弃①。特别是因为许多损害都有不可逆性，我们的任何不负责任，都会给未来世代造成不可承受的后果。故“对于使未来世代的生命权和自主性受到限制的所有的东西，都必须放弃。②”这种“放弃”的战略不仅涉及到我们的行为能力，而且也上溯到我们对这种能力的获取。我们必须“从对权力的运用的克制——这一点是明智的——进发到对权力获取的克制③”。这就意味着对于一些有害的技术手段，我们不仅要放弃对其的应用，而且在一开始就应放弃整个研发活动。“因为只要这些技术可以利用，则就会有巨大的对其应用的尝试，即便是其应用会是有害的，且其可预见的后果会是灾难性的。④”E. “对于人们无论如何也无法改变的事情，就应放弃。⑤”这五项有关放弃（不做）的绝对命令，尽管内容各异，但都呈示了消极伦理学对当代人的行为结果给后代人可能带来的危害的重视，都体现了其有关与不做（放弃）所伴随的风险比做的风险更易于掌控的考量。值得指出的是，放弃（不做）是一种消极性的行为，对其实施适用于所有的人，并且原则上无需代价与付出，因而具有鲜明的普世性的色彩。当然从某种意义上讲，放弃也意味着付出，即放弃那种与对未来人类的损害有必然关联的收益。只是这样的“付出”是值得的，完全可以接受。对损害他人之行为的放弃，不仅验证了自己的德性与品位，而且也构成了自身自由之实现的条件与前提。因而对一种事物的放弃，可以意味着对另一种更高事物的获取与赢得。当然，从实际效力来讲，放弃之美德还有待于最终转化成为具有强制约束力的法律规定，即所谓让道德制度化，否则单枪匹马的个人的放弃行为就会失去现实的意义。

---

① Vgl. Henning Ottmann（Hg.）：Negative Ethik，Berlin 2005，S. 19 – 22.

② Henning Ottmann（Hg.）：Negative Ethik，Berlin 2005，S. 24.

③ Hans Jonas：Technik，Medizin und Ethik，Frankfurt a. M. 1987，S. 70.

④ Franz Josef Wetz：Hans Jonas zur Einfuehrung，Hamburg 1994，S. 156 – 157.

⑤ Henning Ottmann（Hg.）：Negative Ethik，Berlin 2005，S. 24.

第三，“审慎原则”（Precautionary principle）。这是除了“行为结果预期值最大化准则”和“避免最大的恶之准则”之外，风险伦理的第三条决策标准。其核心内容是，基于有关行为风险的科学信息的变动性，本着并非追求零风险而是尽力降低风险的原则，来对决策进行动态调控，以达到既避免最大的灾难又力争最大的社会效益的目的。“审慎原则”以一种灵活的态度来对待面临的风险，根据对科学信息的动态掌控，它对风险既可能采取规避的立场，也可以是中立，甚至是认可的立场。“这就意味着，审慎原则随着时间的进程可以从一种厌险的决断战略转向对风险持中立态度，或者对风险的认可的决断战略。[①]”这种既非固化的、亦非随意的，而是灵活的决断战略，是益处最大化与安全最大化价值诉求的动态交融的体现，故也可以被视为“行为结果预期值最大化”与“避免最大的恶”这前两项准则核心要素的有机整合。

“审慎原则”的最大特点，在于它被物化为一种动态灵活的、其成果具有暂时性的、向着变化开放的决断程序或决断过程。“审慎原则”所应对的是科学信息的不确定性，在此背景下指导人们对行为后果的性质以及出现的可能性做出研判分析，从而为决断提供依据。当发现潜在的后果具有不可逆的性质，则应采取规避的措施，以便使未来世代留有一种尽可能大的行为空间，“它能够首先防止不可逆的后果的发生，并且包含有对未来的灵活性，同时也等待新的科学知识的到来[②]”。随着信息的更新程度与性质的变化，人们又可以依据对风险的更多的知识掌控来采取新的应对措施，力图有效地把风险降到最低的限度。依照“审慎原则”，决断是一个长期的动态过程，有关风险的性质与程度的知识量越大，则相应的处置措施就越有效适用。故“审慎原则依据可运用的信息基础，追循一种不同的决断战略，因而既可以应用规避之战略，亦可使用费用—收益的方法。所以有意义的是，将审慎原则定义为是一种程序，……一种组织化的决断过程[③]”。这样也就不难理解，欧盟委员会的文件根据“审慎原则”的精神，提出了应对风险的五个指导性要求：A. 合宜性。即不追求零风险，当然也不排除对某些风险的完全的规避。B. 禁止歧视。即

① Julian Nida - Ruemelin/Benjamin Rath/Johann Schulenburg：Risikoethik，Berlin 2012，S. 107.
② Julian Nida - Ruemelin/Benjamin Rath/Johann Schulenburg：Risikoethik，Berlin 2012，S. 114.
③ Julian Nida - Ruemelin/Benjamin Rath/Johann Schulenburg：Risikoethik，Berlin 2012，S. 115.

对同样的风险类型应同等对待，反之亦然。C. 一致性。与禁止歧视相类似。D. 应对风险，既不忽视经济上的考量，也不能漠视公众的可接受性以及反应的有效性。E. 重视科学发展的新成果，对风险的反应要有暂时性的特点，应适应新知识的要求①。

既然“审慎原则”体现了一种动态的决断程序，则就需要通过公众参与的现实的民主商谈活动得以落实。“个体对不同形式的有关风险的公开商谈的直接参与，构成了关于风险的政治决断运作之合法性的一个本质性的源泉。②”任何风险的接受与承担，均有赖于所有当事人在商谈活动中表现出来的认同态度，而公众参与商谈的前提则是信息的透明与立场的无强制性。诚然，最理想的状态是通过商谈达到一种全体的认可与共识，但实际中更多的情况则是依靠投票的多数决的形式。值得一提的是，这样一来就会出现一部分投反对票者在违背其意愿的前提下不得不承担风险的结果。但这样一种无奈结果的不可避免性，得到了处于上位的商谈程序的正义性的支撑与辩护，因为没有这种程序正义，民主的秩序与运作就不可能持续。尽管如此，鉴于风险性质的复杂性与后果的高度不确定性，作为少数派的民众对决断结果的反抗（甚至包括个别违法的反抗举动），在道德上仍然是值得持续的顾及和不断的审思的。

第四节　总结与余论

本章探究了一种超越责任原则的风险伦理的基本内容，论者指出：作为对以当代人类科技行为预期后果具有着前所未有的威胁性与挑战性为特征的风险社会的一种回应，约纳斯适时地提出了他的前瞻性的责任原则。而与该原则不同的是，正在兴起的一种所谓风险伦理理论，并没有把当代人与后代人看成是一种父母对子女式的仁爱的关系，而是一种陌生人与陌生人之间正常的平等关系，维系这一关系的道德原则不是仁爱，而是不伤害与公正。论者进而阐释了风险伦理的三大准则（即“行为结果预期值最大化准则”、“避免最大的恶之

① Julian Nida - Ruemelin/Benjamin Rath/Johann Schulenburg：Risikoethik，Berlin 2012，S. 116.

② Julian Nida - Ruemelin/Benjamin Rath/Johann Schulenburg：Risikoethik，Berlin 2012，S. 64.

准则”、“审慎原则”）及其价值意蕴。

从某种意义上讲，人类文明史也是人的权利的确定、固化、扩张乃至膨胀的历史。人权意识的树立，构成了人类最伟大的一种精神成就。伴随着文明的演进，人人拥有自由选择之权利的思想率先成为人权的核心内容。鉴于自由选择导致的两极分化及贫富不均的社会矛盾，到了十九世纪就又出现了福利国家的理念，即引入社会保障制度来实现社会正义，这样便使得经济社会权利也成为人权核心内容的另一重要组成部分。早在1793年的法国宪法，实际上就已经强调了国家不仅应保障自由权利，而且也应维护个体的社会安全。1961年《欧洲社会宪章》得到了欧洲委员会的签署，1966年联合国通过了《经济、社会、文化权利国际公约》。随着人权子目清单的扩容的进程，人们逐步产生了一种可以理解的期待，即将自身生活各个领域的积极持续的改善需求都上升为人权来得到满足，并且这一目标可以通过无限的经济繁荣和无节制的技术进步获得实现。今天我们发现，把人类所有的需求都上升为人权来得到保障的意图和努力似乎是不切实际的，因为不加节制的经济繁荣与技术进步的代价，是“人类以及整个生物圈的生活基础的持续的损害和威胁①”。于是，我们就有必要改变那种把最大可能的富裕需求同人权等量齐观的想法，在一定的人权标准得以保障的前提下，尽力减少我们过分的物质福利需求，倡导一种放弃的美德，从而使未来世代的权益不受威胁，使人类整体的持存得以可能。

人类主体意识的觉醒，使得我们已经不可避免地进到了一个价值观念多元化的时代。自由派思想家把社会所有的规范秩序的目的归结为对个体权利的保护。而非自由派思想家在首先认可个体权利的同时，也强调团结、博爱等其他规范性的价值。生态危机使我们不得不面临着如何对待未来人类这样一种全新的课题。约纳斯提出了父母关爱其子女式的责任原则的解决方案。与此相类似，比恩巴赫尔提出了代际共同体意识作为有效应对的良策：“如何能够推进关怀未来的动机呢？重要的似乎是，发展出一种自身在世代链条中时间上的位置这样的意识，并且建构出一种代际的共同体之感，这种感情如果不能涵盖全人类，则也可涵盖一种有限的、文化上、民族性和地区性的群体，从中赢得一

① Franz Josef Wetz：Hans Jonas zur Einfuehrung，Hamburg 1994，S. 165－166.

种对过往的感恩以及对朝着未来方向的关护义务的认可[①]”。诚然，谁也无法排除这些高尚的道德呼吁在现代社会民众中会产生出一定的感召力和启迪作用。然而，一种渗透着使未来人类免除生态危机之祸害这样的道德诉求并且是行之有效的政治秩序与法律制度的设计与建构，还有赖于内容更加实际、逻辑更加严密的伦理规范的论证。尽管理念与立场的分歧是现代多元化社会的一个基本特征，且自由与民主的法律秩序应当维护人们拥有一种多样性的习俗与信念的光谱，但在一种最根本的人际相处的底线规范（如不伤害）上，我们还是应当而且能够达成广泛的共识的。当我们把未来人类不是看成自己的子女，而是视为与自己一样平等的伙伴的时候，我们就可以依照一种超越约纳斯责任原则局限性的风险伦理的原理，致力于一种调节现代与未来人际关系的行为战略，即为了避免对未来世代的不可逆的伤害，我们可以对一些风险实践做出主动的放弃，从而为后人留下一种不亚于我们所拥有的尽可能大的行为空间与发展的可能性。同时，我们还可以运用动态灵活的风险调控机制，力争人类的最大幸福与安康的实现，受惠者既延及未来世代，当然也涵盖我们自己。

---

① Dieter Birnbacher/Christian Schicha：Vorsorge statt Nachhaltigkeit – ethische Grundlagen der Zukunftsverantwortung，in：Dieter Birnbacher/Gerd Brudermueler（Hg.）：Zukunftsverantwortung und Generationsolidaritaet，Wuerzburg 2001，S. 30.

第十七章
结束语
再谈道德：在规则与德性之间

第一节 道德规范与自由意志

道德关涉到人际间最基本的行为规范。这种规范被划分为内在的（即品德、德性）和外在的（即规则、原则）两类。不论在哪个时代和哪种社会，这两类行为规范都是不可或缺的。但是，从人类道德发展史来看，从以品德、德性为特征的协调着近距离人际关系的内在规范，向以规则、原则为特征的调节陌生人社会人际关系的外在规范的发展，并且后者获得了越来越大的重要性这一点，已经成为一种势头强劲的趋势。这也可以看成是启蒙和现代化运动的一项硕果：人们用理性补充了本能与情感，自主地建构起了一种以对利益的维护为根基的、具有普遍约束效力的行为规范，这种行为规范可以得到理性的论证和检验，其内容可以得到清晰的表述并随时准备着服务于国家法律的塑造。这样一种现代性的道德意识，已经成为我们时代最正常的自我理解的一部分。

前述的用理性充实情感，意味着人类道德观念的一大进步。这当然并不是说情感可以被完全否定，而是说仅仅依赖情感无法适应和满足人类不断扩展了的行为外延对于那种可以清晰界定的规范的需求。从这个意义上讲，理性是人类维护并提升其生命质量的最基本的方式；也就是说，只有在理性思考的基础上，人们才有可能对其行为做出正确的引导，从而最大限度地满足其生存的需求。这就好比一群遇险者如果失去了理性，他们就有可能性命难保，他们的拒绝思考就有可能导致生命的终结。总之，在生存需求面前，理性能够引导人们做出正确的决定，在这正确的决定中，就包括对道德行为的抉择。道德作为人类建构的产物，一定是由理性所支撑的；合乎道德的行为，一定是经过理性的论证、权衡、检验、为大家所认同并且被证明是具有普遍效力的行为。一句话，道德思考的过程，一定是独立的个体运用其理性来权衡理由并被正确的理由所引导的过程。道德行为，一定是基于理性的行为，而非取决于个别人的主观好恶。对道德问题的正确回答，一定是理性的砝码所在的那一边的回答。理性告诉当事人，人类生活的持存必须靠一定的利己行为，对自己利益的追逐与维护是无法改变的人的本性。这一点不仅适用于自己，而且也适用于所有其他的人。当一个人宣称自己有权获得个人利益的话，他必须同时也得承认别人同样也有这种权利。正是由于这种“利益同一性”，才促使了道德规范的产生，它要求当事人为了满足自己的利益就必须不伤害并公正对待他人的利益。正是维护己利的终极要求决定了对道德规范的恪守。追逐己利的冲动必须同时包含着对他人需要的认知。只有关照他人的利益，才能使自己的利益最终得以实现。从这个意义上讲，如果说人的生命只有靠理性才能得以维护，那么人的利益，也就只有依靠道德才能得到保障。于是，道德的就是理性的，道德的要求便是理性的要求。由于理性构成了人类生存的基本方式，故违背道德便是十分愚蠢的事，这就在于违德便是违背理性，而违背理性则直接导致生存活动的阻滞。就此而言，道德有其自身的生存逻辑与延续法则。基于“自利的需求决定了理性的行为，而理性则要求有对道德规则的遵守”这一内在必然性，我们就可以说，理性以及建立在理性基础之上的道德，对于人的生存至关重要。一方面，对于当事人个体而言，不论他自己对道德的态度如何，都改变不了拒斥道德便是否定理性因而无法维持正常生存这一现实。对道德的基本需求，不是来自于外界，而是来自于他自己的守德可以帮助维护其生存利益这一事实。因为道德行为者才是该行为的首要受益者。一个人按照道德要求为了长远的利益而放弃短暂的益处，这不是一种牺牲，而是一项投资。另一方面，道德具有普遍性，它不仅要求这位当事人这样做，而且也要求所有的人都这样做。而践行道德规范的结果便是所有的人都从中受益，人们的关系可以因此而得到改善，生活质量可以因此而得到大幅度的提高，故一种道德上的合作对于整个社会都具有重大的价值。

如上所述，生存的客观需求决定了人不可能拒绝理性思维，而理性又必然导致对道德能力的拥有。人们不仅实现了把道德正确界定为以对人的利益的保障为目的的人际间的行为规范，而且也设计出道德实践的具体方法，即道德不仅体现为支配行为者动机的内在品德品性，而且更是体现为掌控行动者外在行为的规范系统。在一个自由原则支配一切的时代，在一个无法使公民的价值追求与终极信仰达成统一一致的历史背景下，人们可以理解与认可的道德，只能是一种内容界定清晰、适用范围明确、对人际和谐相处和社会基本运转足敷应用的底线伦理，这就体现为三个最低限度的道德规范或原则，即不伤害、公正与仁爱。从根本上讲它们来自于作为理性契约动物的人类的能动建构，其终极目标在于维护人类的利益，避免自由的滥用。这三种道德规范或原则，在伦理学中介于宏大的伦理学理论与拒斥规范的情境伦理学立场之间，它们既展示了最初级的道德底线，也体现了最基本的道德概念，既代表了人的内在的品德素质要求，也构成了人际间最核心的外在的行为约束与规范。作为一种社会整体性的契约，这三种道德原则对于人类社会的持存是一个不可或缺的精神基础，对于个体幸福的实现也构成了一个重要的前提条件。但两者相比，道德的重要性还是体现在社会整体上，它要阻止灾祸与不幸，维护人际和谐与稳定。至于提高个体的幸福度，则并不是要务，因为幸福不是一个可以普遍度量的东西。

与地方性的习俗、传统性的训导等不同，这三项道德规范都属于理性的规范与原则，它们自身惟有经受住严格的审视与批判性的检验以及必要的论证和辩护，才能成为判定所有行为是否恰适的基础性标准，并且为人们所自觉遵守与奉行。按照康德的立场，这种检验的方法就体现在，要看这三种道德规范是否可以普遍化、是否是以人为目的、是否是自我立的法。而是否具有普遍的约束效力则构成了最主要的验证指标。

如果依照是否具有普遍约束效力的标准来检验这三项最基本的道德规范或原则，我们就可以发现，不伤害与公正属于同一量级，它们都算作是完全的义务；即义务履行者在任何时空环境下、针对任何熟人或陌生人，包括遥远的未来人以及眼前的敌人，都必须自觉严格地遵守这两项行为规范或原则。而是否做到了这一点，是完全可以精确界定和清晰度量的，如果违规，也是完全可以依情形的严重程度予以公平惩处的。仁爱这一规范或原则则复杂一些。这里可以分成两种情况。当仁爱作为紧急救援（阻止恶行）这样一种特定的狭窄涵义理解的时候，它就是一种完全义务，在许多国家甚至成为一项必须严格遵循的法律规定。因为此时作为紧急救援这样一种狭窄意义的仁爱，其作用对象是人的宝贵生命，故这种特殊涵义的仁爱便构成了一种必须强制施行的责任，而且行为对象应是涵盖所有的人类个体。如果行为主体拒绝驰援，则就可以在确定过失大小之后对其予以相应的处罚。更多的情形则关涉到仁爱的最一般、最广泛的涵义，即泛泛地同情、关护和帮助他人，增进其福祉。这样一种得到理解的仁爱是一项不完全的义务，它的内容并不精确，它的执行力也没有强制性。比起陌生人世界，它在熟人环境里更容易得到实施与践行。仁爱以情感为强大基础，我们不可能强迫行为主体对他人付出某种情感，同时我们也无法指望当事人一视同仁地关爱所有的人，包括遥远的陌生人或眼前的罪犯。故宽泛意义上的仁爱（增进福祉）作为一种道德规范，在适用范围和着力强度方面都是有局限性的。基督教有关“你应当爱邻人如爱自己”的戒律，仅仅是体现了一种良好的愿望与期待。而且在某些特定情况下，仁爱与公正甚至有可能发生矛盾与冲突。当仁爱过度，如把自己的财产赠送给他人，且因此所得的好处无法抵消遭到的损失之时，仁爱就走向了不公正。总之，宽泛意义上的仁爱（增进福祉）主要是针对近亲与友朋的，对于宏大的陌生人社会，不伤害与公正发挥着更为重要的作用。这反映了从传统社会以人的品性、情感为中心，到现代社会以人的行为规范为中心的价值主轴的重大变迁。由于从不伤害与公正到宽泛意义上的仁爱（增进福祉），是一种着力强度递减的过程，故有关正当与善何者为优先的问题，在这里就有了清楚的答案。

以上我们谈到，道德选择体现了人类自身的一种理性需求，同时，不伤害、公正、仁爱构成了人们在社会交往中最基本的道德规范与原则。尽管如此，行为者是否真的做出道德的抉择，是否真的遵循这三项底线的道德规范行事，则最终取决于当事人的自由意志。我们说过，理性是人类生存的基础。但理性的运用离不开每一位当事人自身的独立思考。理性是要靠思考者自己来真正实现的。思考是一件亲力亲为之事，没有人可以替代另一人进行思考。没有人能够不通过自己的独立思考就可以得出理性的结论。尽管我们都知道，道德的合理性并不能担保道德的现实性，人应当理性与道德，并不意味着人们肯定会理性与道德，换言之，尽管独立思考不一定能带来正确的决定，但它本身却构成了人的一项不容剥夺的权利，它体现为当事人依据自己的判断、为了自己的目标、凭借自愿的非强迫的选择来生活和行动的自由，这甚至是人的尊严的一种呈现。一个人经过独立思考而做出了错误的决定，他还有机会自行纠正，但如果他放弃了独立思考并盲目听从别人的指令，则就摧毁了自己分辨正误的能力。现代社会正自觉建构一种具有普遍约束力的伦理规范系统作为人们行为的标准与指南，但道德行为的最终落实还是要取决于每位当事人自己的个体抉择、自由裁定。问题的关键在于，人只有对自己做出的选择才需要承担道德责任，人只有对自己确立的道德法则才会自觉地服从并自愿接受其约束。道德是奠立在自由的基础之上的，美德与规范最终取决于当事人自主的意愿。从十八世纪早期开始，以康德伦理学为标志，一种自主的道德的观念已经逐渐成为现代社会普遍的自觉意识，它也构成了当代文明的一项基本法则与价值符号。总而言之，尽管不伤害、公正、仁爱被视为人们最基本、最核心的道德规范与原则，但它们能否真的得到贯彻落实，还要取决于人的自由选择这一终极基点。离开了意志自由，就没有道德选择；离开了独立思考，任何事物对于当事人就都不具备价值。基于这一考量，不伤害、公正、仁爱这三项道德规范在社会与个体层面，就拥有着不同的存在与表现方式。在社会层面，人们应当依据民主的程序建构起法律规章，使造成伤害的情形、公正的立场、特殊情境下的驰援要求得到清晰的界定，并以强制性的制裁措施使规范的落实得以保障。在个体层面，让每位当事人自己对不伤害、公正、仁爱的道德规范进行批判性的审视、理性的思考，在此基础上做出接受与否的自主决断，最终为自己的行为赢得赞赏或承担责任。任何人都有权利在不损及他人的大前提下自我决定过一种自己认可的值得过的生活。

第二节　私人领域与公共领域

我们前面已经讲过，在现代世界里道德的重要性主要是体现在社会整体的行为规范上，不伤害、公正、仁爱作为最基本的道德规范或原则，其最重要的功能在于维护最大范围内人际间交往的顺利进行。然而人类的社会生活是复杂的、多维度的，至少可以分成公共生活与私人生活两大层面。在以陌生人为主体的公共生活领域，当然应践行外在的道德规范与原则；但在以熟人乃至亲人为主体的私人生活领域，就不能只讲原则与规范，而必须更多地诉诸于内在的道德品德和丰富细腻的道德情感。如果在私人圈子里也处处时时只谈原则、坚守公平，丝毫不考虑友爱的眷注和善意的偏心，则这个世界就会显得有些冷漠乃至无情。正是从这一考量出发，近年来德性论者、女性主义者、后现代论者，均纷纷谴责这个现代世界的过于原则化的倾向。他们认为，只讲对人的外在行为的规约是不够的，还应更多地关注到怎样做一个好人的问题，要注重人的品德素质对行为动机的激发与培育，强调在家人与朋友中更深刻的情感联系以及仁爱关护的优先性，只有通过这样一种内在品德与情感的对外在原则和规范的补救，这个道德世界才能达到全整，伦理学也才可能趋于完善。一个经常被提及的例子是，一个人到医院看望病人，如果宣称自己只是出于道德原则与责任行事，则病人就会感受不到爱意而失望。病人更在意的是看望者对自己的特质的肯定与关注，而绝非仅仅是出于对抽象原则的坚守。谁也不愿意生活在一个仅仅是基于原则、规范、责任或“能够正确地行动”的共同体之中，只强调坚守普遍惯常的规范原则以及理性的行为标准，而全然不顾卓越的品德、热忱的情感、慈爱的纽带以及内在的良心对行为的驱动，则就无法为道德生活提供令人满意的描绘与说明。总之，德性论对品格的重视、共同体主义对传统的尊崇、女性主义对情感的觉察、后现代主义对良知的强调，都体现了他们对现代社会由规范与原则支配的道德世界之单一性的警觉与不适。

问题在于，德性论者、女性主义者、后现代论者对公共领域与私人领域的严格划分并不感兴趣。换言之，他们并不认为在公共领域应重视道德规范与原则的建构与践行，而在私人领域则应更多地强调美德、品格、良心、情感、亲情、友善、仁爱等的作用。在他们看来，人们的道德生活是一种完整的结构，不仅存在着规范与原则，而且也有品德、情感、体验、信仰、生活理想、终极关怀、最高境界占据的地位。所有这些因素结为一体，缺一不可，否则就无法涵盖和包揽人类生活的全部领域。他们的使命，就在于向社会整体的各个层面推行德性的观念和仁爱的情感。

就德性的观念而言，他们认定道德在于善良品德的培育，而非对规则的恪守和对好的结果的预测，在于道德动机与意向的形成，而非仅仅是合道德的行动，在于造就有德之人，而非是守则的机械运行。他们认为，道德的载体不是规范与制度，而是活生生的个人。他们不是从外部行为规范框架，而是从人的内心灵魂来探究道德的本质与发展，在他们看来，这样才能为道德奠立最为坚实和稳定的根基。他们认为美德既有利于个人幸福度的提升，也有益于社会增加价值的总量，使之成为一个道德富有的世界。于是，即便出现法治崩溃、理性泯灭的极端状况，德性或许也仍然能够成为一种唯一发挥作用的道德因素，因为在发生损害他人的行动之时，不可能所有的当事人都可以轻易摆脱良心的折磨。即便是我们承认道德规范对社会的运行十分重要，我们也无法漠视人格素质能够成为一种守法的力量，无法否认稳定的内在品性可以使得外在的道德行为达到持之以恒。

就仁爱的情感而言，德性论者、女性主义者、后现代论者均极力倡导在全社会宣扬仁爱的理念，从而使人际间充满人性的温暖。如前所述，仁爱作为道德规范其适用效能是分层级的，即作为紧急救援的完全的义务与作为泛泛的关爱的情感与举措的不完全的义务；宽泛意义上的仁爱无论在适用范围还是在着力强度方面都是有着局限性的。但德性论者、女性主义者、后现代论者并不重视和强调这种分层，他们认为不能对仁爱的美德采取戏谑的态度，而是应赋予仁爱以更高的价值，视其为行为者内心最重要的道德驱动力量。如果人际间缺乏全面的同情与关爱的理念，则整个社会就会变得极为冷酷。在他们看来，仁爱是发现行为对象身上独特性质的一种情感反应，行为主体会因此而对他人的处境予以敏感性的关怀，对他人的需求做出直接的回应，进而把他人利益视为自己利益的一部分，并尽其所能给他人以及时的援助。这种仁爱的基础并非是互利或对回报的期待（不论该回报是今生的还是来世的），而是对他人境遇的感同身受。仁爱的力量是巨大的，对于受惠者，可以提升其价值感，让当事人享有受尊重的直觉。对于施惠者，可以以极大的幅度强化其自身的存在地位。反之，对仁爱情感的抗拒，则是对自己尊严的贬低与轻率。对于社会，仁爱可以提供温暖人际氛围的精神能量。当每一个人时时刻刻都注重自身仁爱德性与情感的培养，常常在意、顾及和力所能及地帮助他人，并使之成为一种生活的习俗与态度，则即便是一个陌生人的社会也会洋溢着一种友爱、善意和信任的如春气氛。这种道德关切是一种软约束，一种内心恒常的有关“被他人需要就是自己存在的价值”的默默提醒。这种道德关切平等地适用于所有的陌生人，而又无需行为主体付出多大的代价或损失，可以说是一种举手之劳的善心善为。而这种点点滴滴的善举累积在一起，就可以提升行动者自己精神生命的体温，既温暖着陌生人的社会，也幸福着自己的人生。故仁爱绝不是可有可无之物，而应成为社会中的一种普遍的伦理气质与价值存在。

总之，德性论者、女性主义者、后现代论者强调，即便是在一个宏大广博的陌生人社会里，也丝毫不能减弱对行为者个体善良品性的培育和对宽泛意义的仁爱情感的倡导，一句话，在包括公共领域在内的人类所有生活层面，都不应只讲外在坚硬僵化的道德规范约束，而应更重视人际间内在柔性的道德情感纽带。应当说，这种努力是令人感佩和赞叹的。但是，对于这种尝试是否能够成功，我们却无法抱有太多的希望。原因在于，德性论者、女性主义者、后现代论者，在批判近代以来道德原则主义犯下的把适用于公共领域的道德规范投置到私人领域之错误的同时，自己也犯了性质相同但方向相反的错误，即把适用于私人领域的美德与情感全然推移到广博的公共领域，他们在与原则主义者争夺伦理学的解释权的过程中，从一个所谓理性的极端倒向了另一个所谓非理性的极端。这或许正是问题的关键之所在。不论是他们倡导的德性的观念还是仁爱的情感，在一个广博宏大的陌生人社会里，其得到理解和施行都不是一件易事。就德性观念而言，谁都知道，个体善良品性的养成无疑有益于优化社会的道德风貌，但是，对德性的呼吁和对品德的召唤的最大问题，或许是在于呼吁和召唤者对时代变迁及语境差异的漠视。我们这个社会最大的特点，表现在这是一个现代化的、民主的、权利意识高涨的、宏大的陌生人的社会。在这样一种社会里，道德水准的高低从根本上讲取决于制度的完善与法规的健全。缺乏完备合理的制度架构，或者一些人能够把谎言作为生存的手段，这样一种氛围里再多的对德性的呼吁也都是徒劳枉然之举。就仁爱的情感而言，的确，每个人的成长，都是道德情感先于道德认知。我们对亲人的关切构成了最初的道德启蒙。因而对道德规范与原则的恪守，离不开情感这一始源作为基点。但是，只要是诉诸情感，行为主体自然而然就会把行为对象划分成熟人与陌生人来区别对待。因为情感的能量是有限的，仁爱不论是作为亲情、爱情、友情，都要被置入行为主体的价值等级体系之中，当事人需要依据行为对象所处的价值层级与地位来采取相应的行动。对于近亲，当事人甚至可以将亲人的幸福与安康置于自身的之上，比如为了援救落水的亲人，他完全可以牺牲自己的性命，因为他难以承受过一种失去亲人的生活。但对于一般的陌生人的援助，当事人只能参照自己的目标与价值的全景来决定时间、精力、金钱的花费。我们前面已经说过，仁爱分为紧急救援这样一种特定狭窄涵义的完全义务和仁爱情感这样一种宽泛涵义的不完全义务。在关切到人的性命这样的紧急情境下，所有的行为者都应该也必须伸出援手。但仁爱的情感并不构成必须恪守的行为规范，我们不可能把所有的人类痛苦都视为危急的情况，也不可能竭尽毕生的精力去援助所有的需要救助者，把他们从贫困、无知、疾病中都拯救出来，并视这种救援为自己终生唯一的任务。尽管仁爱的情感是我们幸福生活的核心内容之一，满足适度的仁爱冲动构成了幸福最重要的一种源泉，但我们却难以如同上帝那样向所有的人都惠施仁爱。毕竟像骗子、罪犯、忘恩负义者等就很难博得他人的仁爱之情。尽管呼吁做人要有道德的血液，召唤每位公民都应拥有仁慈之心，已经成为社会最具震撼力和持久性的流行语，但仁爱的情感是因行为主体与行为对象的不同而有所差异的，个体良心是宏大的陌生人社会所无法掌控的，即便是家人与朋友也未必完全可以指望它的终极作用。总之，仁爱之情感无法普遍化，它不是道德本身的一种严肃性的标志，它无法作为理性行为的依据，故不可能提供一种明确的行为指令。由于它无法成为对每位陌生人都具有约束力的导向与指南，故并不可能构成道德的核心要素。

这样，就使得我们不得不又回到了德性论者、女性主义者、后现代论者所忽视的公共领域与私人领域之间清晰的区分，并且我们需要重申，在公共领域，应坚守不伤害、公正以及作为完全义务的被窄化理解的仁爱——紧急救援的行为规范或原则。而在私人领域，则应强调个体德性的培育以及对近亲、友人的仁爱情感的投射。在宏大广博的陌生人社会里，个体德性与仁爱情感固然也构成了道德生活的不容忽视的要素，但总的说来，这种要素的重大局限性就在于其内容的不确定、功能的不可靠。一种公共领域只能界定人们的行为，却难以明了该行为背后的动机，只能掌控调节人们外在行为的规范与原则，而无法把握行为者的内在素质。人类任何一种形式的社会活动与交往行为都受制于一定的道德规范与原则的约束，这也正是整个社会生活得以正常运行的基本前提，也是人类社会文明程度的标志之所在。与仅重视道德情感会对道德的客观性形成挑战相比，强调道德规范与原则的好处就在于，人们可以基于理性的理由对道德行为规范进行审视、商讨、辩护与论证，依据契约的精神把道德共识固化为不受时空环境限制并适用于所有的人的普遍的行为准则，从而保障了道德规范与原则在公共生活中所具有的内容的可确定性、功能的稳定性以及效果的持久性。道德规范是人设定建构的，当然会对人们有好处。人的一生在任何情况下都遵守和顾及道德要求，这会使得他获得优势与收益。然而世事充满了复杂与变数。尽管一般而言道德行为有益于当事人，但并非每一位当事人都必然会选择道德。尽管理性者都会守德，但并非所有的人都是理性者。这一矛盾导致了一定的道德原则与规范，最终还是需要上升为具有强制性约束力和制裁措施的法律规范，从而震慑、限制和惩处那些敢于滥用自由的作恶者。法律把道德变成了可以通过公共奖惩措施强制实施的刚性的规则或制度，为社会成员确定了公认的、可视的、透明的、合乎道德的行为方式。故一个广博宏大的陌生人社会的顺利运行，最终离不开完备严密的法律法规的建构与调节。

道德规范为人类社会生活的正常持续所必需，其内容有着恒常的稳定性与适用性。然而社会的发展与变迁，却又为我们以不同于以往的新颖方式，对道德规范与原则的理解、表述和应用创造了条件。高科技时代的特点在于，不仅人类的活动范围越来越广阔，而且其现实的或潜在的影响也越来越深远。这就造成了我们的行为与其后果之间的一种时空上前所未有的巨大鸿沟，它甚至已经超越了我们现有的预知与估量的能力。这同时也就构成了人类道德哲学从未遇过的现实挑战。诚然，当今的伦理学仍然需要一如既往地关切每一位个体的品性、素质、情感及举动，但其研究视野或许应更多地放射到人类的组织性、机制性、整体性的行为。我们每一个人都是一种巨大的社会活动的参与者，个体行为的后果是不确定的，责任与影响力也是有限的，没有哪样一种角色能够体现“整体自我”的本质。个体对社会的损害一般而言比一种群体性、结构性的行为对世界的威胁要小得多。预防大规模种族灭绝乃至防止未来人类的不可逆的巨大灾难的紧迫性，要大大高于对个体美德与良好素质的培育上的要求。这就决定了我们这个时代伦理与道德的更多的制度化、结构化、机制化的特点。当然，道德规范是适用于全社会的，既是针对每一位社会成员，也是关涉到群体、国家及共同体。但个体行为是最难控制的，再严密的法律也阻止不了夜深人静时行恶的罪犯。而一个社会的秩序的道德性却是大体上可以掌控的，人们可以通过研究、讨论、协商而在公共领域建构起一种合乎道德要求的制度框架，从而对社会整体形成一种规模广博、结构牢固、作用稳定的约束性力量。面对未来核战争、人造疫情、超级智能、纳米技术所造成的可能的全球性威胁，个体美德的培育当然不可或缺，但依靠最基本的道德规范与原则以及渗透着这些规范之道德要求的整体性的制度架构，来组织、协调和校正人类集体性、未来性的宏观行为，从而迎应我们所遭遇到的前所未有的巨大挑战并避免最大的恶的发生，或许是摆在我们面前更为现实、紧迫和更具有优先性的行动选项。

人名对照表

阿雷克西（Robert Alexy）
安斯库姆（Elizabeth Anscombe）
阿内逊（R. J. Arneson）
阿克塞尔罗德（Robert Axelrod）
艾耶尔（Alfred Jules Ayer）

拜耶尔（Kurt Baier）
巴特（Karl Barth）
拜耶慈（Kurt Bayertz）
贝叶斯（Thomas Bayes）
拜茨（Charles Beitz）
柏格森（Henri Bergson）
贝西特（Joseph M. Bessette）
比恩巴赫尔（Dieter Birnbacher）
布莱克本（Simon Blackburn）
勃兰特（Richard B. Brandt）
布罗德（Charlie Dunbar Broad）
布罗克曼（John Brockman）
布伯（Martin Buber）
布赫海姆（Thomas Buchheim）
布思克斯（Chris Buskes）
巴特勒（Joseph Butler）

卡尔纳普（Rudolf Carnap）
卡西尔（Ernst Cassirer）
西塞罗（Cicero）
柯恩（G. A. Cohen）
柯恩（Joshua Cohen）

丹尼尔斯（Norman Daniels）
达尔文（Charles Darwin）
德谟克利特（Demokritos）
德沃金（Ronald Dworkin）

艾希曼（Adolf Eichmann）
埃尔默（Martin Eimer）
伊拉斯谟（Erasmus von Rotterdam）
埃尔林厄（Rainer Erlinger）

菲舍尔（Johannes Fischer）
弗莱彻（Joseph Fletscher）
富特（Philippa Foot）
斯特尔（Georg Forster）
弗兰克纳（William K. Frankena）
弗洛姆（Erich Fromm）

伽达默尔（Hans－Georg Gadamer）
哥梯尔（David Gauthier）
盖伦（Arnold Gehlen）
格特（Bernard Gert）
格维斯（Alan Gewirth）
高施克（Thomas Goschke）
戈色帕特（Stefan Gosepath）
格里芬（James Griffin）

哈格德（Patrick Haggard）
黑尔（Richard M. Hare）

哈曼（Gilbert Harman）
海萨尼（John Harsanyi）
哈特曼（Nicolai Hartmann）
哈斯忒特（Heiner Hastedt）
赫泊福尔（Karl Hepfer）
希尔曼（Karl – Heinz Hillmann）
赫费（Otfried Hoeffe）
赫斯特（Norbert Hoerster）
霍尔姆斯（Oliver Wendel Holmes）
荷马（Homer，Homeros）
霍恩（Christoph Horn）
洪堡（Wilhelm von Humboldt）
哈奇森（Francis Hutcheson）
赫胥黎（Julian Huxley）

伊格纳季耶夫（Michael Ignatieff）
英格尔哈特（Ronald Inglehart）

耶格尔（Werner Jaeger）
耶利内克（Georg Jellinek）
约纳斯（Hans Jonas）

凯泽（Gerhard Kaiser）
克莱格尔德（Pauline Kleigeld）
科尔斯戈德（Christine M. Korsgaard）
克林斯（Hermann Krings）
库彻拉（Franz von Kutschera）

伦克（Hans Lenk）
列维纳斯（ Emmanuel Levinas）
李贝特（Benjamin Libet）
利希藤贝格（Georg Christoph Lichtenberg）
罗曼（Georg Lohmann）
洛采（Hermann Lotze）
卢曼（Niklas Luhmann）
莱恩斯（David Lyons）
利奥塔（Jean – Fran? ois Lyotard）

麦金太尔（Alasdair MacIntyre）
麦凯（John L. Mackie）
马歇尔（Thomas H. Marshall）
麦克道尔（John McDowell）
马里天（Jacques Maritain）
密尔（John Stuart Mill）
米勒（David Miller）
摩尔（George Edward Moore）

内格尔（Thomas Nagel）
诺伊拉特（Otto Neurath）
尼克尔（James Nickel）
尼特哈默（Friedrich Immanuel Niethammer）
努斯鲍姆（Martha C. Nussbaum）

厄瑟尔（Erhard Oeser）
奥特（Konrad Ott）
奥特曼（Henning Ottmann）

鲍尔 – 施图德（Herlinde Pauer – Studer）
皮科（Giovanni Pico della Mirandola）
皮波尔（Annemarie Pieper）
博格（Thomas Pogge）
波尔曼（Arnd Pollmann）
普雷希特（Richard David Precht）
普里查德（Harold Arthur Prichard）
普林茨（Wolfgang Prinz）
普芬多夫（Samuel von Pufendorf）
克万特（Michael Quante）

瑞逵（Birgit Recki）
莱内尔特（Joachim Reinelt）
罗默尔（Herbert Rommel）
罗蒂（Richard Rorty）
罗特（ Gerhard Roth ）
罗斯（William David Ross）

萨斯（Hans – Martin Sass）
斯坎伦（Thomas M. Scanlon）
舍勒（Max Scheler）
施勒格尔（Friedrich Schlegel）
施莱耶尔（H. M. Schleyer）
石里克（Moritz Schlick）
施吕特尔（Wolfgang Schlueter）
施密特（Thomas M. Schmidt）
施密特 – 萨罗姆（Michael Schmidt – Salomon）
舒尔茨（Gerhard Schurz）
萨尔迈尔（Stephan Sellmaier）
阿马蒂亚 · 森（Amartya Sen）
塞涅卡（Lucius Annaeus Seneca）
亨利 · 舒（Henry Shue）
西季威克（Henry Sidgwick）
辛格（Peter Singer）
辛格（ Wolf Singer ）
斯金纳（B. F. Skinner）
斯马特（John C. Smart）
施贝曼（Robert Spaemann）
斯宾塞（Herbert Spencer）
施泰因沃特（Ulrich Steinvorth）
施特莫尔（Peter Stemmer）
史蒂文森（Charles L. Stevenson）。
施托克尔（H. G. Stocker）

塔斯奥拉斯（John Tasioulas）
蒂德曼（Paul Tiedemann）
托匹池（Ernst Topitsch）
特拉普（Rainer W. Trapp）
图根哈特（Ernst Tugendhat）

厄姆森（James O. Urmson）

福尔拉特（Ernst Vollrath）

瓦思（Lothar R. Waas）
瓦尔（Koo Van Der Wal）
瓦尔德（Abraham Wald）
瓦尔策（Michael Walzer）
维尔讷（Micha H. Werner）
维兰德（Christoph Martin Wieland）
威金斯（David Wiggins）
威廉姆斯（Bernard Williams）
维尔特（Andreas Wildt）
沃尔海姆（Richard Wollheim）
武克提茨（Franz M. Wuketits）

Die Konstruktion der Ethik in der Gegenwart

Von Prof. Dr. Shaoping Gan

Inhaltsverzeichnis

Vorwort

1. Das Menschenbild in der Ethik

1. 1 Freiheit: Die erste Manifestation des Geistesphänomens des Menschen

1. 1. 1 Durch Feiheit wird der Mensch als ein offenes Projekt definiert

1. 1. 2 Freiheit lässt sich von der Vernunft leiten

1. 1. 3 Eine Erkennungsgeschichte über das Wesen der Freiheit

1. 1. 4 Der politische Gesichtspunkt des Liberalismus

1. 2 Moral: Die zweiteManifestation des Geistesphünomens des Menschen

1. 2. 1 Moral: Von der Unmittelbarkeit und Unterschiedlichkeit zur Abstraktion und Gleichheit

1. 2. 2 Grundlegende Merkmale der abstrakten und egalitären Moral

1. 2. 3 Zwei Typen der Moral und ihrer Reichweite

1. 3 Zusammenfassung und ergänzende Bemerkungen

2. Was ist Ethik?

2. 1 Ethik (als Theorieüber Moral), Ethik (synonym mit Moral), Moral, Handlungsnorm

2. 2 Die Welt der Existenz, die Welt der Werte, Werte, Wertanschauung

2. 3 Universale Werte

2.4 Natürliche oder spezielle Moral und der moralische Relativismus
2.5 Universale oder künstliche Moral und der Gesichtspunkt universaler Moral
2.6 Deskriptive Ethik, normative Ethik, Metaethik, angewandte Ethik, Rechtsordnung erleichtert moralische Urteilsbildung
2.7 Zusammenfassung und ergänzende Bemerkungen

3. Der Ursprung moralischer Normen

3.1 Moralische Normen dienen der Befriedigung allgemeiner Bedürfnisse aller Menschen
3.2 Moralische Normen: Nichtschädigen, Gerechtigkeit, Fürsorge
3.3 Warum sollt man nichtschwarz fahren?Sanktionsmechanismus, moralische Gefühle, psychische Gesundheit
3.4 Zusammenfassung und ergänzende Bemerkungen

4. Menschenrechte als Basis moralischer Pflichten

4.1 Der gesellschaftliche und historische Hintergrund der Pflichtanschauung in gegenwärtiger Gesellschaft
4.2 Pflichten gehen aus den Rechten des Menschen hervor
4.3 Die Typen sozialer Pflichten in der Gegenwart
4.4 Zusammenfassung und ergänzende Bemerkungen

5. Tugendethik und deren Schicksal

5.1 Tugendethik des Aristoteles
5.2 Die kommunitaristische Variante der Tugendethik des Aristoteles
5.3 Die universalistische Variante der Tugendethik des Aristoteles
5.4 Die klugheitethische Variante der Tugendethik des Aristoteles
5.5 Zusammenfassung und ergänzende Bemerkungen

6. Utilitarismus und dessen Bedeutungen

6. 1 Hauptvertreter des Utilitarismus: Bentham, Mill, Sidgwick

6. 2 Handlungsutilitarismus, Regelutilitarismus, Durchschnittsnutzenutilitarismus, Präferenzutilitarismus

6. 3 Die Schwächen des Utilitarismus

6. 4 Die Vorzüge des Utilitarismus

6. 4. 1 Die sich an der Ganzheit und Zukunft orientierende Denkweise

6. 4. 2 Die umfangreiche Anwendung des Prinzips der „Freude“

6. 4. 3 Die starke Interpretationskraft des Kriteriums der „Sensibilität“

6. 5 Zusammenfassung und ergänzende Bemerkungen

7. Deontologie und deren Erben

7. 1 Die Grundstruktur von der Ethik Kants

7. 2 Die aufklärerischen Bedeutungen der Ethik Kants

7. 2. 1 Die Universalität der Moral

7. 2. 1. 1 Das Apriori der Moral

7. 2. 1. 2 Die reine Obligation der Moral

7. 2. 2 Der Mensch als Zweck in sich

7. 2. 3 Das Prinzip der Freiheit

7. 3 Diskursethik als die gegenwärtige Entwicklung der Ethik Kants

7. 3. 1 Vom monologischen individuellen Subjekt zu den zahlreichen Subjekten im kommunikativen Handeln

7. 3. 2 Von der Prozedurethik des einzelnen Subjekts zur zwischen Subjekten

7. 3. 3 Von der Letztbegründung Kants zur Apels

7. 3. 4 Von der Universalität der Ethik Kants zur der Diskursethik

7. 4 Zusammenfassung und ergänzende Bemerkungen

8. Kontraktualismus und dessen Entwicklung

8. 1 Die Merkmale der kontraktualistischen Ethik

8. 1. 1 Vom politischen zum ethischen Kontraktualismus

8. 1. 2 Die Wertbasis der kontraktualistischen Ethik: Interesse

8. 1. 3 Die Attraktivität der kontraktualistischen Ethik: Vernunft

8. 1. 4 Die moralischen Bedeutungsgehalte der kontraktualistischen Ethik selber

8. 2 Die Entwicklung der kontraktualistischen Ethik

8. 2. 1 Die Verwirrung der kontraktualistischen Ethik

8. 2. 2 Kritik gegen die kontraktualistische Ethik

8. 2. 3 Humes und Ralws' Vervorständigung der kontraktualistischen Ethik

8. 2. 4 Gauthiers Verbesserung der kontraktualistischen Ethik

8. 2. 5 Vom rational-individualistischen zum universalistischen Kontraktualismus

8. 3 Zusammenfassung und ergänzende Bemerkungen

9. Die Anwendungsweisen der ethischen Theorien

9. 1 Unterschiedliche Haltungenüber praktische Anwendung der Theorie: Vermeidung der Anwendungsfragen, kontextualistische Ansätze (Kasuistik, Situationsethik, Dezisionismus), ethischer Fundamentalismus, Klugheitslehre des Aristoteles, kohärentistisches Verfahren

9. 2 Das konkrete Verfahren kohärentistischer Erwägungsformen

9. 2. 1 Erste Schichte: Das von der Deontologie rechtfertigte Prinzip des Individuumswertes

9. 2. 2 Zweite Schichte: Theorie des Utilitarismus

9. 2. 3 Dritte Schichte: Das Prinzip von Mass und Mitte, Kompromiss, die Methode vom Schleier des Nichtwissens, Doppelwirkungsprinzip

9. 3 Zusammenfassung und ergänzende Bemerkungen

10. Die Kernfrage der Metaethik: Der realistische Ausweg des ethischen Realismus

10. 1 Nonkognitivismus, Emotivismus, Präskriptivismus

10. 2 Kognitivismus, ethischer Realismus, Naturalismus, Intuitionismus

10. 3 Der schwache ethische Realismus

10. 4 Zusammenfassung und ergänzende Bemerkungen

11. Die Gestaltung der Willensfreiheit

11. 1 Willensfreiheit und die Herausforderung aus den Neurowissenschaften

11. 1. 1 Die Libet-Experimente und deren unterschiedlichen Interpretationen

11. 1. 2 Ursache und Grund

11. 1. 3 Der Dualismus in epistemologischen und methodologischen Sinnen

11. 2 Die Struktur und Funktionierung der Willensfreiheit

11. 2. 1 Von der Willensfreiheit zur moralischen Freiheit

11. 2. 2 Handlungsfreiheit als Realisierung und Aüsserung der Willensfreiheit

11. 3 Zusammenfassung und ergänzende Bemerkungen

12. Ansätze der Menschenrechtsbegründung

12. 1 Zwei grundlegende Eigenschaften der Menschenrechte: Moralische und legale Rechte

12. 2 Menschenrechtsbegründungen

12. 3 Die absoluten Menschenrechtsbegründungen : Theorie von Interessen oder von Würde

12. 4 Zwei gemeinsame Glanzlichter der absoluten Menschenrechtsbegründungen: Die Stellung des Individuums und die Erfahrungen aus der Geschichte

12. 5 Die relativistischen Menschenrechtsbegründungen

12. 6 Zusammenfassung und ergänzende Bemerkungen

13. Die moralischen Bedeutungsgehalte der Demokratie

13. 1 Die sich an dem Freiheitsrecht des Individuums orientierende liberale Demokratie

13. 2 Die sich an der Solidarität innerhalb der Gemeinschaft orientierende republikanische Demokratie

13. 3 Die sich an der Verschmelzung von Freiheit und Solidarität durch das Gesetz orientierende deliberative Demokratie

13. 3. 1 Was ist deliberative Demokratie?

13. 3. 2 Deliberative Demokratie und das Gesetz

13. 3. 3 Solidarität und das Gesetz

13. 3. 4 Der Unterschied innerhalb den Modellen deliberativer Demokratie: Rawls und Habermas

13. 4 Zusammenfassung und ergänzende Bemerkungen

14. Von der Gerechtigkeit zur internationalen Gerechtigkeit

14. 1 Identifikationüber Gerechtigkeit

14. 1. 1 Prozedurale und materiale Gerechtigkeit des Rawls

14. 1. 2 Die Gerechtigkeitsidee des Egalitarismus

14. 1. 3 Kritik an der egalitaristischen Gerechtigkeitsidee aus Seiten vom Liberalismus und Nonegalitarismus

14. 1. 4 Die formal verstandene Gerechtigkeit: Willkürverbot, Gleichen Gleiches und Ungleichen Ungleiches, Unparteilichkeit

14. 2 Internationale Gerechtigkeit

14. 2. 1 Rawls: Inländische und internationale Gerechtigkeit

14. 2. 2 Die Wertanschauungen des Kosmopolitismus

14. 2. 3 Der Kosmopolitismus als Moral- bzw. Gerechtigkeitskonzeption

14. 2. 4 Die Gerechtigkeitsidee des Kosmopolitismus als Moral-bzw. Gerechtigkeitskonzeption

14. 3 Zusammenfassung und ergänzende Bemerkungen

15. Die Inspirationen aus dem neuen Humanismus

15. 1 Das Menschenbild im neuen Humanismus

15. 1. 1 Das Grundprinzip der menschlichen biologischen Natur: Eigennutz

15. 1. 2 Die Konstruktion der ethischen sozialen Spielregeln

15. 2 Die Gesichtspunkte des Genusses und der Religion beim neuen Humanismus
15. 2. 1 Der Gesichtspunkt des Genusses beim neuen Humanismus
15. 2. 2 Der Gesichtspunkt der Religion beim neuen Humanismus
15. 3 Zusammenfassung und ergänzende Bemerkungen

16. Eine das Prinzip Verantwortungüberschreitende Risikoethik

16. 1 Das Prinzip Verantwortung im Risikozeitalter
16. 1. 1 Die Vorausverantwortung des Jonas
16. 1. 2 Vorausverantwortung und das Modell der„ elterlichen Fürsorge für ihre Kinder “
16. 2 Wie Risikoethik das Prinzip Verantwortungüberschreitet?
16. 2. 1 Risikoethik und das gleichberechtigte und gerechte Verhältniss zwischen gegenwärtigen Menschen und den zukünftigen Generationen
16. 2. 2 Die Minimalforderung der Risikoethik: Nichtschädigen und gerechte Behandlung
16. 3 Drei risikoethische Richtschnuren und deren Wertsbedeutungsgehalte
16. 4 Zusammenfassung und ergänzende Bemerkungen

17. Schlusswort: Nochmalüber die Moral: Regel und Tugend

17. 1 Moralische Normen und Willensfreiheit
17. 2 Private Sphäre und Öfftlichkeit

Namenregister